Konfliktsituationen im Alltag

Konfliktsituationen im Alltag

Ein Leitfaden für den Umgang
mit Konflikten in Beruf und Familie

3., ergänzte und überarbeitete Auflage

von

Berndt Zuschlag
und Wolfgang Thielke

Verlag für Angewandte Psychologie
Göttingen

Berndt Zuschlag, Dipl.-Psych., Dr. phil., geb. 1942 in Dresden, Abitur in Kassel (1962), studierte Psychologie an den Universitäten Marburg/L. (Diplom 1968) und Lausanne. Promotion 1977 an der Universität Hamburg. Lehraufträge an verschiedenen Hochschulen. 1969-1981 in Hannover als Verkehrspsychologe Mitarbeiter des Medizinisch-Psychologischen Instituts (MPI). 1981-1995 Ausbildungsleiter und Leiter des Instituts für Berufliche Bildung (IBB), Aufbau der TÜV-AKADEMIE des TÜV Hannover/Sachsen-Anhalt e.V.
Seit 1980 freiberuflich Geschäftsführer des Instituts für Angewandte Psychologie (I.A.P.) mit integrierter psychotherapeutischer Praxis. Klinischer Psychologe/Psychotherapeut (BDP), Supervisor sowie Arbeits-, Betriebs- und Organisationspsychologe (BDP). Arbeitsschwerpunkte: (1) Qualifikationsanalysen, Führungskräftetraining, Bildungsmanagement, Personalentwicklung, Coaching; (2) Motivationsforschung, Konfliktmanagement, Meditation, Streß, Mobbing; (3) Verkehrspsychologie; (4) Psychotherapie, Beratung, Supervison; (5) Gutachten-Qualität.

Wolfgang Thielke, Dipl.-Psychologe, geb. 1949. Psychologie-Studium in Braunschweig. Studienschwerpunkte Pädagogische Psychologie und Psychodiagnostik. 1978-1990 Mitarbeiter im Medizinisch-Psychologischen Institut des TÜV Hannover e.V. und Dozententätigkeit im Rahmen der Mitarbeiterschulung. Seit 1990 freiberufliche Tätigkeit in eigener psychologischer Praxis. Arbeitsschwerpunkte Verkehrspsychologie, Verkehrspädagogik und Organisationspsychologie.

Die Deutsche Bibliothek - CIP-Einheitsaufnahme
Konfliktsituationen im Alltag : ein Leitfaden für den Umgang mit Konflikten in Beruf und Familie von Berndt Zuschlag und Wolfgang Thielke. - 3., erg. und überarb. Aufl. - Göttingen: Verl. für Angewandte Psychologie, 1998
    ISBN 3-8017-1033-5

© by Verlag für Angewandte Psychologie, Göttingen 1998
Rohnsweg 25, D-37085 Göttingen.

Satz: Verlag Volker Schmerse, Göttingen
Druck: AZ Druck und Datentechnik GmbH, Kempten
Printed in Germany
Auf säurefreiem Papier gedruckt

ISBN 3-8017-1033-5

Vorwort zur 3. Auflage

»Leitfaden für den Umgang mit Konflikten in Beruf und Familie« haben wir die folgenden Ausführungen genannt.

Konfliktseminare in der Industrie und die Anleitung von Patienten einer psychologischen Praxis zur Bewältigung von Konflikten haben deutlich werden lassen, daß die Methoden der Konflikt-Diagnose und -Behandlung, aber auch der gezielten Konflikt-Induktion eine Handlungsgrundlage sind, deren Einsatzmöglichkeiten nicht auf bestimmte Personengruppen beschränkt sind. Vielmehr können sie grundsätzlich sowohl im Berufsleben als auch in der Familie und im Freizeitbereich mit Erfolg genutzt werden.

Diese Einschätzung wird gestützt durch die umfangreiche Literatur aus der Konfliktforschung und zur Entscheidungstheorie (LURIA 1932, MILLER 1944, LEWIN 1948, FESTINGER 1957, LUCE 1957, HEIDER 1958, THOMAE 1960, YATES 1962, FEGER 1964, 1977, 1978, JEFFREY 1967, ULICH 1971, KRIVOHLAVY 1974, DEUTSCH 1976, GLASL 1980, RÜTTINGER 1980, KEMPF & ASCHENBACH 1981, LAY 1980, GORDON 1982, FEGER & SOREMBE 1983 usw.). Die Vielfalt der Theorieansätze und der Modellvorstellungen ist für Praktiker so verwirrend, daß sie sich mit der Umsetzung in ihre praktische Arbeit schwertun. Deshalb führen wir die einschlägige Fachliteratur nur dort ausdrücklich an, wo sie uns für die Begründung spezieller Probleme der hier behandelten Konfliktstrategien unumgänglich oder zumindest besonders hilfreich erscheint.

Einerseits wurde das Thema des psychischen Konflikts schon ausführlich im Rahmen der Psychoanalyse (FREUD 1961) und anderer tiefenpsychologischer Schulen (ULICH 1971, WYSS 1977) aus psychotherapeutischer Sicht bearbeitet. Andererseits hat die Konfliktforschung in den USA unter dem behavioristischen Einfluß von LEWIN (1951), HULL (1938) und MILLER (1944) wichtige Impulse für unsere heutigen Auffassungen beigesteuert. Zudem hat auch die humanistische Psychologie praktische Ansätze zur Konfliktlösung erarbeitet (z. B. LUMMA 1988), und über weitere unterschiedliche neuere Ansätze zur Konfliktbearbeitung informiert kurz GOTTSCHALL (1987).

In dem hier dargestellten Zusammenhang wird nicht versucht, den vorhandenen eine neue Theorie hinzuzufügen. Vielmehr werden Handlungsabläufe gewissermaßen als Resümee bereits vorliegender Forschungsergebnisse im systematischen Zusammenhang betrachtet. Dadurch wird der Leser in die Lage versetzt, selbst Konfliktgeschehen leichter zu analysieren und den Ablauf zu steuern. Dabei kann er zwischen verschiedenen Konfliktvermeidungs- bzw. Konfliktlösungsstrategien die ihm unter den gegebenen Umständen am zweckmäßigsten erscheinenden heraussuchen. Zumindest nach einiger Übung wird er diese auch mit Erfolg anwenden können.

Wir betrachten hier hauptsächlich *inter*individuelle Konflikte — d. h. Konflikte zwischen zwei oder mehreren Personen. Dabei geht es vorwiegend um sprachliche und nicht um körperliche oder um kriegerische Auseinandersetzungen zwischen (Völker-)Gruppen, deren besondere Problematik wir nur kurz aufzeigen am Beispiel des sogenannten Golf-Konflikts.

*Intra*individuelle Konflikte sowie deren Analyse und Verarbeitung sind vor allem in der Psychotherapie von Bedeutung. Sie werden hier nur im Rahmen der Darstellung des Gesamtsystems angesprochen. Bezüglich weitergehender Details verweisen wir auf die bereits genannten Arbeiten aus dem Bereich der Tiefenpsychologie sowie auf weitere einschlägige Darstellungen von Psychotherapie (z. B. HEISS 1964, PERLS 1974, KRAIKER 1974, PONGRATZ 1975, MEICHENBAUM 1979, LEUNER 1980, Deutsche Gesellschaft für Verhaltenstherapie 1981, LINDEN & HAUTZINGER 1981, FLIEGEL et al. 1981, TAUSCH 1981, MEININGER 1982, STRIAN 1983, TAUSCH & TAUSCH 1990, SCHULTE 1991).

Um den unterschiedlichen theoretischen oder mehr anwendungsorientierten Interessen der Leser entgegenzukommen, haben wir Systembetrachtung und Modelldarstellung im *Teil A* zusammengefaßt.

Wer sich sofort den praktischen Anleitungen zur Gesprächsführung zuwenden will, kann Teil A überschlagen und gleich mit *Teil B* beginnen. Die Informationen aus Teil A wird er in diesem Fall nur dann heranziehen, wenn er bei der praktischen Anwendung den Wunsch verspürt, sein eigenes Vorgehen auch theoretisch zu durchleuchten.

Den *Teil C* — Problemlösung durch Konfliktinduktion (management by conflicts) — haben wir schon in die zweite Auflage neu aufgenommen. Denn in manchen Situationen hilft das Vermeiden von Konflikten nicht weiter, sondern allenfalls die gezielte Provokation eines (neuen) Konflikts, um verhärtete Fronten wieder in Bewegung zu bringen. Wer diesen Abschnitt nicht als völlig falsch verstandene Anleitung zur »Vernichtung des Gegeners« auffaßt, sondern als wohlverstandene Hilfe zur Aktivierung in bisweilen ausweglos erscheinenden Situationen nutzt, der wird auf überraschend neuen Wegen (per aspera ad astra!) zu Kompromissen und Lösungen vorstoßen, bei denen nicht geschlagene Verlierer auf der Strecke bleiben. Vielmehr werden alle Beteiligten (Teil-)Siege davontragen und sich am Ende wechselseitig zum Erfolg beglückwünschen können.

Im *Teil C4* wird ein weiterer Akzent der Konflikt-Thematik in dieser neuen Auflage ins Blickfeld gerückt: »Mobbing — psychosozialer Streß am Arbeitsplatz«. Beim Mobbing geht es nicht um die sachliche Problemlösung, sondern um die vorsätzliche Eskalation eines induzierten Problems mit dem Ziel, den Konfliktpartner unter allen Umständen (durch gezielte bösartige Schikane) von seiner Position (z. B. am Arbeitsplatz) zu vertreiben.

Schließlich folgen im *Teil D* noch einige Hinweise zum Umsetzen von Informationen in Handeln. *Teil E* enthält eine Übersicht über die im Text zitierte Fachliteratur, und *Teil F* besteht aus einem Glossar, in dem einige weniger geläufige Begriffe kurz erläutert werden.

Damit der Leser leichter und schneller bestimmte Themenschwerpunkte in diesem Buch auffinden kann, haben wir am Ende zusätzlich ein Schlagwortregister »Index« als *Teil G* angefügt.

Bei der Lektüre werden Sie feststellen, daß wir den Text nicht nur durch Merksätze, Tabellen und Bilder sachlich ergänzt haben. An manchen Stellen haben wir auch mit einem Augenzwinkern »Sinnsprüche« und »Illustrationen« eingesetzt um anzudeuten, daß man auch Konflikte nicht nur todernst sehen, lösen oder gezielt einleiten muß. Im Gegenteil: gerade, wenn es Ihnen in Konfliktsituationen gelingt, das Problem mit etwas innerem Abstand und mit einer gewissen Gelassenheit, ja sogar gelegentlich mit Humor zu betrachten, dann haben Sie bereits einen beachtlichen Fortschritt im Konfliktmanagement gemacht.

Wir danken den Lesern der beiden früheren Auflagen für interessante Hinweise sowie dem Verlag für Psychologie für seine Unterstützung bei der Erweiterung der Texte auch dieser dritten Auflage und wünschen uns auch für diese eine interessierte und angeregte Leserschaft. Für Ihre Vorschläge zur Vervollständigung des hier dargestellten Konfliktmodells und für Beiträge aus Ihrem eigenen Erfahrungsbereich sind wir auch weiterhin offen und dankbar.

Hannover, im Herbst 1997
                                                  Berndt Zuschlag
                                                  Wolfgang Thielke

Inhalt

Verzeichnis der Abbildungen

Konflikte
sind keine Katastrophen,
sondern der Motor
der Persönlichkeitsentwicklung!

Einleitung

Oft verhalten wir uns in Konfliktsituationen falsch. Wir tun dies meist intuitiv – ohne viel zu überlegen. Im Laufe unserer individuellen *Entwicklung* haben wir den Großteil dieses Verhaltens gelernt. Wir ärgern uns über uns selbst und über andere, wenn wir unbeabsichtigt in einen Konflikt hineingeraten. Aber wir ärgern uns auch, wenn wir, um eine festgefahrene Situation wieder in Bewegung zu bringen, gewissermaßen als Durchgangsstation zu einer Problemlösung absichtlich einen Konflikt hervorrufen und wenn dieser unserer Steuerung entgleitet. Das macht uns unzufrieden.

Die wenigsten von uns haben zu Hause, in der Schule oder bei der Berufsausbildung gelernt, wie sie sich verhalten müssen, um nicht unbeabsichtigt in Konfliktsituationen hineinzugeraten oder – ist dies schon geschehen – den Konflikt nicht in unerwünschter Weise zu verschärfen, sondern ihn zu lösen. Meistens reagieren wir in solch schwierigen Situationen intuitiv. Das wiederum heißt: Wir folgen den mehr oder weniger zweckmäßigen oder unzweckmäßigen Verhaltensmustern unserer Vorbilder (z. B. Eltern, Lehrer, Ausbilder), die uns eher zufällig als Modell gedient haben. Wenn sich die auf solche Weise erworbenen Verhaltensmuster dann in konkreten Situationen als Fehlschläge erweisen, werden wir zunehmend verunsichert. Denn wir verfügen nicht über optimale Konfliktbewältigungs-Strategien. Wir haben auch nicht gelernt, wo wir die Ursachen des Fehlschlags suchen müssen, welche Verhaltensalternativen zur Konfliktprophylaxe oder zur Konfliktlösung besser geeignet sind als die von uns praktizierten.

GOTTSCHALL (1987) macht mit Recht darauf aufmerksam, daß Konflikte zwischen Personen, Gruppen oder ganzen Abteilungen selbstverständlicher Bestandteil des Berufsalltags sind. Wenn sie jedoch eskalieren, können sie ein Unternehmen in den Ruin treiben. Daher sollten sich gerade die Führungskräfte rechtzeitig und umfassend mit der Dynamik von Konflikten beschäftigen, zumal sie oft ursächlich an deren Entstehung beteiligt sind, um nicht unbeabsichtigt und unbemerkt in derart existenzgefährdende Konflikte hineinzuschlittern.

Meistens werden Konflikte als etwas Unerwünschtes betrachtet, das man unter allen Umständen vermeiden sollte. Das ist aber nur begrenzt richtig. Konflikte können auch eine kreative Funktion und motivierende Macht haben, worauf z. B. DELHEES (1979) und HIRZEL (1985) zu Recht hinweisen. Sie können absichtlich herbeigeführt werden mit dem Ziel, bisher unbeachtete Probleme einer Lösung zuzuführen, Wege zur Neuorientierung aufzuzeigen, Selbsteinsicht und Horizonterweiterung zu fördern. Manche notwendige Veränderung kommt durch die Einleitung und die Bearbeitung des Konflikts überhaupt erst in Gang.

Deshalb ist es auch sinnvoll zu lernen, wie man Ziele durch absichtliche Einleitung von Konflikten, durch Konfliktsteuerung und -bewältigung zuverlässig erreichen kann.

Wie ist das möglich?

Der erste Schritt heißt: sich sein eigenes Verhalten und das der Partner in der Konfliktsituation bewußtmachen, es analysieren und mögliche Verhaltensalternativen überlegen. Für welche Verhaltensalternative man sich am besten entschieden hätte — *nachher* ist man bekanntlich immer klüger! — oder bei einem künftigen gleichartigen Konflikt entscheiden würde, sollte man bedenken. Aus dem Resultat sollte man für sein künftiges Verhalten — soweit einem das aufgrund der Beschaffenheit der eigenen Persönlichkeit oder der äußeren Gegebenheiten möglich ist — Konsequenzen ziehen.

Die folgende Abhandlung soll Ihnen dabei helfen. Aber, bitte erwarten Sie kein Rezeptbuch, dessen Mixturen man mit Erfolgsgarantie jederzeit und in jeder Situation gedankenlos und automatisch verwenden könnte.

Wir versuchen in diesem Buch lediglich, Ihnen beim Prozeß des sich Bewußtmachens von Konfliktverhalten ein paar methodische Hinweise mit Hilfe von Modellvorstellungen zu geben. Alltagssituationen werden als Beispiele herangezogen, um Verhaltensalternativen mit möglichen Vor- und Nachteilen in das Blickfeld zu rücken.

Die ganze Breite und Tiefe von Persönlichkeiten, von Aktionen, Reaktionen, Interaktionen in Konfliktprozessen kann hier nur in einigen Ausschnitten exemplarisch dargestellt werden.

Einige Facetten der vielfältigen Problematik versuchen wir, in praktischen Beispielen aus verschiedenen Lebensbereichen zu erfassen.

Damit Sie diese hinsichtlich ihrer grundsätzlichen Bedeutung für die Beschäftigung mit Konfliktprozessen leichter einordnen können, unterziehen wir Konfliktverläufe einer Systembetrachtung.

An Modellvorstellungen verdeutlichen wir die Grundstrukturen der Konfliktentwicklung, des Konfliktablaufs und der Konfliktlösung unter Einbeziehung der verschiedenen Systemkomponenten (z. B. Konfliktursachen, Strukturen des aktuellen Konfliktes, mögliche Ziele und Lösungen, mögliche Maßnahmen mit ihren Vor- und Nachteilen). Auf diese Weise können nicht nur Konfliktgeschehnisse analysiert werden, um optimale Strategien zur Vorbeugung gegen Konflikte bzw. zur Konfliktlösung zu entwickeln. Vielmehr können Sie auch während oder nach einem gescheiterten Versuch des Konfliktmanagements zielstrebig die möglichen Ursachen im System identifizieren und — soweit das Modell für den konkreten Fall noch unvollständig ist — dieses entsprechend Ihren eigenen Erkenntnissen und Bedürfnissen ergänzen.

So können Sie Ihre Erfahrungen in für Sie selbst überschaubarer Weise zur Optimierung Ihres Verhaltens in künftigen Konfliktsituationen nutzen.

Die Darstellung geht in *Teil A* von den verschiedenen Merkmalen der *Kommunikation* innerhalb von Kommunikationsprozessen aus und behandelt ein formalisiertes *Grundmodell der Konflikt-Analyse*. Dieses wird dann noch weiter differenziert: nach den *Konfliktursachen,* den *Strukturkomponenten des aktuellen Konflikts,* möglichen *Zielen und Lösungen* sowie möglichen *Maßnahmen der Konfliktbehandlung*.

Im *Teil B* werden vor dem Hintergrund dieses Modells *Konflikt-Analyse, -Diagnose und -Bewältigung* entwickelt. Dabei gehen wir schwerpunktmäßig vor allem auf die verschiedenen Möglichkeiten der *Konfliktprophylaxe* und der *Konfliktbewältigung* ein: auf die *Prinzipien der Gesprächsführung* unter den speziellen Aspekten der Vorbereitung und Gestaltung der *Rahmenbedingungen* von Gesprächen, des *Aufbaus und Ablaufs von Gesprächen,* der *Partnerzentrierung* im Gespräch, der Kontrolle der *Körpersprache,* des gezielten Einsatzes von *Fragetechniken;* auf spezielle Techniken der *Einwandbegegnung,* des Vermeidens bzw. Neutralisierens von *Killerphrasen,* des Vermeidens von Gesprächshindernissen durch Berücksichtigung der Annahmen der *Transaktionsanalyse* und der Regeln der *themenzentrierten Interaktion.*

Teil C behandelt die vorsätzliche Induktion von Konflikten (management by conflicts), um festgefahrene Situationen wieder in Bewegung zu bringen. Gerade solche Initiativen bergen jedoch die Gefahr in sich, daß sie eine ungewollte Eigendynamik entwickeln, die vom Verursacher unter Umständen nicht mehr kontrolliert und beherrscht werden kann. Deshalb ist hier besondere Vorsicht geboten.

Außerdem wird im *Teil D* als weitere wichtige Systemkomponente die *Umsetzung von Informationen in Handeln* besprochen.

Sowohl in unseren Veranstaltungen der Erwachsenenbildung als auch bei der psychotherapeutischen Behandlung von Patienten hat sich gezeigt, daß zwar zur Konfliktvorbeugung wie zur Konfliktbewältigung einige Kenntnisse und Techniken theoretisch präsent sein müssen. Diese müssen aber in der konkreten Situation vom einzelnen mit seinen Möglichkeiten in die Praxis umgesetzt werden. Dazu bedarf es intensiver Übung unter fachkundiger Anleitung. Insofern werden Sie unseren Text vor allem als hilfreiche Unterstützung bei der Vorbereitung, Durchführung und Nachbereitung eines Verhaltenstrainings nutzen können. Sie sollten ihn schon vor Beginn des Trainings durcharbeiten, damit Sie beim Training auf Bekanntes zurückgreifen können. Während des Trainings haben Sie Gelegenheit, Ihre Übungen zu Techniken der Gesprächsführung, Fragetechniken usw. an Hand der Textinformation und der Beispiele zu kontrollieren und zu vertiefen.

Nach dem Training, wenn Sie das Gelernte im Alltag anwenden wollen, können Sie — bei Erfolgen wie bei Mißerfolgen — Ihr Gedächtnis durch neuerliche Lektüre der einschlägigen Abschnitte unterstützen und so auch längerfristig guten Lernerfolg erzielen.

Auch der Trainer wird manche Anregung für die theoretische Fundierung und die praktische Ausgestaltung seines Trainings finden.

Da es nicht Anspruch dieser Darstellung ist, ein Sammelreferat über die umfangreiche Thematik zu geben, wird der Leser — mit Ausnahme unmittelbar relevanter Zitatbelege — die aus wissenschaftlichen Schriften gewohnte umfangreiche Verweisung auf Literaturstellen möglicherweise vermissen. Wir haben deshalb unsere Literaturhinweise so ausgewählt, daß der an Spezialfragen Interessierte über unser *Literaturverzeichnis (Teil E)* unschwer dafür den Einstieg finden wird. Für Leser, denen die psychologische und kommunikationstheoretische Terminologie weniger geläufig ist, haben wir in einem *Glossar (Teil F)* einige Schlüsselbegriffe und Fremdwörter erklärt, um ihm die Orientierung zu erleichtern.

Der *Index (Teil G)* verbessert den Zugriff auf bestimmte Themenschwerpunkte über entsprechende Schlagworte.

A Konfliktmodelle

Konfliktgeschehen verstehen wir besser, wenn wir uns die verschiedenen Komponenten und Abläufe anhand von Modellen veranschaulichen können. Da wir uns hier hauptsächlich mit Konflikten befassen, die aus der Kommunikation zwischen zwei Menschen oder zwischen mehreren Beteiligten entstehen, haben wir in den folgenden Kapiteln zunächst einige grundsätzliche Informationen über Kommunikation und Kommunikationsmodelle unter Einbeziehung des Menschenbildes, das solchen Vorstellungen zugrunde liegt, zusammengestellt.

1 Kommunikation und Kommunikationsmodelle

Im allgemeinen reden wir von Kind an immer einfach drauflos mit der verinnerlichten Überzeugung, der Gesprächspartner werde uns schon richtig verstehen.

Dabei entwickeln wir beiläufig und im wesentlichen unbewußt die Überzeugung, richtige Kommunikation sei eine ganz normale Sache. Erst dann, wenn wir andere nicht mehr verstehen, stutzen wir. Das kann z. B. dann geschehen, wenn wir als Deutsche auf Englisch, Spanisch oder Chinesisch etc. angesprochen werden. In diesem Fall klappt die Kommunikation nicht mehr in gewohnter Weise.

Abbildung 1 Ausdrucksvolle Kommunikation

Wir erleben aber auch Kommunikationsstörungen, wenn der Lautsprecher auf dem Bahnhof oder in der Flughafenhalle plärrt, die Sprache der Ansager verzerrt und wenn wir deshalb die Durchsage nicht mehr verstehen können. Das führt dann zu der Frage: »*Was hat er eben gesagt? Hat der Zug Verspätung?*

Von welchem Gleis soll der Zug fahren?« bzw. *»Was ist mit dem Flugzeug? Wo sollen wir hinkommen?«*

Wenn wir die alltäglichen Kommunikationsfehler nur für seltene und bedauernswerte Ausnahmen in einem sonst intakten Kommunikationsverhalten betrachten, verwechseln wir womöglich die Ausnahme mit dem Regelfall. Vielleicht bilden wir uns ganz zu Unrecht ein, wir würden vom Gegenüber immer richtig verstanden. Möglicherweise versteht er — bei genauerem Hinsehen — das, was wir ihm mitteilen wollten, gar nicht genau so, wie wir es gemeint haben.

Es lohnt sich also, etwas genauer nachzusehen, wie Kommunikation zustande kommt und welche Fehler dabei auftreten können (s. Zuschlag 1992, S. 23—34 [Wie funktioniert Kommunikation?]):

Grundsätzlich versteht man unter *Kommunikation* Mitteilungen an andere, Informationsaustausch durch Sprache, Blick, Mimik (Ausdrucksbewegungen der Gesichtszüge), Gestik (Ausdrucksbewegungen der Gliedmaßen), Schrift.

Für die *Anwendung von Verhaltensregeln* zur Vorbeugung gegen Konflikte, zur bestmöglichen Bewältigung vorhandener Konflikte oder zum zielgerichteten Ingangsetzen und Steuern von Konflikten als Mittel dialektischer Problemlösungs- oder Entwicklungsprozesse (Mertens 1978, 50) ist für die Praxis hilfreich, sich vor Augen zu führen, welchen *Systemregeln* die *Kommunikation zwischen Menschen* folgt.

Dabei wird klarer, aus welchen *Ursachen* Konflikte entstehen und in welche Richtungen sie sich weiterentwickeln können. Mit diesem Wissen kann man leichter konfliktträchtige Situationen von vornherein vermeiden. Man kann auch schneller überblicken, wohin ein gerade entstehender Konflikt laufen wird, wenn man sich selbst in der einen (konfliktfördernden) oder anderen (konfliktdämpfenden bzw. konfliktlösenden) Weise verhält.

Dem Konversationslexikon (Brockhaus 1979) entnehmen wir die folgende Definition des Begriffes »Kommunikation«:

»(lat.); Austausch, Verständigung, Übermittlung und Vermittlung von Wissen; i.w.S. alle Prozesse der Übertragung von →Nachrichten oder →Informationen durch →Zeichen aller Art unter Lebewesen (Menschen, Tiere, Pflanzen) und/oder techn. Einrichtungen (Maschinen) durch techn., biolog., psych., soziale u. a. Informationsvermittlungssysteme.

Zum Kommunikationsprozeß gehören im wesentlichen 3 Elemente:
ein Sender (Kommunikator),
eine Nachricht (Mitteilung, Aussage)
und ein Empfänger (Rezipient, Adressat).

Dieser Prozeß umfaßt die zwischenmenschliche Kommunikation (direkte Kommunikation von Angesicht zu Angesicht mittels Sprache, Mimik, Ausdruck usw. als Verständigungsmittel) ebenso wie die Informationsübertragung mittels techn. →Nachrichtensysteme (indirekte Kommunikation, z. B. durch →Massenkommunikation, →Telekommunikation, wobei 3 Voraussetzungen erfüllt sein müssen, damit Kommunikation im Sinne einer Verständigung zustande kommt:

Abbildung 2 Sender und Empfänger

1. Die zu vermittelnden Gedanken oder Absichten des Kommunikators müssen in ein kommunizierbares Zeichensystem umgewandelt werden (z. B. Schrift, in der Nachrichtentechnik →Codierung, in der Datenverarbeitung →Code).
2. Die Zeichen müssen in physikal. Signale transformiert und mittels techn. Medien (z. B. Rundfunk, Fernsehen, Telefon) übertragen werden.
3. Der Adressat muß die empfangenen Zeichen deuten und durch Interpretation die ihm vermittelte Bedeutung erschließen (Decodierung).
   Je mehr Übereinstimmung im Zeichenvorrat zwischen Kommunikator und Rezipient herrscht, desto größer ist die Verständigungsmöglichkeit durch Kommunikation.
   Die theoretischen Grundlagen zur Erforschung des Kommunikationsprozesses liefert die →Informationstheorie.«

Ausgangspunkt der menschlichen Kommunikation ist also die *Frage:* Was »passiert« zwischen zwei Menschen, wenn sie miteinander »kommunizieren«?

Beim Prozeß der Informationsübertragung sind grundsätzlich folgende Komponenten beteiligt:

— *Kommunikator*	Sender; er gibt Informationen durch Sprache, Blick, Mimik, Gestik, Schrift usw.
— *Kommunikant*	Empfänger; er erhält die Information des Kommunikators
— *Kommunikations-Mittel*	sprachliche oder nichtsprachliche Zeichen
— *Kommunikations-Kanäle*	a) akustisch, optisch, taktil b) von Mensch zu Mensch; über Medien: Presse, Funk, Film, Fernsehen; Musik, Malerei.
— *Kommunikations-Inhalte*	a) Sachinformation b) Information über Gefühle und Beziehungen

Die zwischen diesen Kommunikationsmerkmalen bestehenden Verbindungen lassen sich in einem Modell (LANGER et al. 1974, SCHULZ v. THUN 1984) anschaulich darstellen:

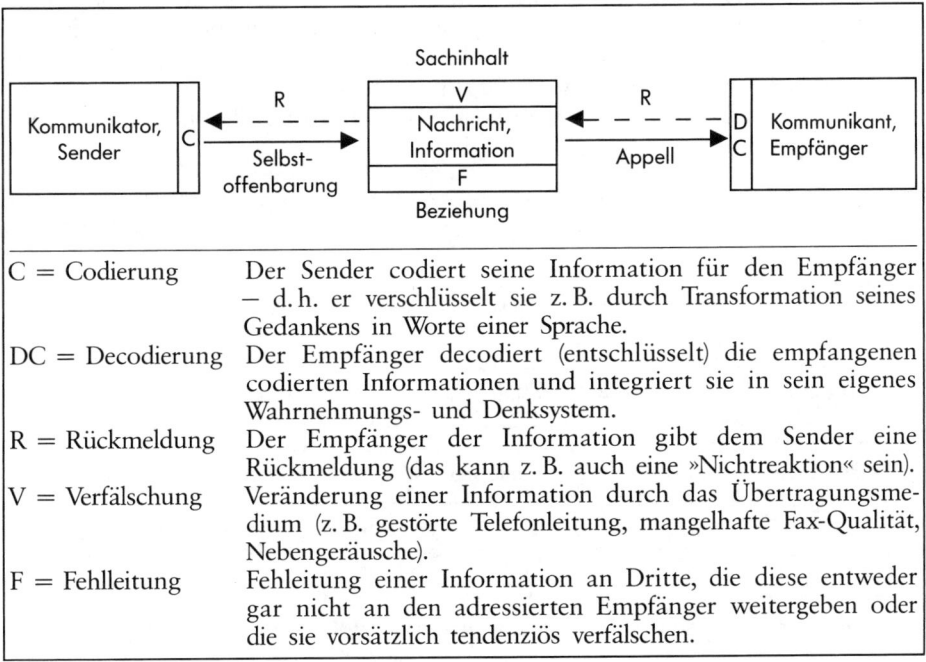

C = Codierung	Der Sender codiert seine Information für den Empfänger — d.h. er verschlüsselt sie z.B. durch Transformation seines Gedankens in Worte einer Sprache.
DC = Decodierung	Der Empfänger decodiert (entschlüsselt) die empfangenen codierten Informationen und integriert sie in sein eigenes Wahrnehmungs- und Denksystem.
R = Rückmeldung	Der Empfänger der Information gibt dem Sender eine Rückmeldung (das kann z.B. auch eine »Nichtreaktion« sein).
V = Verfälschung	Veränderung einer Information durch das Übertragungsmedium (z.B. gestörte Telefonleitung, mangelhafte Fax-Qualität, Nebengeräusche).
F = Fehlleitung	Fehlleitung einer Information an Dritte, die diese entweder gar nicht an den adressierten Empfänger weitergeben oder die sie vorsätzlich tendenziös verfälschen.

Abbildung 3 Sender-Empfänger-Modell

Der Sender übermittelt seine Nachricht gleichzeitig aus 4 unterschiedlichen Perspektiven an den Empfänger:

Sachinhalt: Worüber ich informiere.
                             Mitteilung von Sachverhalten (z. B. »Die Ampel zeigt Rot.«).

Selbstoffenbarung: Was ich von mir selbst kundgebe.
                             Gewollte Selbstdarstellung des Senders (z. B.: »Ich bin müde.«) oder unfreiwillige Selbstenthüllung (z. B.: »Der Sender spricht deutsch.«).

Beziehung: Was ich von dir halte und wie wir zueinander stehen.
                             Beziehung kommt nicht nur im Sprachinhalt zum Ausdruck, sondern auch durch Tonfall, Mimik und Gestik (z. B.: Bevormundung einer Heranwachsenden durch den Vater oder fachliche Autorität des Professors gegenüber seinen Studenten).

Appell: Wozu ich dich veranlassen möchte.
                             Nachrichten haben meist den Zweck oder die Wirkung, auf andere Einfluß zu nehmen (z. B.: »Ich möchte dein Buch haben.« oder: »Ich brauche dringend einen Gesprächspartner für meine persönlichen Probleme.«).

Häufig konzentrieren sich die Gesprächspartner ausschließlich auf den Sachaspekt ihrer Kommunikation und vergessen dabei den wichtigen Beziehungsaspekt. Dadurch entstehen oft ungewollt und unbemerkt unnötige Kommunikationsprobleme und im Gefolge Konflikte.

Im Rahmen dieses Modells können wir den Kommunikationsprozeß noch weiter analysieren:

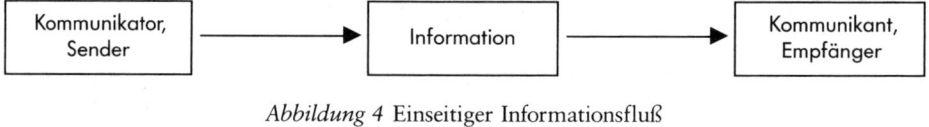

Abbildung 4 Einseitiger Informationsfluß

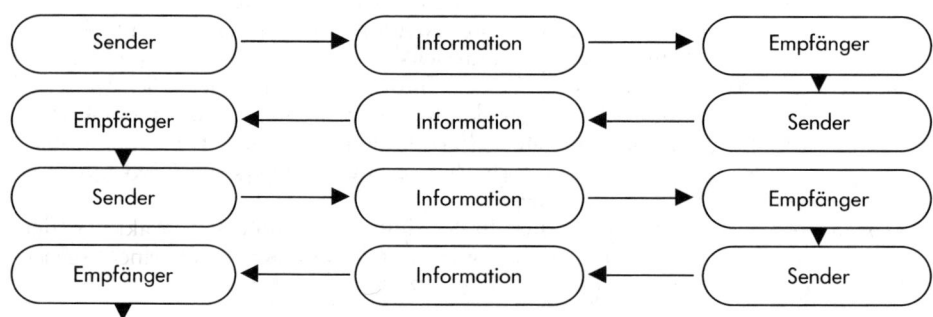

Abbildung 5 Wechselseitiger Informationsfluß

Zunächst erfolgt Kommunikation in *einer* Richtung. Bleibt es dabei, entstehen nahezu unausweichlich Probleme dadurch, daß der Empfänger der Informationen nicht reagieren und z. B. Mißverständnisse nicht aufklären kann oder Ärger in sich aufstaut.

Beim wechselseitigen Informationsfluß erhält der Sender *Rückmeldungen* darüber, ob und wie seine Informationen beim Empfänger angekommen sind. Er kann sich im weiteren Gespräch darauf einstellen. Es ensteht eine *Interaktion* zwischen Sender und Empfänger. Nach JONES & GERARD (1967) gibt es folgende Varianten, deren unterschiedliche Auswirkungen man beachten sollte:

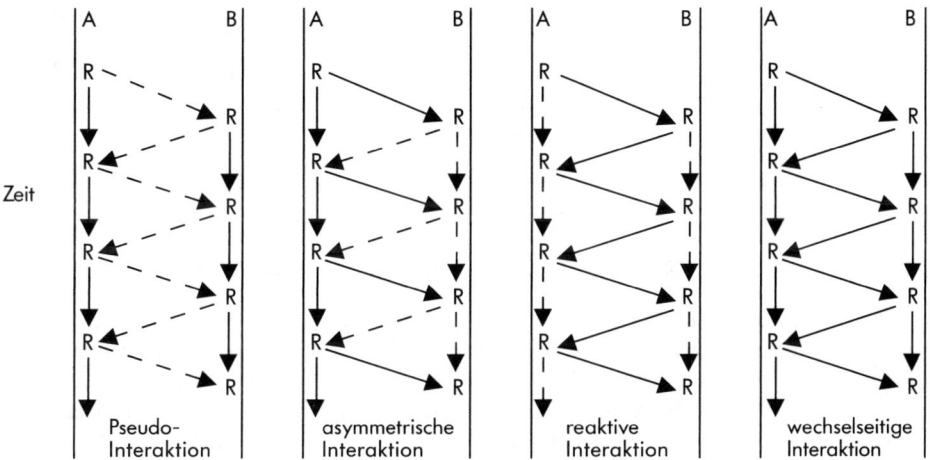

(Durchgezogener Pfeil = Hauptdeterminante, gestrichelter Pfeil = Nebendeterminante sozialer Beeinflussung)

Abbildung 6 Verschiedene Formen von Interaktionen

»Bei der *Pseudo-Interaktion* liegt keine eigentliche Wechselwirkung vor; Handeln unter Berücksichtigung des Verhaltens des anderen findet kaum statt; jeder der beiden Interaktionspartner verfolgt seine eigene Absicht.

Bei der *asymmetrischen Interaktion* handelt einer der Partner überwiegend nach eigener Absicht, während der andere sein Verhalten primär nach dem Verhalten des ersten Partners ausrichtet.

Die *reaktive Interaktion* bezeichnet den Grenzfall, in dem das Verhalten beider Partner ohne eigene Intention vonstatten geht, vielmehr nur Reflex auf das Verhalten des anderen ist.

Erst die *wechselseitige Interaktion* stellt die echte symmetrische Interaktionssituation dar: Jeder der beiden Partner richtet sein Verhalten sowohl nach seiner eigenen Intention als auch nach dem tatsächlichen oder zu erwartenden Verhalten des anderen aus.«

(Zit. n. MERTENS 1978, 59–60)

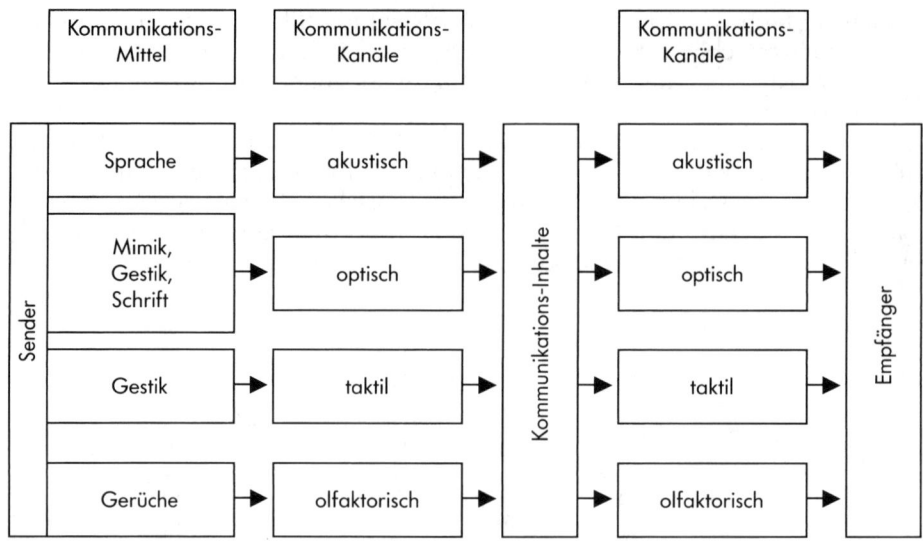

Abbildung 7 Kommunikations-Mittel und -Kanäle

Kommunikations-Mittel ist nicht nur die Sprache!
Auch Mimik, Gestik, Schrift, Gerüche sind wichtige Kommunikations-Mittel, die optisch, über Tast- oder Geruchssinn ihre Wirkung entfalten. Dabei kann man nicht ohne weiteres davon ausgehen, daß z. B. eine Geste des Senders bei diesem die gleiche Bedeutung hat wie bei dem Empfänger der gestischen Information.

Manche Witze greifen z. B. sprachliche Mißverständnisse vergnüglich auf:
Mitteilung: *»Vorige Woche waren wir in Aida.«*
Antwort: *»Wir können die italienische Sonne nicht vertragen, deshalb fahren wir im Sommer immer nach Dänemark.«*

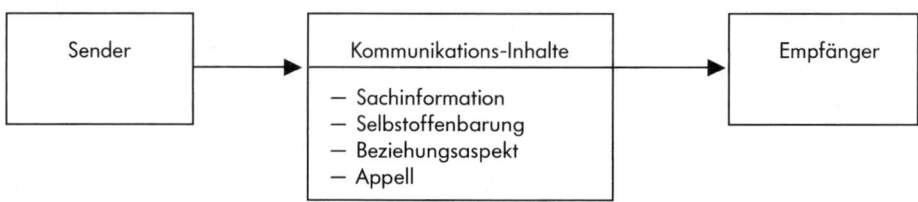

Abbildung 8 Kommunikations-Inhalte

Zu beachten ist, daß der Informations-Inhalt nicht nur aus dem Sachaspekt besteht, sondern auch Aspekte der Selbstoffenbarung (des jeweiligen Sprechers), des Appells an den Gesprächspartner und der zwischen den Gesprächspartnern bestehenden Beziehung enthält. Die ausschließliche Betonung eines Einzelaspekts unter Vernachlässigung der übrigen führt erfahrungsgemäß sehr schnell zu Mißverständnissen und Konflikten.

Eingriffe in das Kommunikationssystem

Die Kommunikations-Modelle geben uns Anhaltspunkte dafür, wo Konflikte in der Kommunikation entstehen können — *nämlich in jeder einzelnen Systemkomponente!* — und an welchen Stellen wir mit Maßnahmen ansetzen können, um dem Enstehen von Konflikten vorzubeugen oder sie zumindest abzuschwächen, wenn nicht gar zu beseitigen. Solche Eingriffe dürfen, wenn sie erfolgreich sein sollen, nicht nach Belieben irgendwo im System erfolgen, sondern nur gezielt und dosiert an der kritischen Systemkomponente.

Spricht z.B. der Sender einen tauben Empfänger an, wird es wenig nützen, wenn er lauter schreit, um seine Information doch noch zu übermitteln. In diesem Fall muß er den Informationskanal wechseln: die Information nicht akustisch, sondern optisch geben — wie z.B. durch Aufschreiben oder Bilderzeigen.

> Sie werden nicht verstanden?
> Was machen Sie denn falsch?

Merkt der Sender, daß eine Sachinformation vom Empfänger nicht akzeptiert wird und daß weitere Erklärungen auch nicht weiterhelfen, liegt die Störung der Kommunikation möglicherweise gar nicht auf der Sachebene, sondern auf der Beziehungsebene. Der Empfänger mißtraut dem Sender z.B., weil er ihn persönlich für unehrlich hält. Dann ist dies der kritische Punkt für die Maßnahmen zur Beseitigung des Kommunikationsproblems.

Hierzu zwei *Beispiele* aus dem Alltag über die Bedeutung des Beziehungsaspekts:

Ein Ehepartner sagt: »Der Hausschlüssel liegt schon wieder nicht auf seinem Platz!« Der Satz enthält zum einen eine Sachinformation, zum anderen aber auch eine über die reine Information über den Hausschlüssel hinausgehende Aussage. Diese könnte beispielsweise lauten: »Du hast sicher bei deiner Schlampigkeit den Hausschlüssel mal wieder verlegt! Ich verlange, daß du ihn sofort suchst und auf seinen Platz legst!« Der erste Aspekt betrifft die Sachinformation (»Der Hausschlüssel ist nicht an seinem Platz.«). Der zweite Aspekt betrifft den Empfänger der Kommunikation. Er beschreibt die Beziehung des Senders der Kommunikation zum Empfänger (»Ich finde dich schlampig und erwarte von dir, daß du sofort suchst.«).

An einem anderen *Beispiel* wird dies noch deutlicher:

Frau Adler trifft Frau Prahler, die eine neue Halskette trägt. Frau Adler deutet auf die Kette und fragt: »Sind das echte Perlen?« Erfragt wird eine bestimmte Information über die Perlen. Gleichzeitig beschreibt Frau Adler durch den Tonfall ihrer Stimme, durch den Gesichtsausdruck, durch den Zusammenhang (Kontext), in dem sie die Frage stellt, ihre Beziehung zu

Frau Prahler. Diese Beziehung kann beispielsweise durch Sachlichkeit, Freundlichkeit, Bewunderung, Neid oder Mißgunst geprägt sein.

Der Beziehungsaspekt einer Kommunikation ist weitgehend unabhängig von ihrer Sachinformation, d. h. in unserem Fall von der Frage, ob die Perlen echt sind oder nicht: Möglicherweise ist Frau Adler sogar an dem Frageinhalt überhaupt nicht interessiert, sondern benutzt ihn lediglich, um ihre Beziehung zu Frau Prahler zum Ausdruck zu bringen. Der Beziehungsaspekt wird gegenüber der Sachinformation der Kommunikation ganz in den Vordergrund rücken, wenn die Beziehung zwischen Frau Adler und Frau Prahler »ungesund«, also konfliktgeladen ist. In solchen Fällen kann die Kommunikation sogar zum bloßen Beschreiben von Beziehungen dienen, wobei die Sachinformation völlig bedeutungslos bleibt.

Abbildung 9 Offene und verdeckte Kommunikation als Beziehungsproblem

Wir können nicht mit einem anderen kommunizieren, ohne daß sich gleichzeitig in der Art der Kommunikation unsere Beziehung zu diesem Partner widerspiegelt. Unser Partner muß wiederum in irgendeiner Weise auf diese Beziehung, wie er sie wahrgenommen hat, reagieren: er kann sie annehmen, ablehnen oder ganz neu definieren. Das kann zu einer Auseinandersetzung führen, in der die Sachinformation unserer Kommunikation mit dem Partner völlig unbedeutend wird. Konzentriert sich der eine Partner auf die Sachinformation, der andere dagegen auf den Beziehungsaspekt, reden sie aneinander vorbei. Meinungsverschiedenheiten sind sehr viel schwerer auszuräumen, wenn ein vorhandener Beziehungskonflikt weder als solcher wahrgenommen noch beseitigt wird. Ist ein Beziehungsproblem offenkundig, dann ist am ehesten

Abhilfe dadurch zu schaffen, daß das Problem offen angesprochen und bewußt gemacht wird. Dazu bedarf es allerdings viel Einfühlungsvermögens in die Person und die Situation des Gesprächspartners. Er könnte nämlich durch Unterschreiten der von ihm selbst gewünschten Distanz in eine Abwehrhaltung geraten, die die Konfliktlösung nicht nur nicht erleichtert, sondern sogar erschwert und unter Umständen auf unabsehbare Zeit völlig blockiert.

Festzuhalten ist also, daß es für die Vorbeugung oder Beseitigung von Kommunikationsstörungen keine allgemein verbindliche Handlungsempfehlung gibt. Vielmehr müssen die kritischen Stellen innerhalb des jeweiligen Kommunikationssystems mit den oben genannten System-Komponenten in spezifischer Ausprägung (d. h. persönlicher Eigenart von Sender, Empfänger, Kommunikations-Mitteln, -Kanälen und -Inhalten) aufgesucht, analysiert und beseitigt werden. Diese Aufgabe ist nicht leicht, aber auch nicht unlösbar, was viele alltägliche Erfahrungen erfreulicherweise bestätigen.

> Kommunikation ohne Nachdenken ist Mißverständnis ohne Ende!

2 Kommunikation und Menschenbild

Unser Menschenbild – unsere grundsätzliche Sichtweise –, das Wahrnehmen, Einschätzen und Beurteilen unserer Mitmenschen, hat einen nicht zu unterschätzenden Einfluß auf den Ablauf von Kommunikationsprozessen zwischen zwei Menschen und damit zugleich auf den Grad, in dem das Verhalten des einen und die Reaktion des anderen zu Konflikten führt.

In der Literatur wird das Phänomen als *selbsterfüllende Prophezeihung* beschrieben. Schon der Soziologe MERTON (1948) beschreibt die Beobachtung, daß die Wahrscheinlichkeit eines bestimmten Verhaltens eines Menschen zunimmt, wenn dieses Ereignis bzw. dieses Verhalten *erwartet* wird. Als Erklärung des Phänomens wird angenommen, daß die Erwartungen, die an das Individuum gestellt werden, von diesem sukzessiv als Selbstkonzept übernommen werden und für ein bestimmtes Verhalten ursächlich sind.

Dieses Phänomen spielt auch bei den pädagogischen Maßnahmen eine wichtige Rolle. So haben ROSENTHAL und JACOBSEN (1971) dargelegt, daß die von Lehrern gegenüber dem Schüler gehegten Erwartungen, Einstellungen, Überzeugungen und Vorurteile das vom Schüler gezeigte Verhalten tatsächlich beeinflussen.

Ohne daß gelegentlich geltend gemachte kritische Einwendungen gegen diese Interpretation übersehen werden, lassen sich doch für das eigene Verhalten nützliche Konsequenzen ziehen:

Ich muß damit rechnen, daß meine negative Einstellung gegenüber einem Mitmenschen von diesem bewußt oder unbewußt wahrgenommen wird und daß er entsprechend negativ darauf reagiert. Das ist für mich unerwünscht. Deshalb versuche ich, zumindest da, wo ich es mir bewußt machen kann, mein negatives Menschenbild durch ein positives zu ersetzen. Denn, wenn ich anderen Menschen mit einer positiven, sie akzeptierenden Einstellung gegenübertrete, kann ich auch am ehesten erwarten, daß sie ihrerseits mir gegenüber mit einer positiven Einstellung darauf reagieren. Zumindest ist die Wahrscheinlichkeit groß, daß der Gesprächspartner meine freundliche Kontaktaufnahme nicht aggressiv zurückweist, sondern vielmehr ebenso freundlich darauf eingeht. Andernfalls würde er sich nämlich schlecht benehmen. Und wer will das schon?

Wie äußert sich ein *negatives Menschenbild* im täglichen Umgang miteinander? Die folgenden *Beispiele* kann jeder aus seinem eigenen Erlebnis- und Erfahrungsbereich ergänzen:

– Lassen Sie das mal, das können Sie sowieso nicht!
– Das konnte ja auch nur ihm passieren!
– Das mache ich schon lieber selber (denn: der andere ist zu dumm, zu ungeschickt).

Abbildung 10 a Voreingenommenheit und ihre Auswirkung: Positive Voreinstellung

Abbildung 10 b Voreingenommenheit und ihre Auswirkung: Negative Voreinstellung

- Womit habe ich das bloß verdient? (Die Welt ist böse! Andere wollen mir ein Bein stellen!)
- Sie haben auch immer eine Ausrede parat! (Andere machen laufend Fehler und versuchen, sich dann herauszureden − und gegebenenfalls sogar noch, mir die Schuld in die Schuhe zu schieben.)
- Dieser Mitarbeiter arbeitet nur unter Zwang und Druck. (Er ist arbeitsunwillig und muß zur Arbeit gezwungen werden.)

Ob wir so etwas nur denken oder auch aussprechen: in jedem Fall verhalten wir uns unseren Mitmenschen gegenüber entsprechend dieser unserer Einschätzung. Dadurch sind Tatsachen geschaffen, an denen unsere Mitmenschen nicht vorbeikönnen. Sie müssen darauf reagieren − und sie tun das auch − und meistens so, wie es uns dann gar nicht mehr gefällt.

Andererseits kann unser *positives Menschenbild* bei anderen Menschen Vertrauen und Sympathie erwecken und dadurch eine freundliche Atmosphäre schaffen:

- Unterschätzen Sie sich nicht. Fangen Sie ruhig an! Sie können das schon!
- So etwas kann jedem passieren. Sie werden das schon wieder in Ordnung bringen.
- Das können Sie ganz selbständig machen. Dazu brauchen Sie mich gar nicht.
- Ich schätze Sie persönlich als Mitarbeiter. Über diesen Fehler müssen wir aber ausführlich sprechen, damit Sie ihn künftig vermeiden.
- Ich versuche, Ihre Argumente zu verstehen. Vielleicht können Sie diese für mich noch etwas konkretisieren.

Man muß nicht mit jedem Gesprächspartner einer Meinung sein. Wichtig ist jedoch, daß man ihn als Menschen ernstnimmt und achtet. Unterstellungen und persönliche Diffamierungen belasten das Gesprächsklima und schaffen eine Grundlage für unnötige Konflikte.

Immer schön *Mensch* bleiben!

3 Was ist ein »Konflikt«?

Störungen innerhalb des Kommunikations-Prozesses können zu Konflikten führen, deren Ursachen und Strukturen vielfältig sind.
Was versteht man unter Konflikt?
Was ein »Konflikt« ist, weiß sozusagen gefühlsmäßig jeder. Wer sich aber damit nicht zufrieden geben will, der kann z. B. im Konversationslexikon nachlesen (MEYER 1992, Bd. 12, S. 89 f.):

»**Konflikt** [lat., zu confligere ›zusammenschlagen‹], Zwiespalt, Auseinandersetzung, Streit [zw. Personen, Staaten u. a.]; auch innerer Widerstreit von Motiven, Wünschen, Bestrebungen.
■ (sozialer K.) Interessengegensatz und daraus folgende Auseinandersetzungen verschiedener Intensität und Gewaltsamkeit zw. Personen, Gruppen, Organisationen, Gesellschaften, Staaten, Staatengruppen. Inhalt von K. sind Differenzen über Werte, Lebensziele, Status-, Macht- oder Verteilungsverhältnisse. Über die Entstehung von K. konkurrieren verschiedene Theorien: Die biologisch orientierte Verhaltensforschung geht von der Annahme nicht variabler biolog. Grundtriebe beim Menschen aus, postuliert ein allg. Potential von Aggression und erhebt den K. damit zu einem ›natürl.‹ sozialen Tatbestand. Sozialpsychologie und Soziologie führen K. zurück auf Gegensätzlichkeiten zw. den psych. Antrieben und Motivationen der Menschen einerseits und den (Normen)ansprüchen gesellschaftl. Ordnung andererseits oder auf Widersprüche im Gefüge der für den Menschen verbindl. Verhaltensnormen selbst (sozialstruktureller Konflikt). Vom Marxismus werden die K. auf die Eigentumsverhältnisse zurückgeführt.«

Aus fachlicher Sicht definieren die verschiedenen Konfliktforscher Konfliktgeschehen demzufolge z.T. recht unterschiedlich, wie dies eine kleine Auswahl von Beispielen verdeutlicht:

BOULDING (1962) definiert den Konflikt folgendermaßen:

»Conflict may be defined as a situation of competition in which the parties are aware of the incompatibility of potential future positions and in which each party wishes to occupy a position that is incompatible with the wishes of the other.«

Oder (HOFSTÄTTER 1959, 1977; DORSCH 1976):

»Im Prinzip lassen sich alle Konfliktsituationen aus dem gleichzeitigen Bestehen oder Anlaufen von mindestens zwei Verhaltenstendenzen erklären.«

ULICH (1971) nennt Konflikte »den Kampf der Motive«: das Gegeneinander-
stehen oder Gegeneinanderwirken von mehreren Trieben, Strebungen, Wünschen, Willensregungen usw. Nach MAECK (1979) ist Konflikt »die Erscheinung
der sich überschneidenden Interessen von Individuen oder von Gruppen bzw.
Individuen und Gruppen«. Sowie BERKEL (1985): von Konflikten spricht man,
»wenn zwei Elemente gleichzeitig gegensätzlich oder unvereinbar sind«.

Das Prinzip läßt sich durch das klassische Beispiel von Buridans Esel zwischen zwei Heuhaufen (nach MILLER 1944) veranschaulichen:

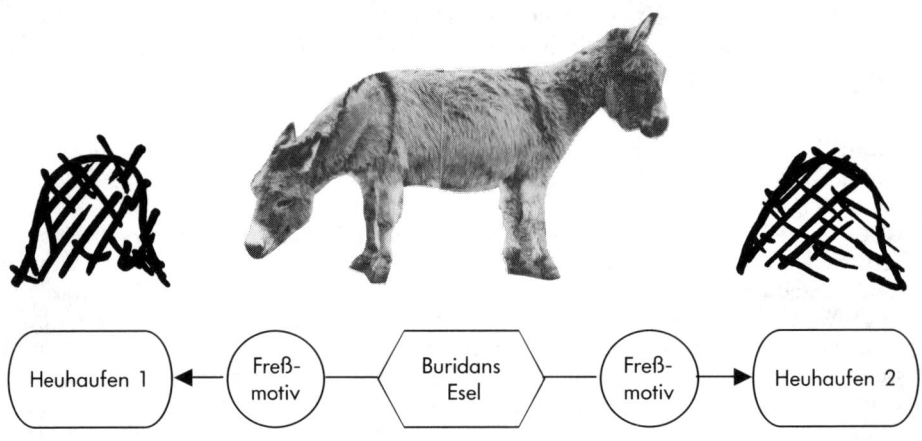

Abbildung 11 Buridans Esel

Der Esel fühlt sich mit gleicher Motivstärke zu jedem der beiden gleichweit
von ihm entfernten Heuhaufen getrieben, die er fressen möchte.

Ohne einen zusätzlichen Handlungsantrieb müßte er zwischen den beiden
Heuhaufen verhungern. Das wird allerdings in der Praxis nicht geschehen,
weil von innen oder von außen neue handlungssteuernde Reize auf den Esel
zukommen werden, die nach einiger Zeit das linke oder rechte Freßmotiv
durch weitere Motive (z. B. interessierte Hinwendung zu Geräuschen und
damit einhergehende Stellungsänderung) so anreichern, daß eine Entscheidung
getroffen wird. Man kan unterscheiden zwischen Tendenzen, die sich auf das
Erreichen eines Zieles richten (Appetenz), und solchen, die der Vermeidung
gefürchteter Eventualitäten (z. B. Schmerz, Lächerlichkeit) dienen (Aversion).

Unter diesem Gesichtspunkt lassen sich verschiedene Arten von Konflikten
definieren. Einzelheiten werden im Abschnitt über »Ursachen von Konflikten«
ausführlicher dargestellt.

Auf die zahlreichen Versuche der Erstellung von Konflikttypologien (vgl. PON-
GRATZ 1961, LEHR 1965, FEGER 1978) soll nicht im einzelnen eingegangen wer-

den. Die hier vorgeschlagene Typologie von Konfliktursachen orientiert sich vor allem an den pragmatischen Bedürfnissen des Praktikers im Hinblick auf die Bewältigung konkreter Konflikte, z. B. im Berufsleben, im Familien- oder Freundeskreis.

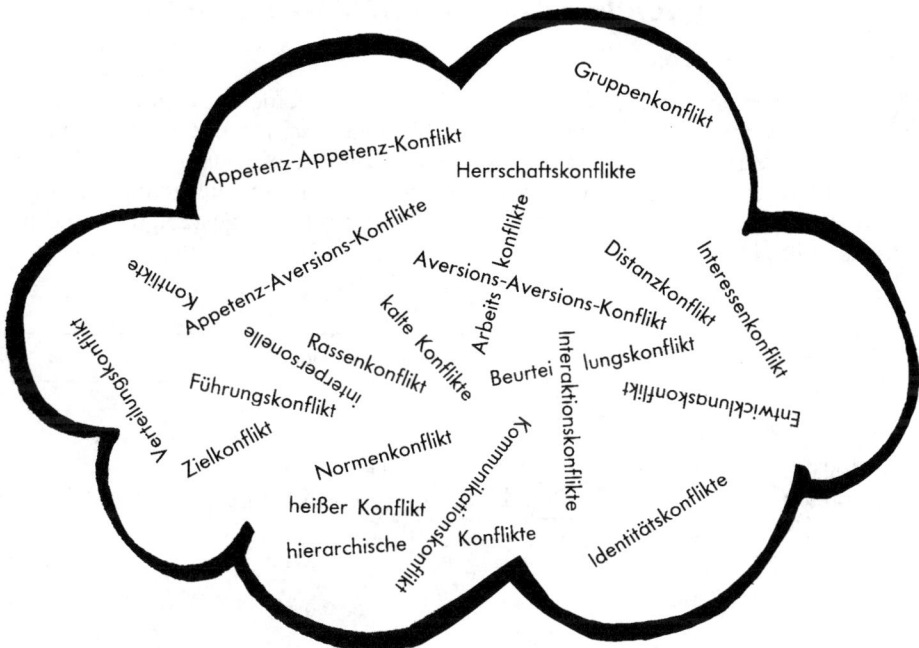

Wenn Sie sich hautnah in eine ganz besonders unterhaltsame Art von Konflikten einarbeiten wollen, dann können Sie das unter Anleitung von BERGMANN (1992) mit Nachbarschaftskonflikten tun (»*Giftzwerge. Wenn der Nachbar zum Feind wird.*«).

Vielleicht erkennen Sie dann nicht nur die ernsten Seiten solcher Konflikte besser, sondern auch die heiteren und skurrilen. Kennen Sie vielleicht auch Mitmensch(inn)en, die von der tiefsinnigen Empfehlung der Inschrift am Apollotempel in Delphi ›ΓνῶΘι σεαυτόν‹ (Erkenne dich selbst!) (BÜCHMANN 1991) profitieren könnten. Solche Streithähne würden vermutlich ganz spontan jeden Nachbarschaftsstreit einstellen, um weiteren Ärger zu vermeiden und um sich nicht (selbst unbemerkt, aber von der Umwelt mitleidig belächelt) lächerlich zu machen.

4 Grundmodell der Konflikt-Analyse

Will man einen gerade ablaufenden Konflikt mit einer bestimmten Zielsetzung beeinflussen hinsichtlich der Ursachen seines Entstehens und seines weiteren Verlaufs — gegebenenfalls unter Einbeziehung von den vorhersehbaren Ablauf verändernden Eingriffen —, kann man sich die grundsätzlichen Systemzusammenhänge mit Hilfe des in Abbildung 12 dargestellten Grundmodells der Konflikt-Analyse verdeutlichen:

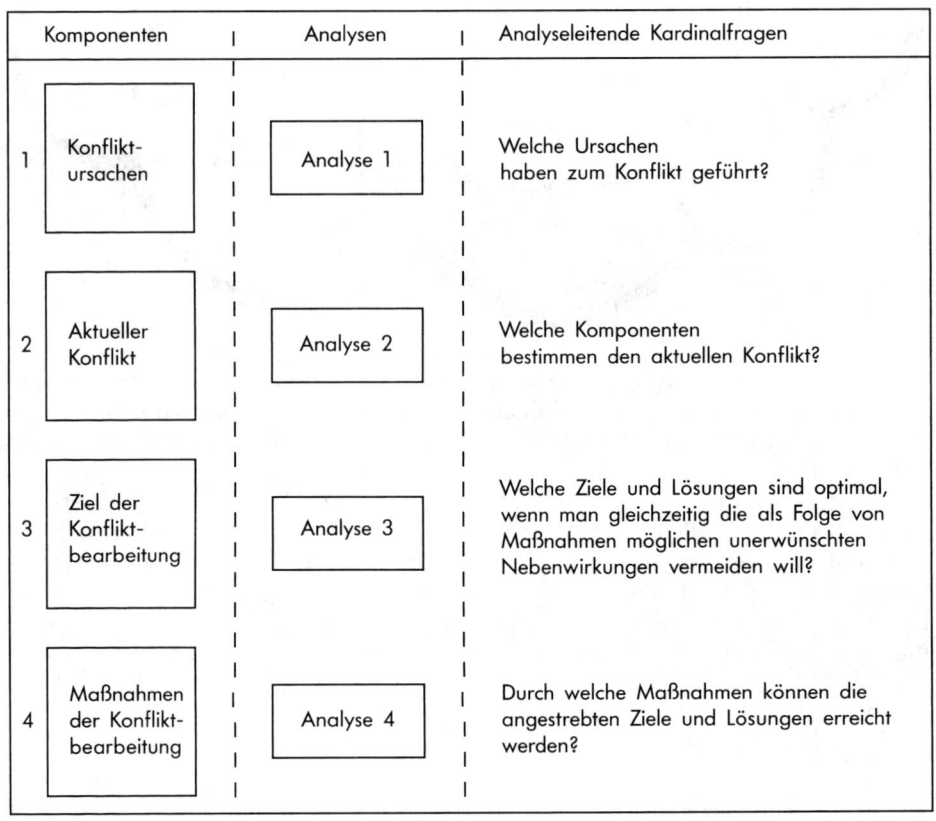

Abbildung 12 Grundmodell der Konflikt-Analyse

Das Modell setzt voraus, daß jeder aktuelle Konflikt eine oder mehrere Ursachen hat. Maßnahmen der Konfliktbearbeitung können demzufolge beim aktuellen Konflikt, aber auch schon bei den Ursachen ansetzen.

Man muß die Kern- und Rahmenbedingungen jeder einzelnen Konfliktkomponente analysieren, um nicht auf Grund von falschen Annahmen über die Konfliktursachen, durch Fehleinschätzung der Bedeutung eines aktuellen Konflikts, durch falsche Auswahl von Maßnahmen der Konfliktbearbeitung oder durch Fehleinschätzung der verfolgten Ziele den Konflikt unabsichtlich zu verschärfen. Bei der Durchführung der einzelnen Analysen können die im rechten Teil der Abbildung aufgeführten Leitfragen hilfreich sein. Insbesondere ist bei der Analyse der Wirkungen von beabsichtigten Maßnahmen auf mögliche Nebenwirkungen zu achten, die unter Umständen den Konflikt nicht abschwächen oder beseitigen, sondern entgegen der Absicht eskalieren. Was gemeint ist, mag folgendes *Beispiel* verdeutlichen:

Er (neutral): »*Ich lade dich zum Essen ein.*« Sie (1,70 cm, 125 kg Lebendgewicht; zurückhaltend): »*Sehr lieb von dir. Aber ich mache gerade eine Abmagerungskur.*« Er (neutral): »*Das macht doch nichts. Auf ein paar Kalorien mehr oder weniger kommt es doch bei deiner Figur gar nicht an.*«	Er ist voll ins Fettnäpfchen getreten: Er wollte das Problem abschwächen, hat aber durch die Bemerkung gleichzeitig offenbart, daß die liebe Bekannte jedermann bereits als »fette Plumpskuh« bekannt ist und daß Abnahmeversuche daran kaum etwas nachhaltig ändern werden.

Das auf den ersten Blick noch recht einfach erscheinende Modell umfaßt jedoch verkürzt einen hochkomplexen Systemzusammenhang, der deutlicher hervortritt, wenn man den Ablauf von Konflikten systematisch und im Detail betrachtet. Den Einstieg dazu vermittelt Abbildung 13, die das erweiterte Grundmodell der Konflikt-Analyse zeigt.

Prinzipiell ist davon auszugehen, daß Konflikte zunächst irgendwie *entstehen*. Zu irgendeinem Zeitpunkt ist der Konflikt dann *entwickelt; er besteht.* Dies bedeutet jedoch noch nicht, daß er auch *bemerkt* wird. Viele Probleme, die Menschen im Umgang miteinander haben, resultieren gerade daraus, daß existierende Konflikte unbemerkt bleiben. Sie können also nicht (bewußt) *aufgearbeitet* werden. Deshalb sollte man die persönlichen oder die Arbeitsbeziehungen zu anderen Menschen des öfteren daraufhin überprüfen, ob sie durch Konflikte belastet werden. Stellt man das Vorhandensein eines Konfliktes fest, kann man entscheiden, ob man den Konflikt weiterhin »übersehen« will oder ob man ihn bearbeiten möchte.

Hält Sie allerdings Ihre eigene Behäbigkeit von jeder Art von situationsändernder Initiative ab, dann bleibt eben alles beim alten!

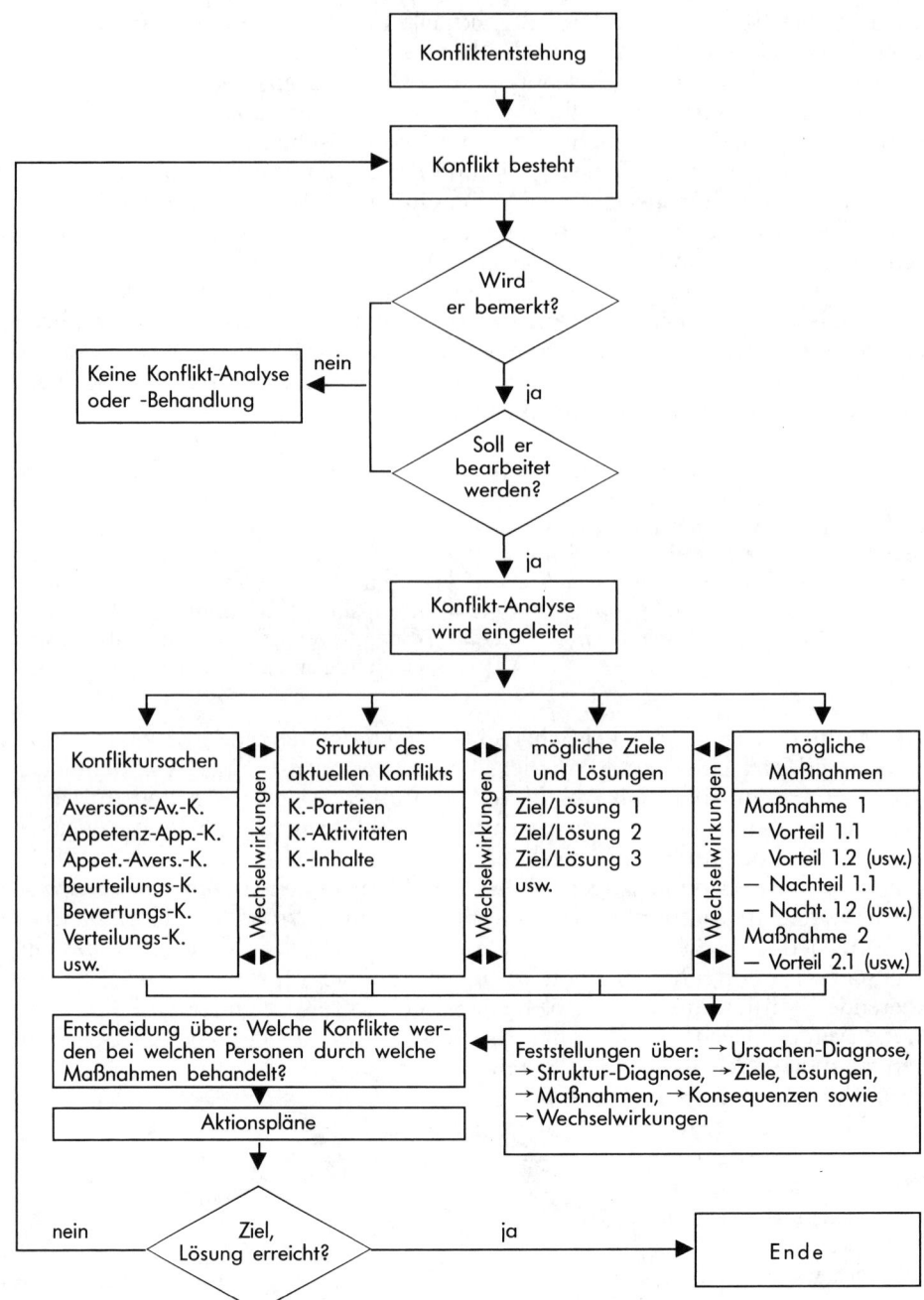

Abbildung 13 Erweitertes Grundmodell der Konflikt-Analyse

Will man einen bestehenden Konflikt aufarbeiten, wird man ihn zunächst analysieren müssen. Die Analyse konzentrieren wir auf die bereits aus dem einfachen Grundmodell der Konflikt-Analyse bekannten vier Schwerpunkte:

1. Analyse der Konfliktursachen,
2. Analyse der Struktur des aktuellen Konflikts,
3. Analyse möglicher Ziele und Lösungen sowie
4. Analyse möglicher Maßnahmen und Konsequenzen.

Abbildung 13 zeigt die verschiedenen Stationen der Konfliktbearbeitung. Zunächst versuchen wir, den Konflikt nach seinen ursächlichen Bedingungen zu klassifizieren, z. B. Aversions-Aversions-Konflikt, Appetenz-Appetenz-Konflikt, Appetenz-Aversions-Konflikt, Beurteilungs-Konflikt, Bewertungs-Konflikt, Verteilungs-Konflikt usw. Die Struktur des aktuellen Konflikts wird bestimmt durch die beteiligten Konfliktpartner bzw. Konfliktparteien, die beobachtbaren Konfliktaktivitäten sowie die sachlichen oder emotionalen Konfliktinhalte. Verschiedene Ziele der Konfliktbehandlung und Lösungen mit unterschiedlichen positiven wie negativen Konsequenzen sind denkbar. Sie lassen sich aus den Bedingungen des Einzelfalls ableiten. Bei den möglichen Maßnahmen, die zur Konfliktlösung eingesetzt werden können, sind jeweils neben den verschiedenen denkbaren Vorteilen auch mögliche Nachteile in Betracht zu ziehen, um nicht unbemerkt möglicherweise völlig neue Konflikte zu induzieren. Kompliziert wird das System und unsere Analyse-Arbeit vor allem dadurch, daß zwischen Konfliktursachen, aktuellem Konfliktgeschehen, Zielen und Lösungen sowie möglichen Maßnahmen und Konsequenzen Wechselwirkungen bestehen, deren konkrete Auswirkungen auf den weiteren Konfliktverlauf oft nur schwer abzuschätzen sind. In jedem Fall wird die Analyse der vier Komponenten des Konfliktgeschehens zu einer Diagnose der Ursachen und der Struktur des aktuellen Konflikts sowie zu Überlegungen zu den unter den gegebenen Bedingungen optimal erscheinenden Zielen, Lösungen und Maßnahmen führen. Am Ende steht die Entscheidung darüber, bei welchen Konflikten und bei welchen der am Konfliktgeschehen beteiligten Personen durch welche Maßnahmen — unter Berücksichtigung der möglichen Konsequenzen! — Einfluß auf die weitere Entwicklung genommen werden soll. Gesteuert wird diese Entscheidung in hohem Maße durch die Art und Weise der angestrebten Ziel- und Lösungsvorstellungen. Ist die Entscheidung schließlich gefallen, können Aktionspläne erstellt werden, die das Vorgehen bei der Beeinflussung und Steuerung des weiteren Konfliktgeschehens im einzelnen festlegen. Nach der Verwirklichung dieser Aktionspläne stellt sich die Frage, ob die angestrebten Ziele und/oder Lösungen erreicht worden sind. Wenn ja — ist die Konfliktbehandlung beendet. Wenn nein — ist erneut festzustellen, was zu Beginn des Ablaufdiagramms nach der Konfliktentstehung bereits aufgeführt wurde: der Konflikt besteht (noch). Das Verfahren über die Entscheidung der Notwendigkeit der Konfliktbearbeitung usw. beginnt dann wieder von vorn.

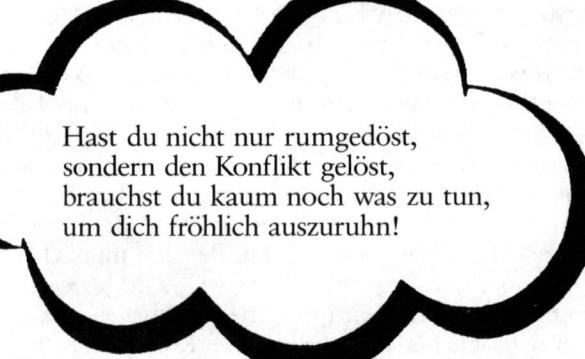

Hast du nicht nur rumgedöst,
sondern den Konflikt gelöst,
brauchst du kaum noch was zu tun,
um dich fröhlich auszuruhn!

5 Modell des Konfliktverlaufs

Man kann das unter A4 dargestellte Grundmodell der Konflikt-Analyse im Sinne von DELHEES (1979, 15; ähnlich: HIRZEL 1985, 199 ff.) hinsichtlich des Konfliktablaufs noch modifizieren und erweitern:

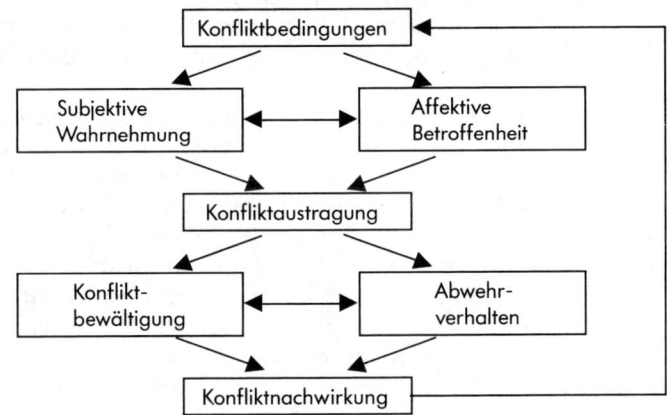

Abbildung 14 Konfliktverlauf

Besondere Beachtung verdienen:

| Subjektive Wahrnehmung |

Die Konfliktursachen, der aktuelle Konflikt, Aktion und Reaktion, der Konfliktverlauf, Zielsetzung und mögliche Ergebnisse werden jeweils subjektiv und u. U. von allen am Konflikt Beteiligten unterschiedlich wahrgenommen. Das hängt z. B. von Persönlichkeitseigenschaften und Lebenserfahrungen des Betroffenen ab.

| Affektive Betroffenheit |

Sie ist abhängig von der gefühlsmäßigen Ansprechbarkeit (»dickes Fell«, »dünnhäutig«, »nahe an's Wasser gebaut«, »geht über Leichen« usw.).

| Abwehrverhalten |

Angriffe reizen zur Verteidigung oder zum Gegenangriff. Innere Abwehr (z. B. Widerwillen) und äußere Abwehr (z. B. giftige Angriffe, Schreien, Schimpfen) sind verschiedene Manifestationen.

| Konfliktnachwirkung |

Durch Konflikte können Beziehungen belastet oder auch geklärt und verbessert werden. Die Nachwirkungen richten sich sowohl auf die weitere Abwicklung des durch den Konflikt betroffenen Problems als auch auf die künftige Voreinstellung und das Vorgehen bei der Bewältigung neuer Konflikte. Positive wie negative Lernergebnisse können Nachwirkungen entfalten.

Die hier aufgeführten Aspekte des Konfliktgeschehens haben ihre besondere Bedeutung nicht nur im Rahmen der Konflikt-Analyse, sondern vor allem bei der Auswahl und Dosierung der Maßnahmen, mit denen Konflikten zu begegnen ist, durch die sie gesteuert und zum positiven Ergebnis geführt werden können.

Selbstverständlich können solche umfangreichen Analysen nicht in jedem Fall mit wissenschaftlicher Sorgfalt und Genauigkeit durchgeführt werden. Vielfach sind wir in der Praxis auf unsere Erfahrung und auf die Intuition des Augenblicks bei der Bewältigung von Konflikten angewiesen. Die Beschäftigung mit dem insgesamt sehr komplizierten System bleibt Ihnen jedoch nicht erspart, wenn Sie nicht nur Augenblickslösungen anstreben, sondern ein Problem grundsätzlich aufarbeiten oder künftigen Problemen zugleich vorbeugen wollen. Sie werden dann im Einzelfall nicht schnell und voreilig in Konfliktgeschehen eingreifen, ohne zuvor die möglichen positiven und negativen Folgen sorgfältig abgeklärt zu haben. Andererseits eröffnet Ihnen die Systematik auch die Möglichkeit, beim Scheitern einer Intervention zur Lösung eines Konfliktgeschehens nachzuforschen, an welcher Stelle der Fehler zu suchen ist. Vielleicht haben Sie die falsche Ursache vermutet, vielleicht einen Konfliktpartner übersehen, vielleicht gravierende Nachteile von Interventionsmaßnahmen nicht genügend beachtet, oder vielleicht sind auch die Ziele und angestrebte Lösungen unter den gegebenen Umständen nicht praxisgerecht gewesen.

Welche Theorie ist gut?
Ist doch klar: nur die, die mir
wirklich in der Praxis die Lösung
meines Problems erleichtert!
Andere Theorien werfe ich gleich weg.

B Konflikt-Analyse, -Diagnose und -Bewältigung

Neben den in Abschnitt A 5 dargestellten Aspekten des Konfliktverlaufs sind in dem hier beginnenden Abschnitt B weitere Aspekte zu betrachten, die vor allem für die Handlungsplanung eines Konfliktmanagers maßgebliche Bedeutung haben. Schon KRÜGER (1979) hat auf die Entwicklungsreihe »Konfliktentstehung, Konfliktwahrnehmung, Konfliktanalyse« hingewiesen. Nach unserer Auffassung muß dem eine Konflikt-Diagnose folgen, die auf der Grundlage der Konfliktursachen, der Konfliktstruktur und der möglichen Konsequenzen die Wertigkeit des Konflikts und die eventuellen Lösungsmöglichkeiten für die Beteiligten berücksichtigt. Daraus folgt konkret die Konflikt-Bewältigung als weiterer Schwerpunkt in der Konfliktentwicklungssequenz.

Die beiden streiten sich.
Das ist offensichtlich ein Konflikt!

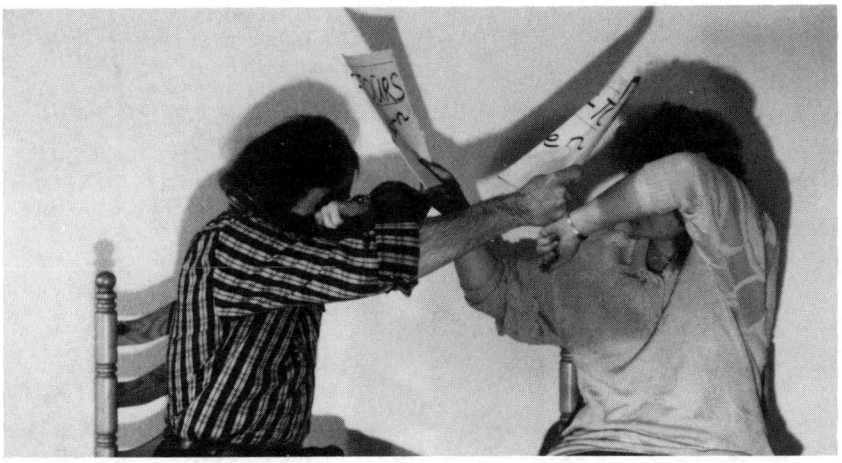

Abbildung 15 a Konflikt-Analyse, -Diagnose und Bewältigung: Konflikt-Analyse

Abbildung 15 b Konflikt-Analyse, -Diagnose und Bewältigung: Konflikt-Diagnose

Abbildung 15 c Konflikt-Analyse, -Diagnose und Bewältigung: Konflikt-Bewältigung

1 Konfliktbedingungen

Unter Konfliktbedingungen verstehen wir diejenigen Bedingungen, die in den Bereichen
- der Fakten (z. B. Geldknappheit, bauliche Gegebenheiten)
- der Persönlichkeit (z. B. Eigenschaften, Fähigkeiten, Interessen, Werthaltungen)
- der sozialen Beziehungen (z. B. Kommunikationspartner, Abhängigkeiten) oder der betrieblichen Organisation (z. B. Verhaltensvorschriften, Hierarchie, Zuständigkeiten)

bestehen.

Einige etwas konkretere Hinweise über die von solchen Rahmenbedingungen für Konflikte ausgehenden Probleme gibt die folgende Aufstellung:

1. Konfliktbedingungen in Gestalt von Fakten
- Nationalität (Bedingungen des Geburts- bzw. Aufenthaltslandes)
- Berufs- und Einkommensmöglichkeiten (z. B. Verteilung von Armut und Reichtum im Lande)
- allgemeine Lebensbedingungen (z. B. kulturelle Traditionen)
- klimatische Bedingungen und Naturereignisse
- allgemeine Lebenserwartung (z. B. Gesundheitssystem, Seuchengefahr)

Werttypus	Orientierung
1. Der Theoretische	Beherrschendes Interesse am systematischen Denken und Arbeiten. Hauptziel: Wissen ordnen und systematisieren.
2. Der Ökonomische	Beherrschendes Interesse am Wirtschaftsgeschehen oder an dem, was Nutzen bringt. Er glaubt an Praxis statt an Theorie.
3. Der Ästhetische	Beherrschendes Interesse an den schönen Seiten des Lebens.
4. Der Soziale	Beherrschendes Interesse ist der Mensch und die sozialen Beziehungen. Er ist warm und menschlich in seinen Ansichten.
5. Der Religiöse	Beherrschendes Interesse an konfessionellen, mystischen und metaphysischen Belangen.
6. Der Politische	Beherrschendes Interesse an Macht, nicht nur im politischen Leben, sondern auch in anderen Lebensbereichen, etwa im Betrieb. Er strebt nach Einfluß und Kontrolle über andere Menschen; er will führen.

Abbildung 16 Die elementaren Wertorientierungen der Persönlichkeit (n. SPRANGER 1921)

2. Bedingungen in der Persönlichkeit

- körperliche Statur und Gesundheit
- psychische Kräfte und Leistungsvermögen
- unbewältigte Konflikte (z. B. Nachwirkungen unterdrückter und nicht gelöster Konflikte)
- Motivationen und Werthaltungen (z. B. Hierarchie der Bedürfnisse nach MASLOW, 1980; Wertorientierungen von Personen nach SPRANGER, 1921)

3. Bedingungen sozialer Beziehungen

- Einordnung in Familie und Gesellschaft
- Einordnung in Schule und Beruf
- materielle und soziale Abhängigkeiten
- Umgangshäufigkeit im Rahmen von Sozialkontakten
- Kommunikationsbarrieren (z. B. physisch, psychologisch, technisch)

4. Im Bereich von betrieblichen Organisationen

- Organisation der Hierarchie
- Verhaltensvorschriften (z. B. Einengung der Handlungsfreiheit bezüglich der Regelung der Arbeitszeit)
- Zuständigkeiten
- Wertorientierungen von Unternehmen (nach SHARTLE 1950)

Werttypus	Orientierung
1. Größe	Eine Unternehmung soll wachsen, sich vergrößern. Ein großes Budget ist besser als ein kleines.
2. Leistung	Weiterkommen, Entwicklung, Leistung werden hoch bewertet.
3. Schnelligkeit	Möglichst schnell mit der Arbeit fertig sein, ein Problem in einer statt in zwei Stunden lösen – das alles wird in der Unternehmung hoch bewertet.
4. Zufriedenheit	Es ist besser, zufrieden statt unzufrieden zu sein. Eine Lösung, mit der jeder zufrieden ist, wird einer anderen Lösung vorgezogen, die nicht alle befriedigt.
5. Neuheit	Neue Ideen und Objekte sind besser als alte.
6. Effizienz	Die effizientere Organisation ist die bessere.
7. Wechsel	Veränderungen, Anpassung an veränderte Verhältnisse, Wechsel (etwa im Verkaufsangebot) werden hoch bewertet.
8. Unabhängigkeit	Es ist besser, unabhängig als abhängig zu sein. Etwas aus eigener Kraft erreichen, ohne fremde Hilfe in Anspruch zu nehmen, wird vorgezogen.

Abbildung 17 Die grundsätzlichen Wertorientierungen der Unternehmung (n. SHARTLE 1950)

Die Liste solcher Konfliktbedingungen läßt sich nahezu unbegrenzt erweitern. Die hier angeführten Beispiele können daher nur als Hinweis darauf verstanden werden, daß bei der Bearbeitung konkreter Konflikte u. U. eine sehr genaue Analyse solcher im speziellen Fall relevanten Konfliktbedingungen erforderlich sein kann. Nur wenn man die Systembedingungen kennt, kann man einigermaßen zuverlässig auf mögliche Konfliktursachen schließen und Konfliktbewältigungsstrategien entwickeln, die nicht völlig von der Realität abgehoben sind, sondern den vorgegebenen Rahmen der Konfliktbedingungen berücksichtigen. Ansonsten müßte man eine wesentlich höhere Wahrscheinlichkeit für das Scheitern der Konfliktbewältigungsmaßnahmen ansetzen.

2 Ursachen von Konflikten

Manchmal liegen die Konfliktursachen auf der Hand. In anderen Fällen muß man lange nach den richtigen Ursachen suchen, weil sie entweder überhaupt nicht erkennbar oder hinter vorgeschobenen Ursachen versteckt sind. So dürfte es z. B. äußerst schwierig sein, die tatsächlichen Ursachen für das Ost-West-Rüstungsdilemma korrekt auszumachen. Welche politischen Machtstrebungen, welche weltanschaulichen Werthaltungen, welche persönlichen und finanziellen Interessen (z. B. der Rüstungsindustrie) schaffen, schüren und erhalten solche Konflikte?

Nichtsdestoweniger lohnt es sich auch in solchen Fällen, nach den wahren Ursachen zu suchen. Man wird gerade bei systematischer Analyse des Ursachengeflechts schließlich doch die eine oder andere Ursache ausmachen und vielleicht beseitigen können. Dadurch erreicht man zumindest eine gewisse Konfliktentschärfung, wenn auch nicht die zufriedenstellende Konfliktlösung.

Hautnäher sind indessen die alltäglichen Konflikte in der Familie, in der Freizeit und im Berufsleben. Hier kann sich der einzelne dem Konfliktgeschehen, in das er selbst unmittelbar involviert ist, noch sehr viel weniger entziehen als z. B. dem oben erwähnten internationalen Konfliktgeschehen, dessen Lösung er eher den damit befaßten Politikern überläßt, da er den Erfolg von Eigeninitiativen geringer einschätzen würde.

2.1 Einstellungen und Verhaltensmotive

Unabhängig von der im Einzelfall spezifischen Konfliktursache oder vom konkreten Anlaß des Entstehens oder der Wahrnehmung eines Konfliktes kann man grundsätzlich sagen: Persönliche Einstellungen und Verhaltensmotive im Sinne von Handlungsantrieben sind letztlich die maßgeblichen Konflikt-Konstituenten. Ausschlaggebend ist nämlich nicht, ob ein Außenstehender eine bestimmte Situation oder Interaktion als Konfliktgeschehen einordnet. Vielmehr ist dafür die subjektive Bewertung durch die Beteiligten maßgeblich.

So kann z. B. autoritäres Verhalten von Vorgesetzten zu konflikthaften Auseinandersetzungen mit selbstbewußten Mitarbeitern führen, die autoritäre Anordnungen nicht ohne weiteres akzeptieren. Das gleiche autoritäre Verhalten des Vorgesetzten kann jedoch zu völlig konfliktfreier Interaktion führen, wenn Mitarbeiter, z. B. aufgrund ihrer Erziehung oder Weltanschauung die Rollenfestlegung zwischen autoritären Vorgesetzten und Mitarbeitern, die sich diesen unterzuordnen haben, akzeptieren und als Verhaltensnorm bereits verinnerlicht haben.

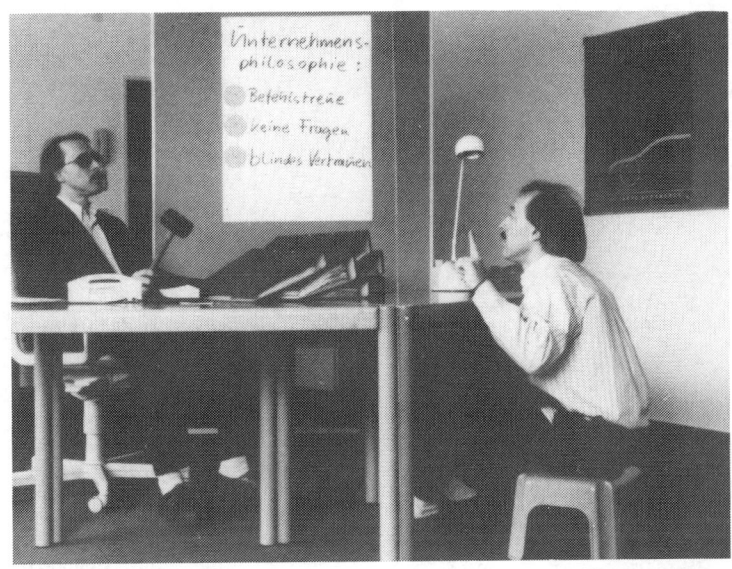

Abbildung 18 Autoritäre Rollenverteilung

Genau dies ist der Grund, weshalb man im Einzelfall die Einstellungen und Handlungsantriebe der an einem Geschehen Beteiligten kennen bzw. erforschen muß. Nur so kann man mit einiger Zuverlässigkeit richtig einschätzen, ob hier im Bewußtsein der Beteiligten ein Konflikt besteht, der gelöst werden muß. Und wenn man zu dem Ergebnis kommt, daß hier ein Konflikt bewußt ist, wird man leichter zu wirkungsvollen Strategien des Konfliktmanagements kommen, wenn man die Handlungsantriebe nach Art und Stärke bestimmen kann. Andernfalls wir man leicht Maßnahmen einleiten, die weder qualitativ noch quantitativ auf die tatsächlichen Ursachen zugeschnitten sind, sondern aufgrund von Fehleinschätzungen entweder zu gar keinem Erfolg oder möglicherweise sogar zu gänzlich unerwünschten Wirkungen oder Nebenwirkungen führen.

Will man sich verdeutlichen, mit welchen Handlungsantrieben unter Umständen gerechnet werden muß, kann die Hierarchie der Bedürfnisse von Maslow (1980), hier modifiziert für die betriebliche Situation durch Stopp (1982), herangezogen werden (siehe Abbildung 19).

Solche Bedürfnisse bestimmen unser Alltagsleben. Sie steuern unbemerkt unseren Tagesablauf und werden erst bewußt, wenn man einmal darüber nachdenkt, weshalb man etwas Bestimmtes eigentlich tut:

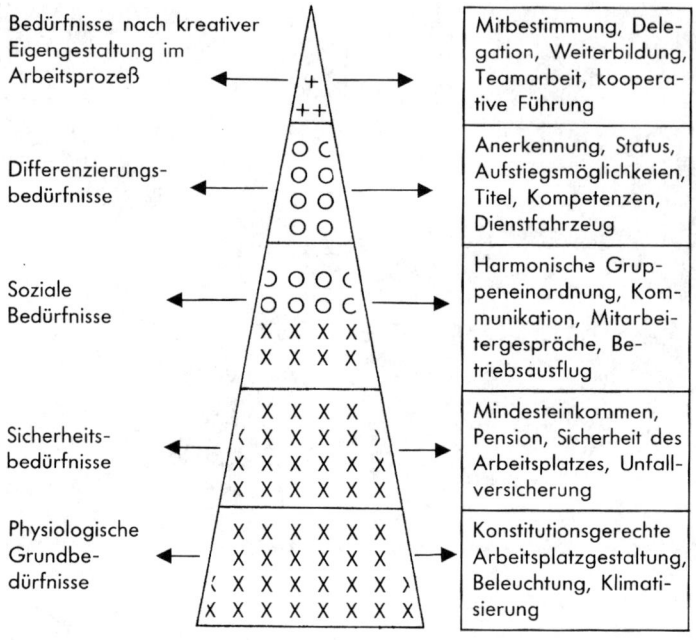

+++ = Gegenwärtig nur gering befriedigte Bedürfnisse
OOO = Gegenwärtige Ansatzpunkte betrieblicher Motivation
XXX = Größtenteils bereits befriedigte Bedürfnisse

Abbildung 19 Bedürfnishierarchie (n. STOPP 1982)

Weshalb stehe ich morgens so früh auf?
Weshalb frühstücke ich?
Weshalb trinke ich Kaffee, weshalb Tee, weshalb etwas anderes?
Weshalb esse ich Brötchen oder Vollkornbrot oder ...?
Weshalb benutze ich die Bahn (Zug, Straßenbahn) zu einer bestimmten Zeit?
Weshalb fahre ich mit meinem Fahrzeug durch diese und nicht durch eine andere
Straße? usw.

Wenn Sie sich einmal in einer stillen Stunde die Mühe machen, solche Fragen ganz ehrlich vor sich selbst zu beantworten, um sich auch Rechenschaft
darüber abzulegen, weshalb Sie gerade dies tun, weshalb Sie es gerade auf
diese Weise tun und etwas anders nicht — oder doch nicht so —, dann werden
Sie Ihre eigenen Handlungsantriebe etwas genauer kennenlernen. Sie werden
feststellen, daß Ihr Handeln manchen äußeren Zwängen unterliegt, daß Sie
sich aber auch mehr oder weniger freiwillig Selbstbeschränkungen auferlegen
und attraktive oder für Sie vielleicht auch weniger attraktive Handlungsalter-
nativen nicht in Betracht ziehen.

Wir haben uns im Rahmen von Seminaren über sachgerechte Kundenbetreuung in einem Dienstleistungsunternehmen Gedanken darüber gemacht, welche Bedürfnisse Kunden haben, wenn sie Leistungen dieses Unternehmens in Anspruch nehmen.

Die folgenden *Beispiele* mögen zeigen, was für ein breites Spektrum von Kundenbedürfnissen das Interesse an der Inanspruchnahme solcher Dienstleistungen steuern kann.

Der Kunde möchte, wenn er z. B. Leistungen eines Technischen Überwachungs-Vereins in Anspruch nimmt:

— die Zeit möglichst gut ausnutzen
— Planungszeiten und Kosten möglichst gering halten
— unnötige Kosten von Planungsfehlern sparen
— Produktion möglichst schnell aufnehmen
— Rentabilität steigern
— möglichst viel Geld verdienen
— Wettbewerbsvorteile gewinnen und nutzen
— Personalkosten senken (z. B. durch Personaleinsparungen und Rationalisierung)
— überzeugende Gutachten erhalten, um Nachteile in der Sache und kostspielige Zweitgutachten zu sparen
— Ausbildungskosten sparen, wenn das Know-how des Beraters genutzt werden kann
— durch behördengerechte Aufarbeitung/Vorbereitung der Unterlagen Zeit und Kosten sparen
— durch den Berater Entlastung von Nebentätigkeiten, die vom Verfolgen des eigentlichen Ziels (Produktion, Absatz) abhalten
— Einsparung von Aushilfen für nur gelegentlich anfallende Arbeiten — wenn sie das Dienstleistungsunternehmen mitübernimmt
— Energiekosten sparen durch Optimierung der Betriebsparameter
— Wartungskosten senken
— Investitionen für Prüfgeräte sparen, wenn der Berater die Prüfung sachgerecht durchführt
— Abnahmeverfahren verkürzen — wenn die Bauüberwachung abnahmegerecht Unterlagen/Dokumentationen liefert
— Kosten des Genehmigungsverfahrens durch Vermeidung nachträglicher Änderungen und Fehlinvestitionen senken
— Projekte sicher kalkulierbar machen
— Verwaltungskosten sparen dadurch, daß der Berater kostenlos an Prüftermine erinnert
— durch regelmäßige Überwachung der Anlagen Kosten sparen, die unvorhergesehene Ausfälle verursachen würden
— Kosten-Nutzen-Verhältnis der Anlagen verbessern
— Lebensdauer der Anlagen erhöhen
— Einzelprüfungen kostengünstig zusammenlegen
— Unterstützung/Beratung für den Umgang mit allen möglichen technischen Problemen
— Werbewirksamkeit der Produkte vergrößern durch Qualitätsplakette

— Produktionsausfällen vorbeugen, die durch unvorhergesehene Umweltschutz-Einsprüche enstehen können
— Den Kostenfaktor »Unfall« senken

Gerade für Gespräche und Verhandlungen mit anderen Menschen — hier z. B. mit Kunden — ist es außerordentlich wichtig zu erkennen, daß bestimmte Grundbedürfnisse — z. B. entsprechend den in der Abbildung nach STOPP zitierten hierarchisch geordneten Bedürfnissen — zunächst zufriedengestellt sein müssen. Erst danach kann sich der Gesprächspartner überhaupt auf ein Sachgespräch konzentrieren. So wird man ohne weiteres verstehen, daß der Kunde abgelenkt oder aggressiv sein wird, wenn er unausgeschlafen ist. Auch wenn er gegen seine Müdigkeit ankämpfen muß, wenn er ausgehungert und durstig zunächst einmal eine ordentliche Mahlzeit benötigen würde, oder wenn er befürchten muß, beim Gespräch mitten auf einer verkehrsreichen Straßenkreuzung in allernächster Zeit von einem Fahrzeug totgefahren zu werden, verändert sich sein Verhalten entsprechend.

Unabhängig davon, ob man im einzelnen mit den Bedürfnisformulierungen und den Zuordnungen der Motive übereinstimmt, bleibt die allgemeine Feststellung: zunächst müssen normalerweise Grundbedürfnisse (z. B. Hunger, Durst) befriedigt sein, ehe höhere Bedürfnisse (z. B. Anerkennung, Prestige, ästhetische Umgebung) ins Blickfeld treten. In keinem Fall dürfen wichtige Bedürfnisse außer acht gelassen werden, wenn zu befürchten ist, daß dadurch eine Verhandlung scheitern könnte.

Konzentriert man sich beim Umgang mit dem Kunden auf die falsche Ebene innerhalb der Hierarchie der Handlungsantriebe, braucht man sich nicht über Mißerfolge beim Verhandeln zu wundern. Dabei sollte man auch beachten, daß die Hierarchie der Bedürfnisse nicht für alle Menschen gleich ist. So legt der eine größeren Wert auf einen netten Freundeskreis und auf eine zufriedene Familie, während Titel und öffentliche Anerkennung für ihn nachrangig sind; bei anderen kann es gerade umgekehrt sein.

Deshalb muß man im Einzelfall jeweils mit viel Fingerspitzengefühl herauszufinden versuchen, welche Bedürfnisse gerade dieser Gesprächspartner eben in diesem Augenblick hat. Dazu gehört nicht nur das hier vermittelte grundlegende Wissen, sondern auch eine gute Portion Menschenkenntnis und Lebenserfahrung.

Wir sollten uns nicht der Illusion hingeben, alle Handlungsantriebe bei uns selbst oder bei anderen erfassen zu können. Trotzdem ist es hilfreich, sich im Einzelfall — sei es bei der Lösung von privaten, sei es bei der Lösung von Konflikten in der Arbeitswelt — mehr Klarheit zu verschaffen. Unter Verwendung des folgenden Schemas (s. Abb. 20) kann man für die Vorbereitung eines Kundengesprächs die Interessenlage der Beteiligten analysieren.

Diese Gesprächsvorbereitung führt schon frühzeitig zur gedanklichen Auseinandersetzung mit den Bedürfnissen und Wünschen des Gesprächspartners. Wir bilden bereits vor dem Gespräch Hypothesen und können diese dann im Gespräch selbst überprüfen und gegebenenfalls an die tatsächlichen Gegebenheiten anpassen. Dadurch gelingt es uns leichter, uns auf den Gesprächspartner einzustellen und nicht an seiner Interessenlage vorbei zu argumentieren.

Persönliche Bedürf-nisse des Kunden:	Betriebsbezogene Bedürfnisse des Kunden:	Was der Kunde vom Anbieter der Leistung konkret für die Lösung seines Problems erwartet:	Sonstige Motive/ Wünsche d. Kunden:
A	B	C	D
Persönliches Jahres-einkommen um 20 000 DM stei-gern, um sich mehr Komfort bei der bevorstehenden Urlaubsreise leisten zu können.	Betriebskosten sen-ken (z. B. durch Personaleinsparung, um über Geldmit-tel für notwendige Modernisierungs-investitionen zu verfügen).	Für A: Preisreduk-tion. Für B: Angebot eines wartungsarmen Automaten, bei dem das Bedie-nungspersonal von 3 auf 1 Mitarbei-ter reduziert werden kann.	Er möchte seinen Betrieb mit dem prestigeträchtigen Markennamen auf-werten, den die Geräte des Anbie-ters tragen.

Abbildung 20 Handlungsantriebe des Kunden

Hat man eine Reihe von Kundenkontakten in dieser Weise vorbereitet und unter Berücksichtigung des tatsächlichen Gesprächsverlaufs auch nachträglich noch ausgewertet, kann man unter Umständen für bestimmte Kundengruppen daraus eine generell verwertbare Übersicht ableiten. Kennt man die persönliche Bedürfnisse und Handlungsantriebe eines speziellen Kunden im einzelnen noch nicht, kann man schon nach allgemeiner Erfahrung mit solchen Kundengruppen häufig anzutreffende Handlungsantriebe zur Grundlage einer sinnvollen Gesprächsvorbereitung einbeziehen. Man wird dann beim Kundenkontakt auch in diesem Fall weitere konkrete Hinweise erhalten und sein eigenes Vorgehen darauf abstimmen können.

Wenn man eine Liste von möglicherweise bedeutsamen Handlungsantrieben des Kunden hat, kann man diese analog dem Maslow-Modell in eine hierarchische Ordnung bringen. So bekommt man Anhaltspunkte für wirkungsvolleren Kundenkontakt in der Praxis. Man weiß dann, was dem Kunden am wichtigsten, am zweitwichtigsten usw. ist. Es würde wenige helfen, Bedürfnissen des Kunden auf einer höheren Ebene nachzugehen, solange wichtige Bedürfnisse auf einer niedrigeren Ebene der Bedürfnishierarchie noch nicht befriedigt sind.

Also z. B.: wir bieten dem Kunden die freundliche Zusammenarbeit und den Abschluß eines Servicevertrages an. Der Kunde hat aber dafür gar keine Zeit, weil er gerade einen wichtigen Termin bei seiner Bank wahrnehmen muß, damit sein Wechsel nicht platzt. In diesem Fall könnte der Kunde eher gefühlsmäßige Anteilnahme an seiner Problemsituation oder gar konkrete Unterstützung bei der Lösung seines Finanzierungsproblems gebrauchen.

Verhaltensalternativen in Konfliktsituationen unter Berücksichtigung der Verhaltensmotive des Konfliktpartners

Wir benötigen einen Katalog von Maßnahmen, die zur Befriedigung der Bedürfnisse des Kunden geeignet sind. Diese Maßnahmen müssen sowohl seinen als auch unseren Interessen bestmöglich gerecht werden.

Besonders für den Umgang mit schwierigen oder sehr wichtigen Kunden dürfte sich — wenn mit Konflikten gerechnet werden muß — die systematische

Verhalten des Kunden:	Verhaltensmotive (Handlungsantriebe) des Kunden:	Konfliktvermeidende bzw. konfliktlösende Reaktion auf das Kundenverhalten:	Mögliche Nebenwirkungen dieser Reaktion, die beachtet werden müssen:
Der Kunde will mich aus Zeitmangel nicht empfangen.	1. Tatsächliches Motiv (d.h. objektiver Sachverhalt).	1. Ich zeige Verständnis für die Zeitnot des Kunden und verabrede einen späteren Termin.	1. Der Kunde sieht sich nicht genötigt, meinem Anliegen durch bessere Zeitplanung eine höhere Priorität einzuräumen, jetzt und für die Zukunft. Mein Nachteil: Ich muß immer unvorhersehbar meinen eigenen Terminplan ändern.
	2. Präsentierte Motive (hier: Zeitmangel; dieser kann - s.1. - tatsächlich bestehen oder — wie hier angenommen — nur vorgetäuscht sein).	2. Ich durchschaue das Manöver und bewege den Kunden durch gezielte Fragen zur Kooperation.	2. Der Kunde fühlt sich unter Druck gesetzt und ärgert sich über die Schwierigkeiten, mich abzuwimmeln. Er erfindet noch bessere Ausweichmanöver.
	3. Von mir vermutetes Motiv (z. B.: Kunde ist z. Z. nicht liquide oder will vorher noch anderweitig Informationen einholen).	3. Ich zeige Verständnis für den von mir erkannten Wunsch des Kunden und verabrede einen späteren Termin.	3. Der Kunde fühlt sich als Lügner entlarvt und weicht uns künftig aus oder versucht, uns moralisch herabzusetzen, um sein eigenes Selbstwertgefühl wieder aufzubessern.

Abbildung 21 Eigene Verhaltensalternativen in Konfliktsituationen unter Berücksichtigung der Verhaltensmotive des Kunden

Auflistung möglicher Vorgehensweisen empfehlen. Bereits vor dem Gespräch orientieren wir uns mit einem schnellen Blick über Verhaltensalternativen, die uns zu einem erfolgreichen Gesprächsergebnis führen können. Mit der Arbeitshilfe (Abb. 21) kann man das Problem angehen.

Folgende Situation könnte bestehen: Wir besuchen einen Kunden. Er teilt uns mit, er habe keine Zeit für uns. Wie gehen wir jetzt weiter vor?

Wir haben es mit 3 Motivebenen zu tun:

1. *Das tatsächliche Motiv* (d. h. der objektive Sachverhalt).

   In diesem Fall sagt der Kunde die Wahrheit. Er hat bereits einen Termin mit einem anderen Gesprächspartner vereinbart, muß ein Flugzeug erreichen usw. Beispiele für konfliktvermeidendes/konfliktlösendes Verhalten und daraus eventuell resultierende Nebenwirkungen zeigen die beiden letzten Spalten der Tabelle.

2. *Das präsentierte (nur vorgeschobene) Motiv.*

   Der Kunde lügt. Er möchte kein Gespräch über die noch ausstehende Rechnung führen, dies aber auch nicht offen sagen und schützt daher Zeitmangel vor. Das präsentierte Motiv »Zeitmangel« ist nicht identisch mit dem hier angenommenen Motiv »Angst vor dem Gespräch über die Rechnung«.

3. *Das von mir vermutete Motiv.*

   Ich glaube den Zeitmangel nicht und vermute Angst des Kunden vor der Mahnung. Aber Vorsicht bei der Unterstellung von Motiven, die der Kunde gar nicht hat! Er könnte sonst zu Recht erheblich verärgert sein.

Meistens reagieren wir als Gesprächspartner auf einen Konflikt in der besten Absicht intuitiv so, wie nach unserer Ansicht ein Konflikt erfolgreich zu vermeiden oder — wenn er schon besteht — abzuschwächen oder zu beseitigen wäre. Dabei kann allerdings das Gegenteil eintreten: der Konflikt verschärft sich. Das kann daran liegen, daß wir nur die positiven Wirkungen unserer Reaktion im Blickfeld haben und die negativen Nebenwirkungen, die Nachteile, übersehen.

Nach der allgemeinen Erkenntnis, »jedes Ding hat zwei Seiten«, hat auch unser gut gemeintes Verhalten oft nicht nur Vor-, sondern auch Nachteile für die Verwirklichung unserer Absicht, die wir nicht unbeachtet lassen dürfen.

Ich kann z. B. meinen Gesprächspartner zu beruhigen versuchen, wenn er sich nach meiner Ansicht unnötig aufregt. Der *will* sich aber aufregen und wird gerade durch meine Beruhigungsversuche besonders wütend.

Oder: Sie wollen einen über die Rechnung verärgerten Kunden beruhigen, indem Sie ihm ausführlich erklären, was Sie aber auch alles dafür leisten. Nun erreicht der Ärger des Kunden erst seinen Höhepunkt: gerade darüber ärgert er sich ja vor allem, daß Sie viel zu viel tun wollen und dafür auch noch so viel Geld verlangen.

Wir erhalten durch rechtzeitiges Erkennen möglicher Nachteile unseres Vorgehens die Möglichkeit, auf unser konfliktträchtiges Verhalten zu verzichten und uns gerade noch eben rechtzeitig für weniger konfliktträchtiges — d. h. konfliktvermeidendes oder konfliktmilderndes — Handeln zu entscheiden.

Wenn also die Nachteile einer wohlgemeinten Aktion überwiegen und damit der Konflikt verschärft oder sogar zu einem gefährlichen neuen Konflikt geführt wird, muß auf diese Handlung zugunsten einer weniger konfliktträchtigen verzichtet werden.

Ausnahme: Wir wollen eine festgefahrene Situation lösen, indem wir den noch nicht erkannten oder verdrängten Konflikt bewußtmachen (siehe dazu Abschnitt C).

2.2 Klassifikation der Ursachen

STAEHLE (1985) weist auf zahlreiche Versuche der Klassifikation von Konfliktformen (z. B. ATTESLANDER 1959, BIEDLINGMAIER 1968, KRÜGER 1972, ESSER 1975, RÜTTINGER 1977) sowie von Konfliktursachen (z. B. DUBRIN 1974, DUNCAN 1975, DESSLER 1976, DOROW 1978) hin, die jedoch letztlich nicht zu einer überzeugenden und abschließenden Klärung der Zusammenhänge geführt haben.

Der Leser sollte deshalb auch von dieser Abhandlung nicht erwarten, daß hier eine allen Ansprüchen genügende Systemantik von Konfliktursachen präsentiert wird. Nichtsdestoweniger sollte auch der Praktiker, der vor allem wissen möchte, wie Konflikte entstehen und wie man damit am besten umgehen kann, sich einmal die Vielfalt der von den verschiedenen Autoren gesehenen Konfliktursachen und die dafür geprägten Begriffe vor Augen führen. Dies wird ihn vermutlich zumindest vor allzu einfachen und schon deshalb falschen Lösungsversuchen bewahren. Eine alphabetisch geordnete Liste solcher Begriffe mit inhaltlicher Erläuterung dessen, was sie besagen sollen, ist daher in Abb. 22 zusammengestellt. Zu beachten ist dabei, daß die Begriffe im Sinne einer Klassifikationssystematik nicht sämtlich inhaltlich unabhängig voneinander sind. So kann z. B. ein Führungskonflikt zugleich ein Appetenz-Appetenz-Konflikt sein usw.

Abb. 22 Konflikt-Begriffe

Konfliktursachen	Inhaltliche Erläuterungen
Appetenz-Appetenz-Konflikt (MÜLLER 1944, BERKEL 1985) (auch Äquivalenz-Konflikt n. OECHSLER 1979)	Zwei rivalisierende Hinstrebungen sind miteinander unvereinbar.
Appetenz-Aversions-Konflikt (MÜLLER 1944, BERKEL 1985) (auch Ambivalenzkonflikt n. OECHSLER 1979)	Eine Hin- und gleichzeitige Wegstrebung sind untereinander unvereinbar.
Aversions-Aversions-Konflikt (MÜLLER 1944, BERKEL 1985) (auch Vitationskonflikt n. OECHSLER 1979)	Zwei gleichzeitig bestehende Wegstrebungen sind unvereinbar.
Arbeits-Konflikte (OECHSLER 1979, EULER 1973)	Industrielle oder betriebliche Arbeitskonflikte kennzeichnen sich entsprechend EULER (1973): 1. durch strukturell vorgegebene Gegensätze und Widersprüche (Spannungsherde) in den an die Arbeitsrollen geknüpften Verhaltenserwartungen und den Interessen der Rollenträger. 2. Die strukturell vorgegebenen Spannungszustände müssen über kognitive Vorgänge in das Bewußtsein der Rollenträger aufgenommen sein. Sie führen zu spezifischen gegensätzlichen Einstellungen oder negativen Attitüden der Rollenträger in bezug auf spezifische Inhalte der Arbeitsrollen und spiegeln sich in speziellen Unzufriedenheitsäußerungen der Person wider. 3. Anläßlich der wahrgenommenen betrieblichen Spannungsherde finden Auseinandersetzungen (Konfliktinteraktionen) zwischen den betrieblichen Rollenträgern statt.
Beurteilungs-Konflikt (RÜTTINGER 1980)	»Wenn die Kontrahenten unvereinbare Handlungspläne verwirklichen wollen, weil sie die Auftretenswahrscheinlichkeit gleich bewerteter Ergebnisse unterschiedlich beurteilen.«

Konfliktursachen	Inhaltliche Erläuterungen
Bewertungs-Konflikt (RÜTTINGER 1980)	»Wenn die Kontrahenten unvereinbare Handlungspläne realisieren wollen, weil sie den Ergebnissen oder Konsequenzen der Handlungspläne einen unterschiedlichen Wert beimessen.«
Clan-Konflikt (SCHWARZ 1984)	Mitglieder einer Gruppe kommen aus verschiedenen Herkunftsgruppen mit unterschiedlichen Verhaltensnormen.
Distanz-Konflikte (SCHWARZ 1984)	In erster Linie unterschiedliche Distanzbedürfnisse der Partner im Laufe der Entwicklung der Beziehung.
Doppelmitgliedschafts-Konflikte (SCHWARZ 1984)	Angehörige zweier Gruppen mit unvereinbaren Verhaltensnormen müssen zwangsläufig gegen die Norm der einen oder anderen Gruppe verstoßen. Z. B. gehören Abteilungsleiter zur Abteilung, aber auch zur Unternehmensleitung, deren unterschiedliche Interessen sie gleichzeitig zu vertreten haben.
Entwicklungs-Konflikte (SCHWARZ 1984)	Unterschiedliche Entwicklungsgeschwindigkeiten, -richtungen und -intensitäten in einer Paarbeziehung führen zu unterschiedlichen Interessen usw. Z. B.: »Wir haben uns auseinanderentwickelt und haben uns nichts mehr zu sagen.«
Formgebundener/formloser Konflikt (GLASL 1980)	Formgebunden: nach festgelegten Regeln ablaufend (z. B. Wettkampf, Kampfspiel).
Führungs-Konflikte (KURTZ 1983, SCHWARZ 1984)	Wer führt die Gruppe? Konflikt zwischen Führung durch formellen (z. B. Abteilungsleiter) oder -informellen Führer (z. B. der Beliebteste in einer Gruppe, der die Gruppenziele wesentlich bestimmt).
Geschlechterrollen-Konflikt	Konflikt zwischen unterschiedlichen Rechten, Pflichten u. allgemeinen Verhaltensnormen von Männern und Frauen in einer Gesellschaft.

Konfliktursachen	Inhaltliche Erläuterungen
Gruppen-Konflikt (SCHWARZ 1984, DESSLER 1976)	Dazu zählen (z. B. nach SCHWARZ 1984): Konkurrenz- und Rivalitäts-Konflikte, Territorial-Konflikte, Untergruppen-Konflikte, Zugehörigkeits-(Membership)Konflikte, Führungs-(Leadership)Konflikte, Reifungs- und Ablösungs-Konflikte, Normierungs- und Bestrafungs-Konflikte, Verteidigungs-Konflikte, Substitutions-Konflikte. Nach DESSLER (1976) auch Stab-Linie-Konflikte.
Heiße/kalte Konflikte (GLASL 1980)	Heißer K.: akute Auseinandersetzung; kalter K.: latent schwelend; Ausbruch erst nach konkretem Anlaß.
Herrschafts-Konflikte (SCHWARZ 1984)	Asymmetrische Machtverteilung. Bestimmte Entscheidungen können gegen den Willen des Untergebenen durchgesetzt werden, auch wenn dieser in der Sache Recht hat. Kern sozialer Konflikte nach DAHRENDORF (1962): Konflikte beruhen auf Rangungleichheit, d. h. der ungleichen Verteilung legitimer Macht in sozialen Verbänden.
Hierarchische Konflikte (RÜTTINGER 1980)	Konflikte zwischen Personen in unterschiedlichen hierarchischen Positionen, die auf Unterschiede in Informationen, Zielen, Werten, Normen und Loyalität zurückzuführen sind.
Identitäts-Konflikte (SCHWARZ 1984)	Aufgabe der Individualität in einer Paar- oder Dreiecksbeziehung. Wie weit muß ich meine Identität aufgeben?
Interaktions-Konflikt (BOULDING 1957)	Z. B. Streik, Aussperrung, Wettrüsten. Bei gestörter Gleichgewichtssituation geraten feindselige Akteure immer tiefer in die Probleme hinein und stehen sich im Vergleich zur Ausgangssituation immer schlechter.

Konfliktursachen	Inhaltliche Erläuterungen
Interessen-Konflikt (GLASL 1980)	Wenn unvereinbare Interessen zielgerichtetes Handeln blockieren und u. U. schmerzliche oder unsachgemäße Kompromisse erzwingen.
Interpersonelle Konflikte (BERKEL 1985)	Konflikte zwischen unterschiedlichen Strebungen zweier oder mehrerer Personen.
Intrapersonelle Konflikte (BERKEL 1985) auch: Intrapsychischer Konflikt (DEUTSCH 1976)	Konflikte zwischen verschiedenen Strebungen innerhalb derselben Person.
Klassen-Konflikte (DEUTSCH 1976)	Konflikt zwischen Besitzenden und Besitzlosen (Bourgeoisie und Proletariat).
Kommunikations-Konflikte (RÜTTINGER 1980, KURTZ 1983)	Mißverständnisse entstehen, wenn unterschiedliche Kommunikations-Basen oder -Handlungen die korrekte Informationsübermittlung und/oder -Interpretation verhindern.
Konkurrenz- u. Rivalitäts-Konflikte (SCHWARZ 1984)	Wettstreit um Rangpositionen, wenn z. B. mehrere Interessenten sich um ein und dieselbe Position bemühen (vgl. Hackordnung).
Latenter Konflikt (RÜTTINGER 1980)	Im Gegensatz zum offenen Konflikt. Möglicher Konfliktstoff wird z. Z. geheimgehalten oder ist dem Betroffen noch nicht bewußt. Oder: die Betroffenen wagen es (noch) nicht, einen bereits erkannten Konflikt offen auszutragen.
Norm-Konflikte (SCHWARZ 1984)	Grundlage: die Verfassung (z. B. Satzung) einer Organisation, in der Repräsentation und Legitimation geregelt sind. Dauer und Geltungsbereich von Normen können kontrovers sein.
Normierungs- u. Bestrafungs-Konflikte (SCHWARZ 1984)	Sanktionen bei Verstößen gegen Gruppennormen; härteste Form: Ausschluß aus der Gruppe.

Konfliktursachen	Inhaltliche Erläuterungen
Ökonomische Konflikte (BOULDING 1957)	Konflikte um knappe Güter.
Organisations- und Institutions-Konflikte (SCHWARZ 1984)	Dazu zählen alle Herrschafts-Konflikte, Doppelmitgliedschafts-Konflikte, Veränderungs-Konflikte, Struktur-Konflikte, Norm-Konflikte und System-Konflikte.
Paar-Konflikte (SCHWARZ 1984)	Dazu zählen Identitäts-Konflikte, Distanz-Konflikte, Entwicklungs-Konflikte, Clan-Konflikte, Transaktions-Konflikte, Rollen-Konflikte.
Rassen-Konflikte (DEUTSCH 1976)	Verschiedene »Rassen« werden als ungleichwertig aus eigener oder fremder Sicht angesehen und behandelt.
Reibungs-Konflikte (GLASL 1980, RAPOPORT 1974, Pondy 1967)	Anstreben gradueller Verbesserungen der eigenen Position bei grundsätzlicher Anerkennung des organisatorischen Gesamtrahmens und der gegebenen Positionen der Konfliktparteien.
Rollen-Konflikte (DESSLER 1976, RÜTTINGER 1980)	Wenn ein Individuum oder eine Gruppe in einer oder mehreren Gruppen integriert sind, die unterschiedliche und unvereinbare Ziele und Werte haben.
Soziale Konflikte (RÜTTINGER 1980, KURTZ 1983)	Verwirklichung von Handlungsplänen in sozialen Situationen, wobei sich Meinungsverschiedenheiten der beteiligten Personen auswirken.
Stab-Linien-Konflikte (RÜTTINGER 1980)	Ein Stab-Linie-Konflikt entsteht durch Kompetenzunterschiede. Konflikte zwischen Mitgliedern des Stabes entstehen aus Frustration der Mitglieder (z.B. nur Entscheidungsvorbereitung, aber keine eigene Entscheidungskompetenz).
Strategische Konflikte (GLASL 1980)	Streitobjekt ist der Konsens bezüglich des organisatorischen Gesamtrahmens.

Konfliktursachen	Inhaltliche Erläuterungen
Struktur-Konflikte (SCHWARZ 1984)	Im Zusammenhang mit horizontaler und vertikaler Arbeitsverteilung; Fachkompetenz eines Spezialisten der unteren Ebene muß von einer in diesem Punkt inkompetenten Führungskraft akzeptiert werden.
Substitutions-Konflikte (SCHWARZ 1984)	Verschiebung des eigentlichen Konfliktes auf einen anderen, vordergründigen Konfliktgegenstand. Dadurch wird das Problem nicht gelöst.
Territorial-Konflikte (SCHWARZ 1984)	Ausbreitungs- oder Kompetenzbegrenzung im Rahmen eines Lebens- oder Einflußbereichs führt zum Konflikt mit Ansprüchen anderer, die auf denselben Lebens- oder Einflußbereich gerichtet sind.
Transaktions-Konflikte (SCHWARZ 1984)	Asymmetrische Kommunikation zwischen Personen (z. B.: ein Erwachsener wird als Kind behandelt).
Trieb-Konflikte (DEUTSCH 1976)	Gleichzeitiges und unvereinbares Wirken verschiedener Triebe (z. B. Sozialkontakt- und Ruhebedürfnis). Grundlage: psychoanalytische Theorien.
Untergruppen-Konflikte (SCHWARZ 1984)	Die »Mehrheit« betrachtet Untergruppen als Subjekte, Klüngel, Cliquen oder Banden, die sie mit Argwohn beobachtet wegen ihrer von der Mehrheitsauffassung abweichenden Einstellungen oder Verhaltensweisen (z. B. Punks, Hippies, Angehörige bestimmter Parteien).
Veränderungs-Konflikte (SCHWARZ 1984)	Bei der Veränderung oder Auflösung können z. B. bisherige Konkurrenten zu Kooperationspartnern werden, oder bisherige Kooperationspartner werden jetzt zu Konkurrenten.
Verteidigungs-Konflikte (SCHWARZ 1984)	Die Gruppe schließt sich gegen einen Außenfeind zusammen, obwohl sie nach innen hin sonst zerstritten ist.

Konfliktursachen	Inhaltliche Erläuterungen
Verteilungs-Konflikte (RÜTTINGER 1980)	»Wenn die Kontrahenten den Wert eines Ereignisses (gleich) hoch einschätzen, beide aber nicht gleichzeitig dieses Ereignis realisieren können, weil es nicht auf beide gleichzeitig verteilt werden kann.«
Wahrnehmungs-Konflikte (KURTZ 1983, BERKEL 1985)	Zwei Personen nehmen einen Sachverhalt unterschiedlich wahr. (Z. B.: Dieses Glas ist halb voll. − Nein, dieses Glas ist halb leer!)
Ziel-Konflikte (RÜTTINGER 1980, KURTZ 1983)	Ziel 1 (z. B. sportliche Spitzenleistung) ist mit Ziel 2 (z. B. guter Studienabschluß in möglichst kurzer Zeit) unvereinbar, weil beide Ziele für sich bereits die gesamte verfügbare Zeit beanspruchen.
Zugehörigkeits-Konflikte (SCHWARZ 1984)	Darf man sich als Zugehöriger einer bestimmten Gruppe (z. B. Christ) so verhalten, wie Mitglieder einer anderen Gupppe (z. B. Soldaten), die unvereinbare Gruppennormen haben (Christ: Du sollst nicht töten. Soldat: Nur ein toter Gegner ist ungefährlich.)?

In der Praxis wird man die hier aufgeführten Konflikt-Arten bzw. -Ursachen oftmals nicht in Reinkultur finden, sondern als eine mehr oder weniger ausgeprägte Vernetzung zahlreicher unterschiedlicher Ursachen.

Diese Komplexität ist gut erkennbar beim sogenannten »Golf-Konflikt«, wo sich im Jahre 1990 vor den Augen der Weltöffentlichkeit zwischen Staaten bestehende Konflikte bis zur Besetzung des Scheichtums Kuwait durch den Irak zuspitzten, was schließlich sogar Anfang 1991 zum »Golf-Krieg« führte, bei dem auf der Grundlage von UNO-Beschlüssen unter Führung der USA eine internationale Armee Kuwait wieder von der irakischen Annektion befreite.

Von Presse, Funk und Fernsehen wurden aus unterschiedlichen Blickwinkeln und mit z.T. divergierenden Zielsetzungen die tatsächlichen oder vermuteten Ursachen dieses Golf-Konflikts dargestellt und analysiert. Interessant sind dabei nicht nur Art und Anzahl der auf der einen wie auf der anderen Seite gesehenen Ursachen, sondern auch deren zeitliche Aufeinanderfolge und Veränderung.

In der folgenden Tabelle sind einige wesentliche Konflikt-Ursachen zusammengestellt, die offenbar das Handeln des einen (Irak unter Führung von Saddam Hussein) und des anderen Konfliktpartners (Alliierte unter Führung der USA mit Präsident Bush) bestimmt haben.

Konfliktursachen, die das Handeln des Irak bestimmt haben

- Gefühle der Minderwertigkeit unter den arabischen Völkern gegenüber den USA und Europa
- Religiöse Animositäten zwischen Muslim und Christen
- Unterstützung des Irak durch Waffenlieferungen und Aufbau von Produktionsstätten für biologische und chemische Kampfstoffe
- Streitigkeiten zwischen Irak und Kuwait über die Ölförderung im gemeinsamen Grenzgebiet
- Geldmangel nach dem 8jährigen Krieg mit dem Iran
- Diplomatische Pannen (z. B. ungeschickte Erklärung der USA-Botschafterin, aus der Saddam Hussein schließen konnte, die USA würden im Falle eines Einmarsches in Kuwait nicht intervenieren)
- Fehleinschätzung des Irak bezüglich der Ernsthaftigkeit des für den Rückzug aus Kuwait auf den 15. 1. 1991 gesetzten Ultimatums
- Vertrauen auf die bereits im Krieg gegen den Iran erprobten Kampfmittel und -strategien und Erwartung eigener bedeutender militärischer Erfolge
- Der diktatorische Herrschaftsstil und die persönlichen Zielsetzungen des Präsidenten Saddam Hussein mit der vermuteten Bereitschaft, auch biologische und chemische Waffen einzusetzen, um mit allen Mitteln »die Schlacht aller Schlachten« zu gewinnen
- Erwartung, einen Krieg in jedem Fall in den Augen der Welt zumindest »moralisch« zu gewinnen
- Erwartung, daß Israel zu militärischen Vergeltungsschlägen provoziert werden könnte, um eine arabische Allianz auf der Seite des Irak zu schaffen
- Erwartung, daß durch eine arabische Allianz ein erfolgreicher »Heiliger Krieg« gegen die »Ungläubigen« geführt werden könnte
- Befürchtung, daß die Schiiten, nach der Ablösung von Saddam Hussein, die Vorherrschaft der Sunniten im Lande brechen, um einen stärker islamisch-fundamentalistisch orientierten Staat einrichten zu können
- Vertrauen darauf, daß gegen den Irak gerichtete UNO-Beschlüsse ebensowenig durchgesetzt würden, wie die bereits gegen Israel gefaßten

Konfliktursachen, die das Handeln der USA und Alliierten bestimmt haben

- Notwendigkeit der Durchsetzung von UNO-Beschlüssen
- Angst vor der ständigen militärischen Bedrohung durch die viertgrößte Armee der Welt im Irak
- Angst vor dem Einsatz von biologischen und chemischen, eventuell sogar Atomwaffen
- Bedeutendes Waffenpotential in den USA und anderen Staaten, durch dessen Einsatz die Hypothese geprüft werden könnte, ob man heute noch einen Krieg ausschließlich mit konventionellen Waffen führen und gewinnen könnte
- Das lädierte Image und Selbstwertgefühl der USA nach dem verlorenen Vietnamkrieg
- Der seit Jahrzehnten ungelöste Israel-Palästina-Konflikt
- Das internationale Interesse am Öl in den Golfstaaten

Fortsetzung auf S. 67

Fortsetzung von S. 66

- Interesse der internationalen Wirtschaft an der Beteiligung am Wiederaufbau von Kuwait und Irak
- Angst vor einem Öko-Krieg mit unübersehbaren Umweltfolgen
- Der Wunsch, den herrschenden diktatorischen Präsidenten Saddam Hussein mit seinem Familienclan abzulösen
- Vorsatz, mit aus dem Vietnamkrieg gezogenen Lehren einen strategisch optimierten Kurzkrieg führen und gewinnen zu können
- Versuche und Scheitern von internationalen diplomatischen Aktivitäten zur Lösung des Golfkonflikts und zur Abwendung eines Krieges

In weiteren Arbeitsschritten könnte diese auf den konkreten Fall bezogene Sammlung von Konflikt-Ursachen noch vervollständigt und dann unter Verwendung der in Abb. 19 darstellten Bedürfnishierarchie systematisch geordnet werden. Dabei wären konsequenterweise für die beteiligten Einzelpersonen bzw. Gruppen auf beiden Seiten separate Hierarchien zu entwickeln, wie dies ansatzweise in der folgenden Tabelle skizziert ist:

Am Konfliktgeschehen beteiligte Einzelpersonen bzw. Gruppen	
	− UNO
	− UdSSR
	− Alliierte Staaten
− Saddam Hussein (Präsident)	− George Bush (Präsident)
− Regierung	− Regierung
	− Parlament
− Bevölkerung	− Bevölkerung
	− arabische Staaten
− Palästina	− Israel
	− andere Staaten
− Militär	− Militär
− spezielle Interessengruppen	− spezielle Interessengruppen

Nur wenn man hinreichend genau und zuverlässig weiß, wer zu einem Konflikt welche Ursachen beisteuert, wird man auch mit einiger Aussicht auf Erfolg konfliktträchtige Ursachen reduzieren bzw. beseitigen können. Will man das nicht oder vergißt man wichtige Personen bzw. Gruppen und deren Motive, wird leicht aus einem schlichten Konflikt ein todbringender Krieg — ein Ansatz für neue Konflikte.

Für das Verständnis der weiteren Ausführungen und für die Umsetzung der theoretischen Überlegungen in die Praxis des Konfliktmanagements sollte der Leser mit den grundsätzlichen Erkenntnissen von MILLER (1944; vgl. ULICH 1971, BERKEL 1985) vertraut sein. Das grundlegende Konfliktgeschehen wird folgendermaßen definiert:

— *Appetenz-Appetenz-Konflikt:* zwei rivalisierende *Hin*strebungen.

 Beispiel: Der Mitarbeiter möchte einerseits möglichst wenig Zeit und Energie in seine Berufsarbeit investieren, aber andererseits doch auch möglichst schnell Karriere machen.

— *Aversions-Aversions-Konflikt:* zwei *Weg*strebungen.

 Beispiel: Der TÜV-Mitarbeiter möchte wegen des erhöhten Unfallrisikos keine Fahrerlaubnisprüfungen durchführen, aber auch keine Fahrzeugprüfungen, weil die Prüfgruppe ihm mißfällt, in der er arbeiten müßte.

— *Appetenz-Aversions-Konflikt:* dasselbe Ziel ist zugleich verlockend und bedrohend.

 Beispiel: Der Mitarbeiter möchte die freiere Arbeitszeitgestaltung im Außendienst genießen, fürchtet sich aber gleichzeitig vor den Unfallgefahren, die für ihn bei der Dienstfahrt und bei der Arbeit in der Industrieanlage größer sind als bei bloßer Bürotätigkeit.

Solche intraindividuellen Konflikte sind je nach den Umständen *graduell abgestuft.*

Zur Veranschaulichung einige weitere *Beispiele:*

— *Appetenz-Appetenz-Konflikt*

a) extrem (Abb. 23)

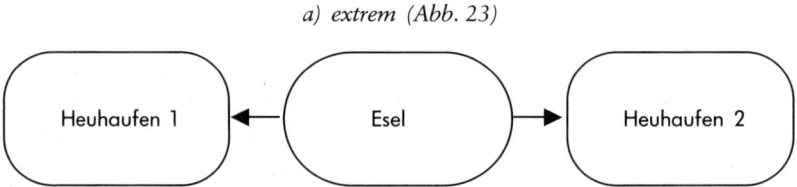

Der Esel befindet sich genau in der Mitte zwischen den beiden Heuhaufen. Der Konflikt ist in solchem Fall am größten, weil beide Motive (die Heuhaufen 1 und 2 fressen) gleich stark sind. Um zu einer Entscheidung zu gelangen und nicht zwischen den beiden Heuhaufen zu verhungern, müssen weitere innere oder äußere Anreize hinzukommen. In solchen Fällen passiert das, was SAM (1977) mit dem Prinzip der »Motivwaage« anschaulich dargestellt hat: der Kampf der Pro- und Contra-Motive bis zur Entscheidung für die eine oder andere Seite, sobald das Abbruchkriterium für die Entscheidungsfindung erfüllt ist.

b) weniger extrem (Abb. 24)

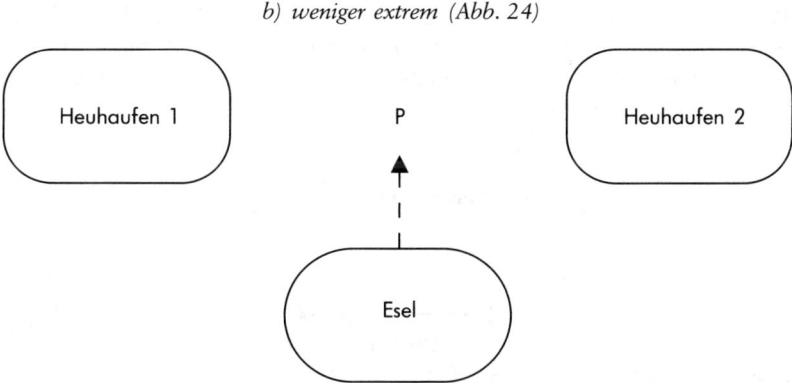

Beide Heuhaufen befinden sich gleichzeitig im Blickfeld. Man kann sich beiden etwas nähern (und zwar bis zum Punkt P), ohne sich vom einen oder vom
anderen zu entfernen. Aber: die Konfliktstärke nimmt mit der Annäherung
zu!

c) mäßig (Abb. 25)

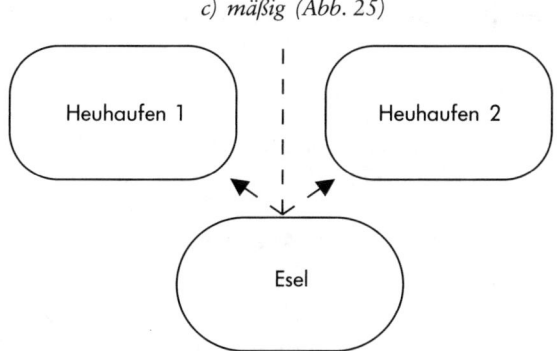

Je näher die beiden Heuhaufen in dieser Situation zusammenrücken, desto
geringer wird der Konflikt, der die Entscheidung des Esels belastet.

Die unterschiedliche Anordnung der Konfliktreize 1 und 2 bei den Konstella-
tionen von a) nach c) gibt bereits Hinweise für Lösungsansätze zur Vermeidung oder Bewältigung von Konflikten in der Praxis.

— *Aversions-Aversions-Konflikt*

a) extrem (Abb. 26)

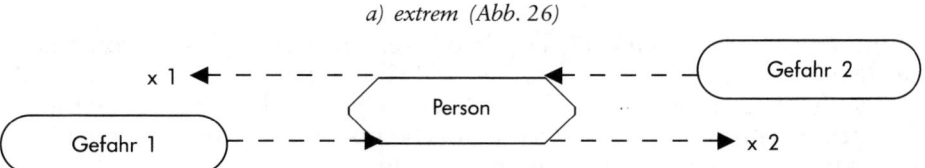

Die Person ist von zwei Gefahren gleichweit entfernt. Im gleichen Maße, wie sie sich von Gefahr 1 entfernt, nähert sie sich der Gefahr 2. Sie kann sich also weder in der einen noch in der anderen Richtung bewegen, ohne zumindest den einen Konflikt zu verschärfen.

b) weniger extrem (Abb. 27)

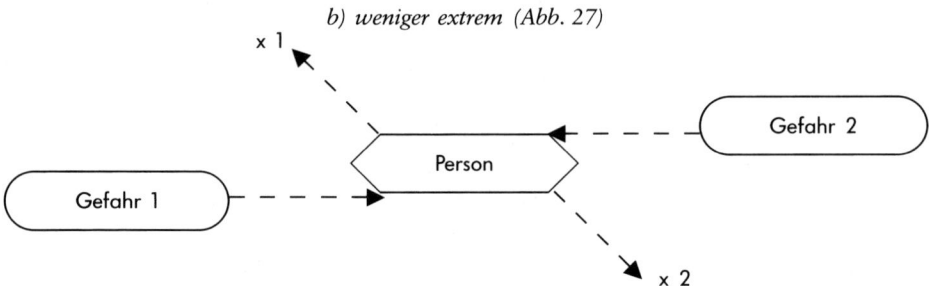

Wenn die Person Gefahr 1 ausweicht in Richtung x 2, nähert sie sich der Gefahr 2 weniger als bei Situation a). Der Richtungswechsel bringt ihr hierbei den Vorteil.

c) mäßig (Abb. 28)

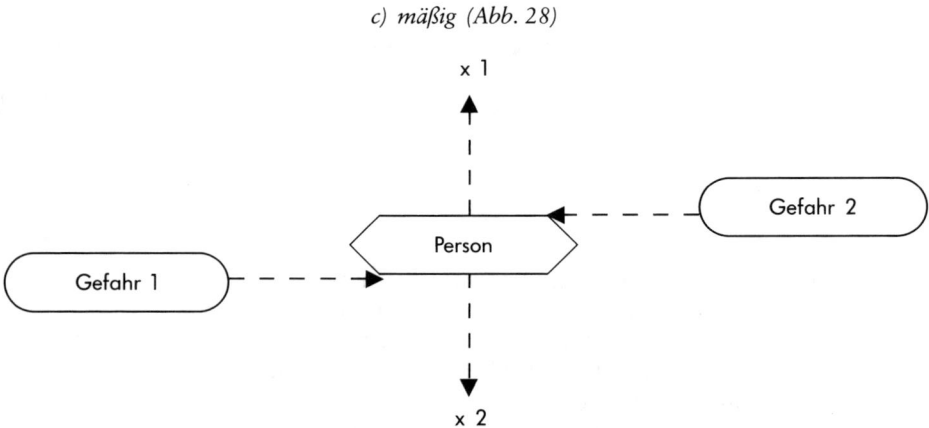

Eine noch bessere Wirkung erzielt die Person, wenn sie sich von beiden Gefahren gleichmäßig entfernt — sei es in Richtung x 1, sei es in Richtung x 2.
Wichtig ist auch bei dieser Konflikt-Konstellation, daß man zunächst die Gefahren erkennen und lokalisieren muß, ehe man sich für die zweckmäßigste Konfliktvermeidungs-Strategie entscheiden kann.

— *Appetenz-Aversions-Konflikt*

a) *extrem (Abb. 29)*

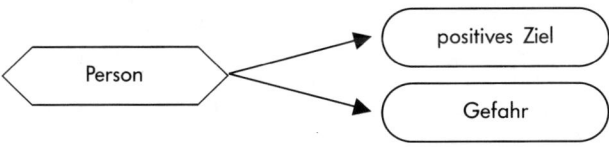

b) *weniger extrem (Abb. 30)*

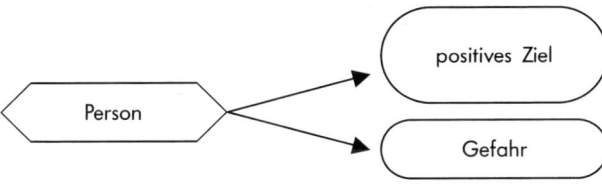

c) *mäßig (Abb. 31)*

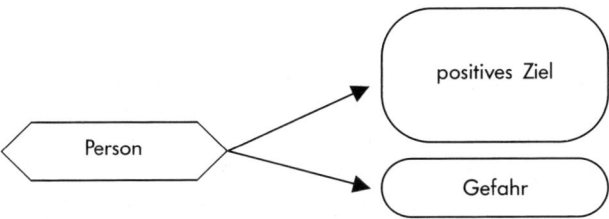

Wenn — wie im Fall a) — positives Ziel und Gefahr etwa gleich groß sind, ist auch der Konflikt am größten. Je größer das positive Ziel im Vergleich zu der Gefahr wird (Fall b und c), desto geringer der Konflikt, weil die *Annäherung* leichter wird.

Vergrößert sich dagegen die Gefahr im Vergleich zum positiven Ziel, steigert sich im Konflikt die *Fluchttendenz*.

In analoger Weise lassen sich auch *inter*individuelle Konflikte darstellen. Die bei *intra*individuellen Konflikten innerhalb derselben Person bestehenden Strebungen gehen bei *inter*individuellen Konflikten zumindest von zwei verschiedenen Personen (oder Gruppen) aus:

*intra*individuell *(Abb. 32)*

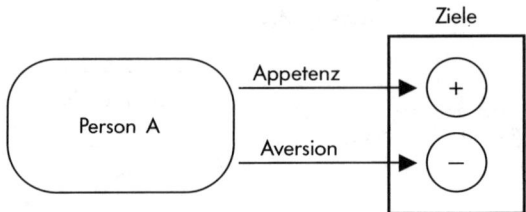

*inter*individuell *(Abb. 33)*

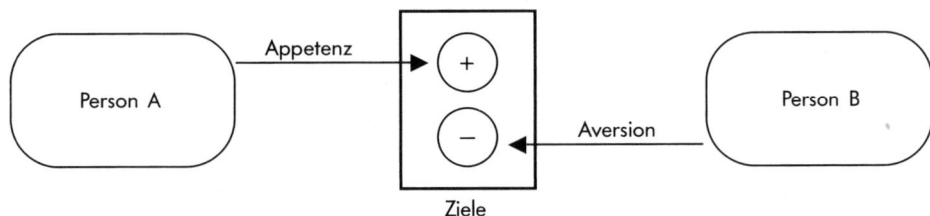

Vor dem Hintergrund solcher Modellvorstellungen kann ein system analyti-
scher Rahmen für die Einordnung, Bewertung und Behandlung von Konflikten erstellt werden, wie sie sich in der Praxis ergeben (s. Abb. 34).

In der ersten Spalte sind Handlungsantriebe in der hierarchischen Ordnung
nach MASLOW (1980) bzw. STOPP (1982) angeordnet.

Die zweite Spalte enthält die Aufteilung der Konfliktbereiche nach *intra*individuellen (d. h. innerhalb der Person) und *inter*individuellen (d. h. zwischen verschiedenen Personen oder Gruppen von Personen) Konflikten. Interindividuelle
Konflikte kann man (z. B. nach SCHWARZ 1984) noch weiter untergliedern in
Paar- bzw. Dreiecks-Konflikte, Gruppen- bzw. Stammes-Konflikte sowie Orga-
nisations- und Institutions-Konflikte.

Die dritte, vierte und fünfte Spalte orientiert sich im Grundsatz an dem
FREUDschen Modell (z. B. FREUD 1961, MERTENS 1978), wonach die Handlungs-
steuerung aus dem Unbewußten (durch das »Es«), durch bewußte Willensent-
scheidung (durch das »Ich«) bzw. durch gesellschaftliche Normen (d. h. das
»Über-Ich«) erfolgt.

Im Raster dieser Erlebnis- und Handlungsebenen sind die anhand ihrer
Handlungsziele definierten Konfliktarten eingetragen. Bereits MILLER (1944)
hat — wie im Exkurs ausführlich dargestellt — drei derartige Konfliktarten
unterschieden:
— Appetenz-Appetenz-Konflikt
— Appetenz-Aversions-Konflikt
— Aversions-Aversions-Konflikt.

		Erlebnis- und Handlungs-Ebene		
1	2	3	4	5
Bedürfnisse, Motive (Handlungs- antriebe)	Kon- flikt- bereich	*Unterbewußt gesteu- erte Handlungen* kol- lidieren mit Willens- handlungen des Indi- viduums, mit Hand- lungen anderer Indi- viduen oder situativen Gegebenheiten in der Umwelt.	*Beurteilungs- oder* Bewertungs-Konflikte entstehen, wenn be- wußte Absichten des Individuums mit Ab- sichten anderer Indi- viduen oder mit si- tuativen Gegebenhei- ten in der Umwelt kollidieren.	*Norm-Konflikte* ent- stehen, wenn verinner- lichte Normen der Ge- sellschaft Handlungen des Individuums steu- ern und diese mit an- deren eigenen Wert- vorstellungen, mit den Handlungen an- derer Individuen oder mit situativen Gege- benheiten der Umwelt kollidieren.
Selbst- entfaltungs- Bedüfnisse	Intra- indivi- duell	Appetenz-Appetenz-K. Appetenz-Aversions-K. Aversions-Aversions-K.		
(5)	Inter- indivi- duell	Appetenz-Appetenz-K. Appetenz-Aversions-K. Aversions-Aversions-K.		
Differenzie- rungsbedürf- nisse	Intra- indivi- duell			
(4)	Inter- indivi- duell			
Soziale Bedürfnisse	Intra- indivi- duell			
(3)	Inter- indivi- duell			
Sicherheits- Bedürfnisse	Intra- indivi- duell			
(2)	Inter- indivi- duell			
Physiologische Bedürfnisse	Intra- indivi- duell			
(1)	Inter- indivi- duell			

Abbildung 34 Konfliktarten

Dementsprechend müßten die Leerfelder des gesamten Schemas (Abb. 34) aufgefüllt werden.

Dieses abstrakte Schema wird in der folgenden Abbildung 35 durch *Beispiele* für Zielkonflikte konkretisiert. In der Tabelle wird zunächst das Ziel 1, dann das Handlungsziel 2 und der sich daraus jeweils ergebende Konflikt beschrieben.

Auf diese Weise läßt sich belegen, daß die dargestellten Konfliktarten sowohl intraindividuell als auch interindividuell auftreten können. Komplizierend können vorhandenen intraindividuellen Konflikten zusätzlich interindividuelle Konflikte überlagert werden.

Man könnte das gesamte Übersichtsschema (Abb. 34) über Konfliktarten mit Beispielen auffüllen. Wir begnügen uns wegen der Problemspezifität und im Hinblick auf den Platzbedarf für eine ausführlichere Ausarbeitung mit den zu der Übersicht über Ziel-Konflikte angeführten und kommentierten Beispielen (Abb. 35).

Physiologisches Grundbedürfnis: Körperliche Bewegung

Konflikt-Ort	Appetenz/Aversion	Ziel 1	Ziel 2	Konflikt
intra-individuell	a Appetenz-Appetenz-Konflikt	Ich möchte mich körperlich bewegen, z.B. durch Tennis-spielen.	Ich möchte mich körperlich wohl-fühlen.	Insbesondere bei grö-ßerer Hitze sind die Ziele 1 und 2 unver-einbar. Körperliche Bewegung u. Tennis-spiel führt zu starkem Schwitzen, zu Kurz-atmigkeit u. eventuell sogar zu Kreislaufbe-schwerden mit kör-perlichem Unwohlsein.
	b Appetenz-Aversions-Konflikt	Ich möchte mich körperlich bewegen, z.B. durch Tennis-spielen.	Ich möchte starkes Schwitzen etc. ver-meiden.	Körperliche Bewegung beim Tennisspielen führt normalerweise zu Schwitzen. Die Ziele 1 und 2 sind daher unvereinbar.
	c Aversions-Aversions-Konflikt	Ich möchte mich nicht körperlich be-wegen, wie dies z.B. beim Tennisspielen nötig ist.	Ich möchte nicht fettleibig werden, wie dies durch gu-tes Essen und man-gelnde körperliche Bewegung zu be-fürchten ist.	Ziele 1 u. 2 sind un-vereinbar, da die kör-perliche Bewegung zugleich abgelehnt, aus anderen Gründen aber für unumgänglich gehalten wird.

Fortsetzung S. 75

Abbildung 35 — Fortsetzung

Konflikt-Ort	Appetenz/Aversion	Ziel 1	Ziel 2	Konflikt
inter-individuell	d Appetenz-Appetenz-Konflikt	Ich möchte mich körperlich bewegen, z. B. durch Tennis-spielen auf Platz 3 mit neuem Partner.	Andere Vereinska-meraden möchten auf Platz 3 Tennis spielen.	2 Personengruppen möchten gleichzeitig auf demselben Platz Tennis spielen. Unter den gegebenen Um-ständen sind die Ziele 1 u. 2 unvereinbar (denn: nur jeweils eine Gruppe kann spielen).
	e Appetenz-Aversions-Konflikt	Ich möchte mich körperlich bewegen, z. B. durch Tennis-spielen.	Meine Familienange-hörigen und mein Arzt wollen mein Tennisspiel nach ei-nem Herzinfarkt un-ter allen Umständen verhindern.	Ziele 1 u. 2 sind un-unvereinbar. Entweder setzt sich der Tennis-spieler durch oder die anderen.
	f Aversions-Aversions-Konflikt	Ich möchte mich nicht körperlich be-wegen, wie es z. B. beim Tennisspielen nötig ist, weil ich nach meinem Herz-infarkt Angst vor solchen Belastungen habe.	Meine Familienange-hörigen und mein Arzt lehnen meine Lethargie ab, weil sie davon überzeugt sind, daß ich körper-liche Bewegung brau-che, um weiteren In-farkten vorzubeugen.	Ziele 1 u. 2 sind un-vereinbar, da im Er-folg des Indivuduums (in Ruhe bleiben) das Scheitern der anderen (er soll nicht in Le-thargie verbleiben) impliziert.

Gezeigt werden Beispiele von physiologischen Grundbedürfnissen (hier: Bedürfnis nach körperlicher Bewegung):

a) Unterbewußt gesteuerte Handlungen: der Körper braucht Bewegung und Wohlgefühl.

b) Bewertungs-Konflikt: Durch Schwitzen wird meine Sportkleidung naß — ich könnte mich erkälten.

c) Norm-Konflikt: Nur wer schlank und dynamisch ist, kann Erfolg haben. Das natürliche Bedürfnis nach Bequemlichkeit muß deshalb zurückgestellt werden.

d) Bewertungs-Konflikt: Das Spielen auf Platz 3 wird von 2 Interessen gruppen gleichzeitig für erstrebenswert gehalten, ohne daß beider Wunsch erfüllbar wäre.

e) Bewertungs-Konflikt: Ich halte körperliche Bewegung für gut. Arzt und Familie halten sie für gefährlich.

f) Bewertungs-Konflikt: Im Gegensatz zu a) habe *ich* Angst, während die anderen körperliche Bewegung für erforderlich halten.

Abbildung 35 Beispiele für strukturabhängige Manifestationen eines Ziel-Konflikts

Worin liegt der Sinn solcher Übersichten?

Man kann z.B. bei der Konfliktanalyse einen aktuellen Konflikt an zutreffender Stelle in das Schema einordnen. Aus dieser Einordnung gewinnt man Anhaltspunkte über die denkbaren Handlungsantriebe, wenn man auf die jeweiligen Randleisten geht.

Daraus ergeben sich Hinweise auf die für Konfliktbearbeitung zweckmäßigsten Maßnahmen. Diese sind nämlich unterschiedlich für die Behandlung eines Konfliktes, dessen Handlung unterbewußt gesteuert wird, der als Beurteilungs- oder Bewertungs-Konflikt auf bewußten Willensentscheidungen beruht oder der als Norm-Konflikt durch gesellschaftliche Zwänge entstanden ist. Zugleich sieht man bei der Einordnung in die Kategorien der linken Randleiste, die sich auf die Bedürfnishierarchie nach MASLOW bezieht, auf welcher Prioritätenstufe der aktuelle Konflikt liegt. Liegt er auf einer sehr hohen Hierarchieebene, wird man prüfen müssen, ob nicht zunächst Bedürfnisse einer darunterliegenden Hierarchieebene befriedigt werden müssen, um überhaupt Aussicht auf Erfolg der Maßnahmen erwarten zu können.

Hast du ein Bedürfnis? —
Es muß nicht dasselbe sein,
das dein Gesprächspartner gerade hat!

2.3 Gewohnheitsbildung

Aus der Lerntheorie sind Modelle bekannt, die erklären, unter welchen Bedingungen bestimmte Verhaltensgewohnheiten entstehen.

Im Gegensatz zu einem einmaligen, z.B. von einer bestimmten Situation provozierten und auf diese wiederum abgestimmten Verhalten, versteht man unter Verhaltensgewohnheiten bestimmte Verhaltensweisen einer Person, die immer auftreten — häufig unabhängig davon, welche Außenreize die Situation in irgendeiner Weise bestimmen.

Manche Fußgänger haben die Gewohnheit, sich vor bzw. beim Überqueren einer Straße nach den anderen Verkehrsteilnehmern zu richten und nicht nach dem Vorhandensein von Fußgängerüberwegen, roten oder grünen Ampelsignalen. Andererseits gibt es Fußgänger, die gewohnheitsmäßig die Straße *nur* auf Fußgängerüberwegen — sofern vorhanden — überqueren. Sie warten bei rotem Signal an der Fußgängerampel und — unabhängig davon, ob der fließende Verkehr dies objektiv auch nahelegt — versuchen, beim Umschalten auf Grün die Straße zu betreten und zu überqueren.

Es gibt Menschen, die gewohnheitsmäßig viel essen und/oder trinken (und dabei an Körpergewicht zunehmen), während andere nur essen »wie ein Spatz« und dabei dünn bleiben.

Abbildung 36 Regeltreue und »entscheidungsfreudige« Fußgänger

Aus dem täglichen Leben kennen wir viele solche Verhaltensgewohnheiten, und wir fragen uns, wie sie entstehen und wie eine bestimmte Verhaltensgewohnheit unter sehr unterschiedlichen – auch sehr ungünstigen – Bedingungen über längere Zeit aufrechterhalten wird.

Abbildung 37 zeigt ein Modell der Gewohnheitsbildung zur Veranschaulichung des Verhaltens und der Verhaltenskonsequenzen in Konfliktsituationen.

Ausgangspunkt ist eine konflikträchtige Situation, deren es viele im Familien- wie im Berufsleben, aber auch bei der Freizeitgestaltung (z. B. in Sportvereinen, gewerkschaftlichen oder politischen Vereinigungen) gibt. Eine solche Situation wird bezüglich des Grades der Konflikträchtigkeit eingeschätzt. Daraus und vor dem Hintergrund unserer bisherigen Erfahrungen ergibt sich unsere Motivation zur Konfliktlösung oder auch zur Konfliktverschärfung – wenn wir es nicht sogar im Einzelfall vorziehen, einen Konflikt gar nicht erst zu bemerken (er bleibt unbewußt) oder ihn geflissentlich »zu übersehen« und die Lösung von anderen erwarten.

Auf jeden Fall treffen wir irgendwann irgend eine Art von Entscheidung über unser eigenes Verhalten in einer solchen Konfliktsituation – z. B. darüber, ob wir durch Zuspätkommen bei einer Versammlung stören wollen oder nicht. Wie wir uns entscheiden, hängt sowohl von unserer Einschätzung der Reak-

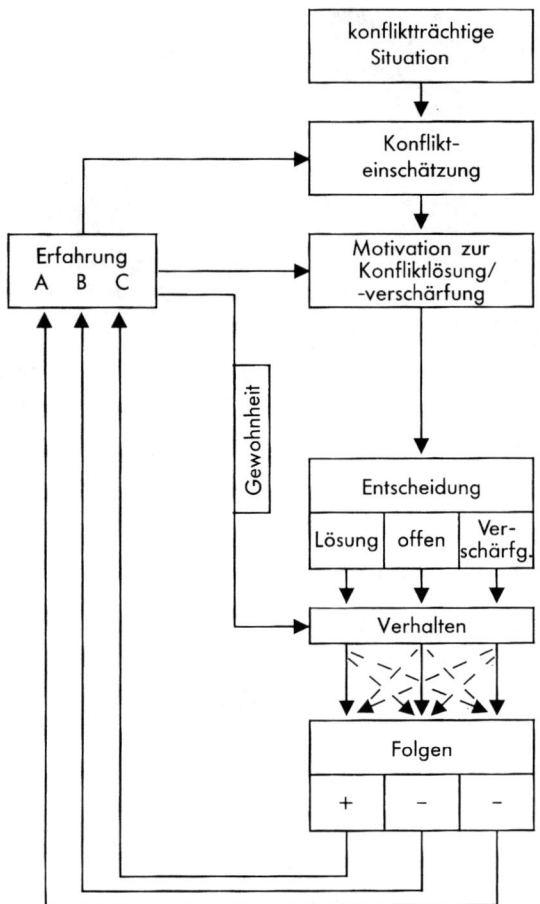

Abbildung 37 Gewohnheitsbildung

tion der Versammlung als auch von unserer eigenen Empfindlichkeit gegenüber solchen Reaktionen (z. B.: »Hinsetzen!« »Sie stören!« »Sie kommen immer
zu spät!«) ab. Auch eine »Nicht-Entscheidung« ist eine Entscheidung. Entsprechend unserer Entscheidung verhalten wir uns und machen dann Erfahrungen
über die Folgen.

Ist unser Verhalten auf Konfliktlösung bzw. -vermeidung ausgerichtet (hier:
wir bemühen uns um Pünktlichkeit), erwarten wir im Regelfall positive Folgen
— d. h. die Vermeidung, Abschwächung oder Lösung des Konflikts (hier: die
Versammelten schimpfen nicht). Die Folgen bestimmen unsere Erfahrungen
und Erwartungen, mit denen wir künftig vergleichbare konfliktträchtige Situationen einschätzen.

Bemühen wir uns dagegen nicht selbst aktiv um Konfliktvermeidung oder versuchen gar, einen Konflikt zu verschärfen und zu eskalieren, dann werden wir mit den Erfahrungen der aus diesem Verhalten resultierenden Folgen in künftige Einschätzungen ähnlicher konfliktträchtiger Situationen gehen.

Wird unser Verhalten in der von uns erwarteten und gewünschten Weise durch die resultierenden Folgen verstärkt, entsteht eine entsprechende Verhaltensgewohnheit.

Andererseits müssen wir aber auch in Betracht ziehen, daß die Dynamik des Konfliktgeschehens nicht allein von *unserem* Verhalten abhängt, sondern auch von dem Verhalten anderer beteiligter Personen und von sonstigen Rahmenbedingungen des Konfliktgeschehens.

Es kann daher ohne weiteres vorkommen, daß wir den wohlmeinenden Versuch einer Konfliktlösung starten, daß jedoch die Folgen unserer Aktivität verheerend sind: der Konflikt löst sich nicht, sondern verschärft sich unerwartet. Wir machen in dem Fall also die Erfahrung — mit Auswirkungen auf unsere eigene Einschätzung in Zukunft auftretender konfliktträchtiger Situationen —, daß man nicht in jeden Konflikt eingreifen sollte, da man nicht ohne weiteres erwarten kann, daß gute Absichten auch zu guten Lösungen führen (z. B.: Ich komme pünktlich. Der Vorsitzende freut sich und bittet mich, das Versammlungsprotokoll — mir äußerst verhaßt! — anzufertigen.).

Vergleichbar ist die Situation, wenn wir bei einem aktuellen Konfliktgeschehen nicht eingreifen oder sogar den Konflikt anstacheln. Möglicherweise führen in solchem Fall sogar von uns nicht beachtete oder falsch eingeschätzte Randbedingungen zu einem unvorhergesehenen positiven Ergebnis — nämlich zur Konfliktlösung. Das bringt uns jedenfalls zu der Erfahrung, daß unsere Absichten und die tatsächlich auftretenden Ergebnisse nicht immer unbedingt deckungsgleich sein müssen.

Wenn sich ein Verhalten immer wieder in der gleichen Weise wiederholt und gleichartige Wirkungen eintreten, dann führt dies zu einer gleichgerichteten Verhaltensgewohnheit, sofern das Ergebnis erwünscht ist. Im anderen Fall werden wir unser Verhalten ändern, um dadurch von uns gewünschte Ergebnisse zu erzielen. Wird das dann erreicht und tritt der Erfolg wiederholt ein, führt dies zur Verhaltens*gewohnheit*.

Diesen Sachverhalt erläutert im Detail vor dem Hintergrund lerntheoretischer Forschungsergebnisse über die Wirkungen von Belohnung und Bestrafung Abbildung 38.

Der linke Ablaufstrang zeigt:

Wenn konfliktschaffendes oder konfliktverschärfendes Verhalten mit Ärger, Ablehnung oder Verlusten verbunden ist, die als Mißerfolge oder Nachteile empfunden werden, ergibt sich eine Tendenz zur Änderung dieses Verhaltens. Das daraus resultierende konfliktvermeidende oder konfliktlösende Verhalten bringt im Normalfall Erfolge und Vorteile und führt bei Wiederholung zu einer Festigung des konfliktvermeidenden/konfliktlösenden Verhaltens und damit zum Enstehen einer *konfliktvermeidenden/konfliktlösenden Verhaltensgewohnheit*.

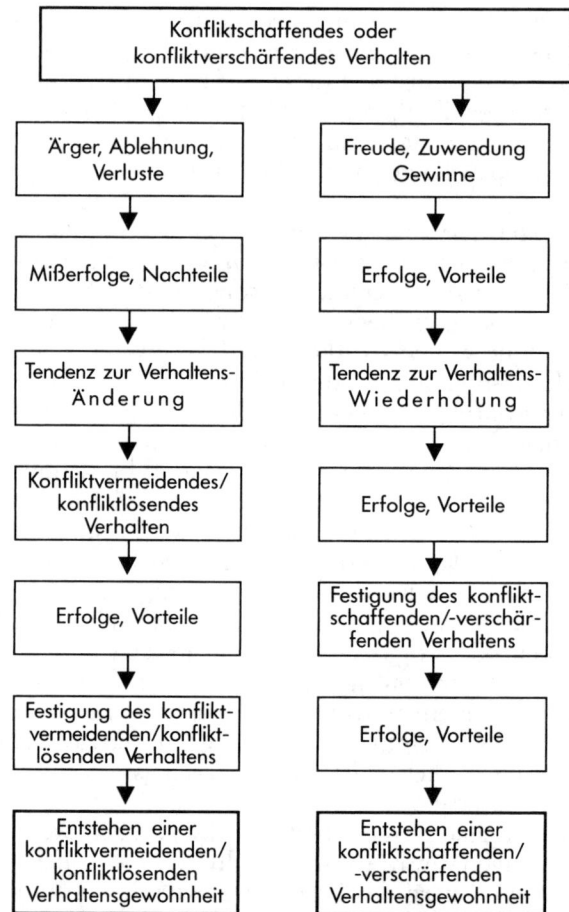

Abbildung 38 Konfliktschaffendes oder konfliktverschärfendes Verhalten

Gerade das Gegenteil tritt ein, wenn — wie im rechten Ablaufstrang der Abbildung gezeigt — konfliktschaffendes oder konfliktverschärfendes Verhalten Freude, Zuwendung und Gewinn — d. h. Erfolge und Vorteile — bringt. Daraus entsteht eine Tendenz zur Wiederholung des Verhaltens. Dieses ist mit Erfolgen und Vorteilen gekoppelt, was zu einer Festigung des konfliktschaffenden/konfliktverschärfenden Verhaltens und damit wieder zu Erfolgen und Vorteilen und somit zum Entstehen einer *konfliktschaffenden/konfliktverschärfenden Verhaltensgewohnheit* führt.

Während in der eben kommentierten Abbildung konfliktschaffendes oder konfliktvermeidendes Verhalten die Ausgangssituation bildete, ist in der folgenden Abbildung (39) gerade das Gegenteil, nämlich konfliktvermeidendes oder konfliktlösendes Verhalten die Grundlage der Entwicklung.

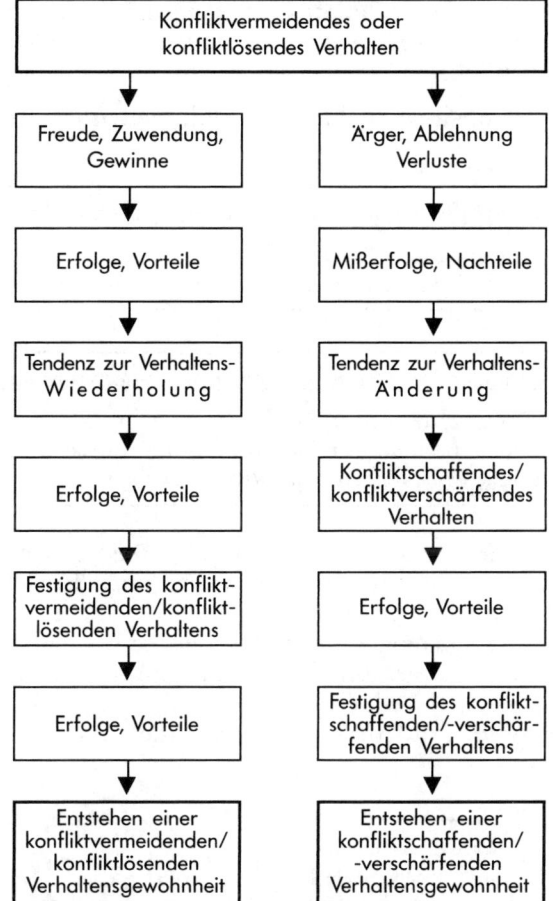

Abbildung 39 Konfliktvermeidendes oder konfliktlösendes Verhalten

Ist es mit Freude, Zuwendung und Gewinn — d. h. Erfolgen und Vorteilen —
verbunden, führt dies zu einer Tendenz zur Wiederholung dieses Verhaltens;
damit wieder zu Erfolgen und Vorteilen und einer Festigung des konfliktver-
meidenden/konfliktlösenden Verhaltens. Die damit verbundenen Erfolge und
Vorteile lassen eine *konfliktvermeidende/konfliktlösende Verhaltensgewohnheit*
am Ende entstehen.

Im rechten Strang der Darstellung folgt auf konfliktvermeidendes oder konfliktlösendes Verhalten Ärger, Ablehnung und Verlust, was verständlicherweise
als Mißerfolg oder Nachteil empfunden wird und schließlich zu einer Tendenz
zur Änderung dieses Verhaltens führt. Das dann entstehende konfliktschaf-
fende/konfliktverschärfende Verhalten bringt demgegenüber Erfolge und Vor-

teile, die zu einer Festigung des konfliktschaffenden/-verschärfenden Verhaltens und somit wiederum zum Entstehen einer *konfliktschaffenden/-verschärfenden Verhaltensgewohnheit* führt.

Man erreicht also positive Verhaltensgewohnheiten — kurz gesagt — auf zweierlei Weise:

Erleichterung und/oder Belohnung von positivem/erwünschtem Verhalten

Es entsteht eine Tendenz zur *Wiederholung*
                          und damit eine entsprechende *positive Verhaltensgewohnheit.*

Erschwerung und/oder Bestrafung von negativem/unerwünschtem Verhalten

Es entsteht eine Tendenz zur *Änderung*
                          und — bei richtiger Steuerung — positives/erwünschtes Verhalten
              und eine entsprechende *positive Verhaltensgewohnheit.*

Was anfangs vielleicht etwas kompliziert und theoretisch erschienen sein mag, entpuppt sich bei näherem Hinsehen als ein uns allen schon gut bekanntes Prinzip zur Verhaltenssteuerung:

Als gute Eltern oder Pädagogen folgen wir bei der Erziehung der Kinder seit jeher dem Grundsatz, das gewünschte kindliche Verhalten zu belohnen und das unerwünschte (freche!) Verhalten zu betrafen, damit es künftig unterbleibt und erwünschtes (gutes, ordentliches, arbeitsames usw.) Verhalten an seine Stelle tritt.

Abbildung 40 Steuerung kindlichen Verhaltens

Haben Sie dieses Prinzip erst einmal erkannt und sich seine Wirkung bewußt gemacht, können Sie es auch zielsicher zur Steuerung oder Beseitigung von Konflikten in der Familie, in Beruf und Freizeit mit Erfolg anwenden.

Hast pfiffig das Prinzip erkannt,
ist der Konflikt auch schon gebannt!

3 Strukturen von Konflikten

Bei der Betrachtung von möglichen Konflikt*ursachen* haben wir schon strukturell zwischen Konflikten innerhalb einer Person (d. h. *intra*individuell) und zwischen verschiedenen Personen (d. h. *inter*individuell) unterschieden.

Konflikte zwischen Personengruppen bilden eine weitere Kategorie von Konflikten, die, wie wir aus der sozialpsychologischen und soziologischen Forschung wissen, ganz speziellen Gesetzmäßigkeiten folgen (z. B. TANTER 1966, RUMMEL 1975).

Für das Erkennen von Konfliktstrukturen stellen sich grundsätzlich folgende *Kernfragen:*

1. *Wer (welche Person[en])* ist am konkreten Konfliktgeschehen beteiligt?
2. *Wie* verhalten sich die Konfliktpartner?
3. *Was* für ein *sachlicher oder emotionaler Inhalt* bestimmt das Konfliktgeschehen?

Eine Übersicht über Komponenten von Konfliktstrukturen gibt Abbildung 41 auf Seite 85.

Sie werden sich vielleicht an dieser Stelle fragen: *Was nützt mir das bei der Konfliktbewältigung?*

Der Nutzen solcher Strukturanalysen liegt darin, daß Sie jeden beliebigen Konflikt nach den Komponenten

— Konfliktparteien
— Konfliktaktivitäten der Beteiligten
— Inhalte des Konflikts

aufschlüsseln können. Dann versuchen Sie herauszufinden, welche Konflikt*ursache* bei einer der beteiligen Personen oder Gruppen (und zwar bei welcher!) zu vermuten ist, ob es Ursachen in der Art des Auftretens des Konflikts (d. h. der Konfliktaktivität) gibt oder ob bestimmte kritische Inhalte konfliktschaffend oder konfliktfördernd wirken. Dementsprechend werden Sie Maßnahmen zur Abschwächung oder zur Bewältigung des betreffenden Konflikts auswählen. Vermeidbar sind somit fehlerhafte Eingriffe, die häufig dann beobachtet werden, wenn die Konfliktstruktur und die möglichen Konfliktursachen nicht bekannt sind und bloß intuitiv nach der Versuch- und Irrtum-Methode alles Mögliche und Unmögliche ausprobiert wird.

Welche Ziele, Lösungen und Maßnahmen sich in solchen Fällen anbieten, wird weiter unten behandelt.

> Wer die Struktur erkennt
> löst leichter das Problem.
> Wer das verpennt,
> für den wird's unbequem!

	Beim intra-individuellen Konflikt	Beim inter-individuellen Konflikt	Beim Konflikt zwischen Gruppen
Wer? Konflikt-Parteien	– *Individuum*	– *Konfliktpaar* (Ehepaar, Mutter/Kind usw.) – *Konflikttriaden* (Eltern und Kind, Ehepaar u. 1 Schwiegermutter usw.) – *mehr als 3 Personen* (Eltern und mehrere Kinder, Lehrerkollegium, Wohngemeinschaft.)	– *Kleinstgruppe* (zwei oder mehr Paare) – *Kleingruppen* (zwei oder mehr Familien, Arbeitsgruppen) – *Gruppen* (zwei oder mehr Hausgemeinschaften, Belegschaften von Betrieben, Mitglieder von Sportvereinen usw.) – *Massen* (Demonstrationen usw.)
	(z. B. widerstrebende persönliche, freizeitbezogene und Berufsinteressen)	(in Familie, Freizeit, Beruf; zwischen Gleichgestellten und zwischen Personen verschiedener Hierarchieebenen)	(in Familie, Freizeit, Beruf)
Wie? Konflikt-Aktivitäten	– psychosomatische Symptomatik (Tic) – Autoaggression (Selbstmord) – Verdrängung (Vergessen des Konflikts) – Unzufriedenheit, Langeweile	– untereinander streiten – sich anschreien, beschimpfen – sich prügeln – nicht miteinander reden – den anderen beschuldigen – opponieren – Überanpassung bei Forderungen des anderen	– gegen die andere Gruppe intrigieren – die andere Gruppe unter Druck setzen – der anderen Gruppe finanzielle Mittel entziehen – Mitglieder anderer Gruppen aufhetzen – gegenseitige Drohungen – Jüngere kämpfen gegen Ältere
Was? Konflikt-Inhalte	– Wunsch nach *Partnerschaft* in Verbindung mit Angst vor Verlust der *Unabhängigkeit* – Streben nach einem *verantwortungsvollen* Amt und gleichzeitig Angst vor *Überarbeitung*, Angriffen von politischen Gegnern usw. – Freude an *ehrenamtlicher* Vereinstätigkeit bei bereits eingetretener *Überlastung* im *Hauptberuf*	– gemeinsame Lebensführung von Ehepartnern bei *unterschiedlichen Interessen* – Eltern haben für ihr Kind Zukunftspläne, *die den Interessen oder Fähigkeiten des Kindes nicht entsprechen* – Abteilungsleiter und Mitarbeiter haben *unterschiedliche Auffassungen* über die Notwendigkeit von Überstunden	– acht Ehepaare möchten *unterschiedliche Erziehungsgrundsätze* für ihre Kinder in einem Kindergarten durchsetzen – im Lehrerkollegium versucht jede Fachgruppe einen *möglichst großen Budgetanteil* für Lehrmaterialbeschaffung zu erkämpfen – *Fußballfans zweier Vereine konkurrieren* lautstark im Stadion

Abbildung 41 Klassifikation von möglichen Konflikt-Komponenten (eines aktuellen Konflikts)

4 Ziele und Lösungen beim Konflikt-Management

Die meisten Menschen stürzen sich gefühlsmäßig in Konflikte, ohne sich im einzelnen über die von ihnen dabei verfolgten Ziele und die eventuell in Betracht kommenden Lösungen Rechenschaft abzulegen. Gerade die sehr häufige gefühlsmäßige Beteiligung am Konfliktgeschehen kann jedoch dazu führen, daß naheliegende Ziele nicht verfolgt und praktikable Lösungen nicht gesehen werden.

Nehmen wir ein praktisches *Beispiel:* Der Chef möchte einen Mitarbeiter in eine andere Abteilung versetzen. Der Mitarbeiter weigert sich. Der Betriebsrat ist eingeschaltet und unterstützt den Mitarbeiter.

Beharrt der Chef auf seinem Vorsatz, den Mitarbeiter Renitat aus Abteilung A in Abteilung B zu versetzten und bleibt der Mitarbeiter bei seiner Weigerung — unterstützt vom Betriebsrat —, dann bleibt der Konflikt ungelöst. Möglicherweise bleibt der Mitarbeiter in der Abteilung A, weil der Chef aus Angst vor weiterem Ärger einen Rückzieher macht. Das Sachproblem, das Anlaß für die Versetzungsabsicht gewesen ist, bleibt dann bestehen. Vielleicht werden weitere Versetzungsvorstöße folgen, vielleicht wird auch »nur« die Beziehung zwischen Chef und Mitarbeiter belastet.

Vielleicht gelingt es auch dem Chef, durch ein geschicktes Manöver den Mitarbeiter zu »übertölpeln« und die Versetzung durchzusetzen. Dadurch ist dann das Vertrauensverhältnis von dieser Seite her getrübt und kann sich sehr nachteilig auf die künftige Zusammenarbeit auswirken.

Im einen wie im anderen Fall hat es nur ein Ziel gegeben: Durchsetzung des eigenen Interesses ohne Berücksichtigung der Interessen der anderen Seite.

Es ist eine grundsätzliche Entscheidung, ob man zur Durchsetzung eigener Interessen notfalls auch Konflikte schaffen und mit ihnen leben will, und ob man Konflikte als eine Möglichkeit akzeptiert, verkrustete Strukturen aufzubrechen und dadurch eine neue Entwicklung einzuleiten bzw. nach dem HEGELschen Prinzip von »These — Antithese — Synthese« praktikable Kompromisse zu finden, die den Interessen aller Beteiligten unter den gegebenen Umständen am besten gerecht werden. Gerade, wenn man auf letzteres hinarbeiten will, hilft einem die sorgfältige Analyse der von den an einem Konfliktgeschehen Beteiligten verfolgten Ziele und die Prüfung denkbarer Alternativlösungen weiter.

Die folgende Tabelle (Abb. 42) enthält aus der Perspektive des Chefs mögliche Ziele und Alternativlösungen. Die Beispiele zeigen, daß nicht alle Ziele sachorientiert sein müssen, sondern sich auch an ganz persönlichen Wünschen und Bedürfnissen orientieren können.

Im rechten Teil der Tabelle finden sich mögliche Alternativen, durch deren Realisierung die Versetzung des Mitarbeiters Renitat vermieden werden könnte.

Chef-Ziele für Versetzung	Mögliche Alternativ-Lösungen
– Arbeit ist in Abt. A weniger geworden; deshalb den unterbeschäftigten Mitarbeiter Renitat in die überlastete Abt. B versetzen.	– Mehr Arbeit in die Abt. A hineinziehen. – Einen ausscheidenden älteren Mitarbeiter nicht ersetzen. – Mehr Zeit für Dienstbesprechungen, Mitarbeiterschulung aufwenden.
– Mitarbeiter Renitat paßt altersmäßig besser in das Team B; deshalb dort integrieren.	– Eigene Theorie über altersmäßige Zusammensetzung einer Arbeitsgruppe überprüfen. – Den älteren Mitarbeiter zum Gruppenleiter befördern, damit Alter und Funktion zusammenpassen.
– Konkurrenz zwischen Mitarbeiter Renitat und Mitarbeiter Strebsam in Abt. A belastet die Arbeit; besseres Arbeitsklima durch Versetzung.	– Den anderen Mitarbeiter versetzen. – Klare Aufgabenverteilung zwischen beiden Mitarbeitern arrangieren. – Klärendes Gespräch mit beiden Mitarbeitern führen.
– Chef möchte Mitarbeiter Renitat durch attraktive junge Mitarbeiterin ersetzen, weil er ...	– Junge attraktive Mitarbeiterin könnte zusätzlich mit eigenem Aufgabengebiet eingestellt werden. – Ehefrau des Mitarbeiters anläßlich einer Einladung für das Thema »sensibilisieren«. – Notwendigkeit der jungen Mitarbeiterin mit Chef und ggf. mit dessen Vorgesetzten besprechen.
– Chef glaubt, daß die Arbeitsmoral in Abt. A besser wird, wenn durch Versetzung von Mitarbeiter Renitat die übrigen Mitarbeiter, die dann dessen Arbeit miterledigen müssen, weniger Zeit zum »Tratschen« haben.	– Bessere Arbeitsorganisation einführen. – Kritikgespräch zum Thema Arbeitsmoral mit allen Mitarbeitern führen. – Ansichten des Chefs über Arbeitsmoral überprüfen lassen.
– Chef möchte durch die Versetzung aus Prestigegründen ein Exempel statuieren: jeder, der so kritisch ist wie Mitarbeiter Renitat, muß künftig mindestens mit Versetzung rechnen usw.	– Dem Chef andere Möglichkeiten für Prestigeverbesserung bieten (z. B. persönliches Lob, höhere Arbeitsleistung). – Dem Chef den hohen Wert sachlicher Kritik für die Verbesserung von Arbeitsleistungen und Betriebsklima vor Augen führen.

Abbildung 42 Handlungsziele eines Chefs und Lösungsalternativen

Welche der hier angebotenen Lösungen im konkreten Fall den besten Beitrag zur Konfliktlösung leisten würde, kann nicht am grünen Tisch entschieden werden, sondern müßte unter Beachtung der möglichen Wechselwirkungen mit den Handlungszielen des Mitarbeiters Renitat und des Betriebsrates sehr genau abgewogen werden.

Welche Ziele der Mitarbeiter Renitat im geschilderten Konflikt verfolgen könnte und welche Alternativlösungen in Betracht gezogen werden könnten, zeigt die Übersicht (Abb. 43).

Ziele des Mitarbeiters Renitat	Mögliche Alternativ-Lösungen
— Herr Renitat hat wenig zu tun und möchte sich seinen wenig aufreibenden Arbeitsplatz nicht nehmen lassen.	— Herrn Renitat durch mehr Arbeit in Abt. A stärker auslasten, damit ihm seine Tätigkeit dort weniger rosig erscheint. — Herrn Renitat einen in diesem Punkt vergleichbaren Arbeitsplatz in Abt. B anbieten.
— Herr Renitat hat eine Mitarbeiterin der Abt. A besonders ins Herz geschlossen und möchte gern in ihrer Nähe bleiben.	— Die Mitarbeiterin gemeinsam mit Herrn Renitat in die Abt. B versetzen. — Zuerst die Mitarbeiterin versetzen, damit Herr Renitat selbst den Wunsch nach seiner Versetzung äußert.
— Herr Renitat fürchtet den als besonders streng bekannten Chef der Abt. B und möchte unter keinen Umständen unter dessen Leitung arbeiten.	— Herrn Renitat mit dem Chef näher bekanntmachen, um das Vorurteil beseitigen.
— Chef der Abt. B ist Herr Renitat junior. Herr Renitat senior möchte nicht seinem eigenen Sohn unterstellt sein.	— Das Problem mit Herrn Renitat besprechen. — Herrn Renitat eine verantwortungsvollere Aufgabe in der neuen Abteilung übertragen.
— Chef der Abt. B ist eine Frau. Herr Renitat ist Chauvinist und möchte keiner Frau unterstellt sein.	— Das Problem mit Herrn Renitat besprechen: »Chauvinismus ist nicht modern!« — Das Vorurteil durch persönliches Kennenlernen abzubauen versuchen.
— Herr Renitat hat privaten Ärger mit einem Mitarbeiter der Abt. B. Deshalb möchte er in diesem Team nicht arbeiten.	— Den anderen Mitarbeiter aus Abt. B entfernen. — Auf die Lösung des privaten Zwists Einfluß nehmen.

Abbildung 43 Handlungsziele eines Mitarbeiters und Lösungsalternativen

Die *Beispiele* zeigen, daß die Ziele des Mitarbeiters sich z.T. aus ganz anderen Voraussetzungen ergeben als die bereits erwähnten des Chefs. Je nach Sachlage lassen sich jedoch auch mehrere Alternativlösungen für die Beseitigung des Konflikts erkennen.

Schließlich leistet der Betriebsrat seinen Beitrag innerhalb der Konfliktsituation. Auch die von ihm verfolgten Ziele müssen nicht nur an den Interessen des Mitarbeiters orientiert sein, wie man das vielleicht aus der ihm durch das Betriebsverfassungsgesetz übertragenen Pflicht vermuten könnte. Vielmehr kann der Betriebsrat auch Konflikte zwischen Mitarbeitern und Führungskräften zum Anlaß nehmen, betriebsratsspezifische Interessen — gegebenenfalls sogar die Interessen einzelner Betriebsratsmitglieder — ins Spiel zu bringen:

Ziele des Betriebsrats (BR)	Mögliche Alternativ-Lösungen
– Der BR identifiziert sich mit den Interessen des Mitarbeiters Renitat und möchte ihm helfen.	– Entkräftet die vom Unternehmensleiter angeführte Begründung für die Versetzung unter Hinweis auf § 99 BetrVG. – Schlägt einen anderen interessierten Mitarbeiter zur Versetzung in die Abt. B vor.
– Der BR hat vom Unternehmensleiter einen Wink bekommen und versucht deshalb, den Mitarbeiter zur Zustimmung zur Versetzung zu bewegen.	– Dem Unternehmer solche Art von Einflußnahme erschweren. – Zu stark unternehmerorientierte BR-Mitglieder langfristig aus dem BR entfernen. – Die Gewerkschaft einschalten, um korrekte BR-Arbeit zu erreichen. – Mit dem Unternehmer sprechen, um ihm andere Alternativen schmackhaft zu machen.
– Der BR möchte ein BR-Mitglied auf den Posten des Mitarbeiters Renitat bringen und unterstützt deshalb das Versetzungsvorhaben.	– Dem Mitarbeiter Renitat wird ein Arbeitsplatz in Abt. C angeboten, der ihm mehr zusagt. – Der Unternehmensleiter wird gedrängt, den Arbeitsplatz in Abt. B mit höherem Gehalt auszustatten, damit er für Herrn Renitat attraktiver wird.
– Der BR möchte den gewerkschaftsfeindlichen Mitarbeiter Renitat aus dem Unternehmen entfernt sehen und unterstützt deshalb alles, was diesem das Leben schwermacht und ihn zum Ausscheiden bewegen kann.	– Ein weiterer Mitarbeiter wird in Abt. A eingeschleust, der einen Teil des Arbeitsgebietes von Herrn Renitat übernimmt, damit dieser sich bald überflüssig vorkommt und von selbst um Versetzung bittet. – Über Herrn Renitat werden üble Gerüchte verbreitet, damit er schließlich dem Psychoterror erliegt und Abt. A verläßt.
– BR möchte zur Demonstration des BR-Engagements und im Hinblick auf die nächsten Wahlen einen spektakulären Arbeitsgerichtsprozeß zu führen.	– Der Unternehmensleiter geht auf die BR-Forderung ein, um einen unsicheren Arbeitsgerichtsprozeß zu vermeiden. – Der Mitarbeiter Renitat klärt den Unternehmensleiter über die BR-Strategie auf, um ihn zum Verzicht auf das Versetzungsvorhaben zu motivieren.

Abbildung 44 Handlungsziele eines Betriebsrates und Lösungsalternativen

Oft werden nur die Vorteile der in Betracht gezogenen Konfliktlösungen gesehen, die möglichen Nachteile jedoch vernachlässigt. Anhand des folgenden *Beispiels* wird dies deutlich:

Im Vordergrund steht die positive Konfliktlösung zwischen Mitarbeiter Renitat und Unternehmensleiter. Die positive Konfliktlösung könnte z. B. folgendermaßen aussehen und folgende negative Nebenwirkungen haben (s. Abb. 45):

+1 Der Mitarbeiter stimmt der Versetzung von der Abteilung A in die Abteilung B zu, weil ihm der Unternehmensleiter dort ein interessantes Aufgabengebiet und ein höheres Gehalt fest zusagt.

−1 *Negative Nebenwirkungen für den Mitarbeiter:* Die Arbeitszeit in Abteilung B liegt ungünstiger als in Abteilung A; dadurch entstehen sekundäre Konflikte bei der Termingestaltung im familiären Bereich.

−2 *Negative Nebenwirkungen für den Unternehmensleiter:* Er hat einen Präzedenzfall geschaffen. Er konnte die Versetzung nur durchsetzen, indem er einem anderen Mitarbeiter interessante Arbeitsgebiete wegnahm, um sie Mitarbeiter Renitat zu übertragen, und indem er Mitarbeiter Renitat ein höheres Gehalt zahlt.

−3 *Negative Nebenwirkungen für andere Mitarbeiter* des Unternehmens: Dem genannten Mitarbeiter sind interessante Arbeitsgebiete weggenommen worden. Die Mitarbeiter der Abteilung B bekommen relativ weniger Gehalt als Mitarbeiter Renitat. Sie sind darüber verärgert.

−4 *Negative Nebenwirkungen für den Betriebsrat:* Mitarbeiter und Unternehmensleiter haben sich ohne Vermittlung des Betriebsrates geeinigt. Der Betriebsrat ist übergangen worden. Und außerdem entspricht die gefundene Lösung nicht den Interessen des Betriebsrates, da einem Mitarbeiter Arbeitsgebiete weggenommen worden sind und außerdem Ungleichbehandlung durch Ungleichbezahlung erreicht worden ist.

−5 *Negative Nebenwirkung für Gewerkschaften:* In den Betriebsräten sitzen Vertreter der Gewerkschaften. Sind diese Mitglieder in den Augen der Belegschaft nicht effizient, kann dies negative Auswirkungen auf die Mitgliedschaft in der Gewerkschaft haben.

Man muß also im konkreten Fall einer Konfliktlösung immer beachten, ob dadurch im gleichen Bereich oder auf anderen Ebenen möglicherweise neue Konflikte entstehen, die die gefundene Konfliktlösung letztlich als unerwünscht erscheinen lassen, weil man im Anschluß nun eine Reihe neuer Konflikte lösen muß.

In dem angeführten Beispiel sind ausschließlich negative Nebenwirkungen aufgezeigt worden. Selbstverständlich gibt es auch positive. So könnte z. B. für die übrigen Mitarbeiter genauso wie für den Betriebsrat die bessere Bezahlung von Herrn Renitat Anlaß sein, auf breiter Ebene eine höhere Bezahlung in der Abteilung durchsetzen. Wenn dies mit Hilfe der im Betriebsrat sitzenden Gewerkschaftsmitglieder gelingt, könnte das sogar positive Rückwirkungen für eine verstärkte Mitgliedschaft in der Gewerkschaft haben.

Daß Konfliktlösungen nicht nur positive oder negative Wirkungen bzw. Nebenwirkungen haben, sondern daß auch zwischen den einzelnen Wirkungskomponenten wiederum Wechselwirkungen bestehen können, soll hier nur der Vollständigkeit wegen erwähnt werden. Gerade dadurch werden Konfliktlösungen nicht nur in der Theorie, sondern auch in der Praxis häufig sehr kompli-

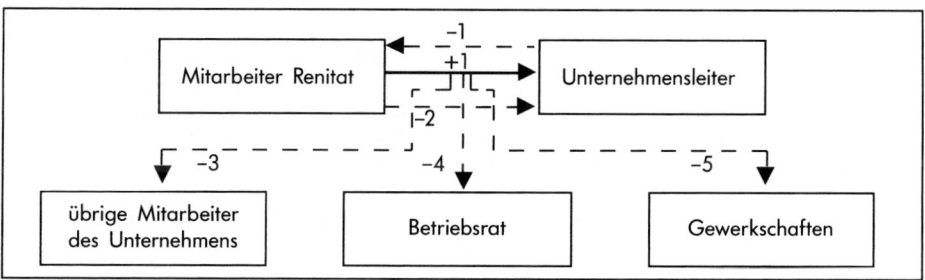

Abbildung 45 Mögliche Nachteile von positiven Konfliktlösungen

ziert und unübersichtlich. Diese Erkenntnis sollte uns jedoch nicht entmutigen. Vielmehr setzen wir beim praktischen Vorgehen Prioritäten. Die Hauptprobleme werden zuerst in Angriff genommen, die naheliegenden oder die am wenigsten aufwendigen Lösungen werden am ehesten realisiert. Dann wird man Schritt für Schritt sehen müssen, ob weitere Aktivitäten erforderlich sind.

Im Normalfall wird man auf diese Weise schon zu akzeptablen Ergebnissen kommen. Eine gründlichere und systematischere Analyse in dem hier dargestellten Sinn wird erst dann erforderlich, wenn wir mit unserem gewohnten Vorgehen nicht zum Ziel kommen und unerwartet neue Schwierigkeiten auftreten.

Abschließend wollen wir als kleine Arbeitshilfe für das praktische Vorgehen beim Erkennen von Konflikten und beim Bewerten von Verhaltensalternativen und Lösungen an einem *Beispiel* der Beziehung zwischen Kunde und Verkäufer noch einmal das systematische Vorgehen demonstrieren:

Um eventuellen Konflikten vorzubeugen bzw. erfolgreiche Verhaltensalternativen zur Bewältigung drohender oder vorhandener Konfliktsituationen herauszufinden, analysieren Sie zunächst die Situation bzw. den auftretenden Konflikt genau.

Sie gewinnen Anhaltspunkte dafür, was beim Umgang mit einem Gesprächspartner zu Konflikten führen könnte oder geführt hat, indem Sie sich dies entsprechend dem in Abbildung 46 dargestellten Vorgehen klarmachen:

— Was ist das für ein Kunde?
— Was will dieser Kunde von mir?
— Wie behandele ich diesen Kunden?
— Was könnte diesen Kunden an mir, an dem von mir vertretenen Unternehmen oder an meinem Angebot stören?

Diese Fragen können Sie u. U. leichter beantworten, wenn Sie sich selbst in die Situation des Kunden versetzen und sich dabei die Frage stellen: Was würde mich selbst stören, wenn ich mich in der Situation des Kunden befände?

Wird mir bereits bei Vorüberlegungen im Hinblick auf eventuell (entsprechend Spalte 4 Abb. 46) zu erwartende Probleme bewußt, daß dieser Kundenkontakt unter den gegebenen Bedingungen konflikthaft verlaufen wird, werde ich den Kontakt mit diesem Kunden zweckmäßigerweise besonders sorgfältig

1 Mein Kunde (persönliche und professionelle Charakteristika):	2 Der Kunde kommt mit folgendem Anliegen zu mir:	3 Folgendermaßen behandele ich den Kunden normalerweise (Art des persönlichen Kontakts, Unterlagen, Formulare, Service, Terminrahmen):	4 Was mir als Kunde nicht gefallen würde (z. B. am Gesprächspartner, der Behandlung, der Organisation, dem Angebot):
Herr Zuschlag (...)	»Ich möchte eine modische Hose für den Büroalltag, Größe 94, passend zu grauen und blauen Sakkos.«	– Ich begrüße ihn freundlich. – Ich frage ihn nach seinen Wünschen. – Ich höre ihm zu und kläre durch Nachfragen, was mir noch unklar ist. – Ich bitte ihn in die entsprechende Hosenabteilung. – Ich suche einige passende Hosen heraus und bitte ihn, sie anzuprobieren.	– Der Verkäufer macht einen aalglatten Eindruck. – Der Verkäufer stürzt gleich auf mich zu. Ich habe keine Gelegenheit, mich erst einmal unverbindlich zu zu orientieren. – Die Auswahl ist zu gering. – Die passenden Größen sind in der gewünschten Farbe nicht vorhanden. – Die Hosen sind zu teuer.

Abbildung 46 Kundenbehandlung

Hauptperson 1	Hauptperson 2	Weitere Personen	Ort des Konflikts	Anlaß des Konflikts	Thematischer Inhalt des Konflikts	Denkbare Ursachen des Konflikts
Herr Zuschlag als Kunde	Verkäufer Schrappig	Ehefrau Schönhilde. Schneider Pieks. Kunde Würdig.	Hosenabteilung eines Bekleidungsfachgeschäfts.	Herr Zuschlag ruft mehrfach nach dem verschwundenen Verkäufer, nachdem er die erste Hose anprobiert hat.	Der Verkäufer steht dem Kunden Zuschlag, der in Eile ist, beim Austausch nicht passender Hosen zeitweise nicht zur Verfügung.	– Der Kunde ärgert sich, daß sich der Verkäufer ihm nicht allein widmen kann. – Der Verkäufer muß wegen Personalmangels und zeitweilig zahlreicher Kunden mehrere Kunden gleichzeitig bedienen. – Die Geschäftsleitung stellt aus Gewinninteresse keine zusätzlichen Verkäufer ein. – Herr Zuschlag hat wenig Zeit. Er hat einen unpassenden Kauftermin ausgesucht. – Die Ehefrau drängt zur Eile, weil sie sich selbst auch noch Schuhe kaufen möchte.

Abbildung 47 Konfliktsituation zwischen Verkäufer und Kunde beim Hosenkauf

vorbereiten und auch nachträglich noch gründlich auswerten, um für die Zukunft vergleichbaren Konflikten erfolgreich vorbeugen zu können.

Zu klären ist, zwischen welchen Hauptpersonen sich das konflikthafte Geschehen abspielt, ob und gegebenenfalls welche weiteren Personen mittelbar oder unmittelbar am Konflikt beteiligt sind, wo und aus welchem Anlaß der Konflikt entstanden ist (s. Abb. 47). Der Anlaß des Konflikts ist meist nicht identisch mit der tatsächlichen Ursache, die man häufig jedoch nicht erkennen, sondern nur vermuten kann. Wichtig ist auch der thematische Inhalt des Konflikts, der vordergründig oder vielleicht auch hintergründig maßgeblich ist und Ansatzpunkte für Konfliktvermeidungs- oder Konfliktlösungsmaßnahmen bieten kann.

Solche Analysen von Konfliktsituationen einschließlich der Konfliktursachen sind jedoch nur der erste Schritt auf dem Weg zum erfolgreichen Umgang mit Konflikten. Dann folgt der wichtige nächste Schritt: Die Auswahl und der sachgerechte Einsatz von Maßnahmen des Konflikt-Managements.

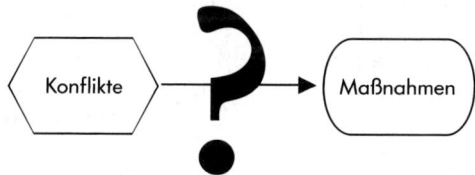

5 Möglichkeiten der Konflikt-Bewältigung (d. h. Maßnahmen)

Die vorangegangenen Abschnitte enthalten vor allem die uns notwendig erscheinenden theoretischen Erläuterungen. Die folgenden Abschnitte zeigen demgegenüber praktische Möglichkeiten der Konfliktbehandlung, Anleitungen zur Konfliktvorbeugung, zur Konflikt-Bewältigung und -lösung auf. Wir gehen hier speziell auf Maßnahmen zur Vorbeugung gegen Konflikte und auf Maßnahmen zur Konfliktlösung ein, weil dabei am häufigsten Probleme auftreten.

Induzierte Konflikte — d. h. Konflikte, die vorsätzlich herbeigeführt werden, um eine festgefahrene Situation wieder in Gang zu setzen oder etwas auf einen neuen Weg zu bringen — behandeln wir nur am Rande. Vielfach wird dieser Aspekt von Konflikten völlig übersehen. Wie bereits erwähnt, müssen Konflikte nicht in jedem Fall ausschließlich unter negativen Gesichtspunkten betrachtet werden. In manchen Situationen muß geradezu ein Konflikt herbeigeführt werden, um Bewegung in eine Sache zu bringen. Konflikte vorsätzlich schaffen sollte jedoch nur jemand, der auch in der Lage ist, die unkontrollierte Ausweitung der Konflikte durch sachgerecht vorbeugende Maßnahmen zu vermeiden und vor allem die Techniken zur zielgenauen Konfliktsteuerung bzw. Konfliktlösung zu beherrschen.

Die folgende Übersicht gibt einige Hinweise darauf, an welche Möglichkeiten in solchen Fällen zu denken wäre:

1. *Maßnahmen zur Konfliktprophylaxe (d. h. vorbeugende Maßnahmen zur Vermeidung von Konflikten)*
   - Zweckmäßige Gestaltung der sozialen Rahmenbedingungen (in Familie, Beruf, Freizeit);
   - sorgfältige Vorbereitung von Konfliktlösungsgesprächen (unter Beachtung der Wünsche, Ziele, Ängste und Befürchtungen des Partners);
   - eigene Persönlichkeitsbildung;
     a) Abbau von z. B.: Aggressivität, Arroganz, Selbstunsicherheit, Ängsten;
     b) Erwerb bestimmter Kenntnisse und Fertigkeiten, wie z. B.: freundliches Sozialverhalten, Fachkompetenz auf dem eigenen Arbeitsgebiet, entspannte Geisteshaltung, geistige Wendigkeit;
   - zweckmäßiges Arrangement der situativen Randbedingungen (z. B. Ort, Zeit, Möblierung, Beleuchtung, Hilfsmittel);
   - Schaffen von Verhaltensregeln (z. B. Gesetze, Verordnungen, Richtlinien, weltanschauliche Regeln; Verträge schließen: z. B. Nichtangriffspakt);
   - konfliktvermeidende Verhaltensvorsätze fassen (z. B.: »Ich will keinen Gesprächspartner anschreien oder schlagen.«).

2. Maßnahmen zur Konfliktlösung
Beherrschung bestimmter Techniken der Gesprächsführung und des sozialen Verhaltens, wie z. B.:
— partnerzentrierte Gesprächsführung;
— Fragetechniken;
— Techniken der Einwandbegegnung;
— Vermeiden bzw. Neutralisieren von »Killerphrasen«;
— zweckmäßige Körpersprache;
— Berücksichtigung der Annahmen der Transaktionsanalyse;
— Anwendung der Regeln der themenzentrierten Interaktion.

Bei kritischer Durchsicht werden Sie feststellen, daß eine strenge Trennung zwischen prophylaktischen und konfliktbewältigenden Maßnahmen nicht ohne weiteres möglich ist. So können insbesondere Maßnahmen, die hier speziell zur Konflikt*lösung* ausgewiesen sind, in vielen Fällen auch zur Konflikt*prophylaxe* eingesetzt werden.

Aus der umfangreichen Palette von Strategien zum Konfliktmanagement haben wir einige Schwerpunkte hervorgehoben, die nach allgemeiner Erfahrung sehr gut geeignet sind, auch den weniger Erfahrenen in die Lage zu versetzen, diese Methoden sofort in der Praxis anzuwenden. Man braucht dazu keine weiterreichende rhetorische Schulung oder Einübung in die Kompliziertheit dialektischer Methodik.

Da die meisten Konflikte zu irgendeinem Zeitpunkt zu Gesprächen zwischen den beteiligten Konfliktpartnern führen oder sogar im Verlaufe von Gesprächen entstehen, ist es unumgänglich, sich mit den Prinzipien einer erfolgreichen *Gesprächsführung* unter Beachtung der verschiedenen Gesprächsebenen (z. B. der *Sach- und Beziehungsebene*) zu befassen. Nicht nur die Vorbereitung und Gestaltung der *Rahmenbedingungen* des Gesprächs, sondern auch *Aufbau und Ablauf des Gesprächs* sowie die Kontrolle der sprachlichen Äußerungen und der *Ausdrucksbewegungen unseres Körpers* sind dabei zu beachten. Falsche Gesprächsführung trägt bereits vorprogrammierte Konflikte in sich (s. GÖSCHEL & WOLFF 1986).

Ein weiterer Schwerpunkt ist die Darstellung der *partnerzentrierten Gesprächsführung* unter Berücksichtigung einer ganz wesentlichen Gesprächskomponente: des aufmerksamen Zuhörens. Der Gesprächspartner will ernstgenommen werden. Deshalb müssen wir uns in jedem Fall darum bemühen, seine Argumentation zumindest zu verstehen — auch wenn wir ihm inhaltlich nicht zustimmen wollen oder können. Eine Reihe von Kommunikationsproblemen und Mißverständnissen läßt sich bereits durch aufmerksames Zuhören vermeiden.

Als sehr hilfreich erweist sich für die Steuerung eines Gesprächs der sachgerechte Einsatz der *Fragetechnik*. Diese Möglichkeit erfolgreicher Gesprächssteuerung wird in der Praxis viel zu wenig und vor allem viel zu unsystematisch eingesetzt.

Es gibt eine große Zahl verschiedener Möglichkeiten, mit Einwänden unseres Gesprächspartners umzugehen — sogenannte *Einwandbegegnungstechniken*. Auch dabei ist es wieder wichtig, daß der Gesprächspartner mit seinen Einwänden ernstgenommen wird. Die Einwandbegegnungstechniken sind bestens geeignet, unnötige Gesprächshindernisse zu beseitigen. Sie sollten jedoch auf keinen Fall dazu benutzt werden, den Gesprächspartner bloß »totzureden«. Jeder nicht sachgerecht behandelte Einwand bleibt als sichtbares oder unterschwelliges Hindernis für den weiteren Gesprächsablauf bestehen und kann letztlich das Gespräch zum Scheitern bringen.

In diesem Zusammenhang werden auch »*Killerphrasen*« besprochen. Es handelt sich um Äußerungen, Einwendungen oder Verhaltensweisen, die nicht dazu dienen, das Gespräch zum Erfolg zu führen. Mit ihrer Hilfe will man lediglich den Gesprächspartner »gegen die Wand laufen« lassen, ohne ihm eine Chance zu geben, seine — unter Umständen sogar guten und weiterführenden Argumente — ins Gespräch zu bringen.

Auch durch Berücksichtigung der Annahmen der *Transaktionsanalyse* sowie durch Anwendung der Regeln der *themenzentrierten Interaktion* können manche Gesprächshindernisse vermieden werden.

Neben der Optimierung der Gesprächstechnik kann selbstverständlich auch die Optimierung von Bedingungen in Organisationen beim Vermeiden von unnötigen Konflikten oder bei der Lösung aufgetretener Konflikte behilflich sein.

Reden ist Silber, ...
Schweigen ist auch manchmal
problematisch!

5.1 Führen von Gesprächen

5.1.1 Prinzipien der Gesprächsführung

Gespräche sind eine Form des zwischenmenschlichen Kontakts, bei dem über das Sprechen, Hören und Verstehen eine Begegnung und wechselseitige Verständigung erzielt wird. Häufig ist Gesprächsziel die Beeinflussung des Gesprächspartners: er soll einen Rat befolgen oder zumindest eine neue Einsicht aus der Sichtweise des anderen Gesprächspartners gewinnen.

Jeder hat wohl schon einmal die Erfahrung machen müssen, daß ihm ein Gespräch — gemessen an seiner Zielsetzung — verunglückt ist. Denken wir im privaten Bereich an Gespräche mit unseren Kindern (»Du alter Spießer!«) oder an Gespräche mit Ehepartnern (»Wir haben uns nichts mehr zu sagen!«). Im

Abbildung 48 a Stumme und laute Konflikte: Der Konflikt wird lautlos ausgetragen

Abbildung 48 b Stumme und laute Konflikte: Die Konfliktpartner tragen ihren Konflikt
mit erhöhter Lautstärke — sprich: Geschrei — aus

Berufsleben scheiternde Gespräche können — wenn etwa über Versetzung oder Kündigung gesprochen wird — sogar existenzbedrohend sein. Im Berufsleben werden Gespräche nicht nur mit Mitarbeitern oder mit Vorgesetzten geführt, sondern auch mit externen Gesprächspartnern, wie Auftraggebern bzw. Kunden. So können scheiternde Akquisitionsgespräche ebenfalls existenzbedrohende Formen annehmen: etwa für einen Vertreter, dessen Lebensunterhalt von den getätigten Abschlüssen abhängt.

Gesprächsführung lernt man normalerweise nicht, wie man Mathematik und Fremdsprachen in der Schule beigebracht bekommt. Man erwirbt Kenntnisse und Fähigkeiten der Gesprächsführung eher beiläufig. Vorbilder für unser Gesprächsverhalten sind zunächst die Eltern und die Familienangehörigen, dann Spielkameraden, Schulkameraden, Lehrer usw. Unsere so erworbenen Kenntnisse und Fertigkeiten setzen wir meist nach dem Prinzip von Versuch und Irrtum ein. Wir probieren bestimmte Vorgehensweisen im Gespräch aus, so wie wir sie bei anderen gesehen oder im Gespräch mit ihnen selbst erfahren haben. Dabei erleben wir die Vor- und Nachteile der verschiedenen Gesprächstechniken und entwickeln so im Laufe der Zeit unseren eigenen Gesprächsstil.

Ein solcher Lernprozeß und die Lernergebnisse sind dann gut und erfolgreich, wenn die von uns nachgeahmten Modelle gut und erfolgreich sind, wenn wir das Richtige von ihnen gelernt haben und in der richtigen Weise anwenden. Andernfalls kommen wir leicht in Schwierigkeiten im Gespräch. Deshalb ist es nützlich, sich einmal systematisch die Vor- und Nachteile bestimmter Vorgehensweisen im Gespräch — d. h. bestimmter Gesprächstechniken — bewußt zu machen und daraus Konsequenzen zu ziehen — zumindest für das Vorgehen in kritischen Gesprächssituationen.

Gerade bei Konflikt-Gesprächen — d. h. beim Versuch der Vermeidung eines Konfliktes oder der Bereinigung eines bereits entstandenen — sollte man sich nicht nur auf seine Augenblickseinfälle verlassen, sondern Verhaltensregeln kennen, mit denen man Konfliktsituationen vorhersehbar angemessen bewältigen kann. Es gibt auch stumme Konflikte; aber die Mehrzahl der Konflikte wird erfahrungsgemäß in Form von Gesprächen oder sogar im Geschrei ausgetragen (s. Abb. 48 a und b sowie MOEBIUS 1987).

5.1.2 Vorbereitung und Gestaltung der Rahmenbedingungen eines Gesprächs

Vorhersehbar konflikthafte Gespräche sollte man ebenso gründlich vorbereiten wie solche, in denen schwierige Probleme zu klären sind oder von deren Ergebnissen viel für uns abhängt.

Für einen erfolgreichen Gesprächsverlauf ist nicht nur unser eigener guter Wille und der Inhalt des Gesprächs von Bedeutung, sondern auch der größere Rahmen, in dem das Gespräch stattfindet. Dieser äußere Rahmen ist keine objektive Gegebenheit. Denken wir nur an den *Gesprächszeitpunkt.* 9.00 Uhr könnte eine sehr gute Zeit für ein Gespräch sein. Aber leider ist gerade dieser Zeitpunkt für unseren Gesprächspartner sehr ungünstig, da er genau um 9.00 Uhr seine Frühstückspause beginnt. Auch uns selber paßt dieser Zeitpunkt eigentlich nicht. Wenn wir pünktlich sein wollen, müssen wir bereits um 6.30 Uhr in unserer Wohnung aufbrechen, um den 250 km entfernten Konferenzort rechtzeitig zu erreichen. Wir könnten auch am Vorabend schon anreisen, aber das verursacht wieder zusätzliche Kosten und verdirbt uns den längst verplanten Vorabend.

Sie sehen also: Es lohnt sich, bereits über den richtigen Zeitpunkt für ein Gespräch nachzudenken und schon in dieser Phase der Planung möglichst all den Hindernissen aus dem Wege zu gehen, bei denen dies möglich erscheint. Hindernis in diesem Sinne ist alles, was uns oder unseren Gesprächspartner nervös macht, unter Zeitdruck setzt, ihn von anderen geliebten Tätigkeiten abhält oder einem der beiden Gesprächspartner unnötige zusätzliche Kosten verursacht. Schon bei der Terminplanung ist es daher angezeigt, nicht nur auf die eigenen Belange Rücksicht zu nehmen, sondern sich auch in den Gesprächspartner hineinzuversetzen und seinen erkennbaren Interessen angemessen Rechnung zu tragen.

Auch die Wahl des *Gesprächsortes* kann ausschlaggebend für den Gesprächserfolg sein. Wir können z.B. erleben, daß Politiker sich weigern, Gespräche mit bestimmten Gesprächspartnern an bestimmten Orten zu führen: Denken wir an ein Gespräch zwischen dem bundesrepublikanischen Bundeskanzler und dem Staatsratsvorsitzenden der DDR in Berlin. Bereits der Vorschlag dieses Gesprächsortes wäre die beste Garantie für das Nichtzustandekommen des Gesprächs überhaupt.

Man muß damit rechnen, daß der Gesprächspartner so eitel, arrogant oder unbeweglich ist, daß er mit Anstand nicht dazu zu bewegen wäre, sich zum Gespräch außerhalb seines persönlichen Aktionsbereichs — z.B. seines Bürozimmers — zu begeben. Mancher »Chef« ist so selbstunsicher, daß er ohne die Seelenstütze seiner Schreibtischbarrikade keinen Gesprächspartner an sich heranläßt. Deshalb lassen Sie ihm diese vertraute Umgebung, damit er nicht von vornherein eine Abwehrhaltung einnimmt und kein entspanntes Gesprächsklima aufkommen läßt.

Zu den Rahmenbedingungen gehört auch die *Auswahl der Gesprächspartner.* Häufig läßt sich ein entspannteres und kooperatives Gesprächsklima schon dadurch erreichen, daß man weitere Gesprächspartner hinzuzieht. Unverschämtheiten, die sich jemand unter vier Augen zu äußern traut, wagt er u.U. vor weiteren Zeugen nicht auszusprechen. Andererseits können gerade weitere Zeugen für Gespräche mit einem gewissen Vertraulichkeitsgrad ein unüberwindbares Hindernis sein.

Man kann auch durch freundlichen Service, Anbieten von Getränken, Zigaretten, Keksen das Gesprächsklima auflockern.

Nicht zu vergessen ist die Auswahl der *Sitzmöbel,* der *Besprechungstische,* der eventuellen *Blumendekoration* und der *Beleuchtung* — soweit man Einfluß darauf nehmen kann.

Wir können hier nicht auf alle denkbaren Situationen eingehen. Eines ist aber allgemeingültig festzuhalten:

> Sie wollen dem Gesprächspartner das Gespräch so leicht wie möglch machen und ihm dafür eine möglichst freundliche Atmosphäre schaffen. Dazu gehört etwas Erfahrung, Fingerspitzengefühl und das Sich-Hineinversetzen in den anderen, um seine Wünsche, aber auch seine möglichen Befürchtungen zu erkennen und die Situation dementsprechend zu gestalten.

Abbildung 49 Freundliche Gesprächsatmosphäre im Büro

5.1.3 Aufbau und Ablauf eines Gesprächs

Für denjenigen, der beim Gespräch mit einem Gesprächspartner bestimmte Gesprächsziele verfolgen und erreichen will, kann ein *Gesprächsleitfaden* eine Hilfe sein.

Man kann sich damit den grundsätzlichen Ablauf von Gesprächen und die einzelnen Phasen verdeutlichen. Dies erleichtert das Erkennen kritischer Punkte und der Schwächen der eigenen Gesprächsführung. Gegebenenfalls können Verhaltensalternativen ins Auge gefaßt und das Gesprächsverhalten verbessert werden.

Seine eigenen Gespräche kann man vorbereiten oder den Ablauf verbessern, indem man nur die zehn Überschriften der Übersicht (Abb. 50) benutzt und dann für jeden Punkt diejenigen Gedanken und Ziele darunter notiert, die für das gerade bevorstehende Gespräch wichtig sind. Dadurch entlastet man einerseits sein Gedächtnis. Andererseits kann man auch bei nachlassender Konzentration jederzeit die wichtigsten Gedanken aus seinen Notizen aufgreifen. Nachträglichen Ärger, der einen überfällt, wenn man nach Abschluß des Gespräches bemerkt, daß man einige wichtige Argumente im Eifer vergessen hat, kann man auf diese Weise verringern.

Nicht unterschätzen sollte man auch die Bedeutung des schriftlichen Festhaltens der Gesprächsergebnisse. Man wird schon allein durch den Vorsatz, Gesprächsergebnisse festzuhalten, während des gesamten Gesprächsverlaufs in

---

1. *Gespräch vorbereiten*
   (Zeitpunkt, Ort, Service, Gesprächspartner, Thema, Gesprächsziele)
2. *Gesprächskontakt herstellen*
   (Begrüßung, Einleitung des Gesprächs; Platz, Getränke usw. anbieten)
3. *Gesprächsthema festlegen*
   (Thema formulieren und mit dem Partner darüber Einvernehmen erzielen)
4. *Thema strukturieren*
   (Systematisch in inhaltlich zusammengehörige Teilprobleme aufgliedern)
5. *Ist-Zustand als Ausgangssituation ermitteln*
   (Von welcher Sach- und Interessenlage gehen die Gesprächspartner subjektiv aus? Welche Daten und Fakten sind bereits objektiv bekannt?)
6. *Eventuell bestehende Schwierigkeiten oder Meinungsunterschiede feststellen und präzisieren*
   (Gibt es Schwierigkeiten oder Meinungsunterschiede? Welche? Mögliche Ursachen? Denkbare Konsequenzen?)
7. *Änderungsmöglichkeiten erarbeiten*
   (Durch welche konkreten Maßnahmen können die Schwierigkeiten/Meinungsunterschiede vermindert oder beseitigt werden?)
8. *Argumente abwägen*
   (Was erscheint für die Zukunft als bestmögliche Lösung? Gesammelte Argumente gegeneinander abwägen. Positive und negative Argumente gegenüberstellen und Konsequenzen aufzeigen.)
9. *Ergebnisse des Gesprächs herausstellen und festhalten*
   1. Welche Probleme wurden gelöst?
      (Gründe und Lösungen festhalten.)
   2. Welche konkreten Maßnahmen sollen von welchem Gesprächspartner, Beauftragten, Vorgesetzten eingeleitet werden?
      (Die einzelnen Argumente notieren, die für bzw. gegen eine bestimmte Maßnahme sprechen.)
   3. Welche Punkte sind noch offen?
      (Weshalb? Eventuell weitere Lösungsversuche verabreden.)
10. *Schlußkontakt*
    (Freundlich verabschieden, dabei ggf. Freude über die erzielten Ergebnisse zum Ausdruck bringen und eventuell für ein weiteres Gespräch verabreden.)

Abbildung 50 Ablauf eines Gesprächskontakts

stärkerem Maße dazu angehalten, sich auf die Ziele zu konzentrieren. Unkonzentriertes Daherreden oder unnötige Exkurse werden dadurch eingeschränkt. Die Zusammenfassung der Gesprächsergebnisse gibt noch einmal Gelegenheit, Mißverständnisse aufzuklären, die sich eventuell im Verlauf des Gesprächs beim einen oder anderen Gesprächspartner eingeschlichen haben. Das Festhalten der Gesprächsergebnisse schafft darüber hinaus für beide Gesprächspartner einen höheren Grad an Verbindlichkeit. Da die Ergebnisse abgestimmt und schriftlich festgehalten sind, fühlt sich jeder in größerem Maße daran gebunden.

Neben der reinen Sachargumentation darf bei Gesprächen unter keinen Umständen die Beziehungsebene, d.h. was sich gefühlsmäßig zwischen den Gesprächspartnern abspielt, übersehen oder vernachlässigt werden. Das bedeutet nicht, ein Gespräch dürfte nicht hart in der Sache geführt werden, oder berechtigter Ärger oder Aufregung müßten in jedem Fall unterdrückt werden. Wichtig ist jedoch, daß gefühlsmäßige Vorbehalte und Vorurteile gegenüber einem Gesprächspartner bewußt gemacht und bei der Gestaltung des Gespräches berücksichtigt werden.

> Manchmal ist es eine Lust,
> ist das Gefühl erst recht bewußt!
> Manchmal ist's auch ärgerlich
> und besser,
> man verkneift es sich!

5.1.4 Partnerzentrierte Gesprächsführung

Eine besondere Variante der Kommunikation stellt die partnerzentrierte Gesprächsführung dar (z. B. LANGER et. al. 1974, KAISER 1979).

1. Grundsätze
Das Prinzip der partnerzentrierten Gesprächsführung umfaßt einige dafür nützliche Verhaltensregeln:

> **Grundregel des positiven Verhaltens bei Konflikten:**
> **Den Konflikt ernst nehmen!**

Dazu gehört:

— Das Anliegen des Gesprächspartners *annehmen, akzeptieren*

  Wir zeigen dem Gesprächspartner, daß wir ihn und den Konflikt, wie er von ihm gesehen wird, anerkennen und ernst nehmen. Das bedeutet zunächst: wir hören dem Gesprächspartner einfach nur aufmerksam zu. Wir werden keinerlei Versuche machen, den vom Gesprächspartner gesehenen Konflikt zu bagatellisieren oder gar ins Lächerliche zu ziehen.

Wichtig ist die Erkenntnis, daß der Gesprächspartner etwas auf dem Herzen hat, das ihn bewegt oder das ihn beschwert und worüber er sprechen möchte.

Diesem Bedürfnis setzen wir keinerlei Widerstand entgegen, sondern hören einfach nur aufmerksam, interessiert und verständnisvoll zu.

Dies vermittelt dem Gesprächspartner den Eindruck, daß er und sein Problem ernstgenommen wird, daß er sein Anliegen anbringen kann und daß dadurch eine Grundlage dafür geschaffen wird, das Problem zu besprechen und eventuell sogar eine passende Lösung zu finden. Er braucht Verständnis in der Sache und die Möglichkeit, seine Gefühle (z. B. Aggressionen) zu zeigen und gegebenenfalls abzureagieren.

Akzeptanz − Akzeptanz − Akzeptanz − Akzeptanz − Akzeptanz

− Die Mitteilung des Gesprächspartners *spiegeln*

Wenn der Gesprächspartner spürt, daß wir ihm aufmerksam zuhören und sein Problem ernst nehmen, erwartet er selbstverständlich auch eine (sprachliche) Reaktion von uns.

Falsch wäre es zu diesem Zeitpunkt, wenn wir jetzt sogleich unsere Meinung zu seinem Problem sagten und seine Auffassung und gegebenenfalls sogar seine Gefühle unserer Bewertung unterziehen würden. Wir könnten damit sehr leicht »ins Fettnäpfchen« treten. In dieser Phase des Gesprächs sollten wir vielmehr versuchen, die Vertrauensbasis zu erweitern − und auch unsere Informationsgrundlage über das Sachproblem und über die gefühlsmäßige Beteiligung des Gesprächspartners.

Dies erreichen wir durch *»aktives Zuhören«*: Wir »spiegeln« ohne eigene Stellungnahme lediglich das, was der Gesprächspartner gerade zum Ausdruck gebracht hat und versuchen noch einmal mit eigenen Worten, ihm darüber eine Rückmeldung zu geben, was wir seinen Ausführungen inhaltlich und über seine Gefühlslage gerade entnommen haben.

Der Gesprächspartner sagt z. B.: »Ich habe mich schon immer über Ihre Sekretärin geärgert. Wenn ich einen Termin haben will, dann werde ich jedes Mal vertröstet. Ich kann mich mit der Disposition in meinem Betrieb überhaupt nicht auf den Arbeitstermin einstellen. Und außerdem muß ich schließlich noch eine Menge Geld bezahlen. Wer ist hier eigentlich der Kunde?«

Dieser Kunde wird sich dann verstanden fühlen können, wenn wir etwa folgendermaßen reagieren: »Sie sind ziemlich verärgert über meine Sekretärin und unzufrieden über die Terminvereinbarung. Außerdem denken Sie natürlich auch an die Kosten.«

Falsch wäre die Reaktion: »Da erheben Sie aber schwere Beschuldigungen gegen mein Sekretariat. Das können wir so nicht auf uns sitzen lassen. Bitte schildern Sie mal ganz genau den konkreten Fall, über den Sie sich hier beschweren wollen!«

Diese Reaktion wäre vor allem deshalb falsch, weil der Beschwerdeführer im Abreagieren seiner Gefühle gebremst würde. Vieles hat sich in ihm aufgestaut. Das möchte er in diesem Augenblick loswerden. Unsere Zurückweisung, die damit verbundene Distanzierung, unsere Vorschrift, wie er sein Problem nun weiter schildern soll, engen ihn allzusehr ein und behindern die Abreaktion des aufgestauten Ärgers. Wir werden mit ihm aber erst dann ernsthaft über das Sachproblem und über mögliche Lösungen sprechen können, wenn er diesen Ärger abreagiert und bei uns dafür Verständnis gefunden hat.

Spiegeln — Spiegeln — Spiegeln — Spiegeln — Spiegeln — Spiegeln

---

— **Das Anliegen** *konkretisieren*

Bei Konfliktgesprächen muß man sich so klar ausdrücken, daß man richtig verstanden wird. Dazu werden die eigenen Aussagen präzise formuliert, der Gesprächspartner wird genau und vollständig informiert. Der Gesprächspartner muß jeweils das, was ich gesagt habe, genau so verstehen und auffassen, wie ich es gemeint habe, Fehldeutungen und Mißverständnisse würden nur neuen Stoff für die Ausweitung des Konflikts oder gar für das Entstehen neuer Konflikte bringen.

Haben Sie den Verdacht, mißverstanden zu werden, können Sie durch die Konkretisierung der eigenen Aussagen u. U. leicht Abhilfe schaffen. Andererseits können Sie auch den Gesprächspartner zur Konkretisierung seiner Position anregen, wenn Sie den Eindruck haben, er drücke sich absichtlich mißverständlich aus, oder wenn Sie meinen, man könne das, was und wie er es sagte, so nicht verstehen.

---

konkret — konkret — konkret — konkret — konkret — konkret

— **Eigene Ziele und Verhalten** *transparent machen*

Wir machen dem Gesprächspartner die Beweggründe und Ziele, die unser eigenes Konfliktverhalten bestimmen, deutlich.

Er muß nicht nur verstehen, *was* wir wollen, sondern auch, *weshalb* wir ein bestimmtes Ziel verfolgen. Er möchte unsere Handlungsmotive kennen, um uns dann gegebenenfalls besser verstehen zu können. Erreichen wir diese Transparenz nicht, beseitigen wir beim Gesprächspartner auch nicht das Hindernis, das ihn davon abhält, unsere Situation und unser Anliegen zu verstehen und zu akzeptieren. Da er die Gründe für unsere Einstellungen und Handlungen nicht kennt oder nicht versteht, kann aus seiner Perspektive unsere Einstellung und unser Handeln als völlig unsinnig oder zumindest der Sache nicht angemessen erscheinen. Er wird deshalb folgerichtig versuchen, seine »richtige« gegen unsere »falsche« Position mit allen Mitteln durchzusetzen.

Versteht er aber unsere Beweggründe und Ziele, kann er sich leichter selbst damit identifizieren und uns sogar bei der Durchsetzung unterstützen. Auf jeden Fall wird unnötiger Widerstand entfallen, soweit er sich nur aus der Fehleinschätzung unserer Beweggründe und Ziele herleitet. Übrig bleibt allenfalls der Widerstand, den er unserer Position trotzdem in der Sache entgegensetzen will oder muß.

Transparenz — Transparenz — Transparenz — Transparenz

— Ich-Botschaften senden

Entsprechend der Erkenntnis, daß sich die Kommunikation zwischen zwei Menschen nicht nur auf der Sachebene, sondern auch auf der Ebene persönlicher Beziehungen abspielt, darf man sich nicht nur hinter rein sachlichen Formulierungen verstecken, sondern muß auch Mitteilungen über eigene Gefühle und über die Beziehung zum anderen in die Kommunikation mit einbeziehen. Der Gesprächspartner will das Gefühl haben, daß er nicht einer Maschine gegenübersitzt, sondern einem Menschen, der selbst gefühlsmäßig ansprechbar ist und auch auf Gefühle seines Gesprächspartners reagiert.

Wenn hier die im Berufsleben vielfach gepflegte rollengebundene, gefühlsneutrale Fassadenhaftigkeit im mitmenschlichen Umgang in Frage gestellt wird, bedeutet dies jedoch andererseits nicht, daß man bei der Kommunikation jede Distanz aufgeben und in Gefühlen zerfließen sollte. Wie bei vielen anderen Gelegenheiten, so ist auch in diesem Fall eher der Mittelweg die richtige Lösung. Wichtiger als die Art des Ausdrucks von Gefühlen ist für den Gesprächspartner dessen Ehrlichkeit und Echtheit. Bloß gespielte oder vorgetäuschte Gefühle erwecken Mißtrauen. Deshalb sollte man darauf verzichten. Menschliche Gefühle werden gerade als das zweckfrei Menschliche am Menschen empfunden. Der gezielte Einsatz vorgetäuschter Gefühle bringt daher zwangsläufig Assoziationen zur zweckorientierten Manipulation und mahnt den Gesprächspartner erst recht zu Wachsamkeit, Vorsicht und Distanz.

Wertschätzung, gefühlsmäßige Wärme und Zuneigung für den Gesprächspartner sind wesentlicher Bestandteil positiver Ich-Botschaften. (Darunter versteht man: *ich* gebe dem Gesprächspartner sprachlich oder durch Gesten Informationen.) Aber auch *Eigenbezug* — d. h. wichtig ist vor allem, was mich angeht und interessiert, während der Partner Nebensache bleibt — ist in Verbindung mit Geringschätzung, gefühlsmäßiger Kälte und Ablehnung des Gesprächspartners eine deutliche Ich-Botschaft, jedoch mit einem ausgeprägt negativen Akzent.

| ♥ ♥ ♥ | I c h   l i e b e   d i c h | !!! |

Also:

> **Überzeugende positive Ich-Botschaften übermitteln**
> und auf jeden Fall:
> **negative Ich-Botschaften vermeiden**

Achtung:
  Denken Sie auch daran, daß nicht jeder Gedanke offen ausgesprochen und nicht jedes Gefühl offen zum Ausdruck gebracht wird!

Abbildung 51 Offene und verdeckte Argumente und Gefühle

2. Kontrollierter Dialog

Bei Diskussionen, Konferenzen und Gesprächen fällt es den Teilnehmern häufig schwer, andere ausreden zu lassen, ihnen genau zuzuhören sowie eigene Beiträge konkret auf die Ausführungen anderer Gesprächspartner zu beziehen. Jeder versucht, so schnell wie möglich seine eigenen Vorstellungen und Gedanken in das Gespräch einzubringen. Dabei wird nicht bedacht, daß gerade derjenige, der dem anderen aufmerksam zuhört und ihn ausreden läßt, mehr Möglichkeiten hat, über das Gesagte nachzudenken und somit stichhaltiger zu argumentieren. Darüber hinaus hat das genaue Zuhören Vorteile, die in jedem Gespräch von besonderer Bedeutung sind:

— Sie sind höflich. Sie zeigen Verständnis für ihren Gesprächspartner. Und gerade das macht Sie ihm sympathisch.

— Sie gewinnen Zeit, können den Gesprächspartner leichter einschätzen und seine Argumente besser verarbeiten. Das ist für Sie von Vorteil für den Aufbau einer überzeugenden Argumentationskette.

Die *Übung* »kontrollierter Dialog« (z. B. KAISER 1979, STEIL et al. 1986) umfaßt einerseits die treffende sprachliche Formulierung der Gedanken und andererseits das genaue, aktive Zuhören. Sie verläuft nach folgendem *Muster:*

Die Gesprächspartner A und B wählen sich ein Thema und versuchen, darüber ein Gespräch nach bestimmten Spielregeln zu führen.
A beginnt mit einer Mitteilung, Feststellung oder Behauptung.
B wiederholt sinngemäß den Inhalt.
A bestätigt daraufhin gegebenenfalls die richtige Wiedergabe mit »richtig«.
B darf nun antworten und das Gespräch fortsetzen.
A wiederholt sinngemäß den Inhalt.
      usw.
Wird jedoch ein Satz nicht richtig sinngemäß wiederholt, wird der Gesprächspartner mit der Bemerkung »falsch« darauf hingewiesen. Er versucht dann noch einmal, den Inhalt *richtig* wiederzugeben. Gelingt ihm das nicht, wiederholt Gesprächspartner A seinen Gesprächsbeitrag noch einmal. Gesprächspartner B versucht die richtige Wiederholung, bis A die Richtigkeit bestätigt. Danach kann Partner B das Gespräch fortsetzen, indem er seine Antwort auf die Aussage des Partners A formuliert.
Konkretes *Beispiel* eines kontrollierten Dialogs:

Thema: Sind Gesetze notwendig oder überflüssig?
      A: Ich bin der Meinung, daß Gesetze überflüssig sind, weil sie die persönliche Freiheit der Menschen einschränken.
      B: Sie meinen, Gesetze seien überflüssig, weil sie die persönliche Freiheit der Menschen einschränken.
      A: Richtig.
      B: Ich denke aber, daß Gesetze notwendig sind, um dem Menschen seine persönliche Freiheit überhaupt gewährleisten zu können.
      A: Sie meinen, Gesetze seien notwendig, um dem Menschen seine persönliche Freiheit überhaupt gewährleisten zu können.
      B: Richtig.
      A: Was verstehen Sie eigentlich unter Freiheit?
      B: Sie möchten wissen, was ich unter Freiheit verstehe.
      A: Stimmt.
      B: . . . . .
      usw.

Abschließend seien noch einmal die *Ziele der Übung* zum kontrollierten Dialog festgehalten:

— Die Präzision des Ausdrucks der eigenen Gedanken schulen.
— Kontrollieren, ob der Gesprächspartner richtig verstanden hat, was *ich* ihm sagen wollte.
— Das genaue Zuhören einüben.
— Kontrollieren, ob ich richtig verstanden habe, was der Gesprächspartner *mir* mitteilen wollte.

3. Kommunikationsprobleme

Bei der Kommunikation zwischen zwei Gesprächspartnern treten einige Probleme besonders häufig auf:

Fehler auf der Seite des Sprechenden:
— Er ordnet seine Gedanken nicht, bevor er zu sprechen beginnt.
— Er drückt sich ungenau — und damit mißverständlich — aus.
— Er drückt sich nicht kurz und prägnant aus. Vielmehr versucht er, zu viel in einer Aussage unterzubringen. Dadurch überfordert und verwirrt er den Gesprächspartner.
— Sprunghafte Gedankenführung. Die nachvollziehbare Logik der Argumentation mit einem für den Gesprächspartner sichtbaren roten Faden fehlt.
— Aus Unsicherheit redet er immer weiter, ohne die Auffassungskapazität seines Partners zu berücksichtigen.
— Er antwortet nicht direkt zu dem Gesprächsbeitrag seines Partners, sondern bringt etwas, was er sich inzwischen gerade selbst überlegt hat. Daher kommt das Gespräch nicht vorwärts. Man redet aneinander vorbei.

Fehler auf der Seite des Zuhörers:
— Er wendet seine Aufmerksamkeit nicht ungeteilt dem Sprechenden zu.
— Er denkt schon an seinen beabsichtigten eigenen Gesprächsbeitrag, statt erst einmal aufmerksam zuzuhören, was ihm der andere sagen will. Wenn der Sprecher endet, weiß der Zuhörer daher nicht mehr genau, was der Sprecher gesagt hat. Deshalb kann er darauf auch nicht mehr konkret eingehen. Er »schwafelt« unter Umständen herum, um seine momentane Desorientiertheit zu verbergen.
— Er greift unwichtige Details auf, steigert sich darüber in seinem Ärger und übersieht dabei den wesentlichen Sinn und Inhalt der Gesamtmitteilung des Sprechers.
— Er denkt die — für ihn teilweise redundant erscheinenden — Gedanken des Sprechenden schon weiter und unterbricht diesen. Oder er führt das mit eigenen Worten weiter, von dem er glaubt, der Sprecher hätte es sagen wollen — auch wenn dies unter Umständen gar nicht stimmt.
— Er versucht, für ihn neue Gedanken in sein gewohntes Denkschema hineinzupressen, auch wenn ihm dabei gerade die wesentlichen Einzelheiten des neuen Gedankens verlorengehen.

Die hier aufgeführten Fehler entstehen in der Regel nicht deshalb, weil einer der beiden Gesprächspartner bösartig wäre und den anderen absichtlich verärgern oder irritieren wollte. Vielmehr handelt es sich meistens um seit langem eingeschliffene Verhaltensgewohnheiten, die dem Betreffenden nicht bewußt werden. Selbst dann nicht, wenn es gar nicht unsere Fehler sind, sondern die des Partners. Denn wir sind so daran gewöhnt, daß wir u. U. lediglich bemerken, daß uns irgendetwas stört. Wir fühlen uns unwohl. Aber wir wissen nicht, warum.

Deshalb die Empfehlung:

Machen Sie sich solche Fehlverhaltensweisen bewußt. Beobachten Sie sie bei anderen und bei sich selbst. Ersetzen Sie bei sich selbst das Fehlverhalten durch gezielt eingesetztes positives Alternativverhalten. Zeigen Sie jedoch anderen gegenüber Verständnis, und reagieren Sie tolerant.

Wenn wir den Fehler des Gesprächspartners erkennen können, der uns Unbehagen verursacht, werden wir auch leichter unser eigenes Verhalten darauf einstellen, unser Unbehagen abbauen und das Gesprächsziel unbelastet von unerwünschten Nebenwirkungen erreichen können.

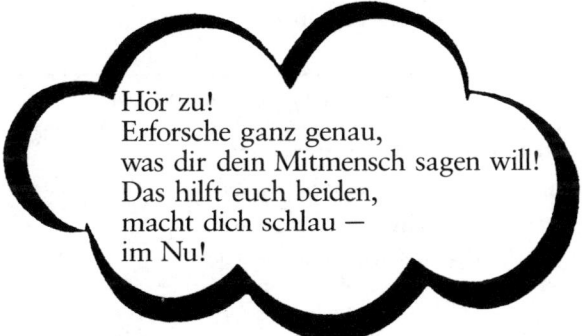

5.1.5 Sprachliche Konflikt-Fallen

Was wir hier blaß und farblos »Konflikt« genannt haben, bildet sich demgegenüber sprachlich in der alltäglichen Handhabung in zahlreichen und z.T. sehr ausdrucksstarken Begriffen und Formulierungen ab.

Jedoch enthält lediglich ein Teil dieser Begriffe auch explizit den Wortbestandteil »Konflikt«. Indessen benutzen wir in der Alltagssprache zahlreiche ebenfalls konfliktbezeichnende Begriffe, denen man auf den ersten Blick bisweilen gar nicht ohne weiteres ansieht, welche Arten von Konfliktaktivitäten sich dahinter verbergen. Und gerade darin liegt ihre Gefährlichkeit bei der unbedachten Verwendung in der Kommunikation.

Um nämlich ganz unbeabsichtigt in einen Konflikt hineinzuschlittern, braucht man gar nicht unbedingt einen dementsprechenden Vorsatz zu fassen, wie z.B.: »Mit diesem Vorschlag werde ich meinen Chef in einen schönen Gewissenskonflikt bringen!« Vielfach genügt für die Konflikt-Induktion (s. dazu Abschnitt C) bereits eine unbewußt konfliktorientierte Einstellung, die sich z.B. in der Unterstellung des Vorhandenseins bestimmter Arten von Generationenkonflikten auswirken kann oder das Verhalten beim Umgang mit einem »Gegner« im sportlichen Wettkampf bestimmt.

Konflikt
im Spiegel des sprachlichen Ausdrucks im Alltag

Konflikt-Begriffe und -Ausdrücke

- einen Ehe-*Konflikt* herbeiführen
- einen Generationen-*Konflikt* beschwören
- mit dem Gesetz in *Konflikt* geraten
- jemanden in einen Gewissens-*Konflikt* bringen
- einen Grenz-*Konflikt* provozieren
- einen Interessen-*Konflikt* feststellen
- ein beträchtliches *Konflikt*-Potential feststellen
- einen schwelenden *Konflikt* schüren
- Verkehrs-*Konflikt*-Forschung betreiben
  usw.

Konfliktbezeichnende Begriffe

- einer schweren *Anfechtung* ausgesetzt sein
- dem Arbeitnehmer eine *Abmahnung* erteilen
- einen *Angriff* aus dem Hinterhalt starten
- Straf-*Anzeige* erstatten bei der Polizei
- eine Herz-*Attacke* erleiden
- eine *Attacke* reiten
- einen Einbruchs-*Diebstahl* begehen
- den politischen Gegner durch eine *Diffamierungs*-Kampagne erledigen
- den Gegner zum *Duell* fordern
- in ein *Fettnäpfchen* treten
- sich einer Heraus-*Forderung* stellen
- eine Schadenersatz-*Forderung* durchsetzen
- zum Arbeits-*Kampf* aufrufen
- zum Box-*Kampf* antreten
- einen Hahnen-*Kampf* veranstalten
- im *Kampf* der Motive unterliegen
- sich dem Wett-*Kampf*-Sport verschreiben
- zum Zwei-*Kampf* auf Leben und Tod antreten
- eine Schimpf-*Kanonade* über sich ergehen lassen müssen
- *Klage* beim Gericht einreichen
- die *Konkurrenz* fertigmachen
- einen permanenten Ehe-*Krieg* führen
- Soldaten in den Golf-*Krieg* schicken
- einen Welt-*Krieg* zu vermeiden versuchen
- in die Suez-*Krise* eingreifen

- im Fußball-*Match* unterliegen
- im Tennis-*Match* den Gegner bezwingen
- einem Feme-*Mord* zum Opfer fallen
- Massen-*Mord* begehen
- den Widersacher durch Ruf-*Mord* erledigen
- der Lehrer empfindet die Punk-Frisur seines Schülers als *Provokation*
- die französische *Revolution* feiern
- eine Rede-*Schlacht* im Fernsehen genießen
- die angriffslustigen *Schlachten*-Bummler verhaften
- eine Gefangenen-*Revolte* niederschlagen
- russisches *Roulette* spielen
- sich auf das Fußball-*Spiel* freuen
- die Arbeitnehmer zum *Streik* aufrufen
- einen völlig sinnlosen *Streit* anfangen
- die Kinder zum Wett-*Streit* anfeuern
- den Kriegsdienst *verweigern*
- dem *Wettbewerb* zeigen, was eine Harke ist
  usw.

Während bei einigen Begriffen, wie z. B. »Kampf«, »Krieg«, »Streit«, ohne weiteres zu erkennen ist, daß hier unterschiedliche Interessen einen Konflikt bestimmen und definieren, wirken andere eher harmlos, wie z. B. »Match«, »Spiel«, »Wettbewerb«.

Im zwischenmenschlichen Verhältnis ist es deshalb wichtig zu erkennen, ob man selbst oder ein anderer provokativ einen Konflikt induziert — volkstümlich: ob er »einen Streit vom Zaun bricht« — oder ob die Konflikt-Induktion ganz unbemerkt und ungewollt »passiert«. Im letzteren Fall werden wir nämlich überrascht sein über die unerwartet aggressive oder beleidigte Reaktion des anderen — oder dieser »fällt vom Hocker«, wenn wir plötzlich und aus seiner Sicht völlig grundlos ausflippen.

Auf Grund solcher unbeabsichtigter und nicht bewußt gewordener Konflikt-Induktionen ist schon manche Freundschaft und manche Ehe auseinandergebrochen. Deshalb regen wir in der Psychotherapie gerade derart Betroffene regelmäßig dazu an, insbesondere das eigene Verhalten und die eigenen Verhaltensgewohnheiten sorgfältig daraufhin zu überprüfen, ob solche unbeabsichtigten Konflikt-Induktionen für das Scheitern ihrer Beziehung maßgeblich gewesen sind. Denn gerade aus solchen Fehlern kann der Betroffene am ehesten lernen, beim Eingehen einer neuen Beziehung nicht wieder genau dieselben Fehler zu machen und damit von vornherein das Scheitern vorzuprogrammieren.

Eine Hilfe bei der Analyse der eigenen Verhaltensgewohnheiten (aber natürlich auch derjenigen unserer lieben Mitmenschen, die uns bisweilen so fürchterlich auf den Geist gehen) kann die Analyse des benutzten Wortschatzes sein.

Denn im sprachlichen Ausdruck spiegelt sich unser Denken, und durch die sprachliche Ausformung unserer Gedanken und Einstellungen nehmen wir bewußt oder unabsichtlich ständig Einfluß auf die Einstellungen und Reaktionen unserer Mitmenschen, auf die uns von ihnen entgegengebrachte Sympathie oder Antipathie.

> Das richtige Wort
> zur rechten Zeit
> hat schon manchen
> urplötzlich
> ins Grab gebracht
> — im wilden Westen!

5.2 Kontrolle der Körpersprache

Im Gesprächskontakt erhalten und geben wir viele Informationen auf nichtsprachlichem Weg — und zwar durch die Körpersprache. Sie umfaßt ebenso die Bewegung der einzelnen Körperteile wie die des gesamten Körpers und erfolgt meistens unbewußt. Wesentliche Ausdrucksfelder der Körpersprache sind *Mimik* und *Gestik*.

Mit dem Körper sprechen wir durch die Bewegung der Hände und Arme sowie der Füße und Beine, durch den Gang, die Bewegung des gesamten Körpers sowie durch räumlichen Abstand, den wir zum Gesprächspartner einhalten. Auch unsere durch Bekleidung und andere Statussymbole (z. B. Auto, Haus, Büroeinrichtung) bestimmte äußere Erscheinung gehört im weitesten Sinne zur Körpersprache. Neben den unmittelbaren Ausdrucksmöglichkeiten durch den Körper selbst handelt es sich hierbei eher um mittelbare (durch Benutzung von körperfremden »Werkzeugen«) Ausdrucksmöglichkeiten von Einstellungen, Empfindungen und Wünschen.

Beispielsweise kann das Ringen der Hände Not und Angst ausdrücken; Rümpfen der Nase kann auf Ablehnung hinweisen und das Hochtragen des Kopfes den Eindruck von Arroganz vermitteln.

> Körpersprache ist eine Symbolsprache. Jede körpersprachliche Aussage kann mehrdeutig sein. Sie ist in Verbindung mit der sprachlichen Aussage zu interpretieren.

Bei unserem eigenen Verhalten sollten wir uns bemühen, übereinstimmende sprachliche und nichtsprachliche Ausdrucksweisen zu verwenden, um klare Informationen an den Gesprächspartner zu senden und Mißverständnisse zu vermeiden. Es sei denn, Sie halten es für erforderlich, den Gesprächspartner zu verwirren (taraktische Methode), um ihn aus seinem Konzept zu bringen. Bei der Interpretation körpersprachlicher Wahrnehmungen ist auch an kulturelle Unterschiede zu denken (z. B. Kopfschütteln bedeutet »ja« bei manchen Völkern).

Von besonderer Bedeutung im Gesprächskontakt ist der räumliche Abstand (Distanz) zwischen den Gesprächspartnern. Wir unterscheiden vier Distanzzonen, durch welche die Menschen ihre soziale Stellung und den Grad ihres Kontaktwunsches ausdrücken:

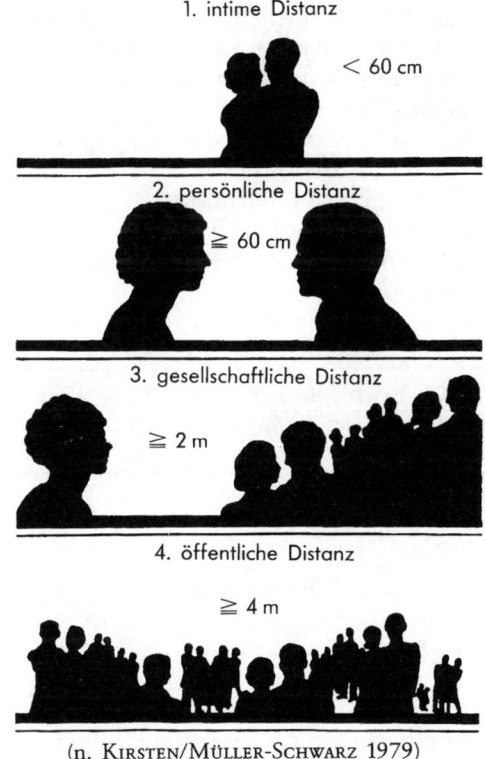

1. intime Distanz

< 60 cm

2. persönliche Distanz

≧ 60 cm

3. gesellschaftliche Distanz

≧ 2 m

4. öffentliche Distanz

≧ 4 m

(n. KIRSTEN/MÜLLER-SCHWARZ 1979)

Abbildung 52 Distanzzonen

Die angegebenen Entfernungen (n. KIRSTEN & MÜLLER-SCHWARZ 1979) sind Richtwerte, die von Mensch zu Mensch und von Situation zu Situation variieren können.

Die *intime Distanz* reicht vom direkten körperlichen Kontakt bis zu einer Entfernung von ungefähr 60 cm. Wenn Fremde in diesen Distanzbereich eindringen, kann dies leicht Unruhe und Unbehagen beim Gesprächspartner auslösen. Der Blickkontakt wird besonders schwierig: Soll ich den anderen fixieren, soll ich dem Blick ausweichen — wie lange? Daher ist es nicht empfehlenswert, beispielsweise beim Kundengespräch in den Bereich der Intimdistanz des Gesprächspartners einzudringen, ihn derart zu bedrängen und dadurch u. U. zum Zurückweichen zu veranlassen.

Die Zone der *persönlichen Distanz* reicht etwa von 0,6—2,0 m. Sie erlaubt einen gewissen Grad von Vertraulichkeit, ohne den Gesprächspartner in Bedrängnis zu bringen. Dieser Distanzbereich ist u. a. eine gute Voraussetzung für ein erfolgreiches Kundengespräch.

Im *gesellschaftlichen Distanzraum* (ca. 2,0—4,0 m) vollziehen sich im allgemeinen Kontakte und Unterhaltungen mit fremden Gesprächspartnern. Die gesellschaftliche Distanz hat zugleich eine Schutzfunktion, die z. B. durch große Schreibtische oder breite Tresen zwischen den Gesprächspartnern betont oder sogar erzwungen werden kann.

Die *öffentliche Distanz,* auch Ansprachedistanz, beginnt ab ca. 4,0 m. Zu den Zuhörern besteht keine unmittelbare persönliche Beziehung. Diese Distanz ist z. B. bei Vorträgen und Ansprachen üblich. Sie hat u. a. den praktischen Zweck, durch einen genügend großen räumlichen Abstand zu den Zuhörern ein günstiges Blickfeld zu erreichen, um möglichst den ganzen Zuhörerkreis im Auge behalten zu können (Blickkontakt!).

> Erfolgreiche Gesprächsführung setzt u. a. die Fähigkeit voraus,
> je nach der Art der Beziehung zum Gesprächspartner
> eine angemessene Gesprächsdistanz zu wählen.

5.3 Fragetechniken

5.3.1 Grundsätze der Fragetechnik

Es wäre ein schlimmer Fehler, wollte man diesen Abschnitt über »Fragetechniken« als Anleitung zu einer möglichst wirkungsvollen demagogischen Beeinflussung des Gesprächspartners verstehen. Wer Fragetechniken, wie auch andere rhetorische Kniffe, mit solcher Zielsetzung verwendet, begibt sich in Gefahr, daß er zumindest von denjenigen Gesprächspartnern, die ebenfalls rhetorisch geschult sind, durchschaut wird und damit grundsätzlich seine Glaubwürdigkeit verliert. Er wird als nicht ernstzunehmender rhetorischer Taktiker eingestuft, den es mit den eigenen Waffen zu schlagen gilt.

Deshalb ist es gerade das Ziel unserer Ausführungen über Fragetechniken, die Anwender zu befähigen, die sinnvolle Entwicklung von Gesprächen gezielt zu fördern und nicht durch unsachgemäßen Einsatz solcher Techniken Gespräche zum Scheitern zu bringen. Jeder sollte sich daher klarmachen, durch welche Art von Gesprächsverhalten er seine Gespräche in eine Sackgasse führt und durch welche Art von Gesprächsverhalten er andererseits gute und erfolgversprechende Gespräche einleiten, in Gang halten und abschließen kann.

Deshalb beherzigen Sie in diesem Sinn die *Devise:*

```
            W e r   f r a g t ,   d e r   f ü h r t !
```

Viele Gesprächsteilnehmer sind überzeugt, ein Gespräch sei umso besser, je mehr aktive Überzeugungsarbeit sie selbst dabei leisten.

Sie legen sich eine Liste von Argumenten bereit und arbeiten sie zügig nacheinander beim Gesprächspartner ab. Dabei stehen die eigenen Bedürfnisse und Ziele ganz im Vordergrund des Geschehens — Zielsetzung und Bedürfnisse des Gesprächspartners werden nicht oder nur am Rande berücksichtigt. Der Gesprächspartner kommt kaum zu Worte. Schließlich zielt unsere Strategie daraufhin ab, unseren eigenen Argumenten ein möglichst großes Gewicht zu verleihen und den Gesprächspartner nicht dazu kommen zu lassen, seine eventuellen Einwände vorzubringen. Denn alle Einwände sind für uns eine potentielle Gefahr: sie können — jeder für sich — unsere gut vorbereitete Argumentationskette zerreißen.

Wenn der Gesprächspartner mir jedoch nur zustimmt, weil er sich völlig überrumpelt fühlt und mit seinen Argumenten und Einwänden nicht zum Zuge kommt, fühlt er sich als unterlegener Gesprächspartner, als Verlierer. Ich kann mich dann nicht darauf verlassen, daß er diese Zustimmung auch selbst innerlich trägt und in einer solchen Situation gegebene Versprechen einhält, die Konsequenzen dafür überblickt und übernimmt. Ich bin später überrascht, wenn er sich in der Praxis ganz anders verhält als ich glaubte, ihm im Gespräch eingeredet und abgerungen zu haben.

Erwähnt wurde bereits, daß die Handlungsantriebe, d.h. die Motive des Gesprächspartners, ausschlaggebend dafür sind, zu welchem Ergebnis wir kommen können, welche Ziele vereinbart werden und erreicht werden können. Sofern der Gesprächspartner seine Handlungsantriebe und seine Gesprächsziele nicht von selbst uns gegenüber offenlegt, bleibt uns nichts anderes übrig, als diese von ihm zu *erfragen.* Dieses Fragen können wir uns erleichtern, wenn wir uns einmal grundsätzlich eine Übersicht über die verschiedenen Fragemöglichkeiten und ihre Wirkungen verschaffen. Nicht jede Fragetechnik ist in jeder Situation oder zur Behandlung jedes Problems geeignet.

5.3.2 Fragetechnik — Methoden

Eine Reihe der bekanntesten Fragetechniken haben wir in Abbildung 53 zusammengestellt.

Frageform	offen	geschlossen
1. Alternativ-Frage	–	Sind Sie für die Alternative A oder B?
2. Bumerang-Frage	Inwiefern sind denn die von mir genannten Kosten zu hoch?	Meinen Sie wirklich, daß die von mir genannten Kosten zu hoch sind?
3. Einwand-Frage	Was spricht eigentlich dagegen, daß Sie *so* verfahren?	Gibt es noch irgendeinen Einwand dagegen?
4. Entlarvende Frage	Welchen Beschluß hat der Vorstand gefaßt?	Hat der Vorstand darüber einen Beschluß gefaßt?
5. Gegenfrage	Was schlagen *Sie* denn vor?	*Sie* schlagen die Alternative A vor?
6. Informations-Frage	Worauf legen Sie besonderen Wert?	Welches Hauptproblem besteht: Personalknappheit oder Rationalisierungsmängel?
7. Isolations-Frage	Welches sind Ihre wichtigsten Probleme?	Ist das Ihr wichtigstes Problem?
8. Kompromittierende Frage	Weshalb nennt man Sie einen Lügner?	Sind Sie ein Lügner?
9. Kontakt-Frage	Wie war Ihre Fahrt hierher?	Hatten Sie eine gute Fahrt?
10. Kontrast-Frage	Wenn das in der Jugend schon so ist, wie könnte es dann im Alter sein?	Wenn das schon in der Jugend so ist, muß es dann nicht auch im Alter so sein?
11. Kontroll-Frage	Welches Zwischenergebnis können wir festhalten?	Können wir dieses Zwischenergebnis jetzt festhalten?
12. Provozierende Frage	Warum sind Sie so ablehnend eingestellt?	Sie wollen doch wohl nicht behaupten, daß …?
13. Rhetorische Frage	Was mag da wohl hinterstecken? (Eine Antwort wird nicht erwartet.)	Ist das nicht wirklich erschreckend?
14. Suggestiv-Frage	Welche der Alternativen A, B, C wollen wir weiterbehandeln? (Außerdem gibt es die Alternative D, E und F!)	Ist es nicht so, wie ich sage?

Abbildung 53 Fragetechniken

Abbildung 53 — Fortsetzung

Frageform	offen	geschlossen
15. Unterscheidende Frage	Worin sehen Sie die wesentlichen Unterschiede?	Können wir nicht einfach zwischen den Alternativen A und B unterscheiden?
16. Weiterleitende Frage	Welche zusätzlichen Wünsche haben Sie?	Können wir das Problem noch einmal von einer anderen Seite betrachten?
17. Vorschlags-Frage	Was halten Sie von dem Vorschlag: ... ?	Ist dieser Vorschlag ... nicht gut?
18. Wortlose Frage	(Mimik, Gestik)	(Mimik, Gestik)
19. Zusammenfassende Frage	Wie sehen Sie nun das Zwischenergebnis?	Können wir jetzt erst einmal das Zwischenergebnis zusammenfassen?
20. Zustimmungs-Frage	—	Sind Sie nicht auch an einer schnellen Regelung interessiert?

Erkennbar ist, daß man die meisten Fragen sowohl offen als auch geschlossen formulieren und dadurch ganz unterschiedliche Wirkungen erzielen kann:

Geschlossene Fragen lassen in der Regel nur die Antworten »ja« oder »nein« zu. Eine Wirkung dieser Fragetechnik liegt darin, daß Sie den Gesprächspartner zu einer eindeutigen Stellungnahme anregen können. Will er von dem vorgegebenen Antwortmuster abweichen, wird er es oft nur mit Mühe schaffen, die durch die Frage schon nahegelegte Antwort zu vermeiden. Er könnte z. B. der nahegelegten Antwort »ja« oder »nein« ausweichen mit folgenden Bemerkungen: »So kann man die Frage nicht stellen.« Oder: »In der Form kann ich Ihnen die Frage nicht beantworten.« Oder: »Ich möchte Ihre Frage etwas umformulieren.« Oder: »Mit »ja« oder »nein« kann ich hier schlecht antworten. Da müßte ich etwas weiter ausholen.« Solche Reaktionen erfordern jedoch bereits hohe Konzentration und eine gute Portion »diplomatische« Erfahrung. Weniger Erfahrene tappen leicht in die aufgestellte Antwortfalle. Sie antworten erwartungsgemäß mit »ja« oder »nein«. Dabei spielt der Wunsch, nicht unhöflich sein zu wollen, vielfach eine ausschlaggebende Rolle.

Eine nachteilige Wirkung hat die geschlossene Frageform, wenn ein Gespräch in Gang gebracht oder der Gesprächspartner zu freimütigen eigenen Stellungnahmen angeregt werden soll. Denn dazu kommt es gerade in kritischen Gesprächssituationen nicht, weil sich bei unbedacht geschlossener Frageformulierung der Gesprächspartner einfach auf ein schlichtes »Ja« oder »Nein« zurückziehen kann. Mehr muß er von sich und seinen Überlegungen in solchem Fall nicht offenbaren.

Beispiel:

Reisender fragt Bahnhofsvorsteher:	»Können Sie mir die Zeit sagen?«
Bahnhofsvorsteher antwortet freundlich:	»Ja.«
Reisender fragt etwas unbefriedigt weiter:	»Ich meine, ob Sie mir sagen können, wie spät es ist.«
Bahnhofsvorsteher leutselig: usw.	»Jawohl, kann ich.«

Ganz anders verhält es sich bei der *offenen Frageform.* Sie will den Gesprächspartner zur eigenen Stellungnahme anregen. Er soll seine Meinung sagen oder Vorschläge machen. Das gibt uns Gelegenheit, den Gesprächspartner und seine Auffassungen genauer kennenzulernen. Außerdem fühlt er sich ernstgenommen. Er gewinnt den Eindruck, daß seine Meinung für mich wichtig ist und erfährt, daß ich seine Überlegungen in meinen Entscheidungsprozeß einbeziehen will. Er erhält Gelegenheit zur Selbstdarstellung.

Beispiel:

Reisender fragt Bahnhofsvorsteher:	»Wie spät ist es?«
Bahnhofsvorsteher freundlich:	»Es ist genau 18.30 Uhr.«
Reisender erkundigt sich weiter:	»Welche Anschlüsse habe ich heute abend noch nach München?«
Bahnhofsvorsteher schlägt seinen Fahrplan auf und nennt die Bahnverbindungen nach München.	

Mögliche *nachteilige Wirkung* der offenen Frage: sie lenkt den Gesprächspartner hinsichtlich Art und Umfang seiner Äußerung oft unzureichend. Er kann nicht nur aus dem Vollen schöpfen, sondern auch in alle Richtungen ausweichen, um einem kritischen Problem zu entgehen, das ich gerade ins Gespräch zu bringen versuche.

Welche Zielsetzungen verfolgen die einzelnen Fragetechniken?

---

1. Alternativ-Frage

Sie ist schon vom Begriff her als geschlossene Frage festgelegt. Sie will den Gesprächspartner zu einer Entscheidung für eine von zwei vorgegebenen Alternativen anregen. Dadurch werden denkbare weitere Alternativen aus seinem Blickfeld verbannt.

Zweckmäßigerweise werden solche Fragen erst dann gestellt, wenn tatsächlich nur noch die Entscheidung zwischen zwei Alternativen als Ergebnis einer gründlichen Diskussion offen bleibt. Stellt man die Alternativfrage zu einem sehr frühen Zeitpunkt im Gespräch, ohne daß die verschiedenen Alternativen schon diskutiert worden wären, riskiert man, daß erst nachträglich noch andere Alternativen in das Blickfeld des Gesprächspartners treten und von daher im nachhinein das Ergebnis wieder in Frage gestellt wird. Dann verlangt er unter Umständen die erneute Eröffnung der Diskussion, obwohl wir bereits glaubten, am Ziel zu sein.

B e i s p i e l e :

	offen	geschlossen
a)		Der Vorsitzende des Kleingartenvereins fragt in der Mitgliederversammlung: »Sollen wir die 50 000 DM für die dringend benötigte Erweiterung unseres Vereinshauses verwenden oder für den Ausbau unseres Kinder-Spielplatzes?«
b)		Der Klassenlehrer fragt seine Klasse: »Wollen wir die Klassenfahrt nach Sylt machen oder nach Salzburg?«
c)		Der Richter fragt den Straftäter: »Wollen Sie lieber bezahlen oder Ihre Strafe absitzen?«

---

2. Bumerang-Frage

Der Inhalt des Einwands wird als Frage zurückgegeben. Hauptziel ist dabei das Überbrücken einer für uns unvorhergesehenen Überraschungssituation. Durch die Frage gewinnen wir Zeit, um uns von unserer Überraschung zu erholen. Gleichzeitig erreichen wir durch die Frage unter Umständen weitere Erläuterungen über die kritische Feststellung oder auch eine weitere Differenzierung, die uns leichter Ansatzpunkte für eine sachliche Auseinandersetzung gibt.

Die Bumerang-Frage stellt insofern nicht nur eine Notlösung, sondern sogar einen positiven Gesprächsbeitrag dar.

B e i s p i e l e :

	offen	geschlossen
a)	Kunde Sparsam: »Der Wagen ist viel zu teuer!« Verkäufer Listig: »Inwiefern ist denn der Preis für diesen tollen Wagen zu hoch?«	»Glauben Sie wirklich, daß der Preis für diesen tollen Sportwagen zu hoch ist?«
b)	Herr Schönlich: »Schon wieder ein neues Kleid. Du wirfst das Geld zum Fenster hinaus!« Frau Schönlich giftig: »Wieso gebe *ich* zu viel Geld für meine Garderobe aus?«	»Meinst du im Ernst, daß ich zu viel Geld für meine Garderobe ausgebe?«

3. Einwand-Frage

Gegen ein Argument bringen wir einen Einwand vor, jedoch nicht in Form einer apodiktischen Aussage, sondern in Frageform. Dadurch wird ein verbindlicherer Umgangston erreicht. Gleichzeitig vermeiden wir, den Gesprächspartner lediglich mit unserem Einwand zu konfrontieren und dadurch seinen Widerspruch herauszufordern. Vielmehr geben wir ihm durch unsere gerichtete Frage Gelegenheit, sich mit unserem Einwand auseinanderzusetzen, ohne die in der Sache enthaltene Konfrontationsmöglichkeit in Anspruch zu nehmen. Die offene Frageform läßt dem Gesprächspartner individuelle Entfaltungsmöglichkeiten. Die geschlossene Frage — etwa in der Form: »Gibt es noch irgendeinen Einwand dagegen?« — gibt demgegenüber Gelegenheit, eine überzeugende Argumentationskette, bei der bereits Einwände ausgeräumt worden sind, abzuschließen. Zumindest können Sie sich im Sinne einer Zwischenbilanz auf den möglicherweise jetzt noch offenen Einwand oder wenige verbliebene Einwände konzentrieren. In jedem Fall zeigt Ihre Frage, daß Sie bereit sind, alle Einwände des Gesprächspartners aufzugreifen, ihn nicht zu überfahren, sondern eine Lösung anzustreben, die von beiden Seiten mit voller Überzeugung getragen werden kann. Nach Abschluß einer solchen Verhandlung können beide Gesprächspartner daher ein gutes Gefühl haben.

B e i s p i e l e :

	offen	geschlossen
a)	Dr. Zahn: »Goldkronen sind am besten.« Kläglich dreinschauender Patient Wehleid: »Ich hätte lieber bloß eine Plombe.« Dr. Zahn: »Was spricht eigentlich dagegen, daß ich diesen Zahn mit einer Goldkrone verschöne?«	»Hätten Sie denn etwas gegen eine Keramikkrone einzuwenden?«
b)	Papi: »Mit Juppi gehst Du nicht weg!« Die punkig hergerichtete Tochter macht Papi an: »Was hast du eigentlich immer dagegen, daß ich mit Juppi wegfahre?«	»Geht dich gar nichts an! Jetzt noch was dagegen, daß ich heute mit Juppi wegfahre?

4. Entlarvende Frage

Die entlarvende Frage dient vor allem der Entlarvung von Lügnern.

Es gibt Lügner als Naturbegabungen. Mancher versierte Lügner hat sich bereits von Kindesbeinen an im überzeugenden Lügen geübt und es im Laufe seines privaten und beruflichen Lebens dabei zu beachtlicher Perfektion gebracht.

Die meisten Menschen fallen allzu leicht auf derartige „Roßtäuscher" rein. Sie sind selbst zu anständig oder auch zu naiv, um hinter dem freundlich gewinnenden Lächeln des Anderen und angesichts seiner in Worten, Mimik und Gestik zur Schau gestellten herzlichen „Offenheit" auch nur einen vagen Verdacht auf Unehrlichkeit, Hinterlist oder Betrug zu bekommen. Er traut ihm solche Gemeinheit einfach nicht zu!

Gerade darin liegt der Erfolg des Lügners. Die Lüge muß möglichst perfekt sein, sie darf, um ihre volle Wirkung zu entfalten, unter keinen Umständen durchschaut werden.

Was kann man als mögliches Lügen-Opfer in einer solchen Situation tun?

In erster Linie sollten Sie sich gegebenenfalls von Ihrer Einstellung verabschieden, diese oder jene, dieser oder jener sage Ihnen immer die Wahrheit. Zu dieser simplen Erkenntnis können Sie leicht durch Selbsterkenntnis gelangen:

Wen lügen Sie selbst
unter welchen Umständen an?
(Aber bitte *EHRLICH!!*)

Viele Menschen lügen insbesondere dann, wenn sie Angst vor Nachteilen und Strafen haben oder wenn sie sich ungestraft durch Lügen erwünschte Vorteile von anderen verschaffen können. Sie sollten also Ihr besonderes Augenmerk in Zukunft speziell auf derartige Situationen richten.

Einem dadurch bei Ihnen in Verdacht geratenen potentiellen Lügner können Sie dann zur Überprüfung Ihrer Vermutung entlarvende Fragen stellen.

Das geht relativ leicht, wenn Sie sich zunächst objektiv richtige Informationen über einen bestimmten, für Sie selbst und für den Lügner-Test interessanten Sachverhalt beschaffen. Sie sollten den Lügner bezüglich seiner Wahrheitsliebe testen, wenn Sie selbst bereits die richtige Antwort auf Ihre Test-Frage kennen. Denn dann können Sie zuverlässig beurteilen, ob der Andere Ihnen in dieser Situation die Wahrheit sagt oder ob er lügt.

Aus solchen Erkenntnissen kann man unterschiedliche Konsequenzen ziehen:
– Man stellt den Lügner zur Rede und konfrontiert ihn mit der Wahrheit. Das kann pädagogisch wirkungsvoll sein, aber auch dazu führen, daß der ertappte Lügner in Zukunft nur noch raffinierter lügen wird.
– Man kann seine Erkenntnisbasis durch weitere Testfragen in anderen Situationen erweitern, um dem Anderen nicht irrtümlich Unrecht zu tun, wenn man ihn nur in einer für sein übriges Verhalten untypischen, einmaligen Ausnahmesituation überrascht hat.
– Man kann die Erkenntnis komplett für sich behalten, um die tatsächliche Gefährlichkeit des »Gegners« noch besser abschätzen zu können und sein eigenes Verhalten in Zukunft vernünftiger darauf ausrichten zu können.

B e i s p i e l e :

offen	geschlossen

a) Objektiver Sachverhalt:
In der Vorstandssitzung ist die
beantragte Investition genehmigt worden. Das wissen Sie bereits aus zuverlässiger Quelle.

Fragen:

»Was hat denn der Vorstand in
seiner letzten Sitzung bezüglich der beantragten Investition beschlossen?«

»Hat denn der Vorstand in
seiner letzten Sitzung die
beantragte Investition genehmigt?«

b) Objektiver Sachverhalt:
Der 14jährige Sohn ist verbotener-
weise nicht um 23.00 Uhr von der
Geburtstagsfeier nach Hause gekommen, sondern erst nachts um 2.00
Uhr. Der Vater weiß das bereits
von einem Nachbarjungen.

Fragen:

»Wann bist Du denn von der
Geburtstagsfeier nach Hause
gekommen?«

»Bist Du denn pünktlich um
22.00 Uhr wieder von der
Geburtstagsfeier zurück gewesen?«

---

5. Gegenfrage

Gegenfragen werden vielfach als unhöfliche Kommunikationsmittel abqualifiziert. Sie haben jedoch dort ihren Sinn, wo ich einem Gesprächspartner gegenübersitze, der laufend Einwendungen gegen gute Lösungsvorschläge macht, aber selbst keine konstruktiven Gesprächsbeiträge liefert. Versucht er mit »herbeigesuchten« Einwänden gegen meine sachliche Argumentation das Gespräch zu blockieren, um aus ganz anderen — nicht sachbezogenen — Gründen eine Lösung oder Kompromisse zu verhindern, dann kann ich ihn durch Gegenfragen zur eigenen Stellungnahme zwingen. Wenn auch dies nicht gelingt, kann ich unter Umständen dem Gespräch dadurch eine neue Wendung geben und eventuell sogar die Möglichkeit zur Erarbeitung eines sachlichen Ergebnisses schaffen, daß ich meine Vermutung, er wolle das Gespräch blockieren, offen ausspreche.

B e i s p i e l e :

offen	geschlossen

a) Biedere Schwiegertochter Elsa:
»Willst du etwa nach Sylt fahren?«

Oma Flippich:
»Was schlägst du denn vor, wohin ich in Urlaub fahren soll?«

»Willst du immer noch, daß ich ins Sauerland fahre?«

b) Tochter zur Mutter:
»Soll ich schon wieder die Fenster putzen?«

Mutter:
»Wer soll denn sonst die Fenster putzen?«

Mutter ärgerlich:
»Soll ich etwa auch noch putzen, nachdem ich dir schon das Geschirrabwaschen abgenommen habe?«

Im Gegensatz zu dem häufig mit pädagogischer Absicht ausgesprochenen Tadel: »Man stellt keine Gegenfragen!« (Grund: der Erwachsene/Pädagoge möchte sich nicht aus dem Konzept bringen lassen und lieber durch Selbstfragen die Oberhand im Gespräch behalten) empfiehlt RUHLEDER (1990) die gezielte Anwendung der Gegenfrage als »Kaiserin der Dialektik«. Leider hat auch dieser monarchistische Gipfel nicht nur Vor-, sondern auch mögliche Nachteile, die allerdings von Verkaufstrainern meistens vernachlässigt werden.

Damit nun nicht ein unerfahrener Anwender rhetorisch ausgefeilter Gegenfragen im grenzenlosen Vertrauen auf die positive Wirksamkeit solcher Methoden nach möglicherweise kurzfristigen Erfolgen längerfristig unangenehme Überraschungen durch die nachwirkenden Nachteile erlebt, haben wir gerade diese hier einmal verstärkt ins Blickfeld gerückt und empfehlen sie besonderer Beachtung.

Verschiedene Techniken der Gegenfrage können unterschieden werden, wobei natürlich auch wieder auf die unterschiedlichen Wirkungen von offenen und geschlossenen Fragen zu achten ist:

5.1 Fairness-Technik

Beispiele:

— »Haben Sie sich diese Frage schon einmal selbst gestellt?«
— »Halten Sie diese Frage für fair?«

Vorteil	Nachteil
Sie können Ihren Gesprächspartner zum selbstkritischen Überdenken seiner für Sie unangenehmen Position anregen.	Ein gewiefter Partner könnte Ihr Manöver durchschauen und Sie durch eine Gegen-Gegenfrage erst recht in Verlegenheit bringen: »Wieso reden gerade *Sie* von Fairness?«

5.2 Weitergabe-Technik

Beispiele:

- »Darf ich diese Frage an Herrn Facho weitergeben, der sich gerade auf dieses Gebiet spezialisiert hat?«
- »Können Sie mir vielleicht bei der Beantwortung dieser Frage helfen, Herr Facho?«
- »Wären Sie damit einverstanden, daß wir zur Behandlung dieser Frage Herrn Facho als Spezialisten zur nächsten Sitzung einladen?«

Vorteil	Nachteil
Sie gewinnen Zeit zum Nachdenken und erhalten gleichzeitig die Unterstützung eines Fachmannes für Ihre Argumentation.	Ein ansprechbarer Spezialist muß erst einmal vorhanden sein (das kann ein Problem beim Dialog von nur zwei Partnern sein). Möglicherweise möchte sich Herr Facho aus dieser Diskussion heraushalten, und Sie bringen ihn durch Ihren nicht vorher abgesprochenen Vorschlag in Verlegenheit (insbesondere, wenn er gerade zur aufgeworfenen Frage wenig oder nichts sagen kann).

5.3 Kompetenz-Technik

Beispiele:

- »Sind Sie für die Beurteilung dieses Sachverhalts eigentlich fachkompetent?«
- »Gehört diese Frage wirklich noch zu diesem Thema?«
- »Haben Sie überhaupt Abitur?«

Vorteil	Nachteil
Sie verunsichern Ihren Gesprächspartner und nötigen ihn zur Rechtfertigung. Wenn er einen Rückzieher macht, haben Sie gewonnen.	Sie wirken leicht arrogant, wenn Sie Ihrem Gesprächspartner die fachliche Kompetenz absprechen. Eine solche Herabsetzung kann dieser Ihnen sehr übel nehmen und sich bei nächster Gelegenheit dafür rächen.

5.4 Differenzierungs-Technik

Beispiele:

— »Sprechen Sie von allen Mitarbeitern des Betriebes oder nur von Ihrer Abteilung?«
— »Meinen Sie mit »Nachteil« die Arbeitszeit, das Gehalt oder die Teamarbeit?«

Vorteil	Nachteil
Sie lassen eine unklare Frage inhaltlich konkretisieren, vermeiden dadurch Mißverständnisse und unzulässige Verallgemeinerungen.	Wenn Sie die Gegenfrage nicht aus ehrlichem Aufklärungsbedürfnis stellen, sondern sie als taktischen Winkelzug benutzen, wecken sie leicht das Mißtrauen des Partners.

5.5 Schlechtes-Gedächtnis-Technik

Beispiele:

— »Habe ich das beim letzten Mal nicht deutlich genug gesagt?«
— »Soll (muß) ich das wirklich noch einmal wiederholen?«

Vorteil	Nachteil
Sie verunsichern den Gesprächspartner, indem Sie ihm ein schlechtes Gedächtnis unterstellen. Hat er tatsächlich Schwierigkeiten mit seinem Erinnerungsvermögen, wird er Ihnen klugerweise nicht ohne guten Grund widersprechen und nicht eine für ihn peinliche Bloßstellung riskieren, indem er Sie auch noch den Beweis antreten läßt.	Sie irritieren den Gesprächspartner und ziehen seine Fähigkeiten (Konzentration, Aufmerksamkeit, Gedächtnis) in Zweifel. Das läßt sich nicht jeder ohne weiteres gefallen. Sie müssen u. U. mit Revanche bei passender (und das heißt leider meistens »bei für Sie unpassender«) Gelegenheit rechnen.

5.6 Informations-Technik

Beispiele:

— »Welches Argument haben Sie denn nicht verstanden?«
— »Aus welchem Grund haben Sie diesen wichtigen Termin nicht eingehalten?«

Vorteil	Nachteil
Das Verlangen nach Konkretisierung zwingt den Gesprächspartner zu einer klaren Stellungnahme (sofern er nicht ein geschulter Politiker ist).	Mancher Gesprächspartner ist durch diese Aufgabe, eine klare Stellungnahme abzugeben, intellektuell überfordert. Oder klare Aussagen sind ihm peinlich. Notfalls würde er lieber lügen.

5.7 Positive Rückgabe-Technik

Beispiele:

— Frage: »Warum sind Sie so teuer?«
    Gegenfrage: »Sind Ihre Produkte nicht genau so teuer?«
— Frage: »Wo warst du gestern abend?«
    Gegenfrage: »Wo soll ich denn gestern abend gewesen sein?«

Vorteil	Nachteil
Sie drehen den Spieß wieder um und lassen den Gesprächspartner die Ihnen unbequeme Frage selbst beantworten.	Der Gesprächspartner wird entlarvt als unehrlich oder bösartig. Das kann ihm peinlich sein und Rachegelüste wecken.

5.8 Negative Rückgabe-Technik

Beispiele:

— Frage: »Warum kleiden Sie sich so extravagant?«
    Gegenfrage: »Warum machen Sie so wenig aus Ihrem Äußeren?«
— Frage: »Warum fahren Sie so eine teure Luxuslimousine?«
    Gegenfrage: »Sollten Sie sich nicht einmal ein etwas besser motorisiertes Fahrzeug leisten?«

Vorteil	Nachteil
Sie schlagen eine Attacke zurück und umgehen dadurch eine sachliche Stellungnahme zu Ihrem (Fehl-)Verhalten.	Sie diskreditieren den Gesprächspartner oder durchkreuzen zumindest seinen schönen Plan bzw. entwerten sein Bonmot. Dadurch werden Sie sich nicht immer Freunde schaffen.

5.9 Definitions-Technik

Beispiele:

— »Können Sie uns einmal etwas genauer sagen, was Sie unter ... (z. B. »unmoralischem Verhalten«) verstehen?«
— »Was heißt für Sie »Berufserfolg« konkret?«

Vorteil	Nachteil
Sie bringen den Gesprächspartner von seinem »roten Faden« ab und können mit etwas Geschick dem Gespräch eine andere, für Sie günstigere Wendung geben.	Der Gesprächspartner kommt beim Versuch einer exakten Definition ins Stottern und in Verlegenheit. Darüber ärgert er sich, das nimmt er Ihnen übel. Wer so ein Spiel mit ihm treibt, wird vielleicht künftig von ihm gemieden (was übrigens bisweilen durchaus auch ein Vorteil für Sie sein kann!).

5.10 Hörfehler-Technik

Beispiele:

— »Wie bitte?«
— »Können Sie das bitte noch einmal wiederholen?«

Vorteil	Nachteil
Sie können klären lassen, was Sie tatsächlich noch nicht (richtig) verstanden haben, oder zumindest Zeit gewinnen, wenn Sie das Nichtverstehen lediglich simulieren. Jedenfalls unterbrechen Sie einen u. U. wohlvorbereiteten Redefluß Ihres Gesprächspartners und können ihn — mit etwas Glück — aus dem Tritt bringen.	Wer unterbrochen wird, reagiert leicht unwirsch. Öfteres Nachfragen kann Zweifel an der Aufmerksamkeit oder sogar der Intelligenz des Fragers hervorrufen oder Fragen aufwerfen, wie: Hört er schlecht? Will er mich verkaspern?

5.11 Gag-Technik

Beispiele:

Mit einem Augenzwinkern:
— »Können Sie mich nicht etwas Leichteres fragen?«
— »Meinen Sie das wirklich ernst?«
— »Wollen Sie mich etwa auf den Arm nehmen?«

Vorteil	Nachteil
Eine zu ernste oder unangenehme Diskussion wird gelockert und in weniger kritische Bahnen gelenkt. Durch Humor können Sie einen gewissen Abstand zu einem Problem gewinnen oder schaffen.	Bei ungeschicktem Vorgehen fühlt sich der Angesprochene u. U. mit seinem Anliegen nicht hinreichend ernst genommen und am Erreichen seines Gesprächszieles gehindert. Das kann er Ihnen dann verübeln.

5.12 Unschulds-Technik

Beispiele:

— »Wie meinen Sie das?«
— »Wie darf ich Ihre Frage verstehen?«

Vorteil	Nachteil
Die Gegenfrage kann die Klärung unklarer Sachverhalte oder einer schwer verständlichen Problemdarstellung erleichtern. Sie gibt dem Gesprächspartner ggf. eine Hilfe, seine Argumente klarer und besser verständlich darzulegen.	Ein ohnehin bereits unsicherer Gesprächspartner kann sich noch stärker irritiert fühlen und in Zukunft versuchen, diesen lästigen Gegenfrager zu meiden.

5.13 Mißverständnis-Technik

Beispiele:

— Frage: »Wann wollen Sie unsere Rechnung denn nun endlich bezahlen?«
  Gegenfrage: »Was hat Ihre Frage mit der Leistungsfähigkeit meines Betriebes zu tun?«
— Frage: »Vati, darf ich heute dein Auto haben?« (Zum Ausflug mit einem Freund/einer Freundin.)
  Gegenfrage: »Hast du nicht gestern gesagt, daß das Fußballspiel ausfällt?«

Vorteil	Nachteil
Der Gegenfrager entzieht sich (zumindest im Augenblick) dem Ansinnen des Fragers und plaziert eine eigene Frage, die in eine für den Gefragten weniger kritische Richtung führt.	Der Gegenfrager zeigt zu deutlich, daß ihn das Anliegen des Fragers nicht interessiert oder daß er nicht darauf einzugehen gewillt ist und deshalb lediglich ein Ausweichmanöver startet. Oder der andere muß vermuten, daß der Gegenfrager ihm gar nicht richtig zuhört oder daß er bloß egoistisch und rücksichtslos seine eigenen Ziele verfolgt.

5.14 Rückstell-Technik

Beispiele:

— »Darf ich diese Frage erst einmal zurückstellen?«
— »Sollten wir auf diesen Aspekt nicht doch erst später eingehen — und zwar im Zusammenhang mit ...?«

Vorteil	Nachteil
Das unangenehme oder doch zumindest im Augenblick störende Thema wird erst einmal zurückgestellt und muß nicht sofort (und das heißt oftmals: völlig unvorbereitet) behandelt werden.	Es entsteht ein schlechter Eindruck, wenn jemand oft den an ihn gestellten Fragen ausweicht. Der Eindruck verstärkt sich, wenn der Gefragte später absichtlich oder aus Vergeßlichkeit sein Versprechen, auf die Frage zurückzukommen, nicht einhält.

5.15 Überhör-Technik

Beispiele:

— Frage: »Mutti, gibst du mir Geld fürs Kino?«
  Gegenfrage: »Hast du schon deine Rechenaufgaben erledigt?«
— Frage: »Hast du mich lieb?«
  Gegenfrage: »Meinst du nicht auch, daß wir Oma mal wieder zum Kaffee einladen sollten?«

Vorteil	Nachteil
Die unangenehme Frage wird absichtlich überhört mit der Absicht, sie nicht zu beantworten. Durch die gezielte Gegenfrage bringt der Gefragte nun seinerseits den Frager in Verlegenheit, indem er ihn auf ein für ihn peinliches Thema anspricht oder zumindest nachdrücklich vom Thema ablenkt.	Der Frager/die Fragerin fühlt sich mit seinem/ihrem wichtigen Anliegen nicht akzeptiert, reagiert deshalb u. U. unzufrieden, aggressiv oder resigniert für die Zukunft und sucht sich nettere und entgegenkommendere Gesprächspartner und Freunde.

Wer nicht aufpaßt,
der tappt leicht in eine Falle hinein,
die er für andere aufgestellt hat.

Manche(r) tut dies täglich,
merkt es aber gar nicht,
ist gerade deshalb immer glücklich
und empfindet sich als »Tollen Hecht«.

6. Informations-Frage

Mit Informationsfragen kann man leicht Gespräche eröffnen. Sie sind aber auch in späteren Phasen des Gesprächs wertvoll, wenn wir selbst Informationen vom Gesprächspartner erwarten oder benötigen.

Informationsfragen sind aber nicht ganz ungefährlich, wenn sie Sachverhalte erfragen, die dem Gesprächspartner delikat erscheinen und über die er lieber schweigen möchte. Die Beziehung zwischen den Gesprächspartnern und der Grad des bestehenden oder auch nicht vorhandenen Vertrauensverhältnisses sind dabei von großer Bedeutung.

Beispiele:

offen	geschlossen
a) Die Mitarbeiterin, Frl. Schnupfi, meldet sich telefonisch krank. Abteilungsleiter Grantig fragt: »Was haben Sie denn jetzt schon wieder? Wie lange werden Sie denn diesmal fehlen?«	»Haben Sie eine Erkältung?« »Rufen Sie aus dem Krankenhaus an?«
b) Frau Hungrig zu ihrem Ehemann: »Ich möchte heute abend mit dir essen gehen.« Ehemann: »Worauf hast du denn Appetit?«	»Soll ich in der Pizzeria nebenan einen Tisch bestellen?«

7. Isolations-Frage

Diese Frageform kann zur Strukturierung eines Problems beitragen. Unwichtiges wird zur Seite geschoben, indem das für mich selbst oder für den Gesprächspartner wichtigste Problem daraus isoliert und in das Zentrum des Gesprächs gebracht wird.

Um solche Fragen mit Erfolg einzusetzen, muß man sich zunächst einen Überblick über das Gesamtproblem verschaffen. Man läuft sonst leicht Gefahr, sich an einem weniger wichtigen Detail festzubeißen. Vielleicht ist es auch dem Gesprächspartner ganz recht, daß wir auf ein solches Nebengleis geraten und so von den eigentlich kritischen Problemen abgelenkt werden.

B e i s p i e l e :

offen	geschlossen
a) Politiker Rechtmann fragt den Oppositionsführer: »Sie sprechen dauernd von notwendigen Haushaltskürzungen. Welchen Investitionsposten wollen Sie denn überhaupt streichen?«	»Habe ich Sie richtig verstanden: Sie wollen vorrangig die Straßenbaukosten zusammenstreichen?«
b) Betriebsrat Ungeduld: »Wir haben nur noch 1,5 Stunden Zeit bis zum Ende unserer Sitzung und noch 5 unerledigte Tagesordnungspunkte.« Betriebsratsvorsitzender: »Welche Punkte müssen wir denn heute unbedingt erledigen?«	»Sollten wir irgendeinen der noch offenen Punkte aus Dringlichkeitsgründen vorziehen?«

---

8. Kompromittierende Frage

Kompromittierende Fragen schaffen dem Frager in der Regel keine Freunde!

»Kompromittieren« heißt »bloßstellen«, und das ist peinlich — jedenfalls für denjenigen, der bloßgestellt wird.

Allerdings ist das nicht immer derjenige, den der Frager gerne bloßstellen möchte, sondern bisweilen auch gerade der Frager selbst — wegen seiner Taktlosigkeit. Es kann nämlich durchaus passieren, daß die Zeugen einer solchen Taktlosigkeit sich mit dem »Opfer« identifizieren. In diesem Fall geht der Schuß dann gewissermaßen nach hinten los.

Anreize für kompromittierende Fragen ergeben sich leicht dann, wenn jemand, wie es in der Bibel heißt, ständig auf den Splitter im Auge des anderen hinweist, dabei aber den Balken im eigenen Auge übersieht (Matth. 7.3). Deshalb heißt es dort auch sehr vernünftig schon in Vers 1: *»Richtet nicht, damit ihr nicht gerichtet werdet!«*

B e i s p i e l e :

offen	geschlossen
a) Wenn z. B. ein Gast in einer Talk-Schau im Fernsehstudio vor laufenden Kameras einen anderen Gast fragt: »Welche Sexualtechniken bevorzugen Sie denn, wenn Sie mit einer Frau ins Bett gehen?«	»Bumsen Sie mit Kondom?« »Sind Sie schwul«?

offen	geschlossen
b) Frage an einen korpulenten Pfarrer, der sich warmherzig für eine Aktion im Rahmen der Hungerhilfe für die Dritte Welt einsetzt: »Herr Pfarrer, Sie sind selbst ein Beispiel von Überernährung. Weshalb essen Sie nicht weniger und spenden das Ersparte der Aktion Hungerhilfe?«	»Herr Pfarrer, geben Sie mit Ihrer korpulenten Figur nicht selbst ein ganz schlechtes Beispiel, wenn Sie zwar andere zum Spenden auffordern, selbst aber weiterhin in Völlerei leben?«

9. Kontakt-Frage

Kontakt wird zu Beginn eines Gesprächs aufgenommen. Der erfahrene Gesprächspartner erweist sich im besonderen Geschick, Kontaktfragen bei der Gesprächseröffnung zu stellen. Mit dieser wird er entweder das Interesse des Gesprächspartners wecken oder sogar — gewissermaßen prophetisch — das als Frage formulieren, was ihn ohnehin gerade bewegt.

Ein gutes Gedächtnis für gemeinsame Erfahrungen der Gesprächspartner, für Interessen oder Hobbys des Gesprächspartners sind dabei hilfreich. Auch gute Beobachtungsgabe, die intuitiv die Situation erfaßt, in der sich der Gesprächspartner gerade befindet, erleichtert die Kontaktaufnahme.

Da Kontaktfragen nicht nur von uns gestellt, sondern auch an uns gerichtet werden, sollte man sich rechtzeitig darauf einstellen, angemessen darauf einzugehen. Peinliche Situationen können entstehen, wenn beide Gesprächspartner wohlvorbereitet fein ausgetüftelte Kontaktfragen zu gleicher Zeit losschießen und wechselseitig die Antwort verpatzen. Wird die Kontaktfrage als Kontakttechnik entlarvt, verliert sie schnell ihre positive Wirkung.

Beispiele:

offen	geschlossen
a) Tante Erna kommt zu Besuch. Ihre Schwester Lotti fragt zur Begrüßung: »Na, Erna, wie bist du denn trotz des schlechten Wetters so schnell hierhergekommen?«	»Hast du bei dem starken Regen nasse Füße bekommen?« »Wollte dein Mann bei diesem Regenwetter nicht mitkommen?«
b) Mitarbeiter zum Abteilungsleiter: »Sie wollten mit mir die Statistik des letzten Monats durchsprechen.« Abteilungsleiter Herzlich: »Nehmen Sie doch schon mal Platz! — Na, wie kommt Ihr Hausbau denn voran?«	»... — Na, ist Ihr Häuschen schon fertig?«

10. Kontrast-Frage

Durch Kontrastfragen lassen sich leicht Schwerpunkte herausarbeiten. Das Herausstellen von Gegensätzen gestattet oft, absurde Lösungsvorschläge als solche zu entlarven. Andererseits können Vorschläge ins Blickfeld gerückt werden, die erst in ihrer Heraushebung als Gegensatz zu einer geläufigen Verfahrensweise ihren eigentlichen Sinn bekommen. Ein neuer Ansatzpunkt entsteht für die Fortsetzung des Gesprächs.

Wenn man den Gesprächspartner anregt, selbst unterschiedliche Lösungsansätze kontrastierend gegenüberzustellen, bringt man ihn unter Umständen zur Einsicht, daß gerade der zwischen diesen bisher vertretenen Extremen liegende Kompromiß die sachgerechteste Lösung darstellt.

Vorsicht ist geboten bei der Formulierung von wirklichkeitsfremden Kontrasten, da sie das Gespräch in der Sache nicht fördern, sondern allenfalls geeignet sind, die Absurdität solcher Argumentation auf scherzhafte Weise bewußt zu machen. Sie können aber auch beim Gesprächspartner den Eindruck mangelhafter gedanklicher Präzision — ein Aspekt von Unfähigkeit — hervorrufen.

B e i s p i e l e :

offen	geschlossen
a) Kosmetik-Verkäuferin ermuntert die zögernde Kundin: »Welches leichte Parfum wäre Ihnen denn angenehm, wenn Ihnen ein schweres Parfum für diese Gelegenheit unpassend erscheint?«	»Wenn Ihnen das schwere Parfum unpassend erscheint, wäre dann nicht dieses leichte gerade richtig?«
b) Verkehrsdezernent: »Wenn wir in Citynähe mehr Parkplätze schaffen würden, wären noch weniger Bürger bereit, mit öffentlichen Verkehrsmitteln zum Einkaufen zu fahren.« Vorsitzender der City-Werbegemeinschaft: »Fahren nicht jetzt schon viele Kunden u. a. wegen der besseren Parkmöglichkeiten lieber mit dem Auto in den Supermarkt außerhalb der Stadt? Wie wollen Sie diesen Trend denn mit der Aufforderung, öffentliche Verkehrsmittel zu benutzen, aufhalten?«	»…? Glauben Sie denn, diesen Trend mit der Aufforderung, öffentliche Verkehrsmittel zu benutzen, aufhalten zu können?«

---

11. Kontroll-Frage

Vergewissern Sie sich insbesondere beim Ablauf eines längeren Gesprächs von Zeit zu Zeit darüber, ob ihre Ausführungen vom Gesprächspartner auch so verstanden worden sind, wie Sie sie gemeint hatten. Durch Kontrollfragen können Sie übrigens auch die Aufmerksamkeit des Gesprächspartners überwachen.

Besonders wichtig sind Kontrollfragen bei der Darlegung schwieriger Sachverhalte. Denn zweckmäßigerweise läßt man erst den nächsten Gedankenschritt folgen, wenn der vorangegangene vom Gesprächspartner richtig nachvollzogen worden ist.

Sie können sich auch darüber vergewissern, inwieweit der Gesprächspartner mit den bisher erreichten Zwischenergebnissen des Gespräches einverstanden ist. Solche Zwischenbilanzen sind wichtige Voraussetzungen für ein überzeugendes und von allen Seiten getragenes Resümee am Ende des Gesprächs.

B e i s p i e l e :

offen	geschlossen
a) Der Home-Computer-Verkäufer fragt den unsicheren jungen Mann nach der Vorführung: »Welche Eigenschaften des Computers sind für Sie am wichtigsten?«	»Ist für Sie vor allem ein möglichst großer Arbeitsspeicher ausschlaggebend?«
b) Der Physiklehrer fragt seine Klasse: »Welches sind denn nun zusammengefaßt die wichtigsten Schritte bei der Arbeitsweise des Otto-Motors?«	»Habt ihr jetzt die Arbeitsweise des Otto-Motors verstanden?«

---

12. Provozierende Frage

Provokationen — gleichgültig in welcher Form — bergen immer die Gefahr eines Konflikts in sich. Nur der Geübte wird sich gelegentlich provozierende Fragen leisten können. Er sollte mögliche aggressive Reaktionen des Gesprächspartners vorhersehen und darauf eingestellt sein, sie angemessen aufzufangen.

Provozierende Fragen wird man dann mit Erfolg einsetzen können, wenn der Gesprächspartner sich sehr zurückhält. Dann kann man versuchen, ihn ein wenig aus der Reserve zu locken.

Andererseits können provozierende Fragen zu einer Klärung der Gesprächsgrundlage führen, wenn Sie den Eindruck haben, daß der Gesprächspartner vorsätzlich die Unwahrheit sagt oder vorwiegend sachfremd taktisch argumentiert.

Durch Ihre Frage wird ihm deutlich, daß sein Vorgehen durchschaut ist und daß Sie trotzdem an einer ernsthaften und ehrlichen Auseinandersetzung mit ihm interessiert sind.

Beispiele:

offen	geschlossen
a)	STERN (Nr. 39/1986, 254) zum SPD-Vorsitzenden BRANDT:
»Ihr Raketen-Wahlkampf 1983 war kein großer Erfolg. Welche Lehre müssen Sie daraus ziehen?«	»Ihr Raketen-Wahlkampf von 1983 war ja kein großer Erfolg. Müssen Sie daraus nicht die Lehre ziehen?«
	STERN (Nr. 47/1986, 242) zu US-Botschafter BURT: »Herr Botschafter, bei den Kongreß-wahlen mußten der Präsident und die Republikaner eine klare Niederlage
»… Niederlage hinnehmen. Was ist aus der Reagan-Revolution geworden?«	hinnehmen. Ist die Reagan-Revolution am Ende?«
b) Minister Oberhand zum Vorsitzenden des Untersuchungsausschusses: »Warum drehen Sie mir ständig das Wort im Munde herum?«	»Merken Sie eigentlich, daß Sie mir ständig das Wort im Munde herumdrehen?«

---

13. Rhetorische Frage

Auf solche Fragen erwartet man nicht ernsthaft eine Antwort. Im Gegenteil! Wenn jemand unsere rhetorische Frage unerwartet beantwortet, kann uns das sogar in Verlegenheit bringen. Beispielsweise fragt der Redner mitten in seinem Vortrag: »Meine Damen und Herren, was können Sie meinen Ausführungen entnehmen?« Antwort aus dem Publikum: »Gar nichts!«

Es handelt sich also nicht um eine echte Frage. Vielmehr sollen lediglich die eigenen Ausführungen durch das Stilmittel der rhetorischen Frage akzentuiert werden. Man versucht, die Zuhörer zum Mitdenken zu bewegen, damit sie nicht unversehens und unbemerkt einschlafen.

Beispiele:

offen	geschlossen
a) F.D.P.-Vorsitzender BANGEMANN (STERN Nr. 47/1986, 224): »… Ich weiß, daß morgen irgendwo eine Bombe hochgeht, aber ich	

offen	geschlossen
verlange, daß ihr mir gegenüber entweder Strafmilderung oder Straffreiheit zusichert. Was tun Sie dann? Ich würde in einem solchen Fall nicht sagen: »Ich lehne das ab.««	». . . oder Straffreiheit zusichert. Machen Sie das dann? Ich würde . . .«
b) Ansprache eines Gewerkschaftsvertreters zum Thema der Solidargemeinschaft aller Arbeitnehmer: »Wer trägt denn letztendlich die Folgekosten der hohen Arbeitslosigkeit?«	»Sind es nicht die Arbeitnehmer selbst, die die Folgekosten der hohen Arbeitslosigkeit zu tragen haben?«

14. Suggestiv-Frage

Suggestivfragen haben einen eher zweifelhaften Ruf, weil versucht wird, dem Gesprächspartner etwas einzureden. Dabei weiß man selbst, daß das, was man behauptet, falsch ist oder zumindest nur einen Teilaspekt der ganzen Wahrheit darstellt.

Selbstverständlich kann man Suggestivfragen auch ohne hinterhältige Absicht stellen. Sie haben dann den Zweck, dem Gesprächspartner nahezulegen, sich mit dem zu identifizieren bzw. dem zuzustimmen, was man selbst für richtig hält. Insofern sind sie vielfach nicht nur moralisch unbedenklich, sondern für das Erreichen eines guten Zieles sogar sehr förderlich.

Immer besteht die Gefahr, daß die Absicht der Suggestion durchschaut wird. Die meisten Menschen möchten mit offenen und ehrlichen Argumenten überzeugt werden und nicht irgendwelchen Suggestionen »auf den Leim gehen«. Daher sollte man mit dieser Frageform sehr sparsam umgehen und sie darüber hinaus nur dann verwenden, wenn man sie sicher beherrscht.

Beispiele:

offen	geschlossen
a) STERN (Nr. 46/1986, 40): BORIS BECKER: »Tennisspieler sind Schauspieler. Der eine hat genau soviel Angst wie der andere. Es ist die Kunst, das zu vertuschen. Ab und zu war ich ein schlechter Schauspieler, vor allem am Anfang, als ich immer die Nerven verloren habe.«	

offen	geschlossen
STERN: »Bei wem haben Sie Schauspielunterricht genommen?« BECKER: »Ich bin ein guter Beobachter. Ich habe gesehen, was die anderen Guten machen.«	»Haben Sie Schauspielunterricht genommen?«
b) Mutter zum 12jährigen Sohn: »Was möchtest du trinken: Apfelsaft, Mineralwasser, Cola oder Orangensaft?« Sohn (erliegt Suggestion nicht): »Ein Bier bitte!«	»Möchtest du nicht am liebsten Cola trinken?« Sohn (angepaßt): »Ja bitte, eine Cola.« Oder Sohn (aufsässig): »Nein, Bier!«
c) Versicherungsvertreter Listig im Kundengespräch: »Welches unserer drei umfassenden Versicherungspakete erfüllt denn am ehesten Ihren Wunsch, im Fall eines Falles ausreichend abgesichert zu sein?«	»Meinen Sie nicht auch, daß in Ihrer Situation die Frage nach einer ausreichenden Absicherung im Falle eines Falles im Vordergrund steht?«

---

15. Unterscheidende Frage

In ähnlicher Weise wie die Isolationsfrage und die Kontrastfrage versucht auch die unterscheidende Frage eine Differenzierung innerhalb eines komplexen Problems. Der Vorteil solcher Fragen liegt gegenüber Behauptungen gleichen Inhalts vor allem darin, daß der Gesprächspartner von mir keine Meinung aufgezwungen bekommt, sondern durch eigenes Nachdenken die Argumente finden kann, die ihn selbst überzeugen und die schließlich auch für das von mir angestrebte Gesprächsergebnis wichtige Mosaiksteine sind.

Auch in diesem Fall gilt wieder: Stellen Sie selbst Behauptungen auf oder bringen Sie Ihre eigenen Argumente ins Gespräch, erfahren Sie wenig oder nichts von den Motiven, Denkansätzen und Denkweisen Ihres Gesprächspartners. Gerade diese sind aber wichtig für einen erfolgreichen Gesprächsverlauf. Auch der Gesprächspartner muß das Ergebnis überzeugt akzeptieren können. Deshalb besser: *fragen statt behaupten!*

Beispiele:

offen	geschlossen
a) Verkäufer legt dem Kunden drei sehr ähnlich aussehende Pullover vor; der erste kostet DM 80,–, der zweite DM 170,–, der dritte DM 350,–. Kunde: »Worin unterscheiden sich denn diese drei Pullover?«	Kunde: »Ist das Material unterschiedlich? Oder sind die unterschiedlichen Preise nur auf den mehr oder weniger großen Bekanntheitsgrad der Herstellerfirma zurückzuführen?«
b) Fußballtrainer: »Ihre Vorschläge zum Neuaufbau der Mannschaft kann ich so nicht akzeptieren.« Vereinspräsident: »In welchen konkreten Punkten weichen Ihre eigenen Vorstellungen denn von meinen Vorschlägen ab?«	»Wären Sie damit einverstanden, wenn wir strittige und einverständliche Punkte zunächst getrennt von einander besprechen würden?«

---

16. Weiterleitende Frage

Wenn Gespräche ins Stocken geraten oder sogar ganz zu versanden drohen, sind weiterleitende Fragen angezeigt. Das kann in jeder Phase des Gesprächs vorkommen.

Andererseits könnten Sie das Bedürfnis haben, wieder aus einer Sackgasse des Gesprächs herauszukommen, in die Sie bedauerlicherweise geraten sind. Durch wohlüberlegte, gezielt weiterleitende Fragen können Sie den Gesprächspartner anregen, im Rahmen seiner Interessenlage das Problem aus einem anderen Blickwinkel zu betrachten oder sich einem neuen Problemteil zuzuwenden.

Ungeschicktes Fragen kann allerdings beim Gesprächspartner den Verdacht entstehen lassen, er solle hier lediglich von einem kritischen Punkt abgelenkt werden. Das kann dazu führen, daß er sich dann erst recht in die uns unangenehme Thematik verbeißt.

B e i s p i e l e :

offen	geschlossen

a) Mutter zur Tochter:
   »Jetzt haben wir dir diese modische Hose gekauft; was für eine Bluse möchtest du denn dazu tragen?« — »Möchtest du dazu diese grüne Bluse kaufen?«

b) Ehemann:
   »Es liegt ganz an dir, ob wir uns einverständlich scheiden lassen können. Du brauchst nur dem gemeinsamen Sorgerecht für unsere Kinder zuzustimmen.«
   Ehefrau:
   »Das kommt gar nicht in Frage, ich will das Sorgerecht allein haben.«
   Ehemann:
   »Welche Nachteile hätte das gemeinsame Sorgerecht eigentlich für dich?« — »Wollen wir nicht erstmal die Vor- und Nachteile des gemeinsamen Sorgerechts abwägen?«

---

17. Vorschlags-Frage

Verfügt er über etwas Fingerspitzengefühl, wird ein erfahrener Gesprächsleiter gelegentlich darauf verzichten, dem Gesprächspartner seine Vorschläge als Feststellungen oder Behauptungen aufzutischen. Er wird vielmehr den Gesprächspartner um dessen Meinung zu seinen Vorschlägen fragen. Dieser fühlt sich dann nicht so leicht zu nicht beabsichtigter, voreiliger Zustimmung gedrängt; denn über den Vorschlag soll offenbar noch diskutiert werden. Andererseits hat aber auch der Gesprächsleiter noch Gelegenheit, aufgrund der Stellungnahme des Gesprächspartners zu Vorschlägen seinerseits erforderliche Modifikationen vorzunehmen. Die Vorschläge bleiben in diesem Sinne länger kompromißfähig.

B e i s p i e l e :

offen	geschlossen

a) Friseur zur Kundin:
   »Bei Ihren schönen blonden Haaren — was halten Sie von diesem ganz neuen Schnitt mit stärkerer Profilbetonung?« — »Lassen Sie doch diesen neuen Schnitt machen mit stärkerer Profilbetonung.
   Ist der Vorschlag nicht gut?«

b) Klassenlehrer zu seinen Schülern:
   »Was haltet ihr davon, unser Klassenfest gemeinsam mit der 10 b zu veranstalten?« — »Würdet ihr dem Vorsschlag zustimmen, unser Klassenfest gemeinsam mit der 10 b zu veranstalten?«

18. Wortlose Frage

Der mimische oder gestische Ausdruck des wortlosen Fragens bedeutet für den Gesprächspartner, daß der andere etwas nicht verstanden hat oder daß er eine gewagte Behauptung in Zweifel zieht. Die Wirkung der wortlosen Fragen ist stark abhängig vom Ausdrucksvermögen des Fragers und von der Sensibilität des Gesprächspartners. Man überläßt bei dieser Form der Frage dem Gesprächspartner die Interpretation. Das ist nur dann zweckmäßig, wenn es mit hoher Wahrscheinlichkeit nicht zu unerwünschten Mißverständnissen führt. Ein Vorteil liegt vor allem darin, daß wir — abgesehen davon, daß wir für die »Formulierung« dieser Frage nicht viel Zeit benötigen —, den Gesprächspartner nicht durch falsche Wortwahl oder durch eine falsche Tonlage verstimmen.

Da die inhaltliche Bedeutung der wortlosen Fragen weitgehend durch den jeweiligen Kontext des gerade laufenden Gesprächs bestimmt wird, sind ihre Einsatzmöglichkleiten begrenzt.

Beispiele:

offen	geschlossen
a) Das junge Paar frühstückt im Bistro. Sie hat ihm gestern anvertraut, daß sie 3 kg abnehmen will. Er schlägt vor: »Nimm doch die große Frühstücksplatte mit einem Glas Sekt!« Sie: »?« (Sie zieht die Augenbrauen leicht hoch und blickt ihn kurz an. Sie denkt: »Was will er mit diesem provokanten Vorschlag wohl bezwecken?«)	»?« (Sie blickt ihn fragend an und denkt: »Hast du denn ganz vergessen, daß ich abnehmen will?«)

19. Zusammenfassende Frage

Auch hier liegt wieder ein Vorteil darin, daß Sie den Gesprächspartner z. B. nicht durch eine selbstgefertigte Zwischenzusammenfasssung oder ein Resümee am Schluß eines Gesprächs mit Formulierungen und Nuancen von Formulierungen konfrontieren, die er selbst nicht so sieht. Die zusammenfassende Frage gibt ihm vielmehr Gelegenheit, seine Sichtweise und seine Interpretation des Gesprächs selbst darzustellen. Gegebenenfalls können dann für die Abschlußformulierung noch gemeinsam sprachliche oder inhaltliche Kompromisse abgesprochen werden.

Beispiele:

offen	geschlossen
a) Lehrer erläutert in der Klasse die Regeln der Bruchrechnung und fragt zum Schluß der Stunde: »Was ist denn jetzt noch unklar?«	»Habt ihr alles verstanden?«
b) (Sitzung des Kleingartenvereins) Laubenpieper Griesgram: »Jetzt haben wir 2 Stunden geredet und geredet. Die Strahlenbelastung für mein Gemüse ist aber immer noch dieselbe.« Vorsitzender: »Dann wollen wir mal zusammenfassen. Welche Maßnahmen zur Bekämpfung der Strahlenschäden lassen sich aus unserer Diskussion ableiten?«	»Wollen wir unsere Diskussionsergebnisse jetzt in Form eines Maßnahmenkatalogs zur Bekämpfung der Strahlenschäden zusammenfassen?«

20. Zustimmungs-Frage

Die Zustimmungsfrage ist eine eindeutig positive Variante der Alternativfrage und beinhaltet auch Aspekte von Suggestion. Ihre Verwendung sollte daher auf die wenigen Fälle beschränkt bleiben, bei denen nach der Erfahrung des Gesprächsleiters wirklich kein Widerspruch mehr zu erwarten ist. Sie vertieft dann lediglich für beide Gesprächspartner noch einmal das Empfinden, daß man sich über ein bestimmtes Ergebnis einig geworden ist. Die Zustimmungsfrage hat ihren Platz daher nicht nur im Rahmen der Abklärung von Sachfragen, sondern auch im Bereich der gefühlsmäßigen Zufriedenheit mit dem Gesprächsergebnis.

Beispiele:

offen	geschlossen
a)	Der SPIEGEL Nr. 42/1986, 83: Grünen-Abgeordnete ANTJE VOLLMER: »Warum soll eigentlich Betroffenheit ein schlechter Ratgeber sein? Sind die Betroffenen nicht am stärksten, sogar untrennbar auch mit dem werdenden Leben verbunden, so daß sie gleichzeitig die besten Anwälte sind, die am gründlichsten alle Lebensperspektiven überlegen?«

offen	geschlossen
b)	Senatorin HANNA-RENATE LAURIEN (ablehnend!): »Nein, denn Betroffenheit setzt auch stets eine Subjektivität voraus.« Abteilungsleiter zu einem Mitarbeiter, dem er gerade einen schwerwiegenden Fehler nachgewiesen hat: »Stimmen Sie mir zu, daß ich hier ernste Konsequenzen ziehen muß? Sind Sie jetzt mit Ihrer Versetzung einverstanden?«
c)	Kläger zum Beklagten nach Aushandlung eines außergerichtlichen Vergleichs: »Ist es nicht das beste für uns beide, daß wir als Nachbarn nun doch noch zu einer einvernehmlichen Regelung über Ihren Garagenbau gekommen sind?«

5.3.3 Die richtige Frage

Nun müßten Sie eigentlich schon ziemlich genau wissen, wie man andere Leute erfolgreich befragt. Zweckmäßigerweise konzentrieren Sie sich dabei nicht ausschließlich auf die *Form,* sondern auf den *Inhalt* Ihrer Fragen. Was wollen Sie *wirklich* von Ihrem Gesprächspartner wissen?

Wenn Sie jetzt gleich loslegen wollen mit dem Fragen, dann denken Sie bitte auch daran, daß es manchmal besser ist, bestimmte Fragen nicht zu stellen, wenn sie nämlich für den Befragten unangenehm sind oder wenn sie ihn möglicherweise kompromittieren könnten. Wie das Lohengrin-Desaster zeigt, können Fragen nämlich in solchen Fällen fürchterlich danebengehen und statt zur Problemlösung direkt in eine Katastrophe führen.

Bisweilen kann man schwach begabte Fragekünstler bereits bei einem harmlosen Stadtbummel erleben:

Es war 1990 in Düsseldorf. Ein Ehepaar — zumindest wirkte es so — spaziert durch die Königsallee und spricht mich (ich wohne in Hannover) an, um sich nach dem Weg zum Hauptbahnhof zu erkundigen:

Ehepaar:	»Entschuldigen Sie bitte vielmals. Sind Sie von hier?«
Ich:	»Nein.«
Ehepaar:	»Entschuldigen Sie bitte. Dann können Sie uns auch nicht helfen.«
Ich:	»???«

Der Angesprochene (ich) erfährt in diesem Falle gar nicht, worum es dem Ehepaar eigentlich geht. Die Frage nach dem Bahnhof hätte ich nämlich gut

beantworten können, weil ich erstens diesen Weg kenne und weil ich zweitens außerdem einen Stadtplan in der Tasche hatte und mit dessen Hilfe den Weg anschaulich hätte erklären können. Aber davon erfahren die Frager bei ihrer falschen Fragestellung natürlich nichts.

Das Gespräch hätte aber auch anders verlaufen können:

Ehepaar:	»Entschuldigen Sie bitte. Können Sie uns sagen,
	— wo es zum Hauptbahnhof geht?«
	alternativ:
	— wie wir von hier zum Bahnhof kommen?«
	— wie wir am schnellsten zum Bahnhof kommen können?«
	— wo der nächste Weg zum Bahnhof ist?«
Ich:	»Ja.«
Ehepaar:	»Ja?«
Ich:	»Ja!«
Ehepaar:	»Würden Sie es uns dann bitte sagen?«
Ich:	»Ja.«
Ehepaar:	»Dann sagen Sie es uns doch bitte!«
Ich:	— »Da vorn rechts in die Stein-Straße und dann immer geradeaus weiter durch die Friedrich-Ebert-Straße bis zum Hauptbahnhof.«
	alternativ:
	— »Sie können zu Fuß gehen, mit der Straßenbahn fahren, den Bus nehmen oder mit einem Taxi fahren.«
	— »Sie können Dauerlauf machen, ein Taxi oder einen Hubschrauber nehmen.«
	— »Der nächste Weg zum Bahnhof ist da vorn.«
Ehepaar:	»Vielen Dank.«

Die Beispiele zeigen, daß die Frage die Antwort bis zu einem gewissen Grade vorherbestimmt.

Bei von der Sache her so einfachen Kommunikationen, wie bei der Frage nach dem Weg zum Bahnhof, treten die hier gezeigten Mißverständnisse kaum auf, weil der Gefragte aus der Frage in Verbindung mit der gegebenen Situation die eigentliche Absicht des Fragers mit hoher Wahrscheinlichkeit zutreffend interpretiert. Antwortet er dann in diesem Sinne »richtig« — d. h. er gibt auf jede der aufgeführten Fragen immer nur die Antwort auf die von uns als erste angeführte Frage —, dann hat er — genau genommen — in diesen Fällen die konkrete Frage gar nicht beantwortet, sondern eine selbst formulierte Frage, mit der er die eigentliche Absicht des Fragers richtig zu erschließen glaubt. Natürlich kann das, insbesondere bei komplizierteren Fragen, auch leicht danebengehen.

Sie können die Wirkung von Frage und Antwort übrigens sehr schön selbst ausprobieren, wenn Sie einmal die Fragen Ihrer Mitmenschen wörtlich nehmen und exakt nur die gestellte Frage beantworten. Bitte bedenken Sie aber rechtzeitig vorher, mit wem Sie dieses Spiel treiben, denn nicht jeder ist so humorvoll, daß er notfalls auch einmal über sich selbst (und das heißt über seine eigene dämliche Frage) lachen kann. Die meisten lachen lieber über andere — und das bisweilen ziemlich taktlos.

Einige weitere Beispiele:

Frage:	»Können Sie mir die Zeit sagen?«
Antwort:	»Ja.«

Oder:

Frage des Schaffners im IC-Zug:	»Kann ich Ihren Fahrschein sehen?«
Antwortalternativen:	— »Woher soll ich wissen, ob Sie das können?« (Vielleicht hat er seine Lesebrille vergessen.)
	— »Wieso fragen Sie mich das? Sie müssen doch selbst wissen, ob sie meinen Fahrschein sehen können!«
	— »Nein. Ich habe keinen.« (Ich habe nämlich keinen Fahrschein, sondern eine unpersönliche Jahresnetzkarte.)

Oder:

Der Kellner fragt im Restaurant:	»Kann ich kassieren?«
Antwort:	— »Ich weiß nicht, ob Sie das können.« oder
	— »Woher soll ich das wissen?« oder
	— »Weshalb fragen Sie mich das?«
	(Bedenken Sie aber bitte: möglicherweise ist diese Frage sogar berechtigt. Vielleicht hat er das gar nicht gelernt.)

Ich habe nämlich schon oft solche Kellner bzw. Kellnerinnen getroffen, die nicht kassieren können — zumindest nicht richtig. Sie verlangen einfach 5 DM zu viel oder geben 3 DM zu wenig Wechselgeld heraus. Deshalb rechne ich neuerdings meistens schon vorher selbst aus, was es kosten wird.)

Oder:

Der Gast fragt:	»Kann ich bezahlen?«
Antwort des Kellners:	»Das hoffe ich doch, mein Herr. Sonst muß ich die Polizei rufen und Anzeige wegen Zechprellerei erstatten.«

Unerfreulich wird das falsche Fragen besonders dann, wenn der Gefragte den Sachverhalt nicht nur spöttisch oder humorvoll aufgreift, sondern wenn er selbst »darauf hereinfällt«. Dann beantwortet er nämlich die falsche Frage in bester Absicht so falsch, wie sie gestellt ist. Der Frager ahnt davon aber nichts und nimmt diese »richtig«/falsche Antwort als richtige Antwort auf seine Frage und reagiert dementsprechend falsch. Die Schuld dafür wird er später dem Antwortgeber anlasten, wenn das Debakel offenbar wird. Das Dilemma dabei: beide fühlen sich unschuldig.

Fehlt es dem Frager an Intelligenz, aus dem Fiasko zumindest noch nachträglich seine »blöde« Frage als Ursache zu identifizieren, dann wird er womöglich auf die Palme gehen und dem Antwortgeber Dummheit oder Böswilligkeit unterstellen. Daraus können endlose Fehden entstehen, die sich durch alle Gerichtsinstanzen schleppen oder blutige Kriege verursachen.

Solche Probleme entstehen auch leicht dann, wenn der Frager zwar eine konkrete Frage formuliert, aber dadurch eigentlich etwas ganz anderes in Erfahrung bringen will, das er sich nur nicht direkt zu fragen getraut:

Frage:	»Wie geht es Ihnen?«
Antwort:	»Danke gut.«

Das will er aber gar nicht wissen. Ihn/sie interessiert viel mehr, ob er/sie sich nach dem Seitensprung der Partnerin/des Partners scheiden lassen will.

So gilt die schöne Erkenntnis der Rhetorik-Experten:

> **WER FRAGT,**
> **DER FÜHRT!**

letztlich in Abhängigkeit vom Geschick des Fragenden in verschiedenen Varianten:

— Wer *richtig* fragt,
  der führt andere auf den richtigen Weg
  und sich selbst zum Erfolg.

— Wer *falsch* fragt,
  der führt andere auf Irrwege
  und bisweilen sich selbst ins Verderben.

Was tut deshalb der erfolgsorientierte Frager?

Er fragt sich selbst
rechtzeitig,
wann er
wen
wie
wo
wieviel
worüber
wozu
wobei
fragen sollte.

So einfach ist das!

5.4 Einwandbegegnung

Gespräche verlaufen vor allem dann reibungslos und führen zum schnellen Erfolg, wenn sich beide Gesprächspartner in der Sache einig sind. Sobald jedoch in der einen oder anderen Sachfrage unterschiedliche Auffassungen bestehen, werden jeweils von einem Gesprächspartner Einwände gegen die Argumente des anderen vorgebracht. Dieser versucht in der Regel, seine Argumente so lange wie möglich zu halten und die Einwände seines Gesprächspartners — so gut es geht — zu entkräften. Dadurch kann es zu langwierigen und letztlich unergiebigen Diskussionen, ja sogar zum offenen Streit kommen. Das eigentliche Gesprächsziel (etwa den Gesprächspartner zu einer bestimmten Handlung zu veranlassen) wird nicht erreicht.

Beim Gespräch mit Kunden beispielsweise wünschen wir keine langen Auseinandersetzungen und schon gar keinen Streit. Wir sind vielmehr daran interessiert, die ausgesprochenen oder unausgesprochenen Einwände des Kunden gegen unser Angebot möglichst schnell kennenzulernen und im Rahmen der uns gegebenen Möglichkeiten zu entkräften. Das kann dadurch geschehen, daß wir nach unserer Auffassung unberechtigte Einwände argumentativ auflösen. Es kann aber auch sein, daß der Kunde stichhaltige Einwände gegen unsere Argumente vorbringt. Dann wird es — zumindest langfristig im Hinblick auf eine fruchtbare Zusammenarbeit — zweckmäßig sein, praktische Konsequenzen zu ziehen und z. B. den vom Kunden gerügten Mißstand zu beseitigen.

Es ist nicht nur eine Frage des persönlichen Geschmacks, ob man Methoden der Einwandbegegnung aus sachlichen Gründen und mit sachgerichteter Zielsetzung anwendet oder ob man lieber versucht, den Gesprächs-»Gegner« durch geschickte rhetorische Manipulation mattzusetzen. Vielmehr geht es in erster Linie um die Vertrauensgrundlage, die zwei Geschäftspartner miteinander verbinden muß, wenn sie längerfristig miteinander arbeiten und sich aufeinander verlassen wollen oder müssen. Der von manchem in völliger Fehleinschätzung der tatsächlichen Sachlage und der sich daraus ergebenden Konsequenzen kurzsichtig angestrebte rhetorische Sieg in einer konflikthaften Auseinandersetzung läßt völlig außer acht, daß es letzlich darum geht, wer *am Ende* den Sieg davonträgt, z. B. im Kampf der Wettbewerber um das Vertrauen des Kunden und die von diesem erteilten Aufträge.

In diesem Sinne sollten auch die folgenden Ausführungen nicht mißverstanden werden: *sie sollen nicht dazu dienen, andere zu übertölpeln, sondern sie sollen dabei helfen, Gespräche aus Sackgassen heraus und zum Gesprächserfolg zu führen.*

Man muß sich darüber klar sein, daß der bloße rhetorische Sieg gegen den einen Einwand vorbringenden Gesprächspartner nicht gleichzeitig auch einen Sieg in der Sache bedeutet.

Decken Sie Einwände lediglich für den Augenblick zu, werden Sie diese nicht endgültig ausräumen. Sobald der Gesprächspartner wieder zu Ruhe und Besinnung gekomen ist, wird ihm deutlich werden, daß sein Einwand nach wie vor gilt. Er ist von Ihnen weder im Gesprächsverlauf noch beim Gesprächsergebnis im erforderlichen Maße berücksichtigt worden. *Der Gesprächs-partner wird daher so handeln, als ob über seinen Einwand gar nicht diskutiert worden wäre.* Vielleicht ist er sogar noch zusätzlich verärgert, weil er durch das Vorbringen seiner Einwände viel Zeit und Energie vertan hat, ohne dadurch letztlich auch nur einen Schritt bei der Lösung des ihm wichtigen Problems weitergekommen zu sein.

Deshalb gilt auch hier der *Grundsatz:*

Den Einwand ernst nehmen!

Einwände ernst nehmen, bedeutet konkret: sie analysieren, hinsichtlich ihrer Berechtigung überprüfen und gegebenenfalls Abhilfe schaffen.

Keine Angst vor Einwänden!

Wenn Sie den Eindruck haben, daß Ihre Gesprächspartner Einwände zurück-halten, dann locken Sie diese heraus! Unausgesprochene Einwände bleiben sonst eine Hypothek für das weitere Gespräch. Die negativen Auswirkungen sind schwer abzuschätzen. Nur, wenn Sie alle Einwände kennen, können Sie auch erfolgreich damit umgehen und sie in Ihre Strategie zum Erreichen Ihres Gesprächs- oder Verhandlungszieles sinnvoll einbinden.

Wo haben wir gegen Einwände zu kämpfen?

Jeder hat schon einmal erlebt, daß ein Gesprächspartner Einwände gegen das vorbrachte, was gerade gesagt wurde. Das kann in verschiedenen Bereichen im Alltag z. B. so aussehen:

In der Familie

Vater:	»Wir fahren zum Urlaub in die Alpen.«
Mutter:	»Wir wollen lieber an die See; das ist besser für deinen Kreislauf.«
Sohn:	»Ich möchte nicht mit euch in Urlaub fahren, sondern mit der Jugendgruppe.«
Tochter:	»Ich kann nicht in Urlaub fahren: ich muß mich auf meine Prü-fung, vorbereiten.«

In der Schule

Lehrer:	»Wir wollen jetzt die Hausaufgaben besprechen.«
1. Schüler:	(Rührt sich überhaupt nicht.)
2. Schüler:	»Meine können wir nicht besprechen; ich habe sie vergessen.«
3. Schüler:	»Ich finde, wir sollten das angefangene Kapitel erst zu Ende bearbei-ten.«
4. Schüler:	»Ich habe sie nicht verstanden.«
5. Schüler:	»Jetzt noch — so kurz vor der Pause?«

Im Beruf

Chef:	»Wir wollen das Problem einmal gemeinsam durchsprechen.«
1. Mitarbeiter:	»Es gibt kein Problem!«
2. Mitarbeiter:	»Besprechen hilft nicht, hier muß entschieden werden.«
3. Mitarbeiter:	»Besprechungen kosten nur unnötig Zeit!«
4. Mitarbeiter:	»Wir haben keine Tagesordnung.«
5. Mitarbeiter:	»Dafür habe ich keine Zeit; ich bin mit Aufträgen voll.«

Beim Verkauf

Verkäufer:	»Dieser Artikel entspricht Ihren Anforderungen.«
1. Kunde:	»Ich will den Artikel nicht.«
2. Kunde:	»Ich finde ihn nicht schön.«
3. Kunde:	»Er ist viel zu teuer.«
4. Kunde:	»Die Konkurrenz hat bessere/preiswertere Artikel.«
5. Kunde:	»Das kann ich so schnell nicht überblicken.«
6. Kunde:	»Davon haben Sie mich noch nicht überzeugt.«

Beim Verkauf bedeutet dies:

Ich biete ein Produkt oder eine Dienstleistung an. Der Kunde nimmt mein Angebot entgegen, jedoch ohne es in der vorliegenden Form zu akzeptieren und sich zum Kauf zu entschließen. Als Anbieter bzw. Verkäufer versuche ich dann, ihn zu überzeugen oder zu überreden, daß er mein Angebot annehmen solle, denn es sei gut und preiswert und erfülle voll und ganz seine Anforderungen. Dagegen hat der Kunde jedoch *Einwände*. Mal mehr, mal weniger. Bisweilen sind sie leicht zu entkräften, manchmal gelingt das schwerer oder auch gar nicht.

Ich versuche mit allen mir einfallenden Argumenten, die Einwände des Kunden zu widerlegen. Trotz aller Anstrengungen gelingt mir dies nicht. Ihm fallen immer wieder neue Einwände ein, oder er greift die alten nach einiger Zeit erneut auf, obwohl ich glaubte, diese schon widerlegt zu haben.

Was kann ich in einer solchen Situation noch tun?

Ehe wir zu den Einzelheiten der Einwandbegegnung kommen, wollen wir einige inhaltliche Differenzierungen vornehmen:

Wenden wir uns zunächst dem zu, was wir bisher ganz allgemein *Einwand* genannt haben. Durch Differenzierung dieses Allerweltsbegriffs wollen wir versuchen, zu wirksamen Ansatzpunkten der Einwandbegegnung zu kommen.

Was ist ein Einwand?

Verwirrung?

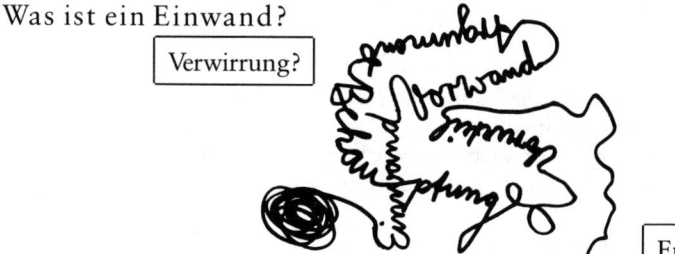

Entwirrung:

Einwände, die z. B. gegen mein Angebot gemacht werden, können unterschiedliche Qualität haben:

1. Vorwand

Unter dem Vorwand, mein Angebot sei zu teuer, wird es abgelehnt. Grund für die Ablehnung ist jedoch gar nicht der zu hohe Preis — den hält der Kunde für durchaus angemessen —, sondern seine Antipathie gegen mich als Verkäufer oder gegen meine Firma.

Der zu hohe Preis ist nur ein *vorgeschobenes Argument*, ein Vorwand; der wahre Grund für die Ablehnung liegt ganz woanders.

2. Argument, beweiskräftige Behauptung

Mein Angebot wird mit einem stichhaltigen Argument abgelehnt, das ich in der Sache nicht widerlegen kann.

Der Kunde erzählt mir, daß er den von mir für DM 100,– angebotenen Artikel bei einem anderen Anbieter für DM 90,– gesehen hat. In diesem Fall weiß ich, daß *sein Argument* — daß mein Preis zu hoch ist — *stimmt*. Ich habe nämlich aus einem bestimmten Grund den Preis hoch kalkuliert, oder der andere Anbieter hat aus Wettbewerbsgründen seinen Preis möglichst niedrig kalkuliert — und konnte ihn angesichts seiner geringeren Kosten auch so niedrig ansetzen.

3. Behauptung als Bluff

Der Kunde hält meinem Angebot vorsätzlich einen falschen Einwand entgegen, um meinen Preis zu drücken. Er behauptet, ein anderer Anbieter sei billiger, obwohl das nicht stimmt. Entweder weiß ich, daß der Kunde *blufft* (bzw. lügt), oder ich bin mir zumindest nicht sicher, welchen Wahrheitsgehalt seine Behauptung hat.

4. Vorurteil

Der Kunde folgt meiner Verkaufsargumentation nicht, weil (vielleicht aufgrund schlechter Erfahrungen, die er früher mit anderen gemacht hat oder aufgrund von gegebenen Tatsachen) bestimmte Vorurteile seinen Blick einengen:

»Ich brauche den von Ihnen angebotenen Kochtopf nicht. Ich habe schon genug Töpfe!« In solchem Falle müßte der Verkäufer den aus der Sicht des Kunden (aufgrund eines bestimmten Vorurteils) nicht vorhandenen Bedarf erst wecken. Er muß ein Kaufmotiv schaffen, z. B.: »Bei diesem Dampftopf sparen Sie Energie.«

Meistens spricht man jedoch von Vorurteilen, wenn durch eine *vorgefaßte falsche Meinung* eine richtige Auffassung über den augenblicklichen Sachverhalt verhindert wird.

Verkäufer:	»Diesen Kochtopf brauchen auch Sie!«
Kundin:	»Beim Kochen in solchen Kochtöpfen vergeudet man viel zu viel elektrische Energie.«
Verkäufer:	»Dieser Dampfkochtopf verringert die Kochzeit um 70 %. Damit nutzen Sie die Energie optimal aus.«

Es wird deutlich, daß man nicht gegen alle Einwände nach ein und derselben Methode vorgehen kann.

Einwand	Grund
Gegen das Objekt	
— Gegen die Qualität.	»Der Artikel ist fehlerhaft.«
— Gegen den Preis.	»Der Artikel ist zu teuer.«
— Gegen den Bedarf.	»So viel brauche ich gar nicht.«
— Gegen das Image des Artikels.	»Er ist nicht »in«.«
Gegen die Person des Argumentierenden	
— Gegen die Fachkompetenz des Argumentierenden.	Alter, Ausbildung.
— Gegen den Stil der Argumentation.	Zu salopp, zu altväterlich, zu autoritär.
— Gegen die Stichhaltigkeit der Argumentation.	Unlogisch, lückenhaft.
— Gegen die Klarheit des Arguments.	Unverständlich.
— Gegen die Verhandlungskompetenz des Argumentierenden.	Stellung in der Betriebshierarchie.
— Gegen die Argumentationsunterlagen.	Unübersichtlich, unvollständig, zu umfangreich.
Gegen die Einbeziehung der eigenen Person	
— Der Gesprächspartner wünscht überhaupt nicht, durch das Problem behelligt zu werden.	Er hat andere Interessen; er ist nicht zuständig.
— Einwand gegen jede Art von Aktivität.	Macht zusätzlich Arbeit; verändert Gewohntes.
— Gegen die Forderung einer (schnellen) Entscheidung.	»Das überblicke ich nicht; die Entscheidung muß ein anderer treffen.«
Gegen die Rahmenbedingungen	
— Gegen den Verhandlungszeitpunkt.	Der ist ungünstig, z. B. infolge Zeitdrucks.
— Gegen die Tatsache der Argumentation überhaupt.	Er diskutiert nicht gern.

Abbildung 54 Wogegen können sich die Einwände eines Kunden richten?

Wenn Sie Einwänden sinnvoll begegnen wollen, müssen Sie u. a. wissen, wogegen sie sich überhaupt richten (Abb. 54).

Es ist z. B. nutzlos, die Hauptargumentation auf die Qualität des angebotenen Artikels zu stützen, wenn der wesentliche Einwand lautet: »Ich habe keinen Bedarf.«

Langfristig zahlt es sich nicht aus, den Gesprächspartner durch geschickte Argumentation zu überlisten und zu »überfahren«. Er muß *überzeugt* werden. Er muß sich mit Ihren Argumenten identifizieren. Sonst tritt er eventuell wieder von dem bereits unterschriebenen Vertrag zurück, sobald er noch einmal in Ruhe selbst nachdenken und sich gegebenenfalls mit seiner Familie, seinen Arbeitskollegen oder seinen Freuden beraten kann.

Die beste List
ist
Mist,
wenn der Kunde
später
knatschig ist!

5.4.1 Grundsätze der Einwandbegegnung

Wichtig ist, daß Sie das Ziel Ihres Gespräches nicht aus den Augen verlieren. Erreichen können Sie es in der Regel nur, wenn Sie bei der Argumentation die *Sach- und die Beziehungsebene gleichzeitig beachten*. Häufig argumentieren wir ausschließlich auf der Sachebene und merken nicht, daß das Gesprächsklima gespannt ist oder zunehmend emotional belastet wird. Verwundert sind wir dann, wenn wir trotz überzeugender Sachargumentation mit unserem Anliegen letztlich nicht zum Ziel kommen.

Nach Möglichkeit soll sich unser Gesprächspartner im Verlauf der Argumentation, aber besonders beim Abschluß des Gesprächs, wohlfühlen. Er muß von der Sache her und gefühlsmäßig das Gesprächsergebnis akzeptieren. Andernfalls besteht die Gefahr, daß er sich später bei ruhiger Überlegung distanziert, weil er sich (nachträglich) überfahren fühlt. Dadurch kann er zusätzlich in seinem Selbstwertgefühl verletzt sein. Dies belastet weitere Gespräche oder verhindert sogar ihr Zustandekommen.

Daher sollte die nachfolgend beschriebene Methode der Einwandbegegnung nur dazu benutzt werden, einerseits die eigene Argumentation ins rechte Licht zu bringen und andererseits die nach unserer Überzeugung unberechtigten Einwände unseres Gesprächspartners zu entkräften, soweit dies der Sache dienlich ist.

Einige *Grundregeln* sind zu beachten, wenn Sie sich mit Einwänden auseinandersetzen:

Eine ruhige, freundliche Gesprächsatmosphäre schaffen.

Laute, hektische Umgebung ist wenig geeignet, ein ruhiges Gespräch zu führen, bei dem sich die Partner konzentrieren wollen. Störungen durch andere reißen die Gesprächspartner aus ihren Gedanken und erschweren dadurch den sachdienlichen Gedankenaustausch.

Keine aggressive Stimmung aufkommen lassen.

Gereizte oder aggressive Stimmung führt leicht zum Scheitern des Gesprächs. Wenn dieses Hindernis nicht beseitigt werden kann, sollte man das Gespräch verschieben. Ein nicht geführtes Gespräch, das Möglichkeiten für die Zukunft offenläßt, ist besser als ein verpatztes Gespräch, das die Gesprächspartner verärgert oder mit negativem Ergebnis beendet wird.

Aufmerksam zuhören.

Einerseits vermitteln Sie dem Gesprächspartner durch aufmerksames Zuhören den Eindruck, daß Sie ihn, seine Argumente und Einwände ernst nehmen. Hat er den Verdacht, Sie hörten ihm nicht aufmerksam zu, wird er sich außerdem in seinem Selbstwertgefühl gekränkt fühlen. Er wird später (zu Recht) überzeugt sein, daß seine Einwände in Ihrer dann folgenden Argumentation nicht angemessen berücksichtigt sind (»der hat ja gar nicht zugehört«).

Andererseits brauchen Sie für die erfolgreiche eigene Argumentation möglichst viele Informationen vom Gesprächspartner über seine Einschätzung der Sachlage und über seine augenblickliche Befindlichkeit.

Begegnen können Sie Einwänden nur, wenn Sie sie kennen (also zuhören!). Entkräften können Sie Sachargumente aber nur nachhaltig, wenn Sie auch auf der Beziehungsebene den richtigen Ton treffen. Deshalb muß sich der Gesprächspartner als Person von Ihnen akzeptiert fühlen.

Dem Gesprächspartner zeigen, daß sein Einwand verstanden ist.

Dem Gesprächspartner, der einen Einwand gegen Ihr Argument vorbringt, zuzuhören, ist nur der erste Schritt. Darüber hinaus muß der Gesprächspartner das Gefühl vermittelt bekommen, daß sein Einwand nicht nur gehört, sondern auch verstanden ist und bei Ihrer weiteren Argumentation angemessen berücksichtigt wird.

Andernfalls wird er resignieren (»Ich werde nicht ernstgenommen, mir hört keiner zu, mein Einwand wird übergangen.«) oder unnötigerweise so lange versuchen, seinen Einwand immer wieder »an den Mann« zu bringen, bis er sich verstanden glaubt.

Ihrer weiteren Argumentation, für die Sie *seine* Aufmerksamkeit und sein Gehör brauchen, wird er aber erst dann willig und konzentriert folgen, wenn er damit rechnen kann, daß sein Einwand (d. h. sein ihm subjektiv wichtiges Gegenargument) mit verarbeitet wird. Nur so kann das Gespräch *weiter*gehen.

Das Gesprächsziel konziliant verfolgen.

Einerseits soll man sein Gesprächsziel nicht aus den Augen verlieren. Andererseits müssen aber auch die Gesprächsziele des Gesprächspartners erkannt und beachtet werden. Sie können dem Partner in mancherlei Hinsicht entgegenkommen und dabei trotzdem konsequent Ihr eigenes Gesprächsziel verfolgen und erreichen.

Flexibilität in der Argumentation und in der Gesprächsdynamik sowie Eingehen auf die Bedürfnisse des Partners führen eher zum Erfolg als stures Verfolgen der am grünen Tisch festgelegten Ziele und Strategien.

5.4.2 Das Prinzip der Einwandbegegnung

Die folgende Abbildung verdeutlicht das Prinzip der Einwandbegegnung:

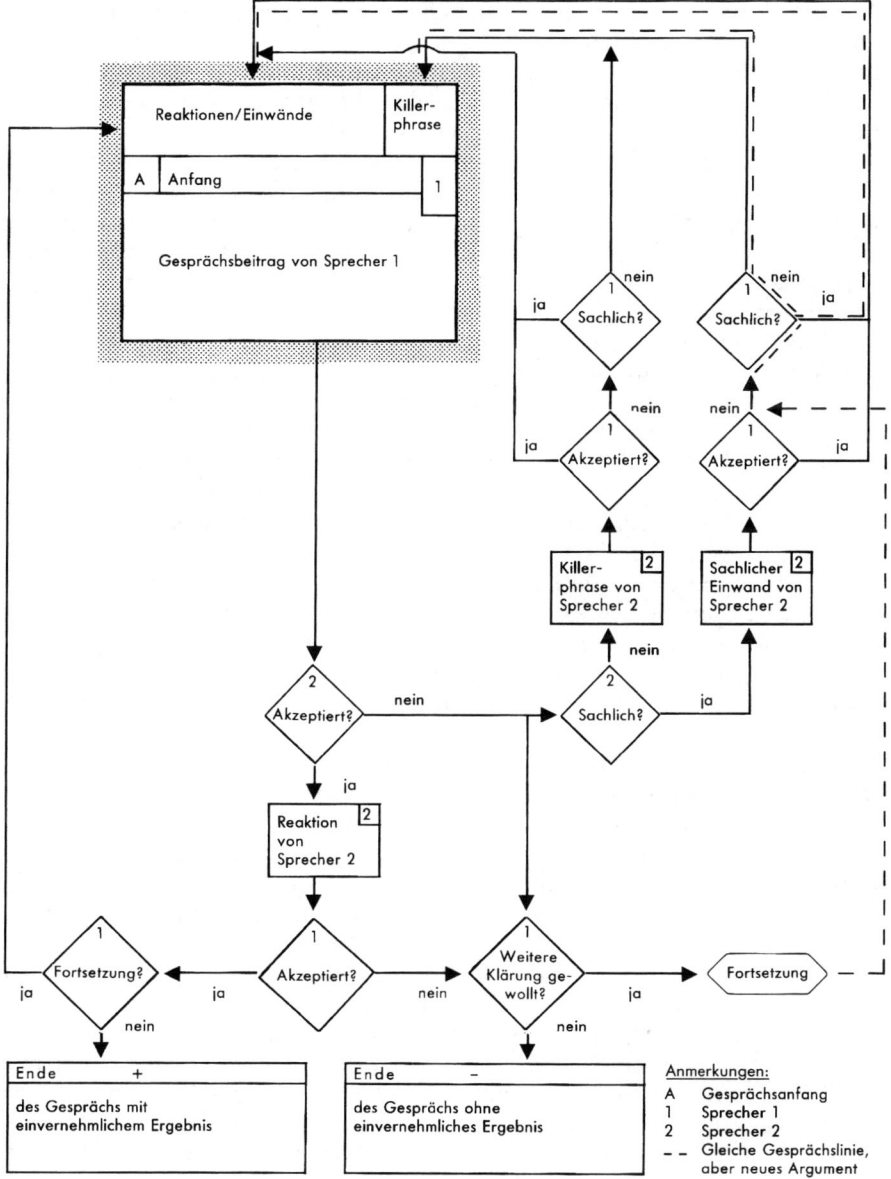

Abbildung 55 Prinzip der Einwandbegegnung (Ablaufdiagramm)

Dargestellt ist ein einfaches Ablaufmodell für zwei Gesprächspartner. Weitergehende gruppendynamische Wirkungen, die in Betracht gezogen werden müssen, wenn mehr als zwei Personen am Gespräch beteiligt sind, bleiben hier außer acht.

Die Abbildung zeigt, daß der Gesprächsverlauf vor allem dadurch gesteuert wird, ob der eine Gesprächspartner den Gesprächsbeitrag des anderen akzeptiert oder nicht. Aus Erfahrung wissen wir, daß man bei einvernehmlicher Beurteilung von Sachverhalten sehr schnell zu Lösungen kommt — und dies in der Regel in einem angenehmen Gesprächsklima.

Kritischer wird es, wenn der zweite Gesprächspartner dem ersten nicht zustimmt. Sachliche Einwendungen führen normalerweise zu einer sachlichen Diskussion. Unsachliche Gesprächsbeiträge — z. B. in Form von Killerphrasen (s. Kap. 5.5) — verschärfen dagegen die unterschiedlichen Positionen. Solche Konflikte können leicht zum lauten, unsachlichen Streit eskalieren oder gar zum erbosten Abbruch des Gesprächs führen.

Der linke Teil der Abbildung 55 zeigt eine einvernehmliche oder doch zumindest kompromißorientierte Gesprächsführungslinie (von »A« bis »Ende+«). Sie führt zu einer beide Gesprächspartner zufriedenstellenden Lösung des diskutierten Problems. Ein solches Gespräch kann entweder kurz und bündig verlaufen oder sich zwanglos und zum Vergnügen der Gesprächspartner über Stunden hin fortsetzen (und zwar mit neuen Argumenten: Abzweig vor »Ende +« nach links oben zum neuen Gesprächsbeitrag »A1«).

Ganz anders verlaufen dagegen Gespräche, wenn ein Gesprächspartner mit den Ausführungen des anderen nicht einverstanden ist und ihm widerspricht (vgl. rechten Zweig der Abb. 55). In der zweiten aufwärtsführenden oberen Gesprächslinie (rechts) finden sich sachliche Erwiderungen und Einwände des Partners 2 gegen das vom ersten Gesprächspartner Gesagte. Dies ist das Prinzip der Sachdiskussion, wenn sie ziel- oder erfolgsorientiert angesetzt ist und geführt wird.

Erfahrungsgemäß wechseln sich bei solchen Gesprächen die eingangs beschriebenen Gesprächsabschnitte mit den soeben dargestellten Einwänden der rechten Gesprächslinie ab. Dabei werden entweder Teil- oder Gesamtlösungen erarbeitet (Ausgang: »Ende +«), oder die Gesprächspartner klären ihre unterschiedlichen Positionen ab und stellen die Unvereinbarkeit ihrer Auffassungen fest bzw. das Gespräch wird abgebrochen (untere rechte Gesprächslinie zum Ausgang »Ende −«).

In ein besonders schwieriges Fahrwasser geraten Gespräche, wenn ein Gesprächspartner gegen die sachliche Argumentation mit Killerphrasen (s. mittlerer Strang der Abb. 55) vorgeht. Er beachtet dabei nicht den sachlichen Inhalt der Aussage, sondern versucht bewußt oder unbewußt, den Gesprächspartner mattzusetzen. Zu beide Seiten befriedigenden Gesprächsergebnissen wird man mit dieser Strategie nicht kommen. Der sachlich Argumentierende fühlt sich — meist zu Recht — nicht ernstgenommen. Er fühlt sich einer Argumentation, die »unter die Gürtellinie geht«, in der Regel nicht gewachsen. Leicht entgleisen solche Gespräche bis zum offenen Streit oder zum verärgerten Abbruch des Gespräches.

Wie man jedoch auch solche kritischen Gespräche wieder in sachliche Bahnen lenken kann — z. B. durch Wechsel der Interaktionsebene —, wird im Abschnitt 5.5 »Vermeiden bzw. Neutralisieren von Killerphrasen« behandelt.

Zur Veranschaulichung haben wir ein Gespräch im Ablaufdiagramm (Abb. 56) dargestellt, wie es so oder ähnlich im Alltag vorkommt.

Am Anfang des Gespräches (A) sagt der Ehemann (Sprecher 1) zu seiner Frau: »Ich möchte heute Abend mit dir im Fernsehen »Denver-Clan« sehen.« Die Frau (Sprecher 2) akzeptiert diesen Vorschlag mit der Bestätigung: »Gut. Das möchte ich auch.«

Nun kommt es darauf an, ob der Ehemann diese Reaktion seiner Frau akzeptiert oder ob er diese kritisieren will. Nehmen wir an, er (Sprecher 1) akzeptiert. Dann stellt sich die Frage für ihn, ob er jetzt das Gespräch fortsetzen oder beenden will. Beenden könnte er es z. B. mit der ausgesprochenen oder bloß still gedachten Feststellung: »Wir sehen beide »Denver-Clan« im Fernsehen.« Er könnte aber auch fortsetzen mit der Bemerkung (A1): »Dann schalte ich jetzt das Fernsehen ein.« Mit seinem Vorschlag (A1) kann er das Wechselgespräch fortsetzen. Die Reaktion der Frau (Sprecher 2) würde sich dann (analog dem Gesprächsbeginn bei A in der ersten Phase des Wechselgesprächs) danach richten, ob sie diesen Vorschlag akzeptiert oder nicht.

Bei fortwährender Akzeptanz der Gesprächsbeiträge des einen Gesprächspartners durch den anderen können Gespräche in bestem Einvernehmen solange fortgesetzt werden, bis das Gespräch nach Ansicht des einen Gesprächspartners oder auch beider Gesprächspartner sachlich zu Ende geführt ist oder bis das Gespräch durch äußere Ereignisse (z. B. Telefonklingeln, Besuch kommt) unterbrochen wird.

Aber gehen wir noch einmal an den Gesprächsanfang (A) zurück und unterstellen wir, daß die Ehefrau (Sprecher 2) den Vorschlag ihres Mannes (»Ich möchte heute Abend mit dir im Fernsehen »Denver-Clan« sehen.«) *nicht* akzeptiert. In der Abbildung sind wir an der ersten Abzweigung nach rechts. Hier sind zwei Fälle denkbar: Wenn die Frau aus irgendwelchen Gründen verärgert ist, wird sie das Gespräch nicht fortsetzen wollen, sondern totlaufen lassen (Ende—). Andererseits könnte sie aber auch daran interessiert sein, den Vorschlag ihres Mannes auszudiskutieren. Nun kommt es wieder darauf an, ob sie dies sachlich tun will oder ob sie sich durch unsachliche Argumentation (z. B. durch Killerphrasen) einen Vorteil verspricht.

Nehmen wir zunächst an, sie sei an einer sachlichen Klärung interessiert. In der Abbildung kommen wir zu dem aufsteigenden Gesprächszweig rechts. Die Frau (Sprecher 2) wird also antworten: »Nein. Kommt gar nicht in Frage. Ich muß heute die Politiker-Diskussion sehen.« In welcher Atmosphäre das Gespräch nun weiterverläuft, hängt wesentlich davon ab, ob der Mann (Sprecher 1) diesen Vorschlag akzeptiert — z. B. mit der Bestätigung (A7): »Ja gut! Das interessiert mich übrigens auch.« — oder ob er sachlich bzw. unsachlich widerspricht. Ein sachlicher Einwand könnte z. B. sein (A6): »Das kannst du auch aufzeichnen und morgen ansehen.« Ein unsachlicher Einwand könnte etwa die Form (A5) haben: »Immer muß ich machen, was du willst!«

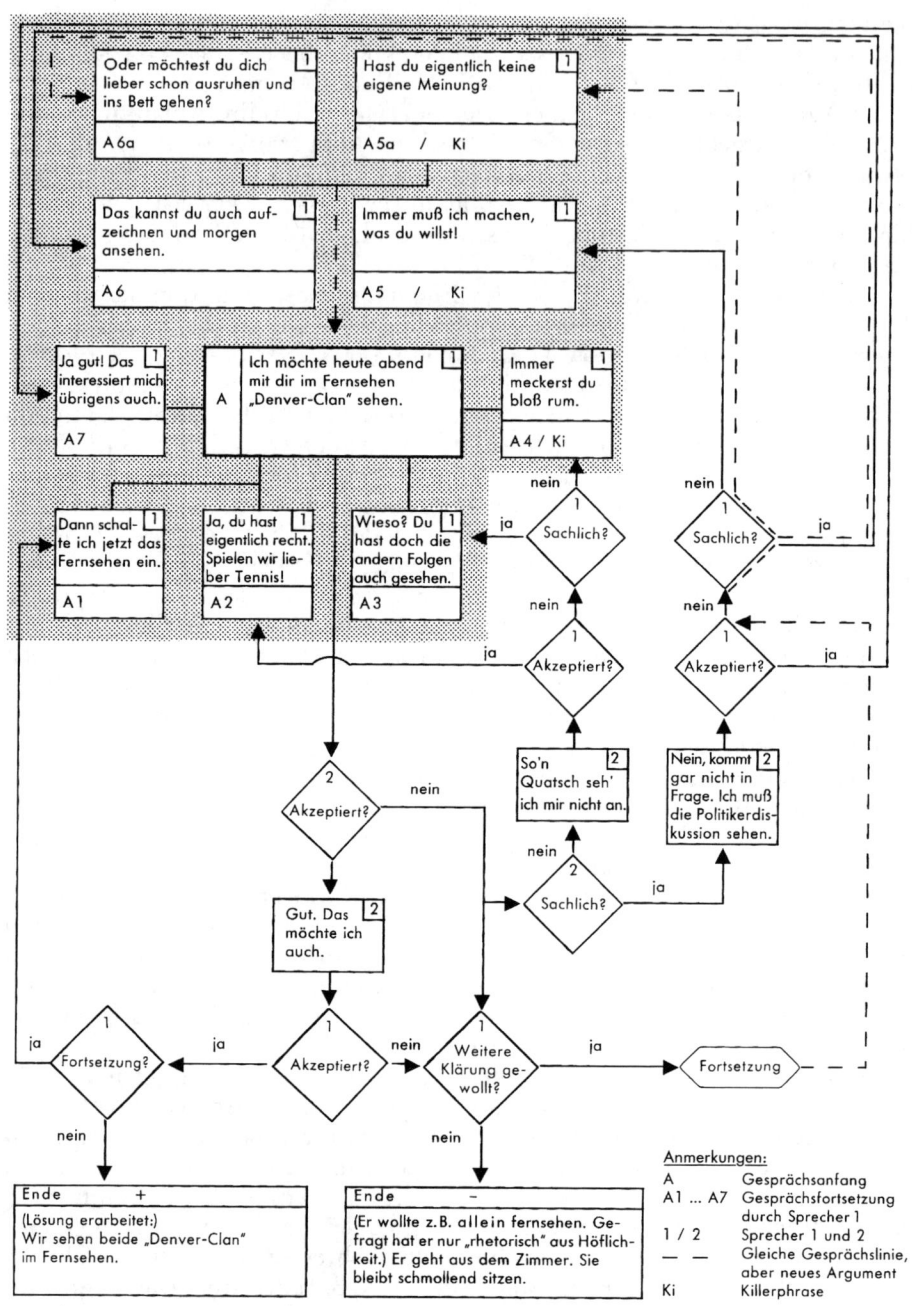

Abbildung 56 Prinzip der Einwandbegegnung (Textbeispiel)

Wir sind oben davon ausgegangen, daß die Ehefrau auf den Vorschlag (A) zwar nicht akzeptierend, aber doch sachlich eingeht. Nun wollen wir annehmen, daß sie sofort unsachlich reagiert: »So'n Quatsch sehe ich mir nicht an!« Auch in diesem Fall hat der Mann (Sprecher 1) wieder die Möglichkeit zu akzeptieren (A 2): »Ja, du hast eigentlich recht. Spielen wir lieber Tennis!« oder abzulehnen. Auch dies kann er wieder sachlich tun (A 3): »Wieso? Du hast doch die anderen Folgen auch angesehen.« oder mit der Killerphrase (A 4): »Immer meckerst du bloß rum!«

Das Beispiel zeigt, daß auf den Anfangsvorschlag (A) sehr unterschiedliche Reaktionen von (A 1) bis (A 7) als neuer Ausgangspunkt für die zweite Phase des Wechselgespräches folgen können.

Abschließend noch ein paar Worte zu dem rechts außen in der Abbildung dargestellten gestrichelten Gesprächsverlauf: Dazu kommt es, wenn Sprecher 1 auf die Antwort, die Sprecher 2 auf den Vorschlag (A) gibt, positiv reagiert hat, aber Sprecher 1 diese Reaktion nicht akzeptiert, jedoch eine weitere Klärung des Sachverhalts wünscht. Das Gespräch wird dann sachlich oder unsachlich fortgesetzt. Folgen wir dem gestrichelten Gesprächsverlauf, könnte die sachliche Reaktion von Sprecher 1 etwa lauten (A 6 a): »Oder möchtest du dich lieber schon ausruhen und ins Bett gehen?« Die unsachliche Reaktion durch eine Killerphrase könnte demgegenüber sein (A 5 a): »Hast du eigentlich keine eigene Meinung?«

Dieses Beispiel verdeutlicht, daß es keine zwangsläufig in die eine oder andere Richtung laufenden Gespräche gibt. Vielmehr hat jedes Gespräch eine Reihe von Verzweigungsmöglichkeiten. Wie diese genutzt werden, hängt sowohl vom einen wie auch vom anderen Gesprächspartner ab. Positive Fortschritte im Gespräch und Gesprächs- bzw. Verhandlungserfolge werden vor allem durch sachliche Gesprächsbeiträge erzielt. Die Gefahr eines Scheiterns von Gesprächen liegt vor allem in der bewußten oder unbeabsichtigten Benutzung von Killerphrasen oder — im weiteren Sinn — Killertechniken (z. B. ein Gespräch verweigern durch Nichterscheinen; durch entsprechende Terminvorgaben oder organisatorische Anordnungen das Zustandekommen von Gesprächen oder einer positiven Gesprächsatmosphäre verhindern). Deshalb gehen wir im Abschnitt 5.5 noch ausführlich auf das Thema »Killerphrasen« ein.

Der Einwand Ihres Gesprächspartners ist für Sie der Anlaß,

(1) — den Einwand empört zurückzuweisen?
(2) — das Gespräch möglichst schnell zu beenden?
(3) — sich sachlich mit ihm auseinanderzusetzen?

Haben Sie sich für (3) entschieden?

Herzlichen Glückwunsch! Entweder haben Sie es schon immer richtig gemacht — oder Sie haben schon wieder etwas dazugelernt, das Sie Ihren Gesprächspartnern noch sympathischer macht und Ihnen selbst leichter zum Gesprächserfolg verhelfen wird.

5.4.3 Techniken der Einwandbegegnung

In der Fachliteratur werden unterschiedliche Techniken der Einwandbegegnung aufgeführt (z. B. RUHLEDER 1982, THIELE 1986).

Die im folgenden ausgewählten Methoden der Einwandbegegnung haben, wie alle derartigen Methoden, sowohl Vor- als auch Nachteile. Es wäre deshalb falsch, jemandem die kritiklose Anwendung zu empfehlen. Je nach der Gesprächs- oder Verhandlungssituation muß entschieden werden, auf welche Weise die eigene Gesprächs- oder Verhandlungsposition am wirkungsvollsten zur Geltung gebracht werden kann.

Die Vorteile wird man sich zu Recht und normalerweise auch mit Erfolg zunutze machen können. Dabei muß man jedoch die möglichen Nachteile angesichts der spezifischen Situation mit in Betracht ziehen und abwägen, ob sie zum Tragen kommen und in welchem Maße sie sich schädlich auswirken könnten. Daraus erhalten wir wichtige Hinweise für zweckmäßiges Verhalten, wenn wir selbst Einwände gegen die Argumente anderer vorbringen. *Der Nachteil* ist dann *unser Vorteil.*

Die Wechselwirkungen zwischen Vor- und Nachteilen je nach Position und Situation machen die Einwandbegegnung zwar sehr interessant, aber auch schwierig. Die Techniken können nicht einfach kochrezeptartig aufgegriffen und angewandt werden, sondern bedürfen jeweils der sorgfältigen Abstimmung auf die jeweilige Gesprächssituation (d. h. unter Einbeziehung der Gesprächspartner, der Gesprächsthemen und der weiteren Rahmenbedingungen).

---
1. Klärung des Einwands durch Rückfrage

Beispiele für Rückfragen:

— »Wie meinen Sie das?«
— »Aus welchen Gründen kommen Sie zu diesem Ergebnis?«
— »Welche Ausgangsdaten haben Sie Ihrer Argumentation zugrunde gelegt?«

Beispiele für Ziele von Rückfragen:

— Sie haben den Einwand nicht richtig verstanden oder können nicht verstehen, worauf er basiert. Deshalb möchten Sie ihn präzisieren, konkretisieren oder genauer begründen lassen.
— Sie sind durch den Einwand überrascht und möchten etwas Zeit gewinnen, um eine treffende Antwort vorzubereiten.
— Sie möchten den Gesprächspartner verunsichern, indem Sie ihm andeuten, daß er sich nicht klar oder sogar mißverständlich ausgedrückt hat.
— Der Einwand ist Ihnen sehr unbequem. Durch die gezielte Rückfrage versuchen Sie, den Gesprächspartner zu einer anderen Formulierung seines Einwands zu bewegen, die Ihnen selbst die Antwort erleichtert.

– Sie haben gar nicht zugehört; das soll der Gesprächspartner aber nicht merken. Durch die Rückfrage schieben Sie gewissermaßen den »Schwarzen Peter« weiter: der Gesprächspartner muß sich erklären. Danach sind Sie wieder im Bilde.

Beispiele für Vorteile von Rückfragen:

– Rückfragen sind leicht zu formulieren – sei es allgemein, sei es mit konkretem Bezug zum ausgesprochenen Einwand.
– Rückfragen bringen den Gesprächspartner in Zugzwang und entlasten die eigene Gesprächsposition.
– Rückfragen verschaffen Ihnen Zeit zum Nachdenken.
– Rückfragen dienen dem Verständnis der Ausführungen.

Beispiele für Nachteile von Rückfragen:

– Der Gesprächspartner wird unsicher, weil er sich nicht verstanden fühlt. Bei Wiederholung kann Aggressivität entstehen.
– Rückfragen kosten Zeit.
– Zahlreiche oder wiederholte Rückfragen setzen Sie selbst unter Umständen dem Verdacht aus, Sie seien unkonzentriert oder nicht intelligent genug, um den Ausführungen ohne Schwierigkeiten folgen zu können.

Konkretes Beispiel einer Rückfrage:

Feststellung des
Abteilungsleiters: »Wir müssen drei neue Mitarbeiter einstellen.«
Einwand des
Betriebsleiters: »Ihre Mitarbeiter sind doch noch gar nicht richtig ausgelastet!«
Rückfrage des
Abteilungsleiters: »Wie kommen Sie zu dieser Feststellung?«
(Ziele der Rückfrage:
Der Abteilungsleiter hat den Verdacht, daß der Betriebsleiter ohne genaue Kenntnis der Fakten voreilig falsche Schlüsse zieht. Deshalb möchte er wissen, von welchen Tatsachen der Betriebsleiter bei seiner Behauptung ausgeht.)

Vorteile der Rückfrage	Nachteile der Rückfrage
– Der Abteilungsleiter erhält genauere Informationen über die Faktenkenntnis des Betriebsleiters. Er kann den Einwand dann gezielter entkräften. – Der Betriebsleiter wird zur Konkretisierung gezwungen. Er muß entweder Fakten nennen oder seinen Einwand zurückziehen bzw. einschränken.	– Der Betriebsleiter hat zu geringe Faktenkenntnis, fühlt sich bloßgestellt und reagiert aggressiv. – Der Betriebsleiter erkennt die Schwäche seiner Argumentationsbasis. Er fährt noch schwereres Argumentationsgeschütz auf (d. h. er erweitert seine Einwände), um unter allen Umständen zu gewinnen (z. B.: »Sie sind nur nicht fähig, Ihre Mitarbeiter rationell einzusetzen!«).

Vorteile der Rückfrage	Nachteile der Rückfrage
– Der Abteilungsleiter gewinnt Zeit zum Nachdenken über sein zweckmäßigstes weiteres Vorgehen. – Der Abteilungsleiter stärkt seine Verhandlungsposition auch für die Zukunft, weil er dem Betriebsleiter deutlich macht, daß er sich nicht durch pauschale Einwände verunsichern oder überfahren läßt. – Reduktion des Einwands auf nachprüfbare Fakten erleichtert die sachgerechte Problemlösung.	– Zeit ist Geld. – Der Betriebsleiter horcht auf. Einen so starken Abteilungsleiter sieht er als Gefahr für seine weiteren Pläne. – Die Reduktion auf Fakten schränkt kreative Denkmöglichkeiten ein.

2. Öffnung des Gesprächspartners durch Abfrage weiterer Einwände

Beispiele:

– »Gibt es noch andere Gründe, warum Sie mir nicht zustimmen können?«
– »Welche weiteren Argumente könnten aus Ihrer Sicht das Bild noch vervollständigen?«

Ziele:

– Sie lassen den Gesprächspartner seine bisher noch nicht ausgesprochenen Einwände offenlegen, um Ihr weiteres Vorgehen darauf abstimmen zu können.
– Sie prüfen, ob alle aus der Sicht des Gesprächspartners relevanten Einwände besprochen worden sind, damit keine unerkannten Gesprächshindernisse den Verhandlungsablauf gefährden.
– Sie vermitteln dem Gesprächspartner das Gefühl, daß Sie bereit sind, seine Einwände zu akzeptieren und bei dem Fortgang der Verhandlung zu berücksichtigen.

Vorteile:

– Sie vermitteln dem Gesprächspartner ein positives Gefühl. Er erfährt, daß seine möglichen Einwände Sie interessieren und in das weitere Gespräch einbezogen werden sollen, um eine beide Seiten zufriedenstellende Lösung zu erarbeiten.
– Das Gespräch wird nicht durch unausgesprochene Einwände belastet. Es entsteht Vertrauen.
– Sie erhalten Informationen über Vorbehalte des Gesprächspartners, an die Sie von selbst nicht gedacht hätten. Den weiteren Gesprächsverlauf können Sie sachgerecht darauf abstimmen.

Nachteile:

– Der Gesprächsteilnehmer hält seine weiteren Einwände absichtlich zurück. Er ist durch Ihre gezielten Nachfragen mißtrauisch geworden und fürchtet, Ihnen schon zu viel verraten zu haben.
– Der Gesprächspartner fühlt sich u. U. angeregt, weitere Einwände zu suchen, die er ursprünglich gar nicht bringen wollte. Denn er meint, er habe noch einige wichtige Einwände vergessen. Dadurch wird das Gespräch unnötig erschwert und verlängert.
– Der Gesprächspartner fühlt sich durch Ihre Nachfrage in die Enge getrieben. Entweder: er weiß die »richtige« Antwort nicht. Oder: er fürchtet, daß Sie gezielt nach etwas fragen, was er absichtlich noch aus dem Gespräch heraushalten möchte.

Konkretes Beispiel
für die Öffnung des Gesprächspartners durch die Abfrage weiterer Einwände:

Fußball-Trainer:	»Wir müssen im Sturm stärker werden. Dazu brauchen wir unbedingt die Spieler Bomber und Ballermann von TSV Raffig.«
Präsident:	»Im Prinzip ist das richtig. Aber die Ablösesummen sind viel zu hoch.«
Trainer:	»Mal abgesehen davon: gibt es noch andere Gründe gegen diesen Spieler-Einkauf?«

(Ziele:
Der Trainer möchte wissen, ob er nach Lösung des Finanzierungsproblems noch mit neuen Einwänden rechnen muß.)

Vorteile	Nachteile
– Der Trainer erfährt mögliche weitere Einwände rechtzeitig. Er macht sich keine unnötige Arbeit mit Kontaktgesprächen, wenn letztlich ausschlaggebend ist, daß der Präsident den Spieler Bomber aus anderen Gründen ablehnt und lieber Spieler Fügsam einkaufen möchte. – Wenn der Präsident jetzt keine weiteren Einwände geltend macht, kann er später seine Zustimmung nur noch schwer zurücknehmen.	– Der Trainer wird gleichzeitig mit mehreren Einwänden konfrontiert. Er weiß nicht, mit welchen er sich zuerst auseinandersetzen soll. – Der Präsident sucht alle möglichen Einwände herbei, um sich nicht später dem Vorwurf ausgesetzt zu sehen, er habe nicht alles gründlich bedacht. Dadurch wird die Entscheidung erschwert und verzögert.

> ### 3. Eisbrecher-Methode
> (Wenn der Gesprächspartner in »eisigem Schweigen« verharrt.)

Beispiele:

- »Sie sagen ja gar nichts!«
- »Ich glaube, Sie schweigen die ganze Zeit, weil das Gespräch Sie gar nicht interessiert!«
- »Ihr dauerndes Schweigen irritiert mich!«

Ziele:

Sie wollen den Gesprächspartner, der in »eisigem Schweigen« verharrt, aus der Reserve locken. Er soll sich am Gespräch beteiligen, damit Sie seine Meinung erfahren und Rückmeldungen zu Ihren eigenen Ausführungen erhalten.

Vorteile:

- Das weitere Schweigen wird dem Gesprächspartner sehr schwer gemacht, wenn Sie dieses Problem direkt ansprechen.
- Der andere wird für das Gespräch gewonnen. Sie können seine Einstellung besser abschätzen, wenn er sich äußert. Die Gesprächsführung im Hinblick auf die angestrebten Gesprächsziele wird dadurch leichter.
- Sie berühren neben der Sach- nun auch die Beziehungsebene. Möglicherweise lassen sich dadurch Hindernisse der Gesprächsbereitschaft ausräumen.

Nachteile:

- Der Gesprächspartner fühlt sich zum Gespräch gedrängt, obwohl er sich eigentlich (noch?) gar nicht äußern möchte. Möglicherweise verstimmt ihn dieser Druck und macht ihn aggressiv.
- Sie geben zu erkennen, daß Sie das Schweigen des anderen verunsichert. Dies könnte er taktisch zu seinem Vorteil nutzen.

Konkretes Beispiel für die Eisbrecher-Methode:

Betriebsrat:	»Wir haben Ihren Antrag überprüft. Es besteht arbeitsrechtlich kein Anlaß zur Kündigung der Mitarbeiterin Trinkel.«
Geschäftsführer:	(Schweigt).
Betriebsrat:	»Ihre Vorwürfe reichen für eine Entlassung in keiner Weise aus.«
Geschäftsführer:	(Schweigt).
Betriebsrat:	»Ihr Schweigen deute ich so, daß Sie den Antrag zurückziehen.«

(Ziele:
Der Geschäftsführer wird in eine Situation manövriert, in der er Stellung beziehen muß, weil weiteres Schweigen zu für ihn ungünstigen Ergebnissen führen würde. Im vorliegenden Fall würde Zustimmung zur Rücknahme des Kündigungsantrages angenommen.)

Vorteile	Nachteile
— Der Geschäftsführer wird zur Stellungnahme gezwungen. — Der Betriebsrat muß keine weiteren Argumente suchen. — Der Betriebsrat erhält rechtzeitig Rückmeldung über die Einschätzung der vorgebrachten Argumente durch den Geschäftsführer.	— Der Geschäftsführer fühlt sich zur Äußerung genötigt. Er ist verstimmt. — Der Betriebsrat verzichtet auf die Möglichkeit, ohne Unterbrechung weitere Argumente ins Gespräch und damit zugleich ins Protokoll zu bringen. — Der Betriebsrat riskiert, daß der Geschäftsführer ohne ausreichende Reflexion der vorgetragenen Argumente auf seinem Antrag beharrt.

4. Rhetorische Entgegnung/Frage

Beispiele:

- »Ja, das von Ihnen angeschnittene Kosten-Nutzen-Verhältnis ist wirklich ein interessantes Problem.«
- »Kann man sich darüber nicht ärgern?«
- »Haben wir da nicht genau das gleiche Interesse?!«

Ziele:

Sie geben dem Gesprächspartner das Gefühl, er werde nach einem wichtigen Punkt befragt, gleichzeitig in seiner eigenen Absicht bestätigt, und er befinde sich selbstverständlich in diesem Punkt in Einklang mit Ihrer Meinung.

Das bewirkt ein positives Gesprächsklima und schafft eine günstige Ausgangssituation für die weitere Argumentation.

Außerdem lockert die rhetorische Frage die Monotonie langer Argumentationsketten auf. Der Gesprächspartner fühlt sich verstanden, kann zustimmen, muß aber selbst nicht aktiv werden. Das wäre zu diesem Zeitpunkt auch gar nicht erwünscht.

Vorteile:

- Der Gesprächspartner fühlt sich verstanden. Er kann problemlos zustimmen.
- Die Beziehungsebene wird so angesprochen, daß sich der Gesprächspartner wohlfühlt: er muß nichts einwenden und kann dem sympathischen Gespräch weiter lauschen.
- Ein Monolog gewinnt ein wenig von der Dynamik eines Dialogs.

Nachteile:

- Das Gespräch verläuft zu seicht: keine Höhepunkte, keine interessante Sachdiskussion.

— Der ungeschickte Rhetoriker kann in seiner Absicht durchschaut werden. Dann wird der Gesprächspartner mißtrauisch. Er vermutet (u. U. zu Recht) unlautere Motive in der Argumentation.
— Rhetorische Fragen oder Bemerkungen klingen leicht phrasenhaft oder abgedroschen.
— Der Gesprächspartner schöpft Verdacht, ihm solle »Brei ums Maul geschmiert« werden. Vielleicht fühlt er sich dadurch mit seinen Einwänden nicht hinreichend ernstgenommen.

Konkretes Beispiel für rhetorische Fragen:

Abgeordneter Knörig: »Die Regierung erhöht schon wieder die Steuerbelastung und vernachlässigt dabei die Sozialpolitik. Aber für den kleinen Mann auf der Straße tut sie nichts!«

Minister Kniff: »Sie kennen offenbar die neueste Entwicklung überhaupt nicht! Seit Einführung des Mutterschaftsurlaubs hat eine wachsende Zahl von erwerbstätigen Müttern von dieser neuen Regelung Gebrauch gemacht.

→ a) Ist das nicht ein großer Erfolg unserer Sozialpolitik? Es ist zu erkennen, daß der Mutterschaftsurlaub offensichtlich dem Schutz der in einem Arbeitsverhältnis stehenden Mutter dient.

→ b) Verfolgen wir damit nicht genau die gleichen Ziele, Herr Abgeordneter?«

(Ziele:
a) Der Minister will den Erfolg seiner Politik hervorheben, ohne unmittelbar eine negative Antwort befürchten zu müssen.
b) Der Minister will gemeinsame Zielsetzung von Regierung und Opposition suggerieren.)

Vorteile	Nachteile
— Der Minister weist den Einwand des Abgeordneten zurück, ohne ihm Gelegenheit zur Erwiderung zu geben. Er kann ungestört fortfahren. — Seine Rede wird durch rhetorische Fragen, die den Eindruck einer echten Auseinandersetzung mit den Einwänden der Opposition erwekken, lebendiger. — Der Minister erweckt den Eindruck von Souveränität. — Der Minister geht sachlich auf den Einwand des Abgeordneten ein, ohne sich aus seinem Konzept bringen zu lassen.	— Der Abgeordnete durchschaut die rhetorische Absicht, ihn zum Schweigen zu bringen. Er ist verärgert. — Gefahr des Eindrucks von Phrasenhaftigkeit und Mangel an Willen zur ernsthaften sachlichen Auseinandersetzung. — Gefahr des Eindrucks von Arroganz. — Die Provokation des Abgeordneten ist diesmal mißlungen. Er bereitet im stillen die nächste Attacke vor.

5. Vorwegnahme von Einwänden

Beispiele:

- »Sie könnten meinen, daß ...«
- »Sie scheinen an diesen Ergebnissen zu zweifeln. Aber ...«
- »Sie könnten hiergegen einwenden, daß ...«

Ziele:

Sie warten den möglichen Einwand des Gesprächspartners nicht ab, sondern greifen ihn von selbst auf und versuchen, ihn zu entkräften. Sie führen das Gespräch und sind nicht in einer aufgezwungenen Verteidigungsposition.

Vorteile:

Die Vorwegnahme von Einwänden hat mehrere Vorteile:
- Ich kann den Einwand so formulieren, daß mir das Entkräften leicht fällt.
- Ich kann einen bestimmten Einwand herausgreifen und das Augenmerk des Gesprächspartners gerade auf diesen lenken — damit er andere vernachlässigt oder vergißt.
- Ich kann einen Einwand für mich auswählen, gegen den ich viele gute Argumente habe, um zu verhindern, daß andere Einwände vorgebracht werden, gegen die ich nicht gewappnet bin.
- Ich kann dem Gesprächspartner einen Einwand suggerieren, um meine eigenen Argumente möglichst günstig zu plazieren.
- Ich vermittle dem Gesprächspartner den Eindruck, daß seine Einwände bereits bekannt und nicht durchschlagkräftig sind.

Nachteile:

- Ich bringe den Gesprächspartner erst auf Einwände, an die er vorher gar nicht gedacht hat.
- Der Gesprächspartner fühlt sich durchschaut. Sein Einwand ist schon bekannt und nicht so überzeugend und originell, wie er glaubt. Das beeinträchtigt u. U. sein Selbstwertgefühl und bringt ihn in eine unnötige Abwehrposition.
- Der Gesprächspartner fühlt sich falsch eingeschätzt. Gerade *diesen* Einwand hat er überhaupt nicht vorbringen wollen.

Konkretes Beispiel für die Vorwegnahme von Einwänden:

(Kunde bringt seinen unfallbeschädigten Pkw zur Reparatur in die Werkstatt)

Kfz-Meister: »Sie glauben vielleicht, mit 1200 DM seien die veranschlagten Reparaturkosten zu hoch. Aber bedenken Sie bitte, daß wir nach der Reparatur auch noch großflächig neu lackieren müssen. Dabei können wir gleich die häßlichen Rostflecken mit beseitigen.«

(Ziele:
Der Meister möchte seinen Preis pauschal festsetzen, bevor der Kunde eine genaue Auflistung der Einzelarbeiten und Kostenaufstellung verlangt und mit derart fundierten Informationen den Preis zu drücken versucht.)

Vorteile	Nachteile
— Der Meister definiert den Reparaturauftrag zu seinen Gunsten, bevor der Kunde eigene Vorschläge über den Umfang der Reparatur machen kann. — Der Meister vermittelt dem Kunden das Gefühl, er habe ein persönliches Interesse am Werterhalt seines Fahrzeugs.	— Der Kunde fühlt sich bevormundet. — Den Kunden stören die Rostflecke gar nicht. Er lehnt die teure Lackierung ab.

6. Differenzierung nach Mengen

Beispiele:

— »Das ist der Preis für die ganze Packung! Das Stück kostet Sie aber nur ... DM.«
— »Das ist die Jahresbelastung! Pro Monat fällt aber nur die geringe Menge von ... an.«
— »Dieser Vorteil kostet Sie nur DM 1,– mehr pro Tag als ...«

Ziele:

Der Preis erscheint zu hoch, die Menge zu groß. Die Differenzierung nach kleineren Teilmengen läßt das Problem in neuem Licht erscheinen. *Relativ* erscheinen die Kosten dann niedrig und die Mengen klein.

Vorteile:

— Wenn der Preis objektiv nicht zu hoch ist: Sie können die Relation von Preis und Ware ins Blickfeld rücken und den unrichtigen Eindruck der Überteuerung korrigieren.
— Wenn der Preis tatsächlich objektiv zu hoch ist: Sie möchten den Vorwurf nicht kommentarlos entgegennehmen und nehmen die Gelegenheit wahr zu einer kosmetischen Argumentation. Der aufgeteilte zu hohe Preis erhält dann zumindest eine andere Facette.
— Durch diese schlagfertige Argumentation zwingen Sie den Gesprächspartner, sich mit ihrem neuen Argument auseinanderzusetzen. Dadurch können Sie dem Gespräch u. U. eine andere, günstigere Richtung geben.

Nachteile:

- Der Gesprächspartner empfindet das Argument als Demagogie.
- Der Gesprächspartner erkennt, daß Ihnen schlagkräftige Argumente fehlen und daß Sie sich nur herausreden wollen.
- Der Gesprächspartner fühlt sich beleidigt, weil er glaubt, Sie hielten ihn für so dumm, daß er den Kunstgriff nicht durchschaue.

Konkretes Beispiel für die Differenzierung nach Mengen:

Versicherungsneh-mer Knauser:	»Diese Haftpflichtversicherung ist mir viel zu teuer!«
Versicherungs-Ver-treter Teiler:	»Was Ihnen zunächst als hohe Prämie erscheint, kostet Sie näherem Hinsehen monatlich nicht mehr als ein halbes Mittagessen. Ein einziger Haftpflichtschaden könnte Sie demgegenüber mehrere Jahresgehälter kosten.«

(Ziele:
Die Position des Vertreters und die Gewinne des Versicherungsunternehmens werden aus dem Blickfeld des Versicherungsnehmers gebracht.

Durch anschauliche und leicht überschaubare Vergleichsmittel soll er von hohen Gesamtkosten abgelenkt und für den Kauf seiner eigenen Sicherheit motiviert werden.)

Vorteile	Nachteile
— Ablenkung des Kunden von der hohen Jahresprämie. — Überführen einer schwer überschaubaren Größe in den unmittelbaren Erfahrungsbereich des Kunden.	— Der Versicherungsnehmer kennt diese »Masche« schon und fühlt sich für dumm verkauft. — Der Vergleich trifft nicht genau den Sachverhalt und bringt den Kunden auf neue Einwände.

7. Wenden von Einwänden

Diese Methode der Einwandbegegnung wird sehr häufig benutzt. Das Prinzip ist Ihre taktische Zustimmung zu dem, was der Gesprächspartner gerade gegen Ihre Ausführungen eingewandt hat. Er fühlt sich und seinen Einwand dadurch akzeptiert. Allerdings folgt sofort nach Ihrem »Ja« die Wendung: »Aber ... «. Seinem Einwand setzen Sie Ihren neuen Einwand entgegen. Das kann in sehr verschiedenen Formen ablaufen. Die meisten anderen hier behandelten Methoden der Einwandbegegnung lassen sich auf genau dieses Muster zurückführen. Dabei erhält das »Ja« lediglich verschiedenartige umschreibende Formulierungen oder wird gar nicht explizit ausgesprochen. Das »Aber« kann auch auf vielfache Weise umschrieben werden, so daß es nicht zu provozierend hervortritt. Einige Beispiele mögen dies verdeutlichen.

Verschiedene »Ja«-Formulierungen	Verschiedene »Aber«-Formulierungen
– Ich stimme Ihnen zu, daß ... – Ich bin mit Ihnen der Meinung, daß ... – Ich gebe gerne zu, daß ... – Gewiß ... – Dieses Argument finde ich überzeugend ... – Natürlich, ... – Selbstverständlich ... – Das versteht sich (von selbst), ... – Daran besteht kein Zweifel. – Sehr richtig, ... – O. k.	...; allerdings ... ...; jedoch ... ...; doch haben Sie auch folgendes bedacht: ... ..., andererseits ... ..., doch zeigt sich bei genauerer Betrachtung ... ... In diesem Zusammenhang möchte ich Ihr Augenmerk (aber) noch auf folgendes lenken: ... ... Wenn Sie aber an folgendes denken, ... Doch könnten Sie sich auch vorstellen, daß ... ... Vergessen Sie aber bitte nicht, daß ... ... Indessen fällt mir dazu außerdem noch ein, daß ... ... Morgen kann das (aber) schon wieder ganz anders aussehen.

Beispiele:

– „Ja, diesen Vorteil sehe ich auch. Aber kennen Sie auch die Nachteile?"
– »Da stimme ich Ihnen voll und ganz zu. Aber, wenn Sie die Forschungsergebnisse des Instituts X in Betracht ziehen, ergeben sich noch ganz andere Aspekte!«
– »Damit haben Sie recht! Aber steht dieser Einwand nicht in Widerspruch zu Ihrer eigenen Argumentation?«

Ziele:

Der Gesprächspartner soll sich persönlich und in der Sache akzeptiert fühlen. Trotzdem sollen die eigenen Argumente mit Nachdruck und überzeugend vertreten werden, das Gespräch in eine der eigenen Zielsetzung dienliche Richtung gelenkt werden.

Vorteile:

– Der Gesprächspartner erfährt, daß sein Einwand ernstgenommen, akzeptiert und bezüglich der Konsequenzen weiter analysiert wird. Das bestätigt sein Selbstwertgefühl.
– Der an das »Aber« anschließende Einwand kann dem Gespräch eine neue, unverfängliche Richtung/Wendung geben.

— Das Selbstwertgefühl des Gesprächspartners wird gestärkt, wenn Sie seinen schwachen Einwand akzeptieren und ihm durch weitere Argumente dazu verhelfen, seine eigenen Überlegungen zu klären und schließlich mit Ihren Argumenten zu einer Entscheidung zu kommen, die ihn von der Sache her und auch gefühlsmäßig zufriedenstellt.

Nachteile:

— Gesprächspartner durchschaut die Strategie und ist verärgert — wenn »Ja, aber« zu häufig und zu direkt angewandt wird.
— Das Selbstwertgefühl des Gesprächspartners wird beeinträchtigt, weil er das taktische »Ja« nicht so wichtig nimmt, wie die dann folgende Zurückweisung seines Einwands. Er fühlt sich möglicherweise taktisch oder intellektuell unterlegen, wenn er sich mit seinen Einwänden nie durchsetzen kann.
— Fehlendes Fingerspitzengefühl bei der Anwendung dieser Entgegnungsmethode (d.h. zu direkt, zu häufig) kann zur Abstempelung als ewiger Neinsager, Ausflüchtesucher führen oder den Eindruck vermitteln, man lasse sich auf nichts festlegen. Dadurch sind die Gesprächsziele dann prinzipiell in Frage gestellt.

Konkretes Beispiel für das Wenden von Einwänden:

Kundin: »Warum schließen Sie schon um 18.00 Uhr? Als Berufstätige kann ich kaum noch das Nötigste einkaufen!«

Geschäftsinhaber: »Ich bin mit Ihnen der Meinung, daß für Berufstätige eine Verlängerung der Ladenöffnungszeit sehr vorteilhaft wäre. Aber bedenken Sie bitte auch, daß unser eigenes Personal dann entsprechend länger arbeiten müßte. Oder wir müßten zusätzlich Personal ein stellen, und diese Kosten wieder auf die Preise aufschlagen.«

(Ziele:
Die Kundin soll sich mit ihrem Anliegen akzeptiert fühlen. Durch die Ablehnung soll sie außerdem überzeugt werden, daß gerade die jetzige Ladenschlußzeit ihren eigenen Interessen letztlich am besten entspricht.)

Vorteile	Nachteile
— Die Kundin hat zu ihrem Anliegen Zustimmung erhalten.	— Die Kundin durchschaut die bloß taktische Zustimmung und erkennt, daß der Geschäftsinhaber gar kein Interesse an ernsthafter Erwägung ihres Vorschlags hat. Seine Meinung steht bereits fest.

Fortsetzung von Seite 171

Vorteile	Nachteile
— Die Kundin erkennt den Sinn der bisherigen Regelung und sieht darin auch Vorteile für sich.	— Die Kundin erkennt, daß weder die bisherige noch die von ihr vorgeschlagene Regelung optimal ist. Sie hatte sich von ihrem Vorschlag mehr versprochen. Wenn sie jedoch unbedingt gewinnen will, wird sie sich eine neue Attacke ausdenken.

8. Kompensationsmethode: Vor- und Nachteile gewichten

Wenn Ihr Angebot deutliche Nachteile aufweist, sollten Sie diese nicht in jedem Fall konsequent bestreiten, sondern ggf. sogar ausdrücklich zugeben. Wenn man offensichtliche Nachteile leugnet, verliert man an Glaubwürdigkeit. Andererseits verstehen die meisten Menschen, daß »jedes Ding zwei Seiten hat«.

Geben wir den Mangel zu, verstärkt dies unsere Glaubwürdigkeit insgesamt. Der Gesprächspartner verallgemeinert dann unsere Ehrlichkeit leicht auch auf andere Bereiche und Gegenstände des Gespräches. Nicht vergessen dürfen wir allerdings, die Vorteile unseres Angebots ins rechte Licht zu rücken, damit die eingeräumten Nachteile letztlich nach Möglichkeit zu einer unbedeutenden Nebensache schrumpfen.

Dies ist eine spezielle Variante der Wende-Methode.

Beispiele:

— »Jawohl, diesen Fehler kennen wir. Im Rahmen der Gesamtkalkulation haben wir ihn in Kauf genommen. Denn die Vorteile des Produkts überwiegen.«
— »Dieses Angebot ist wirklich nicht billig. Dafür enthält es aber auch für Sie folgende Vorteile: ...«
— »Sie haben genau den schwachen Punkt getroffen. Diesen Mangel weisen aber alle derartigen Produkte auf. Er ist jedoch nicht so schwerwiegend, wie Sie zunächst vielleicht glauben könnten.«

Ziele:

Um die Glaubwürdigkeit zu erhalten oder sogar noch zu erhöhen, wird ein offensichtlicher Mangel nicht bestritten oder vertuscht. Er muß allerdings stark relativiert werden im Hinblick auf die Vorteile des Angebots. Der Gesprächspartner soll trotz des bestehenden Mangels zu einer positiven Entscheidung gebracht werden.

Vorteile:

- Der Gesprächspartner bekommt Recht. Er hat das Gefühl, daß er sich mit seinem Einwand durchsetzen konnte. Er fühlt sich akzeptiert und ist zufrieden.
- Durch Einräumen der Richtigkeit oder der Berechtigung des Einwands gewinnen Sie Glaubwürdigkeit – auch für Ihre weitere Argumentation.
- Sie brauchen keine spitzfindigen Überlegungen darüber anzustellen, wie Sie den offensichtlichen Mangel doch noch irgendwie vertuschen könnten. Vielmehr können Sie sich ganz auf die Darstellung der Vorteile konzentrieren.
- Sie strahlen Optimismus und Selbstsicherheit aus (d. h. Sie sind davon überzeugt, daß die Vorteile überwiegen).
- Sie rennen sich nicht fest bei der Verteidigung eines Mangels, der letztlich doch nicht wegdiskutiert werden kann.

Nachteile:

- Wenn Sie allerdings zu häufig oder zu viele Mängel zugeben, schwächt das letztlich Ihre Gesamtargumentation.
- Wenn unnötigerweise Mängel oder Fehler eingeräumt werden, schätzt der Gesprächspartner Ihre Durchsetzungskraft u. U. gering ein und geht mutiger gegen Sie vor.
- Sie wirken unangenehm selbstgefällig, wenn Sie nicht den richtigen Ton treffen.

Konkretes Beispiel für die Kompensationsmethode:

Kunde Willi Raser im Autohaus: »Ich nehme doch lieber den Wagen mit der 90-PS-Maschine bei 1 500 cm^3 Hubraum. Der liegt bei Steuer und Versicherung erheblich günstiger.«

Verkäufer Gasfuß: »Da haben Sie völlig Recht. Das wäre für Sie billiger. Aber der große Wagen mit der 115-PS-Maschine hat doch noch eine bedeutend bessere Beschleunigung, und vor allem erreicht er 190 km/h Spitzengeschwindigkeit. Gerade bei Ihren beruflichen Langstreckenfahrten zahlt sich die Zeitersparnis für Sie sehr schnell aus.«

(Ziele:
Der Kunde soll Recht bekommen beim Kosten-Nutzen-Denken. Er soll zufrieden und bereit sein, weitere Kaufargumente wohlwollend in seine Entscheidung einzubeziehen. Diese positive Grundstimmung nutzt der Verkäufer, um ihm den persönlichen Nutzen eines teureren Modells »schmackhaft« zu machen.)

Vorteile	Nachteile
— Der Kunde bekommt Recht. Er ist zufrieden und aufgeschlossen für weitere Argumente.	— Ein rechthaberischer Kunde fühlt sich bestärkt und verschließt sich gegenüber allen weiteren Argumenten, die seine bereits getroffene Entscheidung noch beeinflussen könnten.
— Er fühlt sich bei seiner Kosten-Nutzen-Abwägung verstanden und akzeptiert.	— Er hält den Verkäufer, der ihm zustimmt, für einen Schwächling, der nicht in der Lage ist, seine Verkaufsargumente gegen den Käufer durchzusetzen.
	— Durch den neuen Vorschlag des Verkäufers fühlt sich der Kunde bei seinem Kosten-Nutzen-Denken als »Geizkragen« abqualifiziert. Ihm fehlt die rechte Lebensart; er spart am falschen Objekt.

---

9. Den Einwand zurückstellen

Sie beantworten den Einwand nicht sofort, sondern stellen ihn zurück, bis Sie Ihre bereits begonnene Argumentation beendet haben. Entweder »vergessen« Sie den Einwand dann (vielleicht auch Ihr Gesprächspartner!), oder Sie gewinnen zumindest Zeit, um sich eine passende Antwort zu überlegen. Sie können sich den Einwand auch sichtbar notieren, um zu zeigen, daß Sie ihn auf jeden Fall behandeln wollen und nicht zu vergessen beabsichtigen.

Beispiele:

— »Erlauben Sie bitte, daß ich später darauf eingehe.«
— »Ich notiere ihren Einwand und werde darauf zurückkommen.«
— »Bitte, noch einen Moment. Ich möchte erst diesen Gedanken zu Ende führen.«
— »Diesen Punkt wollte ich erst im 3. Abschnitt (oder: nach der Pause) behandeln. Bitte gedulden Sie sich noch bis dahin« (z. B. in einem Vortrag, in einem Lehrgespräch).
— »Sollten wir den Punkt nicht noch zurückstellen, bis wir dieses Thema abgeschlossen haben?«
— »Bevor ich auf diesen Punkt genauer eingehe, möchte ich Ihnen erst noch ein paar wichtige Informationen geben.«

Ziele:

Sie möchten im Augenblick nicht auf den Einwand eingehen, weil er nicht in den inhaltlichen Zusammenhang paßt oder weil Ihnen dazu nicht sofort ein überzeugendes Argument einfällt. Deshalb soll die Beantwortung zurückgestellt werden, bis Sie selbst in einer günstigeren Ausgangsposition sind.

Unter Umständen verfolgen Sie auch das Ziel, das Thema absichtlich zu vergessen, da Sie auf den Einwand nicht angemessen reagieren können.

Vorteile:

— Sie gewinnen Zeit zur Vorbereitung einer passenden Antwort, wenn Sie durch einen unerwarteten Einwand überrascht werden.
— Durch das Zurückstellen erreichen Sie u. U., daß der Einwand und seine Behandlung vom Gesprächspartner vergessen wird. Das ist auf jeden Fall dann besser, wenn Sie keine überzeugende Antwort geben könnten. Keine Antwort ist in diesem Fall besser als eine ausweichende oder eine peinliche Reaktion.
— Sie vermitteln dem Gesprächspartner den positiven Eindruck, daß Sie seinen Einwand ernst nehmen und nach Beendigung Ihrer Ausführungen behandeln wollen.
— Das Wiederaufgreifen des Einwands zu einem späteren Zeitpunkt erlaubt Ihnen, eine für Ihre Antwort besser passende Formulierung zu wählen und dadurch das Gespräch in Ihnen angenehmere Bahnen zu lenken.
— Sie haben Gelegenheit, dem Einwand beiläufig schon teilweise den Boden zu entziehen, bevor Sie schließlich auf den noch verbleibenden Resteinwand eingehen.
— Sie können den Gesprächspartner hinsichtlich der Stichhaltigkeit seines Einwands schon vorab so verunsichern, daß er Ihre anschließende Entgegnung ohne großen Widerstand akzeptiert.
— Möglicherweise zieht er seinen Einwand sogar selbst zurück, wenn er im Laufe der Zwischenargumentation schon selbst Argumente findet, die mit seinem ursprünglichen Einwand nicht voll in Einklang stehen.
— Vielleicht gelingt es Ihnen, Ihre Argumentation nach Zurückstellung des unerwünschten Einwands auf einen so fernliegenden Themenbereich zu führen, daß später niemand mehr Lust hat, auf jenen Einwand zurückzukommen.

Nachteile:

— Ein wichtiger Einwand wird vergessen. Er bleibt jedoch als Hypothek für die gesamte weitere Verhandlung bestehen, weil er nicht entkräftet worden ist.
— Der Gesprächspartner hält das Zurückstellen für einen faulen Trick. Dies umso mehr, je öfter seine Einwände mit diesem taktischen Kniff umgangen werden oder bereits früher »erledigt« worden sind.
— Der Gesprächspartner bekommt Zeit zum Nachdenken, um seinen ursprünglich schwachen Einwand noch zu verstärken. Das gelingt ihm besonders dann, wenn Sie ihn den Einwand erneut zu dem Zeitpunkt formulieren lassen, wenn Sie schließlich darauf eingehen wollen.
— Der Gesprächspartner erhält durch Ihre Ausführungen unbeabsichtigt weiteren Stoff für die Auspolsterung seines ursprünglichen Einwands.

Konkretes Beispiel für die Zurückstellung eines Einwands:

Umweltschutz-
minister:

»Die Reinhaltung der Flüsse ist ein Hauptpunkt unseres umfangreichen Umweltschutzprogramms. Wir ...«

Abgeordneter der
Opposition:

»Herr Minister, gestatten Sie eine Frage ...«

Umweltschutz-
minister:

(Er befürchtet, daß der Abgeordnete jetzt den für die Regelung unangenehmen Tatsachenbericht des »Spiegel« vom Vortag über Sickerwasser aus der Mülldeponie ausschlachten will. Deshalb versucht er, den Einwand »zurückzustellen«.)

»Herr Abgeordneter, Sie wissen, ich bin jederzeit gern bereit, auf Ihre Fragen zu antworten. Aber lassen Sie mich bitte erst einmal diese Ausführungen abschließen. Ich will im einzelnen auf einige aktuelle Probleme eingehen ...«

(Ziele:
Der Minister will seine eigene Redezeit voll ausnutzen, den Oppositionsabgeordneten nach Möglichkeit gar nicht zu Wort kommen lassen; auf jeden Fall aber das Thema selbst schon so weit vorbereiten, daß er für die Diskussion eine möglichst günstige Basis hat.)

Vorteile	Nachteile
— Der Minister behält Handlungsfreiheit und muß sich nicht auf vorbereitete, unangenehme Fragen einlassen. — Der Minister kann peinlichen Fragen und Einwänden schon rechtzeitig die Grundlage nehmen. — Der Minister vermittelt den Eindruck von Gesprächsbereitschaft — auch, wenn sie de facto gar nicht vorhanden ist.	— Der Abgeordnete erkennt, daß der Minister unvorbereitet ist und daß er eine schwache Stelle angegriffen hat. — Der Abgeordnete erkennt das Ausweichmanöver des Ministers und bereitet in Ruhe die nächste Attacke vor. — Das Abgeordnetenhaus und die Fernsehzuschauer durchschauen das Manöver und erkennen die mangelnde Zuverlässigkeit und Souveränität des Ministers.

10. Umkehrungs-Methode

Der Einwand des Gesprächspartners wird nicht als Tatsache akzeptiert, sondern seinerseits in Zweifel gezogen.

Beispiele:

— »Sind Sie wirklich sicher, daß ...?«
— »Dem könnte ich zustimmen, wenn Sie ...«
— »Steht dieser Einwand nicht im Widerspruch zu Ihren früheren Ausführungen?«
— »Begeben Sie sich mit dieser Argumentation nicht aufs Glatteis?«
— »Kommt es Ihnen bei diesem Einwand nicht auch merkwürdig vor, daß ...?«

Ziele:

Der Gesprächspartner soll verunsichert werden bezüglich der Richtigkeit und der Konsequenzen seines Einwands. Er soll seine bisherige Argumentation daraufhin überprüfen und sein weiteres Vorgehen gegebenenfalls anpassen. Das verschafft Ihnen selbst erst einmal eine Verschnaufpause zum Nachdenken.

Vorteile:

— Sie gewinnen Zeit zum Nachdenken, wenn Sie durch einen Einwand überrascht werden.
— Der Gesprächspartner wird hinsichtlich der Überzeugungskraft, der Logik und gegebenenfalls der aus seinem Einwand folgenden Konsequenzen verunsichert. Dadurch kommen Sie mit Ihren Argumenten u. U. leichter zum Zuge.
— Sie zeigen dem Gesprächspartner, daß Sie sich kritisch mit seinen Einwänden auseinandersetzen. Dadurch fühlt er sich ernst genommen. Das ist wichtig für sein Selbstwertgefühl. Andererseits wird er zur Vorsicht ermahnt und deshalb nicht versuchen, Sie mit leicht durchschaubaren Scheinargumenten abzufertigen.
— Sie verwirren den Gesprächspartner u. U. so, daß er von der ursprünglichen, für Sie unangenehmen Argumentationslinie abkommt.

Nachteile:

— Der Gesprächspartner fühlt sich hinsichtlich der Überzeugungskraft seines Einwands verunsichert und reagiert möglicherweise aggressiv.
— Der Gesprächspartner fühlt sich nicht richtig ernst genommen und reagiert emotional betroffen. Er zieht sich zurück oder geht nicht ernsthaft auf Ihre weiteren Argumente ein.
— Sie belasten u. U. die Beziehungsebene.
— Sie bringen den Gesprächspartner dazu, daß er sich aus Prestigegründen an seinem angezweifelten Einwand festbeißt und der Fortgang des Gesprächs im Hinblick auf die von Ihnen angestrebten Ziele blockiert wird.

Konkretes Beispiel für die Umkehrungs-Methode:

Kassenwart: (will den Bau einer neuen Halle verhindern)	»In unserer Vereinskasse herrscht absolute Ebbe! Wenn wir die neue Halle bezahlen müssen, können wir anschließend Konkurs anmelden!«
Vorsitzender:	»Die neue Halle brauchen wir in jedem Fall. Dann bleibt uns eben nichts anderes übrig, als die Mitgliedsbeiträge drastisch zu erhöhen.«
Kassenwart:	»Können Sie denn überhaupt eine weitere Beitragserhöhung bei unseren Mitgliedern durchsetzen?«

(Ziele:
Der Kassenwart will den Vorsitzenden verunsichern, indem er die Realisierbarkeit der vorgeschlagenen Lösung in Zweifel zieht.)

Vorteile	Nachteile
— Verunsicherung des Vorsitzenden. Er muß sich neue überzeugendere Argumente ausdenken oder den Einwand entkräften.	— Der Vorsitzende ist verunsichert und verärgert, weil sein Vorschlag nicht einfach angenommen wird. Er könnte als nächstes sein Heil im Angriff suchen. Das würde unnötigerweise die Sachdiskussion verschärfen.
— Die erfolgreiche Attacke gegen das Vorhaben des Vorsitzenden bringt dem Kassenwart Prestigewinn.	— Der Vorsitzende durchschaut den Kniff der Umkehrung. Er sieht die Sachdiskussion durch taktische Winkelzüge gefährdet.
— Der Kassenwart zeigt dem Vorsitzenden, daß er sich kritisch mit der geplanten Beitragserhöhung auseinandersetzt.	— Ein Unterliegen des Vorsitzenden auf Grund der besseren Rhetorik des Kassenwarts könnte als Führungsschwäche wirken und sein Selbstbewußtsein beeinträchtigen.

---

11. Ablenkungen

Wenn Sie zu einem Einwand nicht Stellung nehmen können oder wollen, können Sie einfach einen neuen Gesichtspunkt in die Diskussion bringen. Dadurch lenken Sie den Gesprächspartner — wenn Sie es geschickt und nicht zu plump anfangen — von dem für Sie unangenehmen Einwand ab.

Beispiele:

— »Andererseits sollten wir folgenden wichtigen Gesichtspunkt nicht unbeachtet lassen: ...«
— »Jetzt, wo Sie das erwähnen, fällt mir ein, daß gerade der Gesichtspunkt X hierbei eine herausragende Bedeutung hat.«
— »Haben Sie bei dieser Überlegung auch schon an folgenden Gesichtspunkt gedacht: ...?«
— »Dazu gibt es noch eine Reihe weiterer Argumente — z.B.: B, C, D, ... Greifen wir einmal D heraus, dann ...«
— »Dieser Einwand ist hochinteressant. Er führt uns unmittelbar zu einem weiteren wichtigen Punkt: ...«

Ziele:

Sie wollen den Gesprächspartner von einem für Sie unangenehmen Einwand ablenken und auf ein Ihnen angenehmeres Thema bringen.

Vorteile:

— Sie umgehen einen für Sie unangenehmen Einwand, zu dem Sie nicht Stellung nehmen wollen oder den Sie nicht überzeugend zurückweisen können.
— Sie lenken das Gespräch auf einen Themenbereich, wo Sie mit Ihren Argumenten wieder im Vorteil sind.

— Der Gesprächspartner erhält das Gefühl, daß sein Einwand nicht so wichtig war, weil Sie sich nicht mit diesem Einwand ausführlich auseinandersetzen, sondern ein anderes Thema anschneiden.
— Sie weichen der Argumentation nicht grundsätzlich aus, sondern setzen Prioritäten für die Behandlung der wichtigsten Einwände. Der Gesprächspartner wird Verständnis dafür haben, daß nicht alle Einwände und Argumente bis ins Detail durchdiskutiert werden können.
— Sie vermitteln dem Gesprächspartner den Eindruck, daß er einen interessanten Aspekt des Problems angesprochen hat. Auch, wenn Sie nicht näher darauf eingehen, wird er Ihnen nach diesem Lob leichter zu dem Ihnen wichtiger erscheinenden nächsten Thema folgen.

Nachteile:

— Der Gesprächspartner fühlt sich nicht richtig verstanden, da sein Einwand einfach übergangen wird.
— Der Gesprächspartner merkt Ihre Ablenkungsabsicht und ist verstimmt.
— Sie geraten möglicherweise vom Regen in die Traufe, wenn nämlich der Gesprächspartner für das von Ihnen neu eingeführte Thema noch besser gewappnet ist.
— Der Gesprächspartner bemerkt jetzt erst richtig, wie unangenehm das Thema für Sie sein muß. Daher beharrt er nun erst recht auf seinem Einwand, um seinen Vorteil zu nutzen und Sie in die Enge zu drängen.

Konkretes Beispiel für Ablenkungen:

Professor Wickler: »Diese Statistik beweist den Sachverhalt.«
Student Motz: »Mit Ihren Statistiken können Sie doch keinen Hund hinter dem Ofen hervorlocken. Rechnen Sie das doch mal vor, was das beweisen soll!«
Professor Wickler: »Ja, das ist richtig. Statistiken müssen verständlich sein. Ich darf Sie in diesem Zusammenhang an die Mitteilung von Professor Unrast in seinem Buch erinnern ...«

(Ziele:
Der Professor will den Studenten von seiner Beweisforderung ablenken, weil er sie nicht erfüllen kann.)

Vorteile	Nachteile
— Der Professor verschafft sich durch das Ablenkmanöver Zeit zum Nachdenken.	— Der Student gewinnt ebenfalls Zeit zum Nachdenken. Er sieht sich durch das Ablenkmanöver in der Richtigkeit seiner Kritik bestätigt.
— Der Professor lenkt das Argument auf ein neues, interessantes und vielleicht unverfänglicheres Thema.	— Der Student erhält möglicherweise neue Ansatzpunkte für weitere Kritik (nämlich am Ausweichthema).

Fortsetzung auf S. 180

Vorteile	Nachteile
— Der Professor muß nicht öffentlich eingestehen, daß er eine viel zu weitgehende Behauptung aufgestellt hat.	— Erkennbar wird für Eingeweihte, daß der Professor erstens auf dem betreffenden Sachgebiet nicht »sattelfest« ist und daß er zweitens nicht die menschliche Größe hat, eigene Fehler einzugestehen und selbstkritisch zu verarbeiten.

12. Offenbarungs-Methode

Wenn Sie es mit einem Gesprächspartner zu tun haben, der Ihre sämtlichen Diskussionsbeiträge ablehnt, können Sie zu erfahren versuchen, unter welchen Umständen ein sinnvolles Gespräch überhaupt möglich wäre. Durch den Ausdruck Ihres Unmutes mit dem Gesprächsverlauf können Sie zusätzlich einen gewissen Druck auf den Gesprächspartner ausüben. Sprechen Sie den Gesprächspartner direkt auf das Problem an!

Beispiele:

— »Ich habe den Eindruck, daß Sie grundsätzlich alles ablehnen, was ich sage. Unter welchen Umständen würden Sie denn über meine Argumente diskutieren?«
— »Unter welchen Umständen wären Sie bereit, mit mir weiter zu diskutieren?«
— »Ich glaube, so kommen wir nicht weiter. Unter welchen Bedingungen würden Sie denn mit mir das Problem ausdiskutieren?«
— »Nach meinem Eindruck haben Sie im Moment gar kein ernsthaftes Interesse an dieser Diskussion.«
— »Was wollen Sie denn überhaupt besprechen?«

Ziele:

Das fruchtlose Gespräch soll auf eine neue Basis gebracht werden.
  Sie wissen nicht, weshalb der Gesprächspartner das Gespräch blockiert. Deshalb wollen Sie ihn durch den Ausdruck Ihrer Unzufriedenheit aus seiner Reserve locken. Er soll Ihnen sagen, was ihn stört und unter welchen Bedingungen das Gespräch fortgeführt werden kann.

Vorteile:

— Sie unterbrechen ein fruchtloses Gespräch, bei dem Sie ohne Aussicht auf Gesprächserfolg nur Zeit verlieren.
— Sie verlagern (durch Äußerung Ihres Unmutes) das Problem von der Sach- auf die Beziehungsebene. Dadurch werden die Rationalisierungen Ihres Gesprächspartners fragwürdig. Er muß seine Argumentation (auf der Sach- oder Beziehungsebene) neu orientieren.

— Sie erhalten u. U. notwendige Informationen darüber, was den Gesprächspartner an Ihnen oder ihrem Gesprächsverhalten stört. Vielleicht können Sie dann selbst das Hindernis beseitigen und doch noch zum Gesprächsziel kommen.
— Sie erfahren möglicherweise die Gründe, weshalb der Gesprächspartner sich über dieses Thema im Augenblick nicht unterhalten will oder kann. Danach können Sie dann Ihr weiteres Vorgehen zielsicher ausrichten.
— Vielleicht ist der Gesprächspartner froh darüber, daß Sie seine Mißstimmung bemerkt haben und daß er nun seinen Unmut loswerden kann. Dadurch wird die Situation geklärt.

Nachteile:

— Der Gesprächspartner fühlt sich ertappt beim vorsätzlichen Blockieren des Gesprächs und reagiert aggressiv abwehrend.
— Der Gesprächspartner möchte gar nicht erklären, weshalb er sich so ablehnend verhält. Deshalb weicht er aus oder greift den Frager mit dem Vorwurf an, er sei derjenige, der das Gespräch blockiere.
— Es kommt zum Eklat. Beide gehen verärgert auseinander.

Konkretes Beispiel für die Offenbarungs-Methode:

Unternehmer:	»Wer hat denn diese Projektverzögerung zu verantworten?«
Mitarbeiter:	»Das kann ich nicht sagen.«
Unternehmer:	»Wir müssen auf jeden Fall das Projekt durchführen. Ist das denn in diesem Zeitraum noch finanzierbar?«
Mitarbeiter:	»Dazu möchte ich mich nicht äußern!«
Unternehmer:	»So kommen wir nicht weiter. Warum weichen Sie einer konkreten Antwort aus? Was wissen Sie denn überhaupt über den Projektplan und die Finanzierung?«

(Ziele:
Die Zurückhaltung des Mitarbeiters hat bei dem Unternehmer den Verdacht auf ihm bisher verheimlichte Unregelmäßigkeiten entstehen lassen. Er will deshalb die Ursache der Zurückhaltung in Erfahrung bringen. Den Mitarbeiter will er zu einer konkreten Aussage bewegen, um die Sachlage im Hinblick auf das weitere Vorgehen richtig einschätzen zu können.)

Vorteile	Nachteile
— Der Unternehmer zeigt dem Mitarbeiter, daß er seine taktische Zurückhaltung durchschaut hat.	— Der Mitarbeiter gerät u. U. in die peinliche Lage, etwas aussprechen zu müssen, was er lieber zurückgehalten hätte (z. B. sich selbst oder andere Mitarbeiter zu belasten oder dem Chef Fehler vorzuhalten). Er nimmt es dem Unternehmer persönlich übel, daß er ihn in diese Lage gebracht hat. Das belastet das Arbeitsklima/Vertrauensverhältnis.

Fortsetzung auf S. 182

Fortsetzung von S. 181

Vorteile	Nachteile
— Der Unternehmer zeigt dem Mitarbeiter, daß er ein Ausweichen nicht akzeptiert, sondern alle Fakten für die Problemlösung kennen will.	— Der Unternehmer verstärkt den unerwünschten Eindruck eines autoritären Führungsstils.
— Der Unternehmer verbessert seine Chance, die Hintergründe der Zurückhaltung des Mitarbeiters zu erfahren.	— Vielleicht wäre es besser, er würde sie *nicht* erfahren. Dann könnte er unbefangener vorgehen.
— Der Mitarbeiter bekommt Gelegenheit, auf ausdrücklichen Wunsch des Chefs das mitzuteilen, was er von selbst nicht zu berichten gewagt hätte.	— Der Unternehmer gerät in Verdacht, Mitarbeiter zu Spitzelzwecken zu benutzen. Das ist auch ein Nachteil für den betreffenden Mitarbeiter.
— Der Unternehmer kürzt das Gespräch ab, indem er zielsicher den kritischen Punkt direkt anspricht.	— Möglicherweise entgehen ihm durch diese Abkürzung wichtige sachliche oder atmosphärische Informationen.

13. Die Argumentation auspolstern

Sie wollen den Einwand des Gesprächspartners nicht inhaltlich entkräften, oder Sie könnten es auch gar nicht. Dafür stärken Sie Ihr eigenes Argument, indem Sie weitere Personen, Autoritäten oder Fakten anführen, die Ihre Argumentation stützen.

Beispiele:

— »Herr X und Herr Y sind ebenfalls der Meinung, daß ...«
— »Herr Prof. X hat diese Argumentation durch umfangreiche Versuchsreihen untermauert.«
— »Diese Argumentation ist nur die logische Folge der Regelung des Gesetzes ...«
— »Diese Argumentation wird durch eine umfangreiche Literatur gestützt.«
— Sie selbst haben vorhin durch Ihre Ausführungen meine Argumentation untermauert.«
— »Mein Argument ist nur die logische Folge Ihrer eigenen Ausführungen.«
— »Deine Mutter hat auch gesagt, daß ...«

Ziele:

Sie haben den Eindruck, daß die inhaltliche Diskussion nicht weiterführt. Den letzten Einwand des Gesprächspartners haben Sie bereits hinreichend entkräftet. Sie versuchen, den uneinsichtigen Gesprächspartner dadurch zu verunsichern und zu isolieren, daß Sie sich selbst in den Kreis Gleichdenkender und ihre Argumentation in den Rahmen gleichgerichteter Fakten einfügen.

Vorteile:

— Sie vermeiden u. U. eine nutzlose und langwierige weitere Diskussion.
— Der Gesprächspartner fühlt sich geschmeichelt, wenn er selbst als Quelle eines wichtigen Gedankens zitiert wird.
— Der Gesprächspartner läßt sich vielleicht durch Zitierung einer bekannten Fachautorität leichter von seinem Einwand abbringen. Der eigene Prestigeverlust ist geringer, wenn er sich dem Argument einer anerkannten Fachautorität anschließt.
— Sie zeigen, daß Sie selbst über fundierte Kenntnisse verfügen und daß Sie mit Ihrer Meinung nicht allein dastehen. Es handelt sich also nicht um Ihre Augenblickseinfälle, sondern um eine gut durchdachte und auch von anderen vertretene Auffassung.

Nachteile:

— Der Gesprächspartner gewinnt den Eindruck, daß Sie für Ihre Argumente nicht selbst einstehen können, sondern eine Fachautorität heranziehen müssen.
— Der Gesprächspartner fühlt sich überfahren, weil er das Zitat nicht sofort nachprüfen kann.
— Der Gesprächspartner fühlt sich nun seinerseits dazu angeregt, ebenfalls andere Fachautoritäten mit gegenteiliger Auffassung zu zitieren. Er zahlt gewissermaßen mit gleicher Münze zurück — sehr zu Ihrem Mißvergnügen.

Konkretes Beispiel für Auspolstern der Argumentation:

Bürgermeister: »Andere vergleichbare Kommunen haben schon sehr gute Erfahrungen gemacht mit verkehrsberuhigten Zonen.«

Vertreter der Bürgerinitiative: »Durch Verkehrsberuhigung in der Adenauer-Straße müssen wir aber mit beträchtlich höherer Verkehrsbelastung in der Grünen-Straße rechnen, weil dann der meiste Verkehr dort durchfließt.«

Bürgermeister: »Unser Stadtplaner hat diese Möglichkeit bereits mit den Daten der letzten Verkehrszählung geprüft. Der Hauptverkehr ist dem nach in der Freien-Allee zu erwarten. Außerdem soll die Grünen-Straße für den Durchgangsverkehr gesperrt werden.«

(Ziele:
Der Bürgermeister will die Anwohner der Grünen-Straße beruhigen. Das ist besonders wichtig, weil dort Stimmen für die nächste Stadtratswahl erhalten werden müssen.)

Vorteile	Nachteile
— Der Bürgermeister gewinnt Vertrauen, weil er zeigen kann, daß die Sorgen der Anwohner bereits bekannt und sachgerecht berücksichtigt sind.	— Die Bürgerinitiative wird u. U. angeregt, Beispiele von Verkehrsberuhigungsmaßnahmen im Ort zu bringen, die sich nachteilig auf Anwohner ausgewirkt haben. Dadurch

Fortsetzung auf S. 184

Vorteile	Nachteile
– Der Bürgermeister beugt langen, unfruchtbaren Diskussionen vor, indem er seinen Vorschlag mit überzeugenden Fakten auspolstert. – Durch Eingehen auf die Wünsche der Anwohner gewinnt oder erhält er Wählerstimmen. – Der Bürgermeister zeigt, daß seine Politik nicht von Augenblickseinfällen bestimmt wird, sondern einem die Bürgerinteressen angemessen berücksichtigenden Sanierungskonzept folgt.	könnte das Vertrauen untergraben werden. – Er wird durch Abkürzung der Diskussion einige wichtige Argumente/Einwände vielleicht nicht erfahren, die für die weitere Planung wichtig wären. – Er verliert möglicherweise Wählerstimmen in der künftig noch stärker belasteten Freien-Allee. – Er aktiviert die Gegenpartei zu neuen Angriffen, weil es dieser nicht recht sein kann, wenn der Bürgermeister durch die Verkehrsberuhigungsmaßnahme Stimmen für seine Partei gewinnt. – Der Bürgermeister legt sich gegenüber den Anwohnern durch seine Ankündigung fest. Sie werden ihn später an sein Versprechen erinnern. Dadurch wird sein Handlungsspielraum begrenzt.

14. Der Einwand als Bumerang

Sie akzeptieren den Einwand des Gesprächspartners als wichtigen Gesprächsbeitrag. Sie zeigen sich dankbar dafür, daß der Einwand zur Diskussion gestellt wird, da Sie selbst ohnehin auf ihn eingehen wollten, um möglichen Mißdeutungen vorzubeugen.

Beispiele:

– »Ja, darauf wollte ich gerade zu sprechen kommen.«
– »Über diesen Punkt habe ich ohnehin sprechen wollen.«
– »Sehr gut, daß Sie das anführen. Diesen Punkt wollte ich mit Ihnen auf jeden Fall klären.«
– »Zwei Seelen – ein Gedanke! Darüber sollten wir sofort sprechen.«

Ziele:

Der Gesprächspartner soll dadurch überrascht werden, daß Sie seinen Einwand nicht – wie er befürchtet hat – zurückweisen, sondern sofort dankbar aufgreifen. Daß Sie seinen Einwand nicht als Angriff gegen Ihre Argumentation aufgreifen, sondern als positiven Beitrag zur Ergänzung der bereits dargelegten Argumente, lag zwar ursprünglich nicht in seiner Absicht; trotzdem freut ihn Ihre positive Reaktion.

Vorteile:

- Nicht *Sie* sind überrascht, sondern der Gesprächspartner. Er braucht Zeit, um sich davon wieder zu erholen.
- Der Gesprächspartner erhält den Eindruck, er habe mit seinem Einwand ins Schwarze getroffen.
- Der Gesprächspartner ist erfreut darüber, daß sein Einwand nicht brüsk zurückgewiesen, sondern bereitwillig und sachlich aufgegriffen wird.
- Er fühlt sich mit seinen Überlegungen akzeptiert.

Nachteile:

- Dem Gesprächspartner gefällt es nicht, daß sein Einwand offenbar gar nicht so neu ist, wie er vermutete.
- Der Gesprächspartner kommt aus seinem Konzept und ist darüber verärgert.
- Der Gesprächspartner empfindet Ihre Reaktion als Ausrede. Er ist überzeugt davon, daß Sie auf diesen Einwand nicht von selbst gekommen wären und daß Sie jetzt nur zwangsläufig aus der Not eine Tugend machen wollen.
- Tatsächlich bestehende Probleme werden zugedeckt. Die gründliche Bearbeitung wäre für Abwicklung und Vertrauen bei künftiger Zusammenarbeit wichtiger.

Konkretes Beispiel für den Einwand als Bumerang:

Büroleiter der Anwaltskanzlei:	»Gut. Sie drucken wieder 20 000 Briefbögen zu den gleichen Konditionen. Auslieferung am Montag nächster Woche. Aber eine Verzögerung, wie bei Ihrer letzten Lieferung, darf nicht eintreten.«
Geschäftsführer der Druckerei:	»Gut, daß Sie den Liefertermin ansprechen. Darauf wollte ich gerade selbst zu sprechen kommen. Wir haben uns terminlich voll auf Ihren Auftrag eingestellt und werden pünktlich am nächsten Montag liefern. Vielen Dank für Ihren Auftrag.«

(Ziele:
Der Geschäftsführer der Druckerei will eine Diskussion über unpünktliche Lieferung und Versäumnisse in der Vergangenheit vermeiden. Er will sich dem Kunden als zuverlässiger Gesprächspartner präsentieren.)

Vorteile	Nachteile
– Der Geschäftsführer zeigt dem Büroleiter, daß er sich mit seinem Terminproblem schon befaßt hat und daß es gelöst ist. – Der Geschäftsführer vermeidet »Aufwärmen« des früheren Lieferproblems und nachträgliche (neuerliche) Rechtfertigungen.	– Der Büroleiter erhält häufiger derartige Zusagen, die später nicht eingehalten werden. Er ist mißtrauisch. – Der Wunsch des Büroleiters nach einer Klärung der Ursachen für das frühere Lieferproblem bleibt unerfüllt. Er befürchtet, daß die gleiche Panne erneut eintreten könnte.

Fortsetzung auf S. 186

Vorteile	Nachteile
— Der Geschäftsführer vermittelt dem Büroleiter die Zuversicht, daß die Lieferung zuverlässig erfolgen wird.	

15. Relativierung von Einwänden

Die absolute Geltung des Einwands wird in Zweifel gezogen. Er wird in Beziehung gesetzt zu anderen Argumenten.

Beispiele:

- »Ihr Einwand ist interessant. Aber wollen Sie ihn nicht noch etwas näher erläutern?«
- »Ich verstehe Ihren Standpunkt. Wenn man das Ganze jedoch einmal aus einem ganz anderen Blickwinkel betrachtet, dann ...«
- »Der Einwand ist aus diesem Blickwinkel sicher richtig. Aber betrachten Sie doch einmal die Konsequenzen aus der Sicht (z. B. der Betroffenen): ...«
- »So gesehen, haben Sie recht. Aber, wenn man bedenkt, daß ..., dann sieht es doch ganz anders aus.«

Ziele:

Dem Gesprächspartner soll verdeutlicht werden, daß seine Auffassung nur eine von mehreren möglichen darstellt. Dies impliziert, daß seine Einwände nur unter bestimmten Voraussetzungen gelten. Geht man von anderen — z. B. von Ihren — Voraussetzungen aus, dann gilt der Einwand so nicht mehr.

Vorteile:

- Der Einwand wird nicht grundsätzlich bestritten, sondern nur in seiner unzulässigen Generalisierung. Der Gesprächspartner erhält das positive Gefühl, zumindest teilweise recht zu haben. Andererseits vermitteln Sie ihm die Erkenntnis, daß Ihr Argument von anderen Voraussetzungen ausgeht und daher zumindest auch richtig ist.
  Ergebnis: Erfolgserlebnis für beide Gesprächspartner.
- Das Gespräch gerät nicht in eine Sackgasse, sondern erhält neue Impulse.
- Sie müssen einen unangenehmen Einwand nicht inhaltlich entkräften, sondern beschränken sich auf die Feststellung, daß über dieselbe Sache auch noch andere Ansichten denkbar sind. Dieser dialektische Aspekt kann dem Gespräch eine neue Richtung geben.

Nachteile:

- Der Gesprächspartner ist unzufrieden, weil sein Einwand relativiert und ihm selbst ein Denkfehler (unzulässige Generalisierung) unterstellt oder nachgewiesen wird.

— Der Gesprächspartner akzeptiert Ihre Korrektur nicht. Er bestreitet den von Ihnen eingebrachten Alternativstandpunkt.
— Sie geraten in ein neues Problem, da der von Ihnen unvorsichtigerweise aufgezeigte Blickwinkel gute Argumente für den Standpunkt des Gesprächspartners enthält.
— Der von Ihnen eingeführte Alternativstandpunkt war nur eine Notlösung. Er liefert dem Gesprächspartner nämlich Ansatzpunkte, seinerseits neue Perspektiven zur Stützung seiner Argumentation ins Blickfeld zu rücken.

Konkretes Beispiel zur Relativierung von Einwänden:

Vater: »Was für ein Auto willst du dir denn überhaupt kaufen?«
Sohn: »Auf jeden Fall einen Diesel. Der ist schadstoffärmer als dein Super-Schlitten.«
Vater: »Du hast recht, wenn du Rücksicht auf den Umweltschutz nehmen willst. Aber hast Du schon gehört, daß Dieselmotoren gar nicht so ungefährlich sind, wie viele bisher immer angenommen haben? Die Abgase sollen krebserregende Stoffe enthalten. Meinen »Super-Schlitten« kann ich ja noch mit einem Katalysator ausstatten.«

(Ziele:
Der auch am Umweltschutz interessierte Vater will den Sohn zum Nachdenken über seine Bewertung von Fahrzeugen veranlassen, die Diesel bzw. Superkraftstoff verbrennen.)

Vorteile	Nachteile
— Der Vater schränkt die absolute Geltung der Behauptung des Sohnes ein und gewinnt dadurch wieder Argumentationsspielraum. — Der angegriffene Vater kann sich entlasten. — Der Vater verhilft dem Sohn zu einer realistischen Einschätzung des Sachverhalts. Das ist gut für sein »pädagogisches Selbstwertgefühl«. — Der Vater führt das Gespräch aus der Sackgasse in einen neuen, diskussionswürdigen Bereich (Sinn und Unsinn von Katalysatoren).	— Der Sohn muß einen Rückzieher machen. Das ärgert und stimuliert ihn zu einer neuen Attacke. — Der Sohn wollte den Vater in die Enge treiben. Er wird es nun auf anderem Wege versuchen. — Der Sohn möchte gar nicht die Tatsachen klären, sondern Ärger im Streit abreagieren. Wenn das so nicht geht, staut sich der Ärger weiter auf —möglicherweise bis zu einem späteren Explodieren. — Der Vater kommt mit dem neuen Thema u. U. »vom Regen in die Traufe«.

---

16. Leerlaufen lassen

Sie lassen den Gesprächspartner alle seine Einwände vortragen, bis er damit aufhört bzw. bis ihm keine weiteren Einwände einfallen. Sie schweigen bzw. vermitteln dem anderen lediglich den Eindruck, daß Sie zuhören und alles zur Kenntnis nehmen.

Dabei muß einerseits der Anschein vermieden werden, daß Sie damit auch alle Einwände inhaltlich akzeptieren, d. h. ihnen zustimmen.

Andererseits dürfen Sie den Gesprächspartner nach Abschluß seiner Ausführungen auch nicht unvermittelt mit einem kategorischen »Nein« konfrontieren. Denn dann würde er sich mit Recht verärgert fragen, weshalb Sie ihm so lange kommentarlos zugehört haben — vielleicht, um ihn »hereinzulegen«?

Beispiele:

Vorwiegend schweigend zuhören. An passenden Stellen gelegentlich durch Bemerkungen folgender Art Ihre Aufmerksamkeit beim Zuhören zeigen:
— »Ich verstehe Sie.«
— »Ich sehe, woran Sie dabei denken.«
— »Ach ja, meinen Sie das?«
— »So, das überrascht mich.«
— »Hmm.«

Ziele:

Wenn der Gesprächspartner sehr viele Argumente bzw. Einwände zur Sprache bringen will, die nach Ihrer Meinung größtenteils nur »herbeigesucht« sind, würden Sie sich unnötig anstrengen und zu viel Zeit vergeuden, wenn Sie auf jeden Einwand einzeln eingehen wollten.

Deshalb versuchen Sie zu differenzieren: Nur die für die weitere Diskussion wichtigen Einwände werden notiert. Ihnen müssen Sie begegnen, wenn Sie den Gesprächspartner für sich gewinnen wollen.

Sie wollen dem Gesprächspartner den Eindruck vermitteln, daß Sie ihm interessiert zuhören und seine Einwände zur Kenntnis nehmen. Deshalb nehmen Sie auch erst anschließend zu denjenigen Einwänden Stellung, die dem Gesprächspartner besonders wichtig sind oder den Kern der Sache betreffen.

Vorteile:

— Der Gesprächspartner hat das Gefühl, daß ihm jemand zuhört.
— Der Gesprächspartner kann alle Einwände vorbringen, die ihm einfallen. Wenn er sich danach durch andere Argumente überzeugen läßt, hat er nicht mehr das Gefühl, er sei überlistet oder »totgeredet« worden.
— Sie haben Gelegenheit, sich alle Einwände Ihres Gesprächspartners in Ruhe anzuhören. Dann können Sie selbst Prioritäten setzen und entscheiden, welche Einwände Sie überhaupt behandeln und in welcher Reihenfolge Sie dies tun wollen.
— Sie haben auch bei kritischen Einwänden des Gesprächspartners genügend Zeit für eine passende Reaktion. Sie sind nicht genötigt, in einem mehr oder weniger

hektischen »Schlagabtausch« schlagfertig auf überraschende Einwände zu reagieren.

— Der Gesprächspartner wird nach einiger Zeit selbst verunsichert, wenn Sie ihm nur aufmerksam zuhören, weil er selbst heftige Reaktionen gegen seine Einwände erwartet hat. Er muß mit großer Wahrscheinlichkeit sein Argumentationskonzept umstellen und verliert dadurch u. U. an Überzeugungskraft.

Nachteile:

— Sie benötigen viel Zeit für das Gespräch, weil Sie es dem Gesprächspartner überlassen, wieviel Zeit er selbst beanspruchen will.
— Sie werden durch eine Fülle von Einwänden überflutet und haben Mühe, sie alle zu behalten oder zu notieren.
— Bei der Fülle der Einwände entsteht das Problem, daß Sie u. U. nicht auf alle eingehen können. Sie müssen Prioritäten setzen und eine Auswahl treffen. Beim Gesprächspartner können die unerledigten Einwände zu einer Barriere im weiteren Gesprächsverlauf werden.
— Reagieren Sie ungeschickt, fühlt sich der Gesprächspartner eventuell nicht ernst genommen.
— Ihrer Entgegnung fehlt es an Spontaneität, wenn Sie nicht sofort zu einem Einwand Stellung nehmen, sondern diesen erst nachträglich wieder aus einem ganz anderen Gesprächszusammenhang heraus in Erinnerung rufen müssen.

Konkretes Beispiel zum Leerlaufen lassen:

Makler: »Auch für *Ihr* Finanzierungsproblem habe ich eine passende Lösung.«

Bauherr: »Da bin ich aber neugierig, denn Eigenkapital habe ich praktisch nicht. Und mein Einkommen ist auch ziemlich bescheiden.«

Makler: »Das ist bei vielen Bauherren so.«

Bauherr: »Aber ich habe schon hohe monatliche Belastungen, weil ich noch den Anschaffungskredit für unsere Möbel tilgen muß.«

Makler: »Ja, ich verstehe Ihr Problem.«

Bauherr: »Und außerdem habe ich miterlebt, daß Freunde ihr Haus wieder mit Verlust verkaufen mußten, weil sie die steigenden Zinslasten nicht mehr tragen konnten.«

Makler: »Ja, solche Fälle hat es leider gegeben. Aber ... (nun beginnt die eigentliche Verkaufsargumentation).«

(Ziele:
Der Makler will zunächst alle möglichen Einwände des Bauherrn kennenlernen, um seine Verkaufsargumentation gezielt darauf abstimmen zu können.

Außerdem will er den Bauherrn in eine vertrauensvolle Stimmung bringen als Grundlage für einen Vertragsabschluß.)

Vorteile	Nachteile
— Der Makler erfährt, welche Hindernisse einem möglichen Vertragsabschluß entgegenstehen. — Der Makler bekommt nicht nur Informationen über objektiv bestehende Hindernisse (z. B. geringes Einkommen, Zahlungsverpflichtungen), sondern auch über subjektive Widerstände (z. B. »Meine Frau will kein eigenes Haus wegen der vielen Hausarbeit.«). — Der Makler vermittelt dem Bauherrn das Gefühl, daß er Verständnis für seine Situation hat und daß er vergleichbare Probleme schon erfolgreich gelöst hat. — Er erzeugt beim Bauherrn eine gewisse Erwartungsspannung. Der möchte die Lösungsvorschläge kennenlernen.	— Der Kunde berichtet so viele Einwände, daß er schließlich immer mehr Angst vor der Finanzierung bekommt. — Je mehr Einwände vorgebracht werden, desto größer die Gefahr für den Makler, daß er keine Lösungen dafür anbieten kann; besonders problematisch sind subjektive Widerstände. — Der Bauherr hat vielleicht schon andere Makler gehört und weiß, daß einzelne seiner Probleme nicht ohne weiteres lösbar sind. Dann hält er den Makler leicht für einen Schwätzer, der nicht haltbare Versprechungen macht. — Der Bauherr steigert sich in Erwartungen, die der Makler schließlich doch nicht erfüllen kann. Die Enttäuschung darüber kann den Vertragsabschluß verhindern.

17. Taktisches Bestätigen

Vorrangig ist in diesem Fall die Beziehungsebene. Offener Angriff gegen die vorgebrachten Einwände würde die persönlichen Vorurteile oder Ängste des Gesprächspartners nur noch verstärken. Daher versuchen Sie zunächst durch Zurückhaltung in der Sachargumentation, die gefühlsmäßige Einstellung des Gesprächspartners zu Ihnen und Ihrer Argumentation zu stabilisieren.

Beispiele:

- »Ich verstehe Sie gut.«
- »Ihre Bedenken kann ich verstehen.«
- »Ja, das ärgert Sie.«
- »Das sind viele Einwände, die aus Ihrer Sicht dagegen sprechen.«
- »Diese Mängel ärgern Sie.«
- »Sie haben offenbar intensiv darüber nachgedacht.«
- »Sie sehen Ihre Bedenken durch die aufgetretenen Fehler bestätigt.«
- »Sie befürchten, daß die Mängel erst später auftreten.«

Ziele:

Sie wollen den Gesprächspartner für ein sachliches Gespräch gewinnen. Seine Vorurteile, Ängste und die gefühlsmäßige Ablehnung müssen abgebaut werden, bevor eine sachbezogene Aussage möglich ist.

Deshalb versuchen Sie, dem Gesprächspartner zunächst den Eindruck zu vermitteln, daß Sie ihn, seine Befürchtungen und seine Vorbehalte verstehen können. Offen bleibt dabei, wie Sie diese Einwände inhaltlich bewerten. Die Stellungnahme in der Sache kann erst erfolgen, wenn Sie das Gefühl haben, daß die Beziehung stabilisiert ist.

Vorteile:

— Der Gesprächspartner fühlt sich mit seinen Ängsten, Vorbehalten, Gefühlen akzeptiert und verstanden.
— Sie reden nicht nutzlos über Sachfragen, obwohl der Gesprächspartner Mißtrauen nicht in erster Linie gegen die Sache hat, sondern gegen Sie (z. B. Ihre Offenheit, Ehrlichkeit, Vertrauenswürdigkeit) oder sogar gegen Dritte.
— Der Gesprächspartner wird ermutigt, seinen Ärger und seine Bedenken erst einmal bei Ihnen abzuladen. Ihr Verständnis erzeugt bei ihm Vertrauen.
— Sie lernen den Gesprächspartner persönlich etwas besser kennen und fühlen sich dadurch beim Gespräch u. U. auch wohler.

Nachteile:

— Wenn Sie ungeschickt sind, kann sich der Gesprächspartner veralbert fühlen und beleidigt oder aggressiv reagieren.
— Aus Ihrem Verständnis für die Gefühle des Gesprächspartners leitet dieser fälschlicherweise auch gleich Ihre Zustimmung zu seinen Einwänden ab.
— Der Gesprächspartner nutzt geschickt Ihre Verständnisbereitschaft, um Ihnen hinterlistig auch die Zustimmung zu seinen Vorschlägen abzutrotzen.
— Wenn Sie zunächst viel Verständnis für die Sorgen des Gesprächspartners zeigen, ist es danach schwerer, in der Sache hart und konsequent zu bleiben.

Konkretes Beispiel zum taktischen Bestätigen:

Vermieter:	»Ich habe Ihnen ja schon in meinem Brief angekündigt, daß ich mich gezwungen sehe, eine Mieterhöhung vorzunehmen.«
Mieter:	»Ist das denn wirklich erforderlich? Die Miete ist doch schon recht hoch, zumindest höher als bei den Nachbarn.«
Vermieter:	»Ich verstehe, daß Sie Vergleiche anstellen.«
Mieter:	»Außerdem ist die letzte Mieterhöhung gar nicht so lange her. Seitdem ist die allgemeine Teuerungsrate doch ziemlich stabil geblieben. Auf die geplanten Renovierungsarbeiten warte ich dagegen immer noch.«
Vermieter:	»Das sind Einwände, über die wir natürlich sprechen müssen. — Aber lassen Sie mich zunächst einige erklärende Worte sagen: . . .«

(an dieser Stelle beginnt die Sachargumentation)

(Ziele:
Der Vermieter will die Einwände seines Mieters gegen eine Mieterhöhung kennenlernen, um sie in seine Argumentation für die Erhöhung der Miete einbeziehen zu können. Außerdem will er das Vertrauen des Mieters für seine Maßnahmen gewinnen, indem er sein Verständnis für die Einwände bekundet.)

Vorteile	Nachteile
— Der Mieter fühlt sich als Verhandlungspartner akzeptiert, weil der Vermieter seine Mieterhöhung nicht einfach diktiert. — Der Mieter entwickelt ein gewisses Maß an Vertrauen, weil der Vermieter Verständnis für seine Vorbehalte signalisiert. — Der Vermieter erhält Informationen über die Vorbehalte des Mieters, insbesondere über deren Hintergrund und Stichhaltigkeit.	— Der Mieter durchschaut u. U. die Taktik des Vermieters und entwikkelt noch größere Widerstände gegen die Mieterhöhung. Er könnte nämlich vermuten, daß der Vermieter gar keine stichhaltigen Gründe für eine Mieterhöhung hat und deshalb so »vorsichtig« vorgeht. — Der Mieter könnte aus dem Verhalten des Vermieters die Möglichkeit zur Verhandlung ableiten. Eine solche falsche Erwartungshaltung würde das weitere Gespräch eher erschweren als erleichtern.

18. Humorvolle Verlagerung

Das humorvolle Aufgreifen eines Einwands kann sowohl einen freundlich akzeptierenden als auch einen ironisch-zurückweisenden Ton haben. Dabei besteht leicht die Gefahr, daß man zwar selbst viel Humor für Situationen aufbringt, die andere betreffen. Die Betroffenen selbst bringen dagegen oft weitaus weniger Verständnis für diesen Humor auf ihre Kosten auf. Sie sind verärgert. Dem können Sie aber leicht durch gelegentliche Selbstironie vorbeugen.

Zur humorvollen Verlagerung von Einwänden gehört viel Erfahrung und Fingerspitzengefühl.

Beispiele:

— »Ich freue mich, daß Sie das selbst nicht so ernst nehmen.«
— »Wenn man das aus diesem Blickwinkel betrachtet, bekommt es ja einen ganz neuen Akzent.«
— »Und das meinen Sie wirklich ernst?«
— »Donnerwetter, das haut einen ja um.«
— »Ja. Da haben Sie mich wieder mal auf dem völlig falschen Fuß erwischt.«
— »Ich glaube, das meinen Sie gar nicht so ernst.«
— »Was hätte wohl der alte Bismarck zu diesem Argument gesagt?«

— »Zu diesem Thema habe ich neulich sogar einen Schlager gehört.«
— »So ähnlich sagt das meine Frau auch immer, wenn ich ...«
— »Ich erleide mit solchen Argumenten meistens Schiffbruch.«

Ziele:

Einem (zu ernsten) Gespräch soll eine andere Wendung gegeben werden:
Sie wollen die Argumentation Ihres Gesprächspartners in Frage stellen und vermeiden ein Abgleiten in zu ernste Töne durch eine humorvolle Formulierung. Man kann auch versuchen, den Gesprächspartner oder Dritte (z. B. in einem Gesprächskreis, einer Konferenz) auf die Absurdität seiner Argumentation aufmerksam zu machen, indem man nicht sachlich oder bierernst, sondern einfach humorvoll reagiert.
Durch Humor kann man sowohl das Gesprächsklima zu verbessern versuchen als auch dem Gesprächspartner andeuten, daß man lediglich aus Höflichkeit auf eine deutliche Ablehnung verzichtet.

Vorteile:

— Das Gesprächsklima wird verbessert.
— Sie vermeiden deutliche Ablehnungsreaktionen, indem Sie durch die humorvolle Bemerkung dem Gesprächspartner eine Gelegenheit schaffen, sich wieder auf eine sachliche Gesprächsebene zu begeben.
— Ein in eine Sackgasse geratenes Gespräch kann wieder in Gang gebracht werden.
— Ihnen und/oder dem Gesprächspartner wird der Themenwechsel erleichtert.
— Sie verlassen unauffällig die Sachebene und begeben sich auf die Beziehungsebene, um dort erst einmal eine passende Grundlage für die weitere Sachdiskussion zu schaffen.
— Der Ansatz in der Selbstironie entlastet den Gesprächspartner und läßt ihn leichter auf Ihre humorvolle Wendung einsteigen. Er lacht in der von Ihnen provozierten Weise über Sie — nicht umgekehrt.

Nachteile:

— Die humorvolle Verlagerung kann mißlingen und das weitere Gespräch nach dem peinlichen Zwischenfall stark belasten.
— Sie treffen nicht den richtigen Ton, so daß sich der Gesprächspartner veralbert fühlt.
— Der Gesprächspartner hat keinerlei Sinn für Humor — oder zumindest nicht für Ihren Humor in dieser Situation. Dann reagiert er u. U. peinlich berührt oder aggressiv.
— Ihr Humor trifft nicht eine für beide Gesprächspartner lustige Situation, sondern einer macht sich lediglich auf Kosten des anderen lustig. Die daraus resultierende Verärgerung kann alle weiteren Gespräche blockieren.

Konkretes Beispiel zum humorvollen Verlagern:

(Vereinspräsident und Trainer im Gespräch über die finanziellen Notlage des Vereins)

Trainer:	»Von meiner Seite kann ich wenig zur Verbesserung unserer finanziellen Situation beitragen.«
Vereins-Präsident:	»Was halten Sie davon, wenn wir zwei unserer Spitzenspieler verkaufen? Mit dem Erlös könnten wir unser Defizit erheblich verringern.«
Trainer:	»Haben Sie noch mehr von diesen tollen Vorschlägen auf Lager?«

(Ziele:
Der Trainer kennt die Notlage des Vereins, will aber keinesfalls Spielerverkäufen zustimmen. Er will dem Präsidenten durch die humorvolle Entgegnung zu verstehen geben, daß er den Vorschlag für indiskutabel hält, ohne gleich auf »Konfrontationskurs« zu gehen.)

Vorteile	Nachteile
— Der Trainer weicht einer konkreten Stellungnahme zum Vorschlag des Vereinspräsidenten aus, bekundet aber mit seiner Bemerkung bereits indirekt seine Ablehnung des Vorschlags. — Durch die zunächst humorvolle Bemerkung gewinnt der Trainer Zeit, sich auf seine Sachargumentation gegen Spielerverkäufe einzustellen. — Der Präsident sieht sich u. U. veranlaßt, seinen Vorschlag zu überdenken oder ihn zumindest zu konkretisieren. Das kann die Argumentationsbasis des Trainers verbessern.	— In der Notlage ist der Präsident nicht zu Scherzen aufgelegt. Er fühlt sich vom Trainer nicht ernst genommen und reagiert gereizt oder aggressiv. — Der Vereinspräsident betrachtet die Bemerkung des Trainers u. U. als kompromißlose Ablehnung seines Vorschlags und wird jetzt erst recht in autoritärer Form Spielerverkäufe anordnen. Der Trainer hätte seine Mitbestimmungsmöglichkeit »verspielt«.

19. Selbsterfahrungs-Methode

Sie berichten über eigene Erfahrungen und gegebenenfalls über Probleme, die Sie selbst schon in vergleichbaren Situationen gehabt haben. Auf diese Weise können Sie elegant umgehen, dem Gesprächspartner vorzuhalten, sein Einwand gehe völlig daneben oder seine Vorschläge führten zu unerwünschten Konsequenzen.

Beispiele:

— »Ich habe früher auch so gedacht wie Sie, aber ...«
— »Dieser Einwand ist mir bei früheren Gelegenheiten einmal sehr anschaulich von dem bekannten Herrn X widerlegt worden: ...«

- »Das habe ich schon einmal selbst ausprobiert. Dabei hat sich gezeigt, daß ...«
- »Damit bin ich schon einmal böse hereingefallen. Danach ...«
- »So habe ich das auch immer gemacht, bis eines Tages ...«

Ziele:

Der Gesprächspartner soll nicht direkt attackiert werden. Deshalb soll ihm anhand der Darstellung eigener negativer Erfahrungen vor Augen geführt werden, daß seine Argumentation falsch ist. Sie legen ihm nahe, Ihre negativen Erfahrungen zu nutzen, um nicht selbst den gleichen Fehler noch einmal zu machen.

Vorteile:

- Schlechte Erfahrungen werden für künftig erfolgreicheres Verhalten ausgewertet.
- Der Beitrag eigener Erfahrungen lockert das Gesprächsklima.
- Sie ersparen dem Gesprächspartner, den gleichen Fehler zu machen wie Sie früher.
- Sie belehren den Gesprächspartner nicht einfach nur, sondern berichten über eigene praktische Erfahrungen.
- Der Gesprächspartner erfährt anschaulich etwas über die möglichen Konsequenzen seiner Argumentation anhand der Erfahrungen, die Sie bereits damit gemacht haben.
- Der Gesprächspartner erfährt, daß Sie auch schon Fehler gemacht haben und sie eingestehen. Dadurch verliert er etwas Angst vor Ihrer »Vollkommenheit«. Sie sind auch nur ein Mensch, mit dem er durchaus vernünftig reden kann.
- Der Gesprächspartner kann Ihre Erfahrungen gegen seine eigenen abwägen. Allzu theoretische Erörterungen werden auf eine anschauliche Grundlage gebracht.
- Der Sachdiskussion wird ein freundlicher Akzent auf der Beziehungsebene hinzugefügt: Wir machen doch alle mal einen Fehler — und sollten ruhig daraus lernen, ohne uns dabei etwas zu vergeben.

Nachteile:

- Durch schlecht gewählte Beispiele können Sie eigene Schwächen offenbaren, die dem Gesprächspartner neue Ansatzpunkte für die Durchsetzung seiner Argumentation geben — sowohl auf der Sach- als auch auf der Beziehungsebene.
- Der Gesprächspartner findet Ihr Beispiel falsch, trivial, oder er meint, daß es völlig am Problem vorbeigeht.
  Vielleicht versucht er sich nun seinerseits an Beispielen, die allerdings auch nicht besser sein müssen. Man verliert sich dann leicht in Beispielen und kommt von der Sache ab.
- Sie erfreuen sich so sehr an Ihren eigenen Beispielen, daß die Sache selbst nebensächlich wird. Und schließlich verlieren Sie den roten Faden Ihrer Argumentation, weil Sie Ihre Beispiele laufend weiter ausschmücken und im Detail verteidigen müssen.
- Der Gesprächspartner hält Sie für eitel oder selbstgefällig, wenn Sie dauernd mit Ihren Erfahrungen kommen und prahlen.

– Der Gesprächspartner glaubt (zu Recht oder zu Unrecht), daß Sie Ihre angebli-
chen Erfahrungen nur erfunden haben, um seine Argumentation in Frage zu stellen. Darüber ist er verärgert, und Ihre Glaubwürdigkeit ist erschüttert.

Konkretes Beispiel zur Selbsterfahrungs-Methode:

(Gespräch über die Neueinstellung eines Steuersachbearbeiters in einem großen
Betrieb)

Personalchef:	»Ich meine, wir sollten Herrn Frisch einstellen. Der ist noch jung und ehrgeizig. Außerdem hat er offenbar hervorragende fachliche Kenntnisse.«
Abteilungsleiter:	»Herr Frisch hat auch meiner Meinung nach eine gute Qualifikation. Ich würde aber lieber Herrn Hase auf dem Posten sehen. Der ist zwar etwas älter, hat aber dafür bereits eine langjährige Berufserfahrung, so daß eine Einarbeitung kaum noch erforderlich wäre.«
Personalchef:	»Ich verstehe Ihren Standpunkt. Ich habe nämlich früher ähnlich wie Sie jetzt gedacht. In der Vergangenheit habe ich dann aber wiederholt die Erfahrung gemacht, daß gerade die erfahrenen Leute Schwierigkeiten hatten, ihren eingefahrenen Arbeitsstil auf die besonderen betrieblichen Bedingungen umzustellen. Die jungen, noch weniger berufserfahrenen Leute sind dagegen häufig viel flexibler und anpassungsfähiger.«

(Ziele:
Der Personalchef will den Wunsch des Abteilungsleiters nicht direkt zurückweisen.
Mit dem Hinweis auf eigene negative Erfahrungen mit der vom Abteilungsleiter
jetzt vertretenen Meinung hofft er, seinen Vorschlag dem Abteilungsleiter akzeptab-
ler zu machen.)

Vorteile	Nachteile
– Der Personalchef gibt dem Abteilungsleiter die Möglichkeit, frühere Erfahrungen in die Meinungsbildung mit einzubeziehen. – Der Personalchef zeigt Verständnis für die Meinung des Abteilungsleiters. Das schafft Vertrauen und signalisiert Kooperationsbereitschaft. – Der Personalchef tritt als erfahrener Praktiker auf, indem er auf eine selbst vollzogene Meinungskorrektur aufgrund praktischer Erfahrungen verweist. Er vermeidet dadurch eine autoritär wirkende Personalentscheidung.	– Der Abteilungsleiter empfindet die Entgegnung des Personalchefs als schulmeisterlich und beharrt erst recht auf seiner Meinung. – Der Abteilungsleiter hält die Argumentation des Personalchefs für ein Vorurteil, gegen das er sich auf jeden Fall durchsetzen will.

20. Annahme-Methode

Man nimmt zunächst einmal an, ein bestimmter Sachverhalt verhalte sich so oder so. Dann kann man ohne unmittelbare Verpflichtungen die möglichen Konsequenzen bedenken und analysieren. Wie man sich nach Abschluß aller Überlegungen schließlich entscheiden wird, bleibt bis dahin noch offen.

Beispiele:

— »Mal angenommen, es verhielte sich so, wie Sie eben sagten, dann ...«
— »Gehen wir einmal davon aus, daß Ihre Behauptung stimmt. Dann würde daraus folgen, daß ...«
— »Würden wir Ihrer Argumentation folgen, würde das konsequenterweise bedeuten, daß ...«
— »Unterstellen wir einmal, Ihre Auffassung sei richtig. Dann ...«
— »Unter der Voraussetzung, daß Ihre Annahmen zutreffen, kämen wir zu folgender Bewertung: ...«

Ziele:

Sie wollen Freiraum für Hypothesendiskussion gewinnen, ohne sich vorschnell auf ein Ergebnis und daraus resultierende endgültige Konsequenzen festzulegen. Innerhalb dieses Freiraumes können Sie den Gesprächspartner unter Umständen leichter aus seiner Reserve locken, da auch er sich noch nicht endgültig festlegen muß.

Vorteile:

— Sie gewinnen Spielraum für eine offene Diskussion ohne den Zwang, sich vorschnell auf bestimmte Argumentationslinien und Schlußfolgerungen festlegen zu müssen.
— Sie können den Gesprächspartner leichter aus der Reserve locken, da auch seine Äußerungen zunächst noch unverbindlich sind.
— Sie können mehrere Situationen durchspielen, ohne sich von vornherein dem Mißverständnis auszusetzen, Sie favorisierten eine bestimmte Lösung und wollten diese nur durchsetzen.
— Sie können die intellektuelle Flexibilität, den Erfahrungshintergrund und den Handlungsspielraum Ihres Gesprächspartners abtasten.
— Sie können sehr provozierende Annahmen machen und Hypothesen entwickeln, um den Toleranzbereich des Gesprächspartners auszuloten.

Nachteile:

— Der Gesprächspartner unterstellt trotz Ihrer gegenteiligen Beteuerung, daß es sich eigentlich gar nicht bloß um eine Annahme handelt, sondern daß Sie Ihre endgültige Auffassung darlegen.
— Bloße Annahmen führen leicht zur Spekulation und damit zu realitätsfremder Argumentation.

— Der Gesprächspartner fühlt sich durch rhetorische Kunstgriffe an die Wand gespielt und ist darüber verärgert.
— Der Gesprächspartner findet die Annahme-Methode gut und macht seinerseits eine Reihe von spekulativen Annahmen, die Ihr gesamtes Argumentationskonzept durcheinander bringen.

Konkretes Beispiel zur Annahme-Methode:

Leiter eines Forschungsinstituts:	»Nach meiner Terminübersicht müßte unser Projekt FR-13-7 kurz vor dem Abschluß stehen. Haben Sie die Ergebnisse schon vorliegen?«
Projektleiter:	»Einige interessante Teilergebnisse können wir schon vorweisen. Ansonsten steckt in diesem Projekt der Wurm, so daß wir den ursprünglichen Zeitplan wahrscheinlich nicht einhalten können.«
Leiter:	»Nehmen wir mal an, ich würde mich beim Auftraggeber für eine Fristverlängerung einsetzen. Wie könnte ich ihm gegenüber die Verzögerung erklären, und welchen neuen Termin könnte ich ihm für den Abschluß des Projekts nennen?«

(Ziele:
Der Institutsleiter will nicht vorschnell die Terminverzögerung akzeptieren. Da er die Verzögerung gegenüber dem Auftraggeber vertreten und verantworten müßte, will er zunächst in einer Diskussion klären, welches Ausmaß die Verzögerung hätte und ob sie wirklich zu rechtfertigen ist.)

Vorteile	Nachteile
— Der Institutsleiter erhält Informationen über Ausmaß und Ursache der Terminverzögerung.	— Der Projektleiter empfindet die Vorgehensweise des Institutsleiters u. U. als Vertrauensbruch. Er nimmt an, daß der Institutsleiter seiner Arbeitsweise nicht hundertprozentig vertraut.
— Er kann mit dem Projektleiter hypothetische Überlegungen zum bisherigen und weiteren Projektverlauf erörtern, ohne sich vorschnell auf eine eigene Stellungnahme zum weiteren Vorgehen festzulegen.	— Der Projektleiter interpretiert die Annahme bereits als Zustimmung des Institutsleiters, sich für eine Fristlängerung einzusetzen. An einer ernsthaften Diskussion über die Umstände der Terminverzögerung ist er dann möglicherweise gar nicht mehr interessiert — unter dem Motto: »Der Chef wird das schon machen«.
— Durch die zunächst hypothetische Erörterung des Problems verbessert der Institutsleiter seine Argumentationsbasis. Er kann überzeugender auftreten, sowohl gegenüber seinem Pro-	— Der Projektleiter fühlt sich ausgespielt, wenn der Institutsleiter nach einer hypothetischen Erörterung der Sachlage die Einhaltung des ursprünglichen Zeitplans fordert.

Fortsetzung auf S. 199

Fortsetzung von S. 198

Vorteile	Nachteile
jektleiter, wenn er die Terminverzögerung nicht akzeptieren will, als auch gegenüber dem Auftraggeber, wenn er die Verzögerung verantwortlich vertreten will.	

21. Reflexion

Der Einwand wird nicht entkräftet. Es geht im Augenblick nur darum, dem Gesprächspartner zu zeigen, daß Sie ihm zuhören und daß Sie seinen Einwand verstehen. Zu diesem Zweck reflektieren, spiegeln Sie das, was er gerade gesagt hat.

Beispiele:

— »Wenn ich Sie richtig verstanden habe, ...«
— »Ihrer Meinung nach besteht das Problem darin, daß ...«
— »Sie sehen demnach den Vorteil darin, daß ...«
— »Nach Ihrer Überzeugung müßte man folgendermaßen vorgehen: ...«
— »Ich sehe schon: Ihre Erfahrung zeigt, daß ...«

Ziele:

Zuhören und Sympathie dadurch erwecken, daß Sie die Meinung des Gesprächspartners reflektieren. Das bedeutet: Sie fassen den wesentlichen Inhalt seiner Aussage in eigenen Worten zusammen und melden ihm dadurch zurück, daß Sie ihn richtig verstanden haben. Wenn Sie dann später zu dem Einwand inhaltlich Stellung nehmen, kann der Gesprächspartner davon überzeugt sein, daß Ihre für ihn vielleicht sehr unbequeme Antwort zumindest nicht auf einem Mißverständnis seines Einwands beruht.

Vorteile:

— Sie müssen sich nicht selbst eine Entgegnung ausdenken. Der Gesprächspartner liefert bereits den Stoff für Ihre Antwort. Sie resümieren den Inhalt nur noch einmal und fassen ihn gegebenenfalls in Ihre eigenen Worte.
— Sie gewinnen die Sympathie des Gesprächspartners dadurch, daß Sie ihm Verständnis entgegenbringen und daß Sie ihm nicht gleich widersprechen, sondern aufmerksam zuhören und ihm dies auch zeigen.
— Der Gesprächspartner fühlt sich verstanden und akzeptiert.
— Der Gesprächspartner wird verstärkt in seinem Mitteilungsbedürfnis und gibt Ihnen unter Umständen sogar persönliche Einstellungen und sachliche Informationen preis, die er ängstlich zurückhalten würde, wenn er sich von Ihnen angegriffen fühlte.

Nachteile:

— Formulieren Sie ungeschickt, fühlt sich der Gesprächspartner leicht »auf den Arm genommen« (»Der plappert doch nur das nach, was ich schon selbst gesagt habe.«).
— Der Gesprächspartner glaubt möglicherweise zu Unrecht, daß Ihre verständnisvolle Haltung auch die inhaltliche Zustimmung zu seinen Argumenten bzw. Einwänden einschließt.
— Sie überlassen dem Gesprächspartner weitgehend die Auswahl der Themen und auch — insbesondere bei zu geringer Übung — die Führung des Gespräches. Das kann von Nachteil sein, wenn Sie z. B. im Verkaufsgespräch ein bestimmtes Ziel in einem begrenzten Zeitraum erreichen wollen.
— Der Gesprächspartner ist überrascht und eventuell sogar verärgert, wenn Sie nach einiger Zeit dann doch noch zu seinen Ausführungen kritisch Stellung nehmen (müssen). Er hatte bereits Ihre Zustimmung angenommen.

Konkretes Beispiel zur Reflexion:

(Technische Sicherheitsüberprüfung auf dem Hamburger »Dom«)

TÜV-Sachverständiger:	»Ihr Kettenkarussell entspricht im jetzigen Zustand nicht den gültigen Sicherheitsbestimmungen.«
Schausteller:	»Das ist mir unverständlich. Das Karussell läuft seit Jahren ohne jegliche Zwischenfälle, und Ihre Kollegen in München und Hannover hatten nie etwas daran auszusetzen.«
TÜV-Sachverständiger:	»Wenn ich Sie richtig verstehe, hatten Sie mit dem Karussell in den letzten Jahren nie Schwierigkeiten, und meine Kollegen in München und Hannover hatten auch keinerlei Beanstandungen wegen der Sicherheit.«
Schausteller:	»Genau, und jetzt kommen Sie und meinen, das Ding sei nicht mehr sicher genug. Wissen Sie überhaupt, was eine Umrüstung für Kosten verursachen würde?«
TÜV-Sachverständiger:	»Es ist mir schon klar, daß die Kostenfrage für Sie ein Problem ist, aber ...« (Jetzt könnte frühestens die Sachargumentation beginnen, z. B. mit dem Hinweis auf möglichen Ärger und eventuelle Kosten, die sich aus dem Sicherheitsrisiko ergeben könnten.)

(Ziele:
Der Sachverständige will zunächst ein sachliches Gesprächsklima herstellen, indem er sich die Einwände des Schaustellers aufmerksam anhört und Verständnis für dessen Probleme zeigt. Durch die Reflexion bzw. das Spiegeln der Einwände will er das dem Schausteller gegenüber auch zum Ausdruck bringen.)

Vorteile	Nachteile
— Der Sachverständige muß sich nicht sofort rechtfertigen. Er kann sich zunächst ausschließlich auf das konzentrieren, was der Schausteller sagt.	— Der Schausteller empfindet das Gesprächsverhalten des Sachverständigen als Versuch, einer sachlichen stellungnahme auszuweichen. Das

Fortsetzung auf S. 201

Fortsetzung von S. 200

Vorteile	Nachteile
— Der Schausteller kann zunächst »Dampf ablassen«. Dadurch kann das Gesprächsklima u. U. schnell versachlicht werden. — Der Sachverständige vermittelt dem Schausteller das positive Gefühl, verstanden und akzeptiert zu werden. Er gewinnt durch seine Vorgehensweise u. U. Sympathie und Vertrauen als Basis für den weiteren Gesprächsverlauf.	macht ihn noch ärgerlicher und noch weniger kooperationsbereit. — Der Schausteller schließt aus dem Vorgehen des Sachverständigen fälschlicherweise) auf dessen Kompromißbereitschaft in der Sache und versucht, mit ihm zu »handeln«.

Ein ernsthafter Einwand
ist wert der Beachtung. —
Willst du ihn entkräften,
sieh neben dem Vorteil
auch Nachteil
und Frust!

Gewinnst du den Disput,
verliert vielleicht dein »Gegner«
zur Freundschaft mit dir
die Lust
und den Mut!

Ergebnis: Pyrrhus-Sieg!

5.5 Vermeiden bzw. Neutralisieren von Killerphrasen und Killertechniken

Ein Gespräch lebt davon, daß die Gesprächspartner in Rede und Gegenrede ihre Gedanken austauschen, Argumente abwägen und — bei Gesprächen, die auf die Lösung von Problemen abzielen — auf zufriedenstellende Lösungen und gegebenenfalls Kompromisse hinarbeiten, mit denen beide Gesprächspartner leben können.

Dabei kann es passieren, daß ein lösungsorientierter und kompromißbereiter Gesprächspartner mit allen gutgemeinten Vorschlägen beim anderen »aufläuft«. Je mehr er sich um die Erarbeitung einer guten Lösung bemüht, desto hartnäckiger und kompromißloser attackiert ihn sein Gegenüber.

Genauso kann es Ihnen selbst passieren, daß Sie unabsichtlich Ihren Gesprächspartner blockieren. Er gerät dann meistens irgendwann in eine Ihnen unverständliche Mißstimmung und gibt den Versuch auf, mit Ihnen zu einer Lösung zu kommen. Das kann im Einzelfall fatale Folgen haben: etwa wenn Ihnen dadurch wichtige Aufträge entgehen, gute geschäftliche Verbindungen oder private Beziehungen zerbrechen.

SCHÜTZ (1990) analysierte die Mechanismen, mit denen sich z. B. häufig Politiker aus der Affäre zu ziehen versuchen (Leugnen, Umdeuten, Verantwortung ablehnen, Schuld ablehnen, negative Folgen minimieren, Abwertung der Quelle der Kritik).

Der daraus resultierende Verlust an Glaubwürdigkeit ist beträchtlich. Er wird aber durch Politiker offenbar meistens nicht ausreichend ernst genommen, da sie sich gern auf »das schlechte Gedächtnis der Wähler« verlassen. Oftmals dürften sie sich allerdings bei dieser fragwürdigen Strategie verschätzen.

Ärgerlich dabei ist vor allem, daß sie sich selbst den Weg zur besseren Erkenntnis als Folge einer ehrlichen und sachgemäßen Auseinandersetzung mit den gegen ihre Vorhaben vorgebrachten Einwänden verbauen. Dadurch nehmen sie zugleich ihren Wählern die Hoffnung, mit ihren gewählten Volksvertretern gemeinsam die anstehenden Probleme vernünftig lösen zu können.

Deshalb: Nicht killen!
Laß ihn leben,
deinen Gesprächspartner —
und auch seine Argumentation!

Wie kommt es dazu?

Zunächst ein Gesprächs*beispiel:*

Herr Gutmut bespricht mit seiner Lebensgefährtin, Frau Willnich, die Urlaubspläne:

1 A	H. Gutmut:	»Ich glaube, es ist jetzt an der Zeit, daß wir unseren Sommerurlaub planen.«
1 B	Fr. Willnich:	»Das haben wir doch noch nie so früh gemacht. Das hat noch Zeit. Wir haben uns sonst immer ganz spät entschieden und noch etwas bekommen.«
2 A	H. Gutmut:	»Aber, wenn wir so früh planen, haben wir noch die beste Auswahl zwischen den Reiseangeboten.«
2 B	Fr. Willnich:	»Das ist doch viel zu riskant. Wenn etwas Unvorhergesehenes dazwischen kommt, haben wir uns nur unnötig festgelegt.«

3 A	H. Gutmut:	»Besser zu früh, als zu spät!«
3 B	Fr. Willnich:	»Du brauchst dich gar nicht gleich so aufzuregen!«
4 A	H. Gutmut:	»Ich rege mich nicht auf. Ich möchte nur mit dir den Urlaub planen.«
4 B	Fr. Willnich:	»Hältst du mich für blöd? Darum geht es dir doch gar nicht!«
5 A	H. Gutmut:	»Doch. Ich habe schon die Prospekte durchgesehen und einige Angebote näher in Betracht gezogen.«
5 B	Fr. Willnich:	»Das kann doch wohl nicht dein Ernst sein! Das ist doch gar nicht deine Aufgabe! Wie kommst du überhaupt dazu, ohne mich zu fragen, schon über meinen Urlaub zu entscheiden?«
6 A	H. Gutmut:	»Ich habe ja noch gar nichts entschieden; nur die Angebote durchgesehen. Sieh sie dir doch auch einmal an.«
6 B	Fr. Willnich:	»Das ist im Moment ganz unmöglich. Dafür habe ich bei der vielen Arbeit hier im Haus überhaupt keine Zeit. Das kannst du mir glauben.«
7 A	H. Gutmut:	»Ich finde, du solltest dir dafür ruhig ein wenig Zeit gönnen.«
7 B	Fr. Willnich:	»Soll das heißen, daß ich hier nichts tue? Das kannst du doch überhaupt nicht beurteilen! Jedenfalls habe ich jetzt keine Zeit! Basta!«
8 A	H. Gutmut:	»Ja, gut. Dann sag mir doch bitte, wann wir darüber sprechen können. Vielleicht am nächsten Wochenende?«
8 B	Fr. Willnich:	»Wozu überhaupt planen? Es ging doch bisher auch immer ohne. Das ist doch alles viel zu kompliziert — und außerdem betrifft es uns gar nicht.«
9 A	H. Gutmut:	»Das verstehe ich nicht. Wieso betrifft uns das nicht?«
9 B	Fr. Willnich:	»Also ich glaube, du willst mich nur ärgern. Das ist mir viel zu primitiv. Darüber sind wir uns doch wohl einig, daß wir auch ohne Prospekte verreisen können.«
10 A	H. Gutmut:	»Natürlich brauchen wir nicht unbedingt Prospekte. Aber jetzt, wo ich sie habe, können wir doch mal reinschauen und uns einige Anregungen holen.«
10 B	Fr. Willnich:	»Das kann ja deine Mutter entscheiden. Die hat sowieso immer das letzte Wort!«
11 A	H. Gutmut:	»Was hat denn meine Mutter damit zu tun? Ich möchte doch nicht mit ihr verreisen.«
11 B	Fr. Willnich:	»Das ist doch ein ganz alter Hut. So redest du immer erst, und dann kommt es ganz anders — und zwar so, wie deine Mutter es will.«
12 A	H. Gutmut:	»Aber laß sie doch mal aus dem Spiel. Sag mir einfach, wohin du verreisen willst, dann werden wir ja sehen.«
12 B	Fr. Willnich:	»So geht es überhaupt nicht. Ich lasse mich von dir nicht unter Druck setzen. Mach doch, was du willst!«
13 A	H. Gutmut:	»Warum sträubst du dich nur so? Ich mach' doch nur einen Vorschlag, über den ich mit dir sprechen möchte.«
13 B	Fr. Willnich:	»Deine Vorschläge kenne ich. Und außerdem haben wir überhaupt kein Geld um zu verreisen.«

14 A	H. Gutmut:	»Dafür reicht es schon. Ich habe genügend gespart.«
14 B	Fr. Willnich:	»Hervorragend. Und alles hinter meinem Rücken, ohne mich zu fragen. Meinst du das wirklich im Ernst, oder willst du mich wieder nur verkaspern?«
15 A	H. Gutmut:	»Nein wirklich, ich meine es ernst. Bitte sage mir doch, was du möchtest.«
15 B	Fr. Willnich:	»Das habe ich schon mal gemacht. Aber das kümmert dich ja überhaupt nicht. Vielleicht können wir später mal darüber reden, wenn ich mehr Zeit habe.«
16 A	H. Gutmut:	»Ja, einverstanden. Wann sollen wir uns denn Zeit dafür nehmen?«
16 B	Fr. Willnich:	»Wir können das sowieso nicht allein entscheiden. Erst mal müssen wir wissen, ob unser Sohn mitfahren will.«
17 A	H. Gutmut:	»Wir können ihn ja heute abend fragen. Er wird sich sicher freuen, wenn wir ihm schon einige Reiseziele vorschlagen können.«
17 B	Fr. Willnich:	»Das hast du doch schon vor vier Wochen gesagt. Und nichts ist passiert. Ha, ha, daß ich nicht lache. Du hast dich ja furchtbar intensiv um alles gekümmert!« usw.

Sie sehen, solche Gespräche kann man endlos fortführen, ohne zu einem Ergebnis zu kommen, wenn der Gesprächspartner nicht will. Vielleicht wäre Herr Gutmut besser beraten, wenn er erst einmal versuchte herauszufinden, *weshalb* Frau Willnich grundsätzlich alle seine Vorschläge blockiert, denn nur neue Sachargumente führen ja offenbar nicht weiter.

Was passiert in dem Gespräch?

Herr Gutmut versucht — wie wir gesehen haben — erfolglos, mit Frau Willnich eine Sachfrage zu klären — nämlich: Wohin wollen wir im Sommerurlaub verreisen?

Er gibt dem Gespräch immer neue Anstöße. Frau Willnich reagiert darauf jeweils sehr konsequent mit Beiträgen, die in der Fachliteratur *Killerphrasen* (engl. — to kill = töten) genannt werden.

Killerphrasen töten das Gespräch!

In der folgenden Übersicht haben wir aus der Praxis sattsam bekannte Killerphrasen in ein Ordnungsschema gebracht, das Strukturen durchschaubarer macht und Ihnen eine Hilfe gibt für zweckmäßige Reaktionen auf bestimmte Arten von Killerphrasen und Killertechniken.

Unter Killer*phrase* verstehen wir vor allem die konfliktzentrierte Gesprächs-Aktion. Killer-*Techniken* können auf das Gespräch als Mittel der Konflikt-Induktion, der Konflikt-Steuerung, -Eskalation und -Lösung unter Umständen völlig verzichten. Allgemein bekannt ist z. B. das »Aussitzen«: d. h. der Konfliktpartner reagiert, indem er nicht reagiert, und er treibt dadurch seinen Gegner zur Verzweiflung. Er strapaziert dessen Nerven, bis er schließlich entnervt aufgibt. Das ist z. B. bei Firmenchefs und Politikern ein bisweilen beliebtes nervtötendes Kommunikations-Instrument. Je dickfelliger der Akteur, desto genervter der Widerpart und umso sicherer der Erfolg.

Wir haben grundsätzlich nach den verschiedenen Ansatzpunkten der Killerphrasen folgendermaßen unterschieden:

1. Ansatz beim Verwender der Killerphrase (Sprecher):

Er rückt sich selbst in den Mittelpunkt, um den Gesprächspartner oder den Gesprächsgegenstand »matt zu setzen«.

2. Ansatz beim Gesprächspartner:

Die Killerphrase richtet sich direkt gegen den Gesprächspartner.

3. Ansatz beim Gesprächsgegenstand:

Die Killerphrase wird direkt auf den Gesprächsgegenstand konzentriert.

4. Ansatz bei den Rahmenbedingungen von Gesprächen:

Die Killerphrase bezieht sich auf die räumlichen, organisatorischen, zeitlichen und anderen Gegebenheiten, unter denen das Gespräch stattfindet.

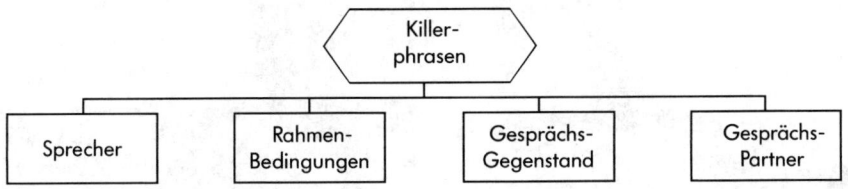

Abbildung 57 Killerphrase

Killerphrasen können — an passender Stelle im Gespräch eingesetzt — dieses sehr schnell blockieren. Für denjenigen Gesprächspartner, der mit einer Killerphrase konfrontiert wird, stellt sich jeweils die schwierige Frage, wie er darauf so reagieren kann, daß ihre Wirkung verpufft und das Gespräch dessen ungeachtet in dem von ihm gewünschten Sinn fortgeführt werden kann.

Aber es reicht nicht aus, sich die Belastungen von Gesprächen durch unabsichtlich einfließende oder vorsätzlich benutzte Killerphrasen bewußt zu machen. Man muß auch wissen, wie man sie selbst vermeidet oder wie man ihnen erfolgreich begegnen kann, wenn man vom Gesprächspartner damit konfrontiert wird.

Manchmal darf man die richtige Reaktion in kritischen Situationen nicht dem Zufall überlassen. Man muß sie vorher planen — z.B. unter Zuhilfenahme eines Buches über den richtigen Umgang mit Konflikten (!).

Auch die folgende Übersicht kann Ihnen dafür einige nützliche Hinweise geben. Dort sind einer Auswahl von Killerphrasen (jeweils linke Seite der

Tabelle) verschiedene Reaktionsmöglichkeiten (jeweils rechte Seite der Tabelle) zugeordnet. Letztere haben wir in der Regel so ausgewählt, daß sie das Gespräch möglichst nicht belasten, behindern oder gar blockieren. Sie sollen

Abbildung 58 Kommunikation: killen oder sich verständigen?

Unklarheiten aufklären, Unterstellungen dekuvrieren und neutralisieren, Möglichkeiten für eine sinnvolle Fortführung des Gesprächs mit Aussicht auf eine Problemlösung oder einen für beide Gesprächspartner akzeptablen Kompromiß eröffnen.

5.5.1 Angriffspunkt: Eigene Person

Der »Killerphrasen-Drescher« stellt sich selbst, seine Meinungen und Bedürfnisse als selbstverständliche Diskussions- bzw. Handlungsbasis dar. Die Meinungen und Wünsche des Gesprächspartners haben sich dem unterzuordnen. Dazu benutzt er verschiedene Techniken.

Killerphrasen	Reaktionsmöglichkeiten

1. Ausweichen

Er weicht einer sachlichen Auseinandersetzung mit dem Problem aus.

— Das Ausweichmanöver blockieren.
— Die Killerphrase entlarven.
— Den Gesprächspartner zum Sachgespräch zurückführen.

Beispiele

— Dafür habe ich jetzt keine Zeit.

— Ist das denn eine Zeitfrage?
— Müssen Sie nicht als Führungskraft dafür rechtzeitig Zeit einplanen?
— Wann haben Sie denn Zeit?
— Wenn Sie keine Zeit haben, werden wir das Problem ohne Ihre Mitwirkung lösen.
— Diese Ausrede ist schon viel zu abgedroschen. Wann also?

— Das ist einfach unter meiner Würde! Damit befasse ich mich nicht!

— Unter welcher Würde?!
— Ist das eine Frage der Würde oder der Menschlichkeit?
— Muß man in solchen Fällen nicht der Lösung des Sachproblems den Vorrang einräumen?
— Ich verstehe Sie. Dann mache ich es allein.

— Das ist mir zu primitiv.

— Inwiefern ist das primitiv?
— Welchen besseren Vorschlag haben Sie?
— Aber ist das nicht Ihr eigener Vorschlag gewesen?!

— Das betrifft mich nicht! Das geht uns nichts an!

— Wieso nicht?
— Betrifft uns das nicht alle?
— Wen betrifft es denn nach Ihrer Meinung?

— Ich sehe da gar keinen Zusammenhang!

— Was ist Ihnen denn unklar?
— Wie sehen *Sie* das Problem?
— Welchen Vorschlag machen *Sie?*
— Vielleicht haben Sie noch nicht verstanden, worum es hierbei tatsächlich geht. Ich werde den Sachverhalt noch einmal kurz darstellen.
— Was denken denn die anderen Beteiligten darüber?

Killerphrasen	Reaktionsmöglichkeiten
– Wieso sprechen Sie gerade mich in dieser Sache an?	– Ich halte Sie für den kompetentesten Mann. – Sind Sie nicht der richtige Ansprechpartner? Wer wäre denn der richtige?
– Dazu müssen wir einen Ausschuß einsetzen. Der soll sich mit diesem Problem befassen.	– Brauchen wir dazu wirklich einen Ausschuß? Sind wir dazu selbst nicht fähig? – Wer soll denn Mitglied im Ausschuß sein? Wer finanziert den Ausschuß? Bis wann sollen denn die Ergebnisse vorliegen? Welche alternativen Ergebnisse sind zu erwarten, und was fangen wir dann damit an? – Wollen Sie den Ausschuß selbst leiten, oder wer soll das tun?
– Da gibt es überhaupt keinen Handlungsbedarf!	– Wie kommen Sie zu dieser Einschätzung? – Gibt es keinen Handlungsbedarf, oder wollen *Sie* nicht handeln? Prüfen wir doch erst einmal, was dafür und was dagegen spricht! – In solchen Fragen gibt es immer Handlungsbedarf! Die Frage heißt lediglich: Wie?!
– Bereits widerlegte Einwände immer aufs neue wiederholen.	– Den Einwand haben Sie schon wiederholt gebracht. Wir haben uns schon darüber verständigt, daß er nicht stichhaltig ist. – Sie erinnern sich sicher, daß wir diesen Punkt schon erledigt hatten. Wir diskutieren jetzt die Frage: ... – Welche Absicht verfolgen Sie eigentlich mit der ständigen Wiederholung dieses längst widerlegten Einwands? – Gut. Das wissen wir schon. Aber zu Scherzen ist jetzt keine Zeit. Ich frage Sie ernsthaft: ...?
– Argumente des Gesprächspartners ignorieren, überhören. Fragen stellen, die deutlich zeigen, daß man nicht zugehört hat. Schulterzucken, demonstrativ nicht zuhören.	– Vielleicht habe ich mich mißverständlich ausgedrückt. Ich will mein Argument deshalb noch einmal neu formulieren: ... – Weshalb gehen Sie auf mein Argument nicht ein?

Killerphrasen	Reaktionsmöglichkeiten
	— Sie gehen auf mein Argument gar nicht ein. Haben Sie nicht verstanden, was ich gesagt habe?
	— Ich hatte gerade gesagt: »...« Was sagen Sie dazu?
	— Auf Ihre Frage möchte ich erst eingehen, wenn Sie zu meinem Argument Stellung genommen haben. Was meinen Sie dazu?
— Scheinbar begeistert Änderungen vorschlagen.	— Erledigen wir doch erst einmal das, was wir schon begonnen haben, ehe wir Neues in Angriff nehmen!
	— Was bezwecken Sie mit diesem Vorschlag?
	— Welche Ergebnisse erwarten Sie, wenn wir Ihren Vorschlag verwirklichen?
	— Sie machen immer neue Vorschläge. Sollen wir uns nicht erst einmal mit den alten befassen?
	— Halt! Immer mit der Ruhe! Jetzt will ich erst mal notieren. Was hatten Sie gerade vorgeschlagen?

2. Ungerechtfertigten Angriff gegen die eigene Person unterstellen

Dem Gesprächspartner wird eine Absicht unterstellt, die dieser gar nicht gehabt hat. Dadurch soll er verunsichert und von einer prekären Sachthematik abgelenkt werden.	— Die Unterstellung aufdecken.
	— Zur Sache zurückführen.

Beispiele

— Sie halten mich wohl für blöd!	— Wie kommen Sie zu dieser Annahme?
	— Welche Anhaltspunkte bietet Ihnen meine Argumentation für diese Vermutung?
	— Ja!
	— Soll ich jetzt das Gegenteil beweisen?
	— Heißt das: fishing for compliments?
	— Ich nehme an, Sie werden diesem Eindruck jetzt sofort durch überzeugende Sachargumente die Grundlage entziehen.

Killerphrasen	Reaktionsmöglichkeiten
— Sie glauben wohl, ich verstehe Sie nicht. Ich vestehe Sie sehr gut!	— Ja, das glaube ich.
	— Verstehen Sie mich wirklich? Wodurch können Sie mir das belegen?
	— Wenn Sie mich so gut verstehen, werden Sie mir zustimmen.
	— Keineswegs. Ich baue sogar darauf, daß Sie mich verstehen.
— Trauen Sie mir das etwa nicht zu?	— Im Gegenteil. Genau das traue ich Ihnen zu.
	— Nein!
	— Warum sollte ich Ihnen das denn zutrauen?
	— Trauen *Sie* sich das denn zu?
	— Welche Erfahrungen haben Sie denn schon auf diesem Gebiet?
— Wollen Sie etwa behaupten, ich hätte nichts unternommen?	— Was haben Sie denn unternommen?
	— Was bringt Sie zu dieser Vermutung?
	— Nein. Ich gehe vielmehr davon aus, daß Sie uns jetzt im einzelnen darlegen, was Sie schon unternommen haben und wie die Ergebnisse aussehen.

3. Eigene Kompetenz betonen

Widerspruch soll überhaupt gar nicht erst aufkommen. Deshalb wird die eigene Kompetenz als feststehende Tatsache vorausgesetzt.	— Diese vorgegebene Kompetenz als Tatsache akzeptieren und konsequent Forderungen darauf aufbauen. Dann zeigt sich meistens sehr schnell, ob der »Angeber« sie erfüllen kann.
	— Die Kompetenz anzweifeln und Beweise verlangen.
	— Schärfer: Tatsachen anführen, die den überzogenen Kompetenzanspruch relativieren.

Beispiele

— Das können Sie mir schon glauben! Auf diesem Gebiet habe ich jahrelange Erfahrung.	— Ja, das glaube ich Ihnen. Bitte erklären Sie mir doch einmal genau folgenden Sachverhalt: ...

Killerphrasen	Reaktionsmöglichkeiten
Auf diesem Gebiet bin ich Experte! In diesem Punkt macht mir so leicht keiner etwas vor!	— Ja. Welche Erfahrungen haben Sie denn gerade auf diesem Sachgebiet? — Als Experte können Sie mir sicher erklären, wie ... (genaue Abfrage von Details). — Ja. Das bezweifle ich nicht. Wir sind ja schließlich alle Experten auf diesem Gebiet. Gerade deshalb ergeben sich aus unserer fachlichen Sicht folgende Probleme: ...
— Davon verstehe ich ja wohl mehr als Sie!	— Sind Sie sicher? Inwiefern verstehen Sie denn mehr davon? — Wenn das so ist, dann erklären Sie mir doch bitte einmal folgenden Sachverhalt (oder: Widerspruch). ... — Ja. Genau deshalb habe ich mich eingehend bei Herrn X über diesen Sachverhalt informiert, weil der ein anerkannter Fachmann ist. Er sagt: ...
— Ich habe schon in den früheren Unternehmen erfolgreich Personalprobleme gelöst.	— Weshalb haben Sie Ihr früheres Unternehmen dann überhaupt verlassen? — Wie beabsichtigen Sie denn die Probleme in Ihrer Beschaffungsabteilung zu lösen, wo es ständig Krach unter den Mitarbeitern und eklatante Fehlleistungen gibt? Das müßte Ihnen doch bei Ihrer Erfahrung leicht gelingen.

5.5.2 Angriffspunkt: Gesprächspartner

Es geht nicht um die Sache. Angegriffen wird der Gesprächspartner persönlich. Der Angreifende versucht dabei, von seinen eigenen Schwächen und von den Schwachpunkten seiner Argumentation abzulenken.

Killerphrasen	Reaktionsmöglichkeiten
1. Zuständigkeit bezweifeln	
Wer nicht zuständig ist, mit dem braucht man sich nicht auseinanderzusetzen. Ihm fehlt auf jeden Fall die Entscheidungskompetenz.	— Die eigene Zuständigkeit zweifelsfrei klarstellen. — Die Zuständigkeit (oder Sachkompetenz) des Angreifers bezweifeln.

Killerphrasen	Reaktionsmöglichkeiten

— Die Frage der Zuständigkeit ausklammern und einfach (trotzdem) zur Sache kommen.

Beispiele

Killerphrasen	Reaktionsmöglichkeiten
— Das ist überhaupt nicht Ihre Aufgabe!	— Wie kommen Sie zu dieser Behauptung? — Wessen Aufgabe ist dies denn nach Ihrer Meinung? — Wollen Sie sich mit mir streiten, oder wollen wir das Problem lösen? — Da haben Sie recht. Das ist *Ihre* Aufgabe. Soweit davon mein Arbeitsgebiet betroffen ist, werde ich den Vorgang bis zum ... auf Wiedervorlage legen. — Das stimmt. Ich kümmere mich lediglich darum, weil die eigentlich dafür Zuständigen es nicht tun. Aber, bitte übernehmen Sie diese Aufgabe!
— Wieso mischen Sie sich denn hier ein?	— Wie kommen Sie zu dieser Vermutung? — Möchten Sie das lieber allein erledigen? Bitte! — Das ist schließlich meine Aufgabe. Aber, was haben Sie denn damit zu tun?
— Das können Sie doch gar nicht beurteilen!	— Jedenfalls liegt meine Beurteilung hier schriftlich vor Ihnen auf dem Tisch. Alles weitere ist jetzt Ihre Sache. — Was ist denn an meiner Beurteilung falsch? — Wie beurteilen *Sie* denn den Sachverhalt?

2. Kompetenz bestreiten, Unkenntnis unterstellen

Dem Gesprächspartner wird mangelnde Sachkenntnis/fehlende Qualifikation unterstellt. Vor diesem Hintergrund braucht man sich mit seinen Argumenten gar nicht mehr auseinanderzusetzen.	— Die eigene Kompetenz/Qualifikation klarstellen. — Die Kompetenz/Qualifikation des Angreifers in Zweifel ziehen. — Konzentration auf die sachlichen Argumente.

Killerphrasen	Reaktionsmöglichkeiten

Beispiele

— Da kennen Sie einfach die Fakten nicht. Darüber sollten Sie sich erst einmal etwas genauer informieren.	— Welche Fakten kenne ich nicht? — Dann nennen *Sie* uns doch bitte die Fakten. — Ja. Dann halten Sie bitte die Fakten nicht zurück! Sagen Sie, worum es geht. — Bitte informieren *Sie* uns doch über den Sachverhalt!
— Haben Sie überhaupt Abitur?	— Ich dachte, das wissen Sie. — Was hat Abitur mit meinem Argument zu tun? Bitte beantworten Sie doch einfach meine Frage. — Was soll diese Frage? Haben Sie meinem Argument nichts mehr entgegenzusetzen? — Ach, *Sie* haben wohl Abitur — das hätte ich nicht gedacht! (Killerphrase!) — Ich wollte hier keine Abiturfragen stellen. Bitte beantworten Sie mir nur die Frage, ob ...
— Ich verstehe gar nicht, wo Sie da Schwierigkeiten sehen!	— Ich sehe keine Schwierigkeiten. Ich sehe nur noch nicht, wie *Sie* das Problem lösen werden. Wie werden Sie das machen? — Sehen Sie denn keine Schwierigkeiten? Wie wollen Sie z. B. das Problem X lösen? — Ist es nicht besser, rechtzeitig vorher über möglicherweise auftretende Probleme nachzudenken, als später unerwartet damit konfrontiert zu werden?
— Das war viel zu voreilig. Das haben Sie nicht richtig durchdacht! Handeln Sie da nicht sehr leichtsinnig?	— Inwiefern? — Wie würden Sie denn vorgehen? — Ich greife damit nur Ihren Vorschlag aus der letzten Besprechung auf! — Wie stellen Sie sich denn den optimalen Ablauf vor? — Was hindert uns jetzt daran, das Unternehmen zu starten?
— Alles graue Theorie. Wer's selbst nicht kann, der lehrt's.	— Gut, verzichten wir auf die Theorie. Wie wollen Sie denn praktisch vorgehen?

Killerphrasen	Reaktionsmöglichkeiten

| | – Wollen Sie schon mit der Maßnahme anfangen, bevor wir den Konzeptrahmen abgesteckt haben?
– Nur Leute mit mangelnder Intelligenz und Erfahrung verzichten auf die gründliche theoretische Vorbereitung. |

3. Überraschendes Einbringen (angeblich) neuer Tatsachen

| Die Gesprächspartner sollen überrascht werden und aus ihrem Konzept geraten. Anstehende Entscheidungen sollen verzögert werden. | – Die Berechtigung des Einbringens in Frage stellen.
– Die Verwertbarkeit der »Neuigkeit« in Zweifel ziehen.
– Gegebenenfalls konsequent in den weiteren Ablauf einbauen. |

Beispiele

– Diese Fakten haben Sie bisher völlig übersehen. Sie erfordern ein grundsätzliches Überdenken des gesamten Plans.	– Warum haben Sie uns diese Fakten nicht schon früher zugänglich gemacht? Was ist denn wirklich neu und muß noch berücksichtigt werden? – Vielen Dank. Soweit ich sehe, haben wir diese Punkte jedoch bereits alle abgehandelt. Sie bringen nichts Neues.
– Durch das Ereignis von gestern ist eine völlig neue Lage entstanden.	– Inwiefern? – Was ändert das konkret an unserem Plan? – Der Sachverhalt ist nicht neu. Das haben wir schon berücksichtigt.
– Das kann nur Ihr Chef entscheiden!	– Ja, gut. Dann fragen wir ihn doch gleich. – Hat er Ihnen das gesagt? – Ja. Er hat bereits entschieden. Über das Ergebnis habe ich Sie gerade informiert. – Was erweckt bei Ihnen die Hoffnung, der würde anders entscheiden?
– Dafür können Sie doch überhaupt nicht die Verantwortung übernehmen.	– Doch, das kann ich, und das tue ich auch. – Wer sollte denn nach Ihrer Meinung die Verantwortung übernehmen? – Dann übernehmen Sie doch bitte die Verantwortung.

Killerphrasen	Reaktionsmöglichkeiten
	— Die Verantwortung hat bereits der Chef übernommen. Davon können Sie ausgehen.
— Ihr Kollege X/Ihr Chef beurteilt den Sachverhalt aber ganz anders!	— Wie denn?
	— Wann hat er Ihnen diese Information gegeben? ... Ja, zu diesem Zeitpunkt kannte er die neuen Fakten noch nicht. Heute morgen sieht er den Sachverhalt so, wie ich ihn eben dargestellt habe.
	— Dann sollten Sie mit meinem Kollegen/Chef weiter darüber sprechen.
4. Bekannte und anerkannte Autoritäten (zu Unrecht) zitieren; sich auf Gesetze, Vorschriften berufen; sich auf die Reaktion/ Gewohnheit berufen.	
Der Gesprächspartner setzt sich nicht inhaltlich mit den Argumenten auseinander, sondern weist sie ungeprüft zurück mit dem Hinweis auf die (angeblich) abweichende Meinung eines anerkannten Experten. Oder er beruft sich auf Gesetze, Richtlinien, Vorschriften oder Traditionen, die die Überprüfung neuer Argumente überflüssig machen.	— Allgemeine Hinweise auf andere Experten in bezug auf die zu behandelnde Frage konkretisieren lassen.
	— Die angebliche Meinung der Experten z. B. durch Zitieren anderer Fachleute relativieren.
	— Die Vergleichbarkeit der Fragestellungen in Zweifel ziehen; gegebenenfalls auf zwischenzeitliche Veränderungen hinweisen.
	— Den eigenen Sachverstand der Gesprächspartner hervorheben.

Beispiele

— Nach Professor X ist das, was Sie vorschlagen, unzulässig.	— Ich kenne Herrn Professor X persönlich. Wir haben gerade über dieses Thema gesprochen. Danach ist es völlig richtig, wenn ich sage, ...
	— Darüber gibt es unterschiedliche Auffassungen. Professor Y sagt z. B. ...
— Dafür brauchen wir erst eine Genehmigung.	— Diese Genehmigung habe ich bereits.
	— Bevor wir eine Genehmigung einholen, müssen wir erst einmal die Sache klären.

Killerphrasen	Reaktionsmöglichkeiten
– Das ist gegen die Vorschriften.	– Gegen welche? – Was schlagen Sie unter diesen Umständen vor?
– Das verstößt gegen die Satzung. Das dürfen wir gar nicht tun.	– Ich habe die Satzung vorliegen. Dort heißt es: »...« Wo sehen Sie da eine Unvereinbarkeit?
– Das ist ein gesetzwidriger Vorschlag, den können wir gar nicht beraten.	– Ich mache grundsätzlich keinen gesetzwidrigen Vorschlag. Sagen Sie bitte, was Sie an meinem Vorschlag als gesetzwidrig empfinden. Dann kann ich das Mißverständnis aufklären.
– Der Chef hat gesagt, wir haben folgendermaßen vorzugehen: ...	– Mit dem Chef habe ich unser Vorgehen bereits abgestimmt. – Als er das sagte, kannte er die erst heute bekanntgewordenen Tatsachen noch nicht. Darüber werde ich ihn sofort informieren. Ich bin sicher, daß er dann unser geplantes Vorgehen voll unterstützt.
– Das haben wir schon immer so gemacht!	– Wirklich? – Warum denn? – Aber nicht alle! Fachleute haben diese Sache schon immer anders beurteilt!
– Das haben wir noch nie gemacht!	– Ja, leider. Deshalb sollten wir jetzt endlich damit anfangen! – Warum eigentlich nicht? – Sie wohl nicht. Wir schon! Und wir haben damit gute Erfahrungen gemacht.
– Das haben wir alles schon versucht. Das bringt gar nichts.	– Wann denn? Welche Ergebnisse? – Alles? Das ist gar nicht möglich. Was ist z. B. mit ...? – Was genau haben Sie denn schon versucht?

5. Dem Gesprächspartner Streitsucht, Unausgeglichenheit, Unernsthaftigkeit unterstellen

Das ist der Versuch, den Gesprächspartner als Person zu diffamieren, ihn als jemanden hinzustellen, mit dem sich eine ernsthafte Auseinandersetzung in der Sache gar nicht lohnt.	– Keinen Anlaß zu dieser Behauptung geben. – Die Herkunft dieser Unterstellung klären. – Die hinterhältige Absicht des Angreifers aufdecken.

Killerphrasen	Reaktionsmöglichkeiten

Beispiele

— Sie brauchen sich gar nicht so aufzuregen! Wenn man so unausgeglichen ist wie Sie, kann man auch nichts leisten.	— Wieso glauben Sie, daß ich mich aufrege? — Wenn man Sie hört, muß man sich aufregen! (Dann im Text fortfahren.) — Wissen Sie denn, worüber ich mich aufrege? (= Rhetorische Frage) Ich rege mich darüber auf, daß ... (Fortsetzung des unterbrochenen Gedankenganges).
— Meinen Sie das wirklich ernst? Du willst mich wohl verkaspern! Das kann doch nicht Ihr Ernst sein!	— Ja, und zwar aus folgendem Grund: ... — Wieso zweifelst du daran? — (Humorvoll:) Nein. Ich scherze. — Wie kommen Sie darauf?
— Sie geraten aber auch mit jedem in Streit!	— Nicht mit jedem, aber mit Ihnen. Und zwar aus folgendem Grund: ... — Bitte, erklären Sie einmal etwas näher, wie Sie das meinen! — Wie kommen Sie zu dieser Unterstellung? — Was beabsichtigen Sie mit dieser völlig aus der Luft gegriffenen Unterstellung?

6. Fälschlich Einvernehmen unterstellen

Die abweichende Argumentation des Gesprächspartners wird getötet, indem man (vorsätzlich falsch) Einvernehmen unterstellt.	— Klarstellung. — Aus dem unterstellten Einvernehmen die Meinungsänderung des Angreifers ableiten.

Beispiele

— Darüber sind wir uns doch einig. In diesem Punkt waren wir noch nie unterschiedlicher Meinung.	— Nein. Ich teile Ihre Meinung nicht, daß ... Vielmehr vertrete ich die Auffassung, daß ... — Woraus schließen Sie das? — Ja, wir sind uns einig darin, daß ... (eigene Meinung darlegen).

Killerphrasen	Reaktionsmöglichkeiten

7. Konfrontation mit eigener Meinungsäußerung

Dem Gesprächspartner wird vorgehalten, er habe über dasselbe Thema früher eine (völlig) andere Auffassung vertreten.	— Wenn das richtig ist: selbstsicher zustimmen. — Wenn das falsch ist: Klarstellung.

Beispiele

— Letzte Woche hast du noch genau das Gegenteil behauptet!	— Ja. Jetzt weiß ich es aber besser. — Ja. Wir hatten darüber gesprochen, und du hast mich überzeugt. — Nein. Letzte Woche ging es um einen anderen Sachverhalt: ... — Bist du sicher? Was habe ich denn nach deiner Erinnerung behauptet?
— Herr Kollege, bei der letzten Sitzung haben Sie genau das Gegenteil gesagt.	— Wenn das stimmt, können wir das ja im Protokoll nachsehen. — Herr Kollege, wenn Sie sich richtig erinnern, habe ich damals folgendes gesagt: ... (*richtiges* Zitat). — Genau das Gegenteil war *damals* auch richtig. *Heute* geht es aber um einen anderen Sachverhalt, nämlich ... — Was, Herr Kollege, was soll ich damals gesagt haben?

8. Emotionalisierung: den Gesprächspartner lächerlich machen; Diffamierung, Unterstellung unlauterer Motive

Jenseits jeder Sachargumentation wird der Gesprächspartner »unter der Gürtellinie« angegriffen. Er soll als Fachmann und Mensch desavouiert werden.	— Die hinterhältige Absicht des Angreifers aufdecken. — Den Ausrutscher taktvoll übergehen.

Beispiele

— Sie sollten erst mal denken, bevor Sie reden.	— Was ist Ihnen denn unklar? — Wenn Sie das nicht verstanden haben, werde ich den Sachverhalt noch einmal aus einem anderen Blickwinkel darstellen: ...

Killerphrasen	Reaktionsmöglichkeiten
	— Solche Bemerkungen führen uns hier nicht weiter. Welchen Vorschlag können *Sie* denn machen?
— Das ist doch Schwachsinn! Das ist ja nun wirklich der größte Blödsinn, den ich jemals gehört habe!	— Davon einmal abgesehen: Welchen Vorschlag machen Sie?
	— Inwiefern ist das für Sie Blödsinn?
— Sie reden der Konkurrenz das Wort! Sie schädigen unser Unternehmen!	— Inwiefern?
	— Welche Ziele verfolgt die Konkurrenz nach Ihrer Meinung?
	— Das ist nicht nötig. Die Konkurrenz hat uns schon überrundet. Die Frage heißt: Wie kommen wir wieder nach vorne? Was schlagen *Sie* vor?
	— Das Unternehmen schädigt, wer hier nicht seine ganze Arbeitskraft einsetzt. Was werden *Sie* tun, um uns voranzubringen?
— Sie wollen doch überhaupt nicht zu einer positiven Lösung kommen!	— Woraus schließen Sie das?
	— Sie haben meine Beiträge offenbar noch nicht zur Kenntnis genommen. Ich fasse daher meine Vorschläge noch einmal zusammen: …
	— Was soll diese Bemerkung? Welchen Lösungsvorschlag machen Sie selbst?
— Schon wieder Ihre längst bekannten Vorschläge! Ihnen fällt wohl auch nie etwas Neues ein.	— Richtig. Diese Vorschläge habe ich schon vor einem Jahr gemacht. Aber sie sind noch immer nicht verwirklicht. Und bessere Vorschläge haben Sie bisher auch nicht eingebracht. Also: Wägen wir doch einmal die Argumente für und gegen meine Vorschläge ab!
	— Was ist *Ihnen* denn Neues eingefallen?
— Das ist viel zu altmodisch.	— Was finden Sie an meinem Vorschlag altmodisch?
— Das ist auch wieder nur so ein supermoderner Gag!	— Inwiefern ist das bloß ein supermoderner Gag?
	— Altmodisch? Supermodern? Mein Vorschlag liegt voll im Trend!
— Das ist völlig realitätsfern!	— Wie sehen *Sie* denn die Realität? Welchen realistischen Vorschlag können Sie machen?
— Sie drehen Ihre Argumente, wie Sie sie gerade brauchen!	— Ich bringe die Argumente, die der Sache gerecht werden.
	— Was gefällt Ihnen an meinen Argumenten nicht?

Killerphrasen	Reaktionsmöglichkeiten
	— Genau diesen Eindruck habe ich von *Ihnen*. Wie kommen Sie angesichts der heutigen Situation zu der Behauptung, daß ...?
— Das ist wieder Ihre Parteiphilosophie!	— Ich vertrete hier keine Partei. Ich spreche über das Sachproblem X.
	— Was ist an meinem Argument »Parteiphilosophie?«
	— Das ist doch wohl nebensächlich. Welchen Einwand gibt es gegen meinen Vorschlag?
	— Wer selbst nur taktiert, unterstellt das auch anderen. Hier geht es aber nicht um Taktik, sondern um das Sachproblem X. Wie wollen Sie dieses Problem praktisch lösen?

9. Belehrung

Der Gesprächspartner wird als unwissend dargestellt.	— Die Belehrung auf ihren Wahrheitsgehalt überprüfen.
	— Die »Selbstbeweihräucherung« des Gesprächspartners mit Humor aufnehmen.
	— Die »Belehrung« taktvoll übergehen und den Inhalt sachlich aufgreifen.

Beispiele

— Das können/müssen Sie mir glauben!	— Warum?
	— Wie können Sie Ihre Behauptung belegen/beweisen?
	— Ich glaube Ihnen (fast) alles. Aber, sagen Sie mir doch bitte, ... (Beweis fordern; Konsequenzen darlegen) ...
— Wenn ich Ihnen das sage, können Sie sich darauf verlassen!	— Wieso?
	— Ich habe den Eindruck, Sie stehen mit dieser Meinung völlig allein da. Wer teilt Ihre Auffassung?
	— Bleiben wir doch bei der Sachfrage. Welche Argumente stützen *Ihre* Meinung?
— Als Experte mit langjähriger Berufspraxis sage ich Ihnen das.	— Wenn Sie langjährige Berufserfahrung haben, müßten Sie aber wissen/ist Ihnen sicher auch bekannt, daß ...

Killerphrasen	Reaktionsmöglichkeiten
	— Andere Experten haben darüber eine ganz andere Meinung/stützen aber nachdrücklich *meine* Auffassung.

10. Isolierung des Gesprächspartners; Solidarisierung mit anderen.

Killerphrasen	Reaktionsmöglichkeiten
Der Angreifer versucht, andere (Zuhörer, Gruppenmitglieder) für sich zu gewinnen und deren Solidarisierung mit ihm und seiner Meinung zu erreichen. Gelingt ihm das, ist der Gesprächspartner isoliert und muß sich jetzt allein nicht nur gegen den Angreifer, sondern gegen eine ganze Gruppe von »Gegnern« zur Wehr setzen.	— Selbst versuchen, mit anderen eine Solidarisierung zu erreichen. Koalitionspartner suchen. — Den Solidarsierungstrick des Angreifers vor den Augen der Angesprochenen aufdecken.

Beispiele

Killerphrasen	Reaktionsmöglichkeiten
— Das will keiner von uns!	— Fragen wir doch die Zuhörer/Gruppenmitglieder selbst: Was denken Sie über ...? — Ich habe den Eindruck, daß Sie jetzt versuchen, den Anwesenden Ihre Meinung aufzudrängen. Prüfen wir doch einmal gemeinsam die Sachlage!
— Da sagen Sie uns nichts Neues!	— Das stimmt. Das wissen wir schon lange. Aber haben wir diese bekannten Tatsachen auch schon bei unserer Planung berücksichtigt? Nein! Wie sollen wir jetzt vorgehen? — Ich dachte, Sie wüßten das noch nicht. Aber wenn Sie es schon wissen: Welche Konsequenzen ziehen Sie daraus?
— Das haben wir früher schon erfolglos versucht!	— Ja, das weiß ich. Aber jetzt haben wir eine andere Situation. Heute wäre dieses Vorgehen gerade richtig. — Ja, mit Ihren damaligen Mitarbeitern. Die heutigen sind aber viel besser qualifiziert. Mit Ihnen könnten Sie es schaffen.
— Das wird aber den anderen überhaupt nicht gefallen.	— Mit den anderen habe ich schon darüber gesprochen. Die sind einverstanden.

Killerphrasen	Reaktionsmöglichkeiten

— Ja, sicher. Aber nur, wenn sie nicht richtig informiert werden. Wenn Sie sich das nicht zutrauen, können wir ja Herrn Meyer darum bitten.

11. Einem unbequemen Sachthema ausweichen durch Einleitung eines persönlichen Angriffs

Der mit einer für ihn unbequemen Sachfrage Angesprochene geht darauf gar nicht ein, sondern startet gegen den Frager einen diesen brüskierenden oder diffamierenden persönlichen Angriff, der ihn erst einmal zur Reaktion auf diesen unerwarteten »Mordversuch« zwingt.

In diesen Fällen haben Sie meist kaum Möglichkeiten, Ihr eigentliches Anliegen weiter zu verfolgen, ohne sich zuvor gegen die gemeine Attacke zur Wehr zu setzen. Ihr Gesprächspartner vergiftet vorsätzlich das Gesprächsklima, um sich Ihrem berechtigten Anliegen zu entziehen.

Oftmals wird es zweckmäßig sein, die unerwartete, hinterhältige Attacke »mit Anstand« und diplomatischem Geschick zu de-eskalieren. Ob und wie weit Ihnen das gelingt, hängt nicht zuletzt vom Charakter, den menschlichen Qualitäten und der sozialen Intelligenz Ihres Gegenübers ab.

Ihr ursprüngliches Anliegen müssen Sie u. U. auf einen späteren, günstigeren Zeitpunkt verschieben, wenn Sie möglichst die derzeit noch gegen Ihr Anliegen bestehenden sachlichen und/oder emotionalen Hindernisse abgebaut haben.

Beispiele

Anliegen:
Herr Hilist, ich möchte mit Ihnen gern über meine Gehaltserhöhung sprechen.

Reaktionen:
— Also hören Sie mal, ich wollte Sie gerade anrufen. Was ist mir denn da wieder zu Ohren gekommen? Sie schikanieren Ihre Mitarbeiter?! Was denken Sie sich dabei überhaupt?!

— Ihre Vorwürfe überraschen mich. Worum geht es denn?
— Das interessiert mich. Wer hat sich denn über mich beschwert und weshalb?
— Das tut mir leid. Worüber haben Sie sich denn geärgert?

Killerphrasen	Reaktionsmöglichkeiten
— Erst müssen wir mal über die Beschwerden reden, die mir ständig zu Ohren kommen, wie z.B. ... — Sie wagen es noch, mir mit solchen unverschämten Forderungen zu kommen, wo ich Sie eigentlich schon längst hätte hinauswerfen müssen?! — Gehaltserhöhung? Mir liegen hier haufenweise Beschwerden über Sie vor. Ich werde Ihnen anstelle einer Gehaltserhöhung eine Abmahnung schicken!	— Ich hoffe, es handelt sich nur um ein Mißverständnis, das ich aufklären kann. — Ich verstehe, daß Sie sich darüber ärgern. Aber worum geht es denn eigentlich genau?

5.5.3 Angriffspunkt: Gesprächsgegenstand

Der Gesprächspartner stellt den Gesprächsgegenstand selbst in Frage.

Killerphrasen	Reaktionsmöglichkeiten

1. Gegen jede Veränderung sein

Killerphrasen	Reaktionsmöglichkeiten
Die Notwendigkeit oder Zweckmäßigkeit einer vom Gesprächspartner vorgeschlagenen Veränderung wird grundsätzlich bestritten.	— Den Gesprächspartner seine Ablehnung im Detail und ganz konkret begründen lassen. — Den Gesprächspartner zu eigenen Vorschlägen für die Lösung des Problems auffordern.

Beispiele

Killerphrasen	Reaktionsmöglichkeiten
— Das geht (so) überhaupt nicht! Das kann gar nicht funktionieren! Jeder weiß doch, daß sich das nicht machen (verwirklichen) läßt! — Das macht nur viel Arbeit und bringt doch keinen Erfolg. — Wozu ändern? Es funktioniert doch!	— Warum nicht? — Wie würde es denn nach Ihrer Meinung (besser) gehen? — Welche Arbeit sehen Sie denn auf sich (uns) zukommen? — Auf welche Weise wollen *Sie* denn zum Erfolg kommen? — Inwiefern funktioniert es Ihrer Meinung nach gut? — Für heute stimmt das. Aber wie wollen Sie der neuen Entwicklung begegnen, der wir nicht ausweichen können?

Killerphrasen	Reaktionsmöglichkeiten
– Das ist ein ganz alter Hut.	– Ist es nicht am wichtigsten, daß wir damit Erfolg haben? – Wenn er Ihnen nicht gefällt, haben Sie einen neuen?
– Das ist viel zu kompliziert. Damit wären wir völlig überfordert! Das wächst uns über den Kopf!	– Wenn das so ist: Haben Sie einen einfacheren (besseren) Vorschlag? – Was müßten wir tun, um der Sache trotzdem gewachsen zu sein?
– Dagegen gibt es tausend Gründe; nämlich …	– Ja, das ist richtig. Aber es gibt auch viele Gründe *dafür*. Wir sollten sie gegeneinander abwägen.

2. Gegen den Zeitpunkt einer Lösung sein

Verhinderung einer Aktion, indem jeder dafür ins Auge gefaßte Termin boykottiert wird!	– Den Boykotteur mit der Terminplanung und mit der Durchführung der Aktion persönlich beauftragen. – Die Gründe erfragen, die maßgeblich für die Boykottaktionen sind. – Gründe für die Ablehnung und die eigenen Lösungsvorstellungen präzisieren lassen.

Beispiele

– Das hat noch Zeit! Bloß keine Eile. Das muß doch nicht gleich heute sein.	– Wieviel Zeit hat das denn Ihrer Meinung nach noch? – Wann wollen Sie (sollen wir) das Problem denn anpacken (lösen)? – Was hindert uns daran?
– Wir sollten keine voreiligen Entscheidungen treffen. Warten wir doch erst mal die weitere Entwicklung ab!	– Welche neuen Gesichtspunkte könnten sich aus der weiteren Entwicklung ergeben, die einen Aufschub rechtfertigen würden? – Das ist gut. Wir sollten aber schon heute die möglichen Handlungsalternativen klären, damit wir nicht durch die Entwicklung überrascht werden und damit wir in 4 Wochen (in 6 Monaten) unsere Entscheidung schnell und zielsicher treffen können.

Killerphrasen	Reaktionsmöglichkeiten
— Ich werde zu gegebener Zeit darauf zurückkommen.	— Wann? Verabreden wir doch gleich jetzt, wo wir alle zusammen sind, den Termin!
— Ich schlage vor, wir vertagen diesen Punkt.	— Warum wollen Sie vertagen? ... Wir sollten das Thema heute zumindest schon andiskutieren, damit wir etwas genauer wissen, worüber wir nächstes Mal sprechen (verhandeln) wollen.

3. Gefahren heraufbeschwören

Der Gesprächspartner soll durch Erwähnung unangenehmer Konsequenzen oder drohender Gefahren in Angst und Schrecken versetzt und dadurch von einem bestimmten Vorhaben abgehalten werden.	— Die Art der Konsequenzen und Gefahren präzisieren lassen. — »Mit gleicher Münze heimzahlen«: die unangenehmen Konsequenzen und drohenden Gefahren aufzeigen, die entstehen, wenn das Vorhaben *nicht* realisiert wird.

Beispiele

— Das ist viel zu gefährlich (riskant). Dieser Gefahr können wir unsere Leute unter keinen Umständen aussetzen. Das macht uns alle kaputt.	— Welche Gefahren sehen Sie? Was könnte passieren? — Wie wollen *Sie* denn das Problem lösen?
— Dabei möchte ich nicht in Ihrer Haut stecken!	— Warum nicht? Welche Probleme sehen Sie?
— An unsere Kinder denken Sie dabei wohl überhaupt nicht?	— Doch gerade! Wie könnten Sie Ihre Kinder wohl besser schützen?
— Bloß keine Experimente!	— Was befürchten Sie? — Ich sehe viel größere Probleme auf uns zukommen, wenn wir so weitermachen wie bisher!
— Das würden unsere Wähler überhaupt nicht verstehen! Das würden sie uns nie verzeihen!	— Haben Sie sie schon gefragt? Was sagen denn die Wähler A, B, C ... konkret zu diesem Vorhaben? — Ich habe schon mit einigen gesprochen. Die erwarten genau das von uns. Für weitere Untätigkeit haben die überhaupt kein Verständnis.

Killerphrasen	Reaktionsmöglichkeiten

4. Simplifizierung des (an sich komplexen) Problems

Ein schwieriges und komplexes Problem wird so auf Trivialitäten reduziert, daß die Bemühungen desjenigen, der das Problem sachgerecht und ernsthaft zu lösen versucht, lächerlich erscheinen.

- Den Gesprächspartner beim Wort nehmen. Er soll die Richtigkeit seiner allgemeinen Behauptung am konkreten Beispiel beweisen.
- Durch Erfragen konkreter Details die Unhaltbarkeit der Simplifizierung aufdecken.
- Vorsicht bei der Retourkutsche, wenn der Sprecher selbst lächerlich gemacht wird. Mancher verzeiht das nie!

Beispiele

- Und um so eine unbedeutende Sache machen Sie solchen Wind?!

- Ich verstehe gar nicht, wo Sie da noch Probleme sehen. Das ist doch alles ganz einfach.

- Also sowas haben wir früher in 5 Minuten erledigt. Darüber muß man doch nicht erst stundenlang diskutieren.
- Sie sehen das alles viel zu kompliziert.

- Inwiefern finden Sie die Sache unbedeutend?
- Welche Lösung schlagen Sie denn selbst vor?
- Wenn das so einfach ist: Wie wollen Sie das Problem denn lösen? (Wie kann denn nach Ihrer Ansicht das Problem am besten/schnellsten gelöst werden?)
- Ja, gut. Dann zeigen Sie uns doch bitte die Lösung des Problems in 5 Minuten.

- Was erscheint Ihnen denn als zu kompliziert?
- Wie einfach oder kompliziert stellt sich Ihnen denn dieser Sachverhalt dar?

5. Übertreibung (ad absurdum führen)

Durch Übersteigerung einer Aussage wird diese ad absurdum geführt. Dadurch erscheint der Gesprächspartner als jemand, der seine Argumente nicht richtig durchdacht hat, der voreilig falsche Behauptungen aufstellt oder sogar der Sache geistig nicht gewachsen ist.

- Die Absurdität sachlich aufdecken.
- Den Gesprächspartner zu einer konkreten, sachlichen Stellungnahme auffordern.
- Die Absurdität durch Humor relativieren.

Killerphrasen	Reaktionsmöglichkeiten

Beispiele

- Wir können natürlich auch wieder bei Adam und Eva anfangen. Aber dann kommen wir überhaupt nicht zum Ziel. (Dann brauchen wir noch Stunden/Jahre, um hier zu einer Lösung zu kommen.)
- Sie gehen immer gleich ins Grundsätzliche.
- Sie werden immer gleich philosophisch.

- Für Ihre Lösung müßten wir erst noch völlig neue Gesetze schaffen.

- Um Ihren Vorschlag verwirklichen zu können, brauchten wir einen völlig anderen Staat.
- Dann müßten wir erst mal unsere Bilanz fälschen.
- Dann können wir gleich ein ganz neues Werk bauen.
- Wenn wir das beschließen, können wir gleich Konkurs anmelden.

— Wie kommen Sie zu dieser absurden Vorstellung?
— An welchem Punkt möchten *Sie* denn anfangen?

— Was finden Sie an meinem Vorschlag »grundsätzlich«?
— Nach Ihrer finsteren Prognose kann uns hier nur noch Philosophie weiterhelfen. Oder was schlagen Sie vor?
— Welche Gesetze wären denn nötig? Was müßte neu geregelt werden?
— Meinen Sie das wirklich ernst?
— ... und Sie vermutlich als Präsidenten!

— So etwas würden Sie tun?!

— Warum, glauben Sie, kann das *unser* Werk nicht leisten?
— Was soll die Bemerkung? Haben Sie keinen besseren Vorschlag? Weshalb müßten wir denn nach Ihrer Meinung Konkurs anmelden?

6. Einzelfälle
(unzulässig) verallgemeinern

Generalisierung von Einzelfällen mit dem Ziel, einer schwachen oder falschen Behauptung größeres Gewicht zu verschaffen.

— Klarstellen, daß die Prämisse der Generalisierung falsch ist.
— Den Gesprächspartner zu einer besseren Lösung auffordern.
— Die eigentliche Ursache der Verärgerung aufspüren.

Beispiele

- Wenn das jeder machen würde, wäre bald alles ruiniert.

— Ja, das stimmt. Aber ist das nicht sehr unwahrscheinlich, daß *alle* das tun werden?

Killerphrasen	Reaktionsmöglichkeiten
– Was würden Sie sagen, wenn das alle so machen würden?	– Das weiß ich nicht. Ich sehe angesichts der geringen Eintreffenswahrscheinlichkeit aber auch keinen Anlaß, jetzt darüber nachzudenken. – Was schlagen *Sie* denn vor? Wie sollten wir das besser machen?
– Jeden Tag dasselbe. So geht das nicht weiter! – *Du* hast immer Recht, und *ich* habe immer Unrecht. So einfach ist das!	– Was gefällt Ihnen nicht? Was schlagen Sie vor? – Was willst du eigentlich damit sagen? – Was ärgert dich eigentlich an mir?

7. Vermutungen, Meinungen, Gerüchte als Tatsachen darstellen

Unbewiesene Vermutungen und Meinungen oder sogar fragwürdige Gerüchte werden als feststehende Tatsachen berichtet. Dadurch kann z. B. der Ruf honoriger Mitbürger ruiniert werden.	– Den Gesprächspartner zur Bekanntgabe seiner angeblichen Informationsquelle auffordern. – Exakte Daten und Fakten verlangen. – Falsche Unterstellungen aufdecken. – Den Angriff auf das Sachproblem zurückführen.

Beispiele

– Ich habe gehört, Ihre Firma hat Konkurs angemeldet.	– Wer hat Ihnen das erzählt? – Wer hat Ihnen diese falsche Information gegeben?
– Ich nehme an, daß Sie bei dieser Beurteilung Ihre Kompetenzen weit überschritten haben. – Gehört das überhaupt zu Ihrem Arbeitsgebiet? – Wahrscheinlich können Sie das überhaupt nicht finanzieren.	– Woher nehmen Sie diese (absurde) Vermutung? – Wieso zweifeln Sie daran? – Weshalb nicht? – Was bezwecken Sie mit dieser Unterstellung?
– Die Bank soll Ihnen ja die Konten gesperrt haben.	– Woher haben Sie diese (falsche) Information? – Wollen Sie durch die Verbreitung dieses Gerüchts meine Kreditwürdigkeit erschüttern?
– Also, wer nicht einmal seine Ehe retten kann, der soll unsere Firma sanieren können?	– Ach, bitte; das interessiert mich. Was wissen Sie denn über meine Ehe? – Wen favorisieren *Sie* denn für diese Aufgabe? – Was gefällt Ihnen an meinem Sanierungskonzept nicht?

Killerphrasen	Reaktionsmöglichkeiten

8. Fragestellung beanstanden

Entweder wird dem Fragesteller die fachliche oder persönliche Kompetenz abgesprochen, die betreffende Frage zu stellen. Oder Form bzw. Inhalt der Frage wird beanstandet und vom Befragten in eine ihm genehme Fassung gebracht — sofern die Frage nicht als solche empört zurückgewiesen wird.
Gelegentlich bezeichnet sich auch der Gefragte selbst als unzuständig für die Beantwortung gerade dieser Frage.

- Selbstbewußt den Zweifel an der eigenen Kompetenz übergehen und auf der Beantwortung der gestellten Frage bestehen.
- Die Kompetenz des anderen bezüglich der Beantwortung der Frage in Zweifel ziehen.
- Offenlegung der Gründe für die ablehnende Haltung verlangen.

Beispiele

- Woher nehmen Sie überhaupt die Berechtigung (den Mut) zu einer solchen Frage?

- Wie meinen Sie das?
- Was ärgert Sie an dieser Frage?
- Warum ist Ihnen diese Frage so unangenehm?
- Ich habe den Mut gefaßt, diese Frage endlich einmal zu stellen. Wie ist Ihre Antwort?
- Können (wollen) Sie diese Frage nicht beantworten?

- Von jedem anderen hätte ich eine solche (dreiste, impertinente, unüberlegte, einseitige, unqualifizierte) Frage (Unterstellung) erwartet; von Ihnen allerdings nicht!

- Was finden Sie an der Frage dreist, impertinent ...?
- Es handelt sich um eine reine Informationsfrage. Wie ist Ihre Antwort?
- Sie sind dieser Frage schon mehrfach ausgewichen. Können Sie sie nicht beantworten?

- So kann man die Frage (natürlich) nicht stellen!

- Wieso nicht? Ich habe sie doch gerade so gestellt.
- Wie müßte sie denn nach Ihrer Ansicht gestellt werden?
- Wichtiger als die richtige Frageform ist die richtige Antwort. Wie ist Ihre Antwort?

- Wieso fragen Sie *mich* das? Fragen Sie doch Ihre eigenen Parteifreunde.

- Mich interessiert gerade *Ihre* Ansicht.
- Die Ansicht meiner Parteifreunde kenne ich bereits. Aber was sagen *Sie* dazu?

- Lassen Sie mich Ihre Frage einmal umformulieren: ...

- Warum wollen Sie die Frage umformulieren? Weshalb können Sie sie

Killerphrasen	Reaktionsmöglichkeiten

nicht so beantworten, wie ich sie gestellt habe?
— Gut. Nun habe ich die Antwort auf *Ihre* Frage gehört. Bitte beantworten Sie doch jetzt auch noch *meine* Frage. Ich darf sie noch einmal wiederholen: ...?

9. Tatsachen und wissenschaftliche Ergebnisse in Zweifel ziehen

Der Gesprächspartner bestreitet die Existenz ihm unangenehmer Tatsachen oder wissenschaftlicher Forschungsergebnisse in der Hoffnung, seine eigene ins Wanken geratene Argumentation doch noch zu retten — und sei es auch durch einen (autoritären) Gewaltakt.

— Selbstbewußt zur eigenen Meinung (und den Tatsachen) stehen.
— Den Gesprächspartner zur Aufdeckung seiner Angriffsgründe provozieren.
— Das überzogene Selbstbewußtsein des Gesprächspartners erschüttern.
— Eine gemeinsame Basis definieren lassen.

Beispiele

— Das sind doch keine Tatsachen! Das ist *Ihre* Erfindung!

— Meine »Erfindung« ist eine Tatsache, mit der Sie sich wohl oder übel auseinandersetzen (abfinden) müssen.
— Weshalb wollen Sie meine Argumentation so abqualifizieren?

— Solche Ergebnisse sind mir nicht bekannt — und ich habe schließlich einen guten Überblick über die Fachliteratur!

— Ja, man kann eben nicht alles wissen. Dennoch haben wir von diesem Sachverhalt auszugehen.
— Sie kennen diese Ergebnisse (noch) nicht? Das erstaunt mich aber. Ich kann Ihnen die Quelle angeben: ...

— Da sind Sie nicht richtig informiert! Tatsächlich handelt es sich nämlich um folgendes: ...

— Vermutlich hat sich hier ein Mißverständnis eingeschlichen. Ich sprach nicht von X, sondern von Y! Was sagen Sie dazu?
— Warum zweifeln Sie diese Information an?

— Das würde ja aller bisherigen Erfahrung widersprechen. So kann das gar nicht sein!

— Tatsachen sind nun einmal Tatsachen. Damit müssen wir uns abfinden. Vielleicht waren Ihre bisherigen Erfahrungen zu einseitig.

Killerphrasen	Reaktionsmöglichkeiten
	— Meiner bisherigen Erfahrung widerspricht es nicht. Ganz im Gegenteil: dies paßt genau ins Bild.
— Lassen wir doch solche Spekulationen! Halten wir uns doch bitte an Tatsachen!	— Ja, das meine ich auch. Von welchen Tatsachen können wir denn einvernehmlich ausgehen?
	— Was erscheint Ihnen spekulativ an meiner Argumentation?

10. Kostenargumentation

Durch ständig wiederholte Vorhaltung der tatsächlichen, voraussichtlichen oder auch bloß vorgetäuschten Kosten versucht der Gesprächspartner, gute Innovationen zum Scheitern zu bringen.	— Die Lösung des Finanzierungsproblems selbstsicher in Aussicht stellen.
	— Den Gesprächspartner zur Offenlegung seiner eigenen Besprechungsgrundlagen provozieren, um diese dann selbst zu kritisieren.
	— Das Sachproblem in den Vordergrund stellen, und die Finanzierungsfragen zum Randproblem machen, das auf jeden Fall — so oder so — gelöst werden muß.

Beispiele

— Haben Sie bei Ihren weitgespannten Plänen auch schon mal an die Kosten gedacht?	— Ja, natürlich. Die Kosten sind bei diesem Projekt überhaupt kein Problem.
	— Sehen Sie Probleme? Welche?
— Das können wir überhaupt nicht finanzieren. Das geht weit über meine Finanzkraft hinaus.	— Mit solchen pauschalen defätistischen Behauptungen lösen wir unsere Probleme nicht. Wir werden einen konkreten Finanzierungsplan vorlegen.
	— Trotzdem müssen wir das Projekt realisieren. Deshalb erwarten wir Ihre Vorschläge zur Erschließung neuer Einnahmequellen.
— Erst müssen Sie die Rentabilität Ihres Vorschlags nachweisen, bevor ich Ihnen dafür finanzielle Mittel zur Verfügung stellen kann.	— Die Rentabilität haben wir bereits nachgewiesen (werden wir selbstverständlich nachweisen).
	— Welche Probleme befürchten Sie denn? ... Die werden wir lösen.
— So etwas rechnet sich nicht.	— Woher wissen Sie das?
	— Wie kommen Sie zu dieser (falschen) Behauptung?
	— Welche Annahmen haben Sie Ihrer Berechnung zugrundegelegt?

Killerphrasen	Reaktionsmöglichkeiten
— Ich werde Ihnen einmal vorrechnen, was das kosten würde. Dann werden Sie selbst die Absurdität Ihres Vorhabens erkennen.	— Ja, bitte, rechnen Sie das doch einmal vor. (Solche Rechnungen liefern erfahrungsgemäß immer genügend Ansatzpunkte für Kritik!)

11. Penetrante Wiederholung falscher Tatsachen-Behauptungen

Der Sprecher erfindet eine Falschbehauptung oder sitzt einem Mißverständnis auf und wiederholt diesen Unsinn stereotyp und unbeeinflußt von jeder Richtigstellung in demselben oder in späteren Gesprächen »bis zum Erbrechen«.	— Die falschen Behauptungen sachlich widerlegen. (Annahme: Informationsdefizit.) — Die Wiederholung falscher Behauptungen dem Gesprächspartner bewußt machen. (Annahme: Vergeßlichkeit oder Dummheit.) — Den Grund für die penetranten Wiederholungen eruieren und diesem Rechnung zu tragen versuchen. (Annahme: Es geht gar nicht um diese Sache, sondern die Perseveration ist auf alterungsbedingte Beeinträchtigung der Geistestätigkeit, auf unbewußte Ängste, auf andere egoistische Ziele, auf Rachegelüste u. a. zurückzuführen.) — Bei Erfolglosigkeit solcher Versuche zur Beendigung dieser fragwürdigen Taktik und als Selbstschutzmaßnahme ggf. durch übergeordnete Autoritäten eine Klarstellung erzwingen. In diesem Fall teilen Sie alle relevanten Fakten sachlich mit und bitten (schriftlich!) um eine für den weiteren Geschäftsverlauf verbindliche Stellungnahme bzw. Entscheidung.

Beispiele

— Der von Ihnen als Kooperationspartner vorgeschlagene Betrieb ist längst konkursreif! Er ist uns schon vom Inhaber für 1 DM Anstandspreis zum Kauf angeboten worden.	— Nach Angaben der Betriebsleitung arbeitet das Unternehmen seit Jahren mit Gewinn. Welche Daten sind Ihnen denn genannt worden und von wem?

Killerphrasen	Reaktionsmöglichkeiten
– Ihre Abteilung arbeitet überhaupt nicht wirtschaftlich!	– Herr Irring, diese Information haben Sie uns schon bei der letzten Sitzung gegeben. Wir hatten diese Fehleinschätzung damals schon richtiggestellt.
– Frau Schreiber ist eine exzellente Arbeitskraft. Mit der können Sie sehr zufrieden sein! (Anm.: Sie ist für diese Aufgabe objektiv mangelhaft qualifiziert!)	– Herr Irring, bitte erinnern Sie sich: Wir hatten diesen Sachverhalt schon bei der letzten Besprechung erörtert und dabei festgestellt, daß ...
– Sie handeln immer gegen meine ausdrücklichen Anweisungen.	– Herr Lüging, weshalb konfrontieren Sie uns heute schon wieder mit dieser Fehlinformation? Was bezwecken Sie damit?
– Mit Ihnen habe ich immer nur Ärger! Sie haben sich schon mit allen gezankt!	– Herr Lüging, weshalb stellen Sie immer wieder diese längst widerlegten Falschbehauptungen auf?

5.5.4 Angriffspunkt: Rahmenbedingungen von Gesprächen

Ein Gespräch kann man von vornherein verhindern oder auch noch im Verlauf blockieren, wenn man die Rahmenbedingungen dementsprechend gestaltet oder manipuliert.

Dazu gibt es bereits mannigfaltige Möglichkeiten durch die Wahl eines ungünstigen Gesprächszeitpunktes, Ortes, Gesprächspartners. Aber auch durch gezielte Kritik an den Umständen, unter denen das Gespräch geführt wird oder geführt werden soll, kann es beträchtlich erschwert oder sogar sein erfolgloses Ende herbeigeführt werden.

In jedem Fall muß man unterscheiden, ob objektiv Störungen vorhanden sind, die man abstellen oder denen man ausweichen muß. Oder ob der Gesprächspartner Störungen nur als willkommenen Anlaß nimmt, um einem ihm unangenehmen Gespräch auszuweichen.

Killerphrasen	Reaktionsmöglichkeiten

1. Gegenwärtige Störungen bemängeln

Der Gesprächspartner macht deutlich, daß er nur in einer ungestörten Gesprächsatmosphäre zur Aufnahme oder Fortsetzung des Gesprächs bereit ist.	– Beseitigung der Störeinflüsse in Aussicht stellen. – Notwendigkeit des Gesprächs – trotz Störungen – in den Vordergrund stellen.

Killerphrasen	Reaktionsmöglichkeiten
	— Das persönliche Interesse des Gesprächspartners am Gespräch hervorheben.

Beispiele

Killerphrasen	Reaktionsmöglichkeiten
— Wenn wir hier dauernd gestört werden, sollten wir lieber aufhören.	— Ja, ich werde diese Störungen sofort unterbinden. — Sie haben Recht. Wo sollen wir hingehen, um unser Gespräch ungestört fortzusetzen?
— Hier ist es viel zu laut. Da kann man sich ja überhaupt nicht in Ruhe unterhalten.	— Das stört mich auch. Ich werde mal sehen, ob wir das abstellen können. — Wir sollten woanders hingehen. Was schlagen Sie vor?
— Bei dem Lärm kann sich ja kein Mensch konzentrieren.	— Dann sollten wir das Thema möglichst schnell abhandeln. Welche Punkte müssen wir denn unbedingt heute durchsprechen? — Ja, gut. Dann sprechen wir jetzt nur über die drei wichtigsten Punkte. Den Rest machen wir dann morgen.
— Hier zieht's. Hier können wir nicht sitzen (stehen) bleiben.	— Ja, das stimmt. Ich schließe die Tür (das Fenster). — Ja, wir sollten es kurz machen. Aber, weil Sie ja besonders an dieser Sache interessiert sind, sollten wir zumindest die Hauptpunkte durcharbeiten.
— Wenn Sie mich dauernd unterbrechen, sehe ich keine Möglichkeit, das Gespräch noch fortsetzen.	— Entschuldigung. Das war nicht meine Absicht. Bitte, fahren Sie fort mit Ihren Ausführungen. — Möchten Sie meine Auffassung dazu gar nicht kennenlernen?

2. Hinreichende Gesprächsvoraussetzungen bezweifeln

Zu Recht (oder zu Unrecht) wird festgestellt (unterstellt), daß wesentliche Voraussetzungen für ein erfolgreiches Gespräch nicht vorhanden sind. Folgerung: Deshalb ist ein Gespräch in dieser Sache sinnlos.	— Den Gesprächspartner zur Offenlegung seiner Bedenken oder Befürchtungen (ggf. Unterstellungen) veranlassen. — Die Notwendigkeit der Lösung des Sachproblems hervorheben.

Killerphrasen	Reaktionsmöglichkeiten
	— Die Aggressionsgrundlage des Gesprächspartners in Zweifel ziehen. — Lösungen anbieten.

Beispiele

— Wenn die Finanzierung nicht geklärt ist, brauchen wir uns darüber gar nicht zu unterhalten!	— Wie kommen Sie zu dieser Vermutung? Selbstverständlich ist die Finanzierung geklärt. — Die Finanzierung werden wir in der nächsten Woche klären. Dann müssen wir aber anfangen können. Deshalb sollten wir heute die noch offenen Fragen klären.
— Unter solchen Voraussetzungen brauchen wir gar nicht weiterzureden!	— Welche Voraussetzungen stören Sie? — Welche Voraussetzungen müßten denn erfüllt sein?
— Wenn Sie keine Vollmacht haben, ist das Gespräch sinnlos!	— Ist das wirklich so wichtig? Müssen wir nicht erst einmal die Sachlage genau klären? — Wie weit geht denn *Ihre* Vollmacht?
— Ohne die Unterlagen, die Sie mitbringen sollten, können wir ohnehin nichts entscheiden!	— Sollten wir uns nicht erst einmal über den allgemeinen Rahmen unterhalten, ehe wir mit den Unterlagen in die Details gehen? — Falls erforderlich, lasse ich die Unterlagen noch holen. Aber klären wir doch erst einmal folgende Fragen: ...
— Wenn Sie den Termin nicht verbindlich zusagen können, ist jede weitere Verhandlung überflüssig.	— Warum versuchen Sie, mich jetzt so unter Druck zu setzen? — Wieso ist dieser Termin für Sie so wichtig? — Müssen wir nicht erst einmal das Sachproblem lösen, ehe wir zu festen Terminverabredungen kommen?

3. Allgemeines Unbehagen ausdrücken

Der Sprecher vermeidet konkrete und damit leicht angreifbare und widerlegbare Angaben über sein Unbehagen, seinen Widerwillen, seine ablehnende Haltung. Er drückt sich so allgemein aus, daß der Gesprächspartner dies unge-	— Konkretisierung des allgemeinen Unbehagens verlangen. — Deutlich zum Ausdruck bringen, daß man selbst keinerlei Anlaß für Unbehagen sieht.

Killerphrasen	Reaktionsmöglichkeiten
prüft so akzeptiert und damit in die Falle geht. Oder er akzeptiert aus Selbstunsicherheit: weil er sich nicht nachzufragen getraut. Gerade darauf baut der Sprecher.	— Dem Gesprächspartner selbst Vorschläge zur Beseitigung seines Unbehagens abverlangen.

Beispiele

— Unter diesen Umständen ist das für mich indiskutabel!	— Was stört Sie? — Was ist für Sie indiskutabel? — Was schlagen Sie vor?
— Unter solchen Bedingungen kann ich nicht arbeiten.	— Was möchten Sie geändert haben? — Ich verstehe. Sie haben Schwierigkeiten, sich zu konzentrieren. Dann ist das wohl doch nichts für Sie.
— Dies ist dafür nicht der richtige Ort.	— Was gefällt Ihnen hier nicht? — Welchen Ort schlagen Sie vor? — Ist bei so einer wichtigen Sache nicht jeder Ort recht?!
— Merken Sie denn gar nicht, daß das so nicht geht?!	— Nein, wieso geht es nicht? — Was paßt Ihnen denn nicht? — Nein. Ich finde es so sehr gut. Was wollen Sie denn verändern?
— In so etwas lasse ich mich nicht hineinziehen!	— Wo wollen Sie sich nicht hineinziehen lassen? — Ach, Sie haben das Gefühl, Sie sollen da in etwas hineingezogen werden. Wie kommen Sie darauf?

4. Unerfüllbare Forderungen stellen

In Kenntnis der objektiven Fakten oder des subjektiven/objektiven Handlungsspielraums des Gesprächspartners stellt der Sprecher unerfüllbare Forderungen. Er will aus Gründen, die ihm selbst oder bestimmten Freunden (Bekannten, Partnern, Familienmitgliedern) nützen, zu keiner Lösung kommen. Er profitiert vom Ist-Zustand, oder er möchte zumindest Zeit gewinnen, um später eine ihm genehme Lösung durchzusetzen.	— Den Gesprächspartner zur Konkretisierung der unerfüllbaren Forderungen und der dafür maßgeblichen Gründe anregen. — Den Gesprächspartner provozieren durch die Feststellung, er sei an einem Ergebnis überhaupt nicht interessiert. — Sich mit der unerfüllbaren Forderung selbst identifizieren und die daraus für den Gesprächspartner resultierenden Nachteile andeuten.

Killerphrasen	Reaktionsmöglichkeiten

— Die Auswirkungen durchleuchten, die die Erfüllung der unerfüllbaren Forderungen für das anstehende Problem hätte.

Beispiele

— Entweder Sie schaffen erst einmal die nötigen Voraussetzungen für unser Gespräch, oder ich gehe wieder!

— An welche Voraussetzungen denken Sie? Warum gerade die?
— Ich habe den Eindruck, Sie haben gar kein Interesse an einem schnellen Ergebnis!
— Gut. Wann und wo wollen wir uns zur Fortsetzung des Gesprächs zusammentun, damit Sie Ihren Auftrag termingerecht abwickeln können?

— Bevor Sie keine andere Organisationsstruktur geschaffen haben, ist jede weitere Unterhaltung über dieses Thema sinnlos.

— Welche positive Wirkung erwarten Sie von einer neuen Organisationsstruktur für unser Problem?
— Was wird denn nach Ihrer Auffassung durch die derzeitige Organisationsstruktur behindert?

— Ich erwarte von Ihnen ein spürbares Entgegenkommen: geben Sie uns für dieses Projekt 50 % Rabatt. Sonst kommen wir, für künftige Aufträge, überhaupt nicht ins Gespräch.

— Wenn wir Ihnen 50 % Rabatt geben: welche Gegenleistung haben wir dann von Ihnen zu erwarten?
— Welchen Vorteil sehen Sie für sich selbst, wenn Sie uns den Auftrag nicht erteilen?

— Sie müssen sich erst von Ihrem Geschäftspartner trennen, ehe wir unsere Verhandlungen fortsetzen können.

— Was stört Sie an meinem Geschäftspartner?
— Welchen Nutzen hätten Sie davon?

5. Unterstellen, daß man selbst unter Druck gesetzt werden solle (Verdacht der versuchten Erpressung, Bedrohung)

Der Gesprächspartner unterstellt eine moralische oder gesetzwidrige Absicht, Druck auszuüben, um zu einem be-

— Den Gesprächspartner anregen, die Gründe für seine Vermutungen/Unterstellungen offenzulegen.

Killerphrasen	Reaktionsmöglichkeiten
stimmten (unredlichen?) Ziel zu gelangen.	— Den Gesprächspartner als Verursacher *dieses* Gesprächsverlaufs ins Blickfeld rücken. — Den Gesprächspartner zur Erläuterung seiner Bewertung(en) auffordern. — Die befürchteten negativen Konsequenzen erfragen. — Erpresserische Vorschläge des Gesprächspartners unterstützend aufgreifen, wenn er selbst daraus (auch) Nachteile zu erwarten hat.

Beispiele

Killerphrasen	Reaktionsmöglichkeiten
— Wenn Sie mich auf diese Weise erpressen wollen, werde ich an geeigneter Stelle darauf aufmerksam machen.	— Was bringt Sie auf diese (falsche) Vermutung? — Worin sehen Sie eine Erpressung? — Wieso erpressen? Ich habe doch nur Ihren eigenen Vorschlag aufgegriffen! Oder wollen Sie lieber einen anderen Vorschlag?
— Wenn du mir das Taschengeld sperren willst, werde ich dir eben nicht bei der ...-Arbeit helfen!	— Warum findest du das ungerecht? — Und welchen Vorteil hätte das für dich?
— Wenn Sie uns durch Mehrheitsbeschluß an der Durchsetzung der geplanten Maßnahme hindern wollen, werden wir Sie für die Konsequenzen haftbar machen.	— Warum sollten wir Sie an der Durchsetzung der geplanten Maßnahme hindern wollen? — Welche negativen Konsequenzen befürchten Sie?
— Wenn Sie mir unterstellen, daß ich lüge (daß ich diesen Artikel zu unrecht reklamiere), werde ich mich über Sie an anderer Stelle beschweren.	— Wie kommen Sie darauf, daß Sie jemand für einen Lügner hält? — Sollten wir nicht gemeinsam dorthin gehen und die Sache aufklären? (Ggf. die möglichen Nachteile für den Sprecher ins Blickfeld rücken.)

Für die eigene praktische Anwendung der in diesem Abschnitt über Vermeiden bzw. Neutralisieren von Killerphrasen gegebenen Hinweise ist es vor allem wichtig, überhaupt erst einmal zu durchschauen, daß es sich nicht um ein Sachargument handelt, sondern um eine Killerphrase, mit der vom Gesprächspartner eine ganz bestimmte — und in der Regel sachfremde — Absicht verfolgt wird. Manchem »Killerphrasen-Drescher« ist der häufige Gebrauch solcher Killerphrasen nicht einmal mehr bewußt. Daher verbietet sich auch meistens die inhaltlich betonte Reaktion auf eine vorgebliche Sachausführung, da der Gesprächspartner in diesem Falle schon gewonnen hätte. Sie wären dann in seine Falle getappt.

Sie können Killerphrasen u. U. dadurch neutralisieren, daß Sie auf Grund der Feststellung (Diagnose), daß es sich eben um eine Killerphrase handelt, einfach die Argumentationsebene wechseln, indem Sie von der Sachebene auf die Beziehungsebene übergehen. Entweder können Sie den Gesprächspartner über Ihre eigenen unangenehmen Gefühle bei solchem Vorgehen ins Bild setzen. Sie können aber auch die für die Anwendung der Killerphrasen ursächliche Mißstimmung des Gesprächspartners zum Gesprächsgegenstand zu machen versuchen. Die partnerzentrierte Gesprächsführung kann in diesem Fall eine methodische Hilfe sein.

Bewährt hat sich in solchen Fällen auch die gezielte Anwendung von Fragetechniken, wie sich aus zahlreichen Beispielen unschwer erkennen läßt. Sie können auch selbst auf weitere Argumente sowie auf das Anbieten immer neuer Lösungen verzichten und durch geschicktes Fragen den Gesprächspartner dazu bringen, daß er selbst Lösungsvorschläge macht.

Anzumerken ist allerdings, daß nicht alles, was wie eine Killerphrase aussieht, auch eine sein muß. Vielmehr hängt dies vom Gesprächszusammenhang ab. Etwa die Frage: »Glauben Sie, ich verstehe Sie nicht?« kann durchaus einen ernsthaften Charakter haben, wenn man berechtigte Zweifel in dieser Richtung haben muß. Zur Killerphrase wird eine solche Frage allerdings dann, wenn z. B. der provokative Ton die Frage als rhetorisches Manöver entlarvt, auf das keinerlei ernsthafte Antwort erwartet wird.

Eine große Hilfe für die Verbesserung Ihrer Gesprächsführung kann es sein, wenn Sie Ihre eigenen Gesprächsbeiträge — z. B. auch unter Zuhilfenahme von Tonband- oder Videoaufzeichnungen — gelegentlich daraufhin analysieren, wie oft und in welcher Form Sie sich selbst solcher Killerphrasen bedienen. Sie brauchen sich nicht zu wundern, wenn Sie selbst Gespräche in Sackgassen führen, wenn des öfteren Gesprächspartner ernsthafte Gespräche mit Ihnen vermeiden, weil Sie Killerphrasen verwenden oder im Gespräch sehr schnell aggressiv werden. Als Folge der mit Ihnen gemachten schlechten Erfahrungen bereitet Ihr Gesprächspartner möglicherweise seinerseits Gespräche mit Ihnen so intensiv taktisch vor, daß es jetzt Ihnen selbst dabei immer unbehaglicher zumute wird.

Den Gesprächspartner
mit seinen Argumenten *killen*
oder das *Problem* mit ihm gemeinsam *lösen* —
das ist hier die Frage!
Oder?

Wir haben, weil Sie das unseres Wissens sonst nirgends in vergleichbar differenzierter Weise finden, die *Killerphrasen* etwas ausführlicher dargestellt. Aber
die Darstellung dieser Problematik wäre unvollständig, wenn wir nicht auch
noch auf die mehr oder weniger stummen Varianten dieser Killerphrasen eingehen würden: gemeint sind die *Killertechniken* ganz allgemein.

An den Beispielen für Killerphrasen haben Sie vermutlich schon längst
erkannt, was auch der normalbegabte bilinguale »Anglogrieche« normalerweise schnell herausfindet, daß hierbei vor allem die Sprache eine wichtige
Rolle spielt. Sie kann harmlos, diplomatisch, unauffällig, aber auch frech,
dreist, unverschämt und sogar perfide eingesetzt werden, um den Gesprächspartner nicht zu Worte kommen zu lassen.

> *Killerphrasen*
> sind auf die sprachliche Auseinandersetzung konzentrierte
> *Killertechniken.*

Bei den Killertechniken im umfassenden Sinn sind Worte nicht unbedingt
nötig. Denken Sie nur einmal an den furchteinflößenden Sinnspruch:
»Wenn Blicke töten könnten, dann ...«

Natürlich, dann hätte mancher schon unverhofft ins Gras gebissen.

Wunderschöne *Beispiele von Killertechniken* finden Sie z. B. nahezu täglich
im Berufsleben:

Sie machen Ihrem Chef einen sinnvollen Vorschlag — beispielsweise:

»Es gibt so häufig Abstimmungsprobleme und Mißverständnisse in unserer
Abteilung. Deshalb sollten wir zumindest wöchentlich eine kurze Dienstbe-
sprechung mit allen Mitarbeitern durchführen.«

Was passiert?

Sie erwarten vermutlich, weil Ihnen Ihr Vorschlag vernünftig erscheint und
weil andere Mitarbeiter Ihnen bereits gesagt haben, daß sie auch gern regelmäßige Besprechungen hätten, nun werde Ihr Chef gleich in der nächsten
Woche eine solche dringend notwendige Besprechung ansetzen. Sie sind
bereits gespannt auf die Tagesordnung; einige Punkte haben Sie schon vor-
sorglich notiert, um sie in die Besprechung einzubringen.

Sie warten bis zum Ende dieser Woche, dann bis Montag, bis Dienstag, bis
Mittwoch, bis Donnerstag, bis Freitag. Vergeblich. Der Chef hat keine Besprechung einberufen. Sie wollen ihn deshalb ansprechen, gehen in sein Sekretariat
— und erfahren: »Der Chef ist heute nicht mehr im Haus.« Schade. Dann wird
er sich sicher am Montag melden.

Sie warten gespannt auf Montag. Nichts. Dienstag. Nichts. Mittwoch.
Nichts. Vielleicht hat er seine Zusage vergessen? Vielleicht hat ihn die Sekretärin gar nicht über Ihren Besuch am letzten Freitag informiert?

Sie rufen bei der Sekretärin an: »Ach, das tut mir aber leid. Ja, ich erinnere
mich. Sie waren ja letzten Freitag hier und wollten den Chef sprechen. Haben
Sie ihn nicht erreicht?«

Nein, natürlich nicht. Diese dumme Kuh! Sie hat mir doch selbst gesagt, daß der Chef nicht da war. (Oder war er doch da? Manchmal läßt er sich ja einfach verleugnen. Aber das ist jetzt ohnehin egal.)

»Ja, bitte erinnern Sie den Chef doch noch einmal an die Mitarbeiterbesprechung.«

»Aber natürlich, Herr Glaub, ich werde ihn sofort ansprechen, wenn er aus der Sitzung zurückkommt.« »Vielen Dank, Frau Lug.«

Sie warten. Donnerstag — nichts. Freitag — nichts. Am Montag rufen Sie wieder bei der Sekretärin an: »Guten Morgen, Frau Lug. Hat der Chef denn inzwischen für diese Woche einen Termin für die Mitarbeiterbesprechung festgesetzt?« »Guten Tag, Herr Glaub. Nett, daß Sie mich an die Sache erinnern. Leider kann ich Ihnen noch nicht sagen, was der Chef entschieden hat. Aber ich werde ihn heute nachmittag sofort ansprechen.« »Soll ich mich dann heute nachmittag noch einmal melden?« »Nein, das ist nicht nötig. Ich rufe Sie wieder an, sobald ich etwas weiß.«

Nun sind Sie aber neugierig. Frau Lug nimmt sich der Sache persönlich an. So viel Entgegenkommen hatten Sie eigentlich gar nicht erwartet. Schließlich haben sie schon so oft angerufen, daß sie wegen der ständigen Störungen ungehalten sein könnte. Aber davon war (noch) nichts zu spüren.

Sie warten und warten. Das Spiel kann noch Monate so weitergehen. Denn auch, wenn der Chef vielleicht irgendwann einmal mit Ihnen über diese Sache spricht, muß das noch lange nicht zum Erfolg führen: der gewünschten Mitarbeiterbesprechung. Er hat dann vermutlich erst einmal eine ganze Reihe dringender Gründe, die einer sofortigen oder baldigen Realisierung der Besprechung im Wege stehen:

— Ich muß leider gleich weg. Im Moment habe ich gar keine Zeit.
— Sehen Sie doch, was ich hier alles auf dem Tisch liegen habe; ich muß erst die eiligsten Vorgänge bearbeiten.
— Selbstverständlich. Sobald ich kann, werde ich die Besprechung ansetzen.
— Machen Sie sich doch schon einmal Gedanken für die Tagesordnung.
— Ich weiß gar nicht, was wir eigentlich besprechen sollen.
— Bitte besprechen Sie das doch mit meiner Sekretärin.
— Ich muß das erst noch mit den anderen Abteilungsleitern (oder: mit der Direktion) besprechen.

Und nach einer solchen unumgänglichen Zwischenauskunft, die dann schließlich erteilt wird, wenn sie gar nicht mehr zu umgehen ist, kann das ganze Wartespiel wieder von vorn beginnen. Entscheidend ist, wer die besseren Nerven hat — und wer die Dreistigkeit besitzt und die Macht natürlich. Gesiegt hat der Chef, wenn Ihnen das ständige Drängeln peinlich wird und Sie aufgeben. In der Regel verlassen sich solche Leute darauf, daß andere eine ordentliche Erziehung genossen haben und deshalb auf ihr unverschämtes Benehmen aus anerzogenem Anstandsgefühl immer nur anständig reagieren, weil schlechtes Benehmen ihnen peinlich wäre.

Deshalb bleibt Ihnen in solchen Situationen oft nichts anderes übrig, als Ihren Anstand zu vergessen und dem Unverschämten mit gleicher Frechheit entgegenzutreten — soweit dadurch Ihr Arbeitsverhältnis nicht auf dem Spiel steht oder Sie ohnehin die Arbeitsstelle wechseln wollten.

Also denken Sie in solchen Fällen daran:

Unverschämtheit siegt.

Wenn nicht Ihre, dann zumindest seine.

Und nun warten Sie vermutlich auf durchschlagkräftige Tips für unverschämtes Benehmen.

Die können wir Ihnen aber leider hier nicht geben. Das verbietet uns — Sie haben das sicher schon geahnt — unser teils angeborenes bzw. anerzogenes Gefühl für menschlichen Anstand, teils unsere Angst vor Beleidigungs- oder Schadenersatzklagen. Erfahrungsgemäß werden jedoch zumindest einige mutigere oder intelligentere Leser — wenn sie erst einmal mit Hilfe unserer dekuvrierenden Ausführungen ihre eigene moralische Behinderung erkannt und analysiert haben — auch ohne unsere weitere Unterstützung ihre Hemmungen über Bord werfen und Unverschämten angemessen entgegentreten können.

Wenn nicht, müssen sie eben ohne derartige Erfolgserlebnisse auskommen. Das ist aber nicht ganz so schlimm, wie es vielleicht auf den ersten Blick erscheint. Denn sie leben dann ja nur genauso weiter wie bisher, d.h. bloß ein bißchen zu anständig.

Und manchmal ist es bestimmt besser, ein bißchen zu anständig zu sein, als mit unfairen Killertechniken unter Umständen gut gemeinte und oft sogar erfolgversprechende Vorschläge und Initiativen anderer zunichte zu machen.

Andererseits ist es nicht ganz unwichtig, derartige Fallen zu kennen, damit man nicht durch allzu große Naivität derartige Vorgehensweisen auch noch ungewollt unterstützt und sich dadurch selbst in Schwierigkeiten bringt. Deshalb sind in der folgenden Tabelle zur Schärfung Ihres diesbezüglichen Wahrnehmungsvermögens einige derartige Killertechniken exemplarisch zusammengestellt: .

— andere »unter der Gürtellinie« angreifen
— die Fachkompetenz anderer öffentlich in Frage stellen
— die Bewilligung erforderlicher Geldmittel hintertreiben
— die Einstellung benötigten Fachpersonals verhindern
— die für die erfolgreiche Arbeit erforderlichen Räume und technischen
  Geräte nicht zur Verfügung stellen
— die Seriosität einer Projektplanung bezweifeln
— die wirtschaftliche Vertretbarkeit eines Projektes in Abrede stellen
— Projekte auf die lange Bank schieben durch unnötige Einschaltung
  von Unternehmensberatern, Einholung überflüssiger Gutachten etc.

Fortsetzung von S. 242

- Entzug des für eine bestimmte Arbeit erforderlichen Fachpersonals durch Versetzung oder Entlassung
- Vorschützen angeblicher sachlicher/fachlicher Notwendigkeiten, um Kooperation zu verweigern
- Zitierung von Gesetzen oder Verordnungen etc., die angeblich der Verwirklichung einer geplanten Maßnahme entgegenstehen
- dem anderen trotz nachgewiesener Kompetenz Unfähigkeit vorwerfen, um seine geplanten Initiativen zu Fall zu bringen
- einem Verantwortlichen unqualifiziertes oder zumindest für die betreffende Aufgabe nicht hinreichend qualifiziertes Personal zur Verfügung stellen
- dem anderen Aufgaben stellen, an denen andere schon gescheitert sind, weil sie unter den gegebenen Rahmenbedingungen nicht bewältigt werden können (um dessen Image zu ruinieren)
- Einsetzung eines ständigen Begleiters als »Aufpasser«, um notfalls durch diesen »Spitzel« rechtzeitig über unerwünschte Initiativen informiert zu werden, um sie zu verhindern
- in peinlicher Weise vertrauliche Mitteilungen öffentlich bekannt machen oder zumindest an Dritte weitergeben
- angels eigenen Durchblicks erfolgversprechende Vorhaben anderer durch autoritäre Anordnungen (d.h. Machtmißbrauch) verbieten
- ein Abmahnverfahren einleiten, eine einstweilige Verfügung erwirken u.a., um angebliche eigene Rechte durchzusetzen und dadurch weitere Aktivitäten des Angegriffenen zu be-/verhindern
- für Anliegen anderer nicht zu sprechen sein
- die eigene Entscheidungskompetenz zu Unrecht bestreiten und den anderen an tatsächlich Inkompetente verweisen, um notwendigen Entscheidungen auszuweichen
- wichtige Informationen und/oder Unterlagen unterschlagen, d.h. nicht dorthin weitergeben, wo sie dringend benötigt werden, um unbequeme Aktivitäten zu blockieren
- verschiedene Arten von Nötigung oder Erpressung
- den Partner nicht zu Worte kommen lassen, indem man ihn niederschreit, nicht beachtet oder einfach wortlos stehen läßt und weggeht
- Gedächtnislücken vorschützen (»Daran kann ich mich überhaupt nicht erinnern.«)
- den Partner als Lügner hinstellen (»Das hast du das letzte Mal aber ganz anders dargestellt. Da hast du genau das Gegenteil behauptet.«)
- das Vorhandensein vertraulicher Informationen vortäuschen (»Darüber darf ich leider nichts sagen. Das ist streng vertraulich.«)
- den Fraktionsvorsitzenden der SPD im Bonner Bundestag mit »Kollege Honnecker« anreden
(der CDU-Vorsitzende KOHL am 13. 3. 1991)

Wir könnten diese Aufzählung von Killer-Aktivitäten noch beträchtlich erweitern. Aber wir verzichten darauf, weil wir den handlichen Umfang dieses Buches nicht verdoppeln wollen.

Vielleicht entwickelt sich ja ohnehin in Ihrem Familienkreis, in Ihren Sport- und Freizeitgruppen oder sogar in Ihrem beruflichen Wirkungskreis das Entdecken geschickt oder auch plump eingesetzter Killer als Sport. In dieser Disziplin soll sogar noch ein Platz im Guinness-Buch der Rekorde frei sein. Das ist Ihre Chance!

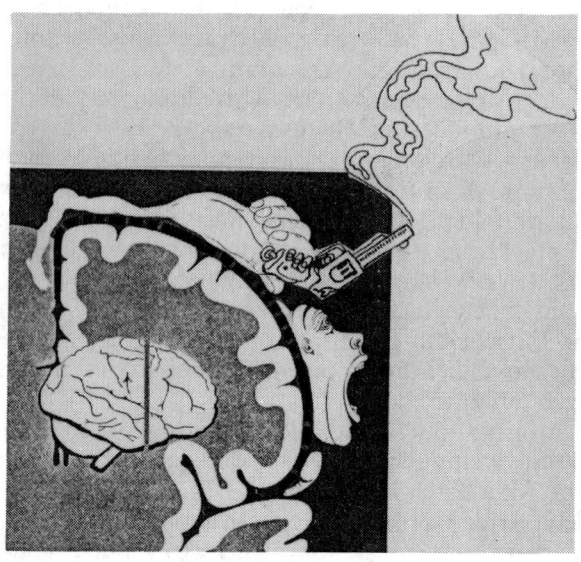

Abbildung 59 Das Gehirn, der Ort, wo die Killer-Technik zu Hause ist!

Sie würden übrigens einen großen Fehler begehen, wenn Sie alle Killertechnik-Anwender für Akteure aus Vorsatz oder gar für absichtlich böswillige Mitmen-schen-Schikanierer hielten. Manche sind nämlich einfach nur psychopathische Egoisten oder Angstneurotiker, andere schlichtweg kurzsichtig oder bloß dumm. Deshalb haben Sie bitte Mitleid mit ihnen, denn viele wissen oftmals gar nicht, was sie tun.

5.6 Vermeiden von Gesprächshindernissen
durch Berücksichtigung der Annahmen der Transaktionsanalyse (TA)

5.6.1 Das Konzept der Transaktionsanalyse

Die Transaktionsanalyse wurde von dem psychoanalytisch orientierten Psychiater BERNE (1967, 1970, 1975, 1979) entwickelt.

Die Verwandtschaft der Transaktionsanalyse mit der Psychoanalyse ist unverkennbar. Diese stellt jedoch einerseits eine Weiterentwicklung, andererseits eine Alternative zur Psychoanalyse dar. Sie beruht auf der Annahme eines spezifischen Menschenbildes mit einer Theorie über Persönlichkeitsentwicklung, seelische Abläufe und zwischenmenschliches Verhalten.

Nach RÜTTINGER (1980) ist die Transaktionsanalyse eine Methode, sich mit dem eigenen Verhalten und den verhaltenssteuernden eigenen Normen, Erfahrungen und Gefühlen auseinanderzusetzen. Sie eröffnet die Möglichkeit, kritische Situationen zu klären, Verhaltensalternativen zu erkennen und in der Praxis auszuprobieren. Sie ist somit ein Hilfsmittel für die Entwicklung bewußten und autonomen Verhaltens. Transaktionsanalyse soll aber vor allem eines *nicht* sein: ein Instrument zum Manipulieren anderer.

Mit Hilfe der Transaktionsanalyse können wir das eigene Verhalten im Gespräch und somit das psychologische Gesprächsklima gezielt beeinflussen.

Hier kurz die wichtigsten Annahmen der Transaktionsanalyse, die beim konfliktvermeidenden bzw. konfliktlösenden Umgang mit einem Gesprächspartner Berücksichtigung finden sollten. Zur vertiefenden Auseinandersetzung mit der Transaktionsanalyse verweisen wir auf die einschlägige Literatur, insbesondere auf BERNE (1975, 26—44) und auf RÜTTINGER (1980), der speziell die Verwendung der Transaktionsanalyse im Management betrachtet.

5.6.2 Ich-Zustände

Nach den Annahmen der Transaktionsanalyse kann sich jeder Mensch in drei verschiedenen »Ich-Zuständen« befinden, aus denen heraus er denkt, fühlt und handelt. Diese Ich-Zustände sind geprägt durch persönliche Wertvorstellungen, Normen, Erfahrungen, Informationen und Gefühle. Sie entfalten ihre Wirkung durch unterschwellige Verhaltenstendenzen und im beobachtbaren Verhalten. Durch folgende drei Ich-Zustände wird die Persönlichkeit strukturiert:

1. das Eltern-Ich,
2. das Erwachsenen-Ich,
3. das Kindheits-Ich.

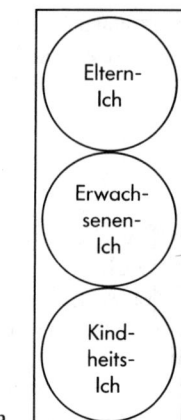 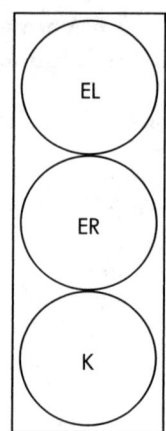

Abbildung 60 Strukturdiagramme der Persönlichkeit (nach BERNE 1975) a) Struktur-Diagramm; b) Vereinfachtes Struktur-Diagramm (abgekürzte Schreibweise für formelhafte Kurzdarstellung von Interaktionen)

Jeder dieser Ich-Zustände kann − abhängig von der jeweiligen Situation − verhaltensbestimmend sein.

Vereinfacht dargestellt, verhält man sich z. B. aus dem *Eltern-Ich* heraus gegenüber einem anderen Menschen so, wie Eltern sich gegenüber einem Kind verhalten würden.

Das *Erwachsenen-Ich* verhält sich demgegenüber problembezogen rational und wohlüberlegt.

Das *Kindheits-Ich* ist gewissermaßen das Gegenstück zum *Eltern-Ich:* Man verhält sich gegenüber dem anderen Menschen so, wie ein Kind sich gegenüber einem Erwachsenen zu verhalten pflegt.

Wie wirken sich diese drei Ich-Zustände nun konkret in den zwischenmenschlichen Beziehungen aus?

Abbildung 61 gibt zunächst eine Übersicht über die möglichen Reaktionen aus den drei Ich-Zuständen heraus anhand konkreter Situationsbeispiele:

Situation	Reaktion aus dem Ich-Zustand		
	Eltern-Ich	Erwachsenen-Ich	Kindheits-Ich
Verspätung eines Gesprächspartners	»Können Sie eigentlich nie pünktlich sein?«	»Sind Sie aufgehalten worden?«	»Ich bin froh, daß Sie noch kommen.«

Fortsetzung auf S. 247

Fortsetzung von S. 246

Situation	Reaktion aus dem Ich-Zustand		
	Eltern-Ich	Erwachsenen-Ich	Kindheits-Ich
Gespräch über eine Kundenbeschwerde	»Was haben Sie sich eigentlich dabei gedacht, sich so mit dem Kunden anzulegen?«	»Wie ist es denn zu der Auseinandersetzung mit dem Kunden gekommen?«	»Ich frage mich, was sich unsere Kunden überhaupt einbilden!«
Der Ehepartner klagt über Unwohlsein	»Bei deinem Lebenswandel muß man sich ja unwohl fühlen!«	»Was hast du denn für Beschwerden?«	»Dann laß uns doch erst mal einen Schnaps trinken!«

Abbildung 61 Mögliche Reaktionen aus den drei Ich-Zuständen heraus

1. Eltern-Ich

Das Eltern-Ich beinhaltet alle ungeprüft (z.T. bereits in früher Kindheit) übernommenen Normen, Gebote und Verbote, Prinzipien und Maximen sowie damit zusammenhängende Reaktionen und Verhaltensweisen. Reaktionen aus dem Eltern-Ich erfolgen mehr oder weniger automatisch, d.h. ohne daß ganz bewußt ein bestimmter Vorsatz gefaßt würde.

Kennzeichnend für Reaktionen aus dem Eltern-Ich sind z.B. folgende *Verhaltensweisen:*
— wertet negativ bzw. wertet ab,
— denkt in Schwarz-Weiß-Kategorien (gut/schlecht, richtig/falsch, ja/nein usw.),
— verallgemeinert,
— befiehlt,
— kritisiert,
— weist zurecht,
— schulmeistert,
— moralisiert,
— bestraft.

Das Eltern-Ich ist sozusagen vergangenheitsorientiert: es orientiert sich daran, was hätte sein sollen, und nicht daran, was ist. Es findet sich nicht damit ab, daß etwas nicht klappt, daß Menschen Fehler machen, zu spät kommen, unzuverlässig sind usw. Insofern ist das Eltern-Ich ein *schlechter Problemlöser.* Schuldige zu finden, ist wichtiger, als ein Problem zu analysieren und zu lösen.

2. Erwachsenen-Ich

Das Erwachsenen-Ich entsteht im Rahmen der zunehmend rationalen bzw. sachlich abwägenden Auseinandersetzung mit der Realität und den persönlichen Erfahrungen. Es reagiert überlegt und sachbezogen.

Charakteristisch für Reaktionen aus dem Erwachsenen-Ich sind folgende *Verhaltensweisen:*
- hört zu und beobachtet,
- stellt sachliche Fragen und sammelt Fakten,
- konzentriert sich auf das, was tatsächlich ist,
- formuliert wertfrei,
- überlegt und wägt ab,
- berücksichtigt Alternativen,
- überprüft eigene Normen und Gefühle,
- differenziert,
- versucht, Probleme konstruktiv zu lösen.

Das Erwachsenen-Ich basiert auf der gegenwärtigen Realität, auf dem »Hier und Jetzt«. Es sammelt objektive Informationen, überprüft die gesammelten Daten nach sachlichen Kriterien, erarbeitet Alternativen, wägt mögliche Verhaltenskonsequenzen ab und trifft sachliche Entscheidungen. Dabei sind klärende Fragen eine typische Ausdrucksform des Erwachsenen-Ichs. Im Gegensatz zum Eltern-Ich ist das Erwachsenen-Ich ein *guter Problemlöser.* Ein starkes Erwachsenen-Ich erlaubt es dem Menschen zudem, selbst zu entscheiden, aus welchem Ich-Zustand heraus er reagieren will. Es erleichtert ihm auch die sachgerechte Beurteilung und Einschätzung der Reaktionen des Gesprächspartners.

3. Kindheits-Ich

Das Kindheits-Ich beinhaltet vor allem die gefühlsmäßigen Reaktionen, mit denen Kinder, in ähnlicher Weise aber auch Erwachsene, Situationen und Ergebnissen begegnen.

Wir unterscheiden drei Ausdrucksformen des Kindheits-Ichs mit entsprechenden Verhaltensmerkmalen:

a) *Natürliches Kindheits-Ich*
Gefühle werden unkontrolliert und unüberlegt geäußert und in Handeln umgesetzt.
Verhaltensmerkmale:
- spontan und impulsiv,
- egozentrisch,
- unter Umständen auch rebellisch und aggressiv.

b) *Angepaßtes Kindheits-Ich*
Der Betreffende versucht, sich unauffällig zu benehmen und das zu tun, was man von ihm erwartet (Denken und Handeln im Sinne der »sozialen Erwünschtheit«).
Verhaltensmerkmale:
- gedrückt und hilflos,
- unselbständig, sich unterordnend,
- gibt nach, verzichtet,
- hat Angst, traut sich nicht,
- bleibt passiv und wartet, »bis es von allein besser wird«.

c) »*Little Professor*«
In diesem Ich-Zustand bestimmt die »richtige« Intuition Denken und Handeln. Im Vergleich betrachtet, steht die Intuition hier an der Stelle des Überlegens und Abwägens, wie wir es beim Erwachsenen-Ich finden.

Eine Person, die überwiegend aus dem Kindheits-Ich heraus agiert, verfügt folglich über relativ wenig wirkungsvolle Möglichkeiten der Verhaltenskontrolle. Sie verhält sich häufig irrational, unrealistisch, z.T. sogar selbstschädigend, ohne die Probleme sachgerecht zu lösen.

5.6.3 Transaktionen

RÜTTINGER (1980) definiert Transaktionen folgendermaßen:
»Eine Transaktion ist der verbale und nonverbale Austausch zwischen zwei Personen, der, bestehend aus einem Reiz (z. B. einer Frage) und einer Reaktion (z. B. einer Antwort), zwischen zwei bestimmten Ich-Zuständen stattfindet.«

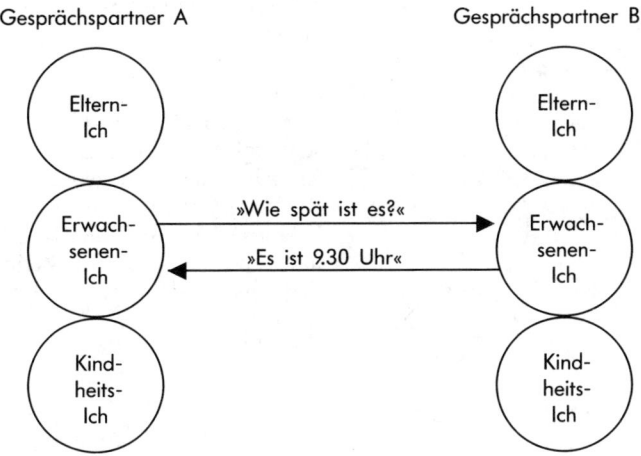

Abbildung 62 Transaktionen zwischen zwei Gesprächspartnern

Im folgenden werden einige Beispiele für verschiedene Transaktionsmöglichkeiten zwischen zwei Gesprächspartnern (A+B) gegeben. Dabei ist zu berücksichtigen, daß ein Gespräch meistens nicht nur aus einer einzelnen Transaktion, sondern aus einer Folge von miteinander verbundenen Transaktionen besteht. Diese vollziehen sich dann in Form von Kettenreaktionen, bei denen jede Reaktion des Gesprächspartners (B) zugleich zu einem neuen Reiz für den anderen Gesprächspartner (A) wird.

Unterschieden werden grundsätzlich drei Transaktionsformen:
1. parallele Transaktionen,
2. Überkreuz-Transaktionen,
3. verdeckte Transaktionen.

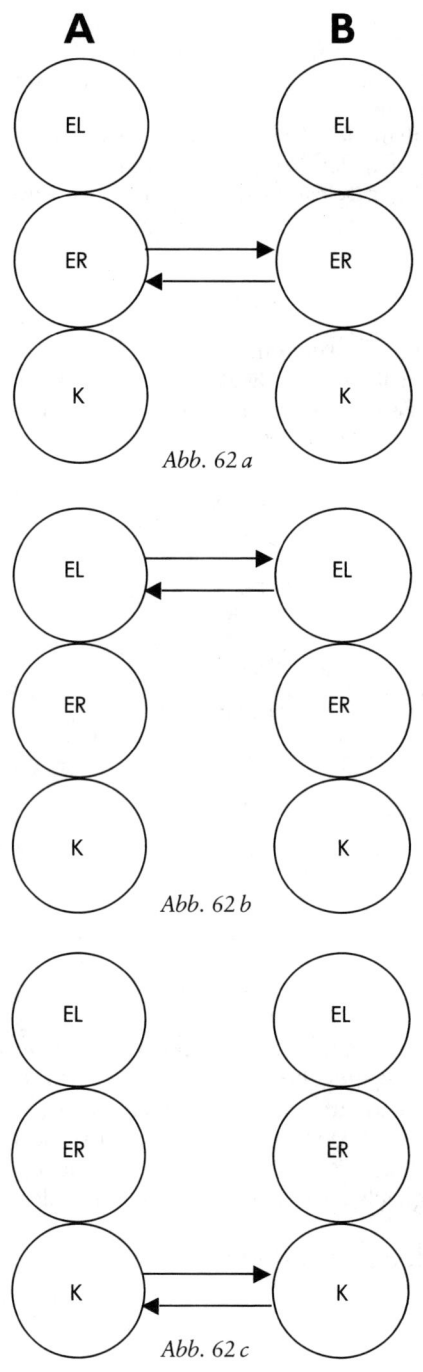

A   **B**

Abb. 62 a

Abb. 62 b

Abb. 62 c

1. Parallele Transaktionen

Man spricht von parallelen Transaktionen, solange ein Gespräch komplementär verläuft. Im einfachsten Fall reagiert ein Gesprächspartner (B) auf der gleichen Ich- Zustands-Ebene, auf der Gesprächspartner (A) ihn zuvor angesprochen hat (vgl. Beispiele 1–3). Die Transaktion ist aber auch parallel, wenn beispielsweise Gesprächspartner A aus dem Eltern-Ich heraus das Kindheits-Ich des Gesprächspartners B anspricht und Gesprächspartner B seinerseits seine Reaktion aus dem Kindheits-Ich heraus an das Eltern-Ich von Gesprächspartner A richtet (vgl. Beispiel 4). Nach BERNE (1975) gibt es 9 verschiedene Möglichkeiten von parallelen Transaktionen.

Beispiel 1 (Abb. 62 a):

Der Ehepartner (A) klagt über Unwohlsein (vgl. auch Beispiel 4):
A: »Ich fühle mich heute nicht wohl!«
B: »Was fehlt dir denn?«
Erläuterung: Auf eine sachliche Feststellung zum persönlichen Befinden auf der Erwachsenen-Ich-Ebene folgt eine ebenso sachlich-abklärende Frage auf der gleichen Ebene.

Beispiel 2 (Abb. 62 b):

Verspätung eines dritten Gesprächspartners:
A: »Die Leute können heute einfach nicht mehr pünktlich sein!«
B: »Das kann man wohl sagen!«
Erläuterung: In diesem Beispiel werden Verallgemeinerungen und Vorurteile zwischen den beiden Eltern-Ichs der Gesprächspartner ausgetauscht.

Beispiel 3 (Abb. 62 c):

Gespräch über eine Kundenbeschwerde:
A: »Ich finde es immer wieder köstlich, wie der Kunde Wüterich sich aufregen kann!«
B: »Das finde ich auch!«

Erläuterung: Hier unterhalten sich die Personen A und B auf der Kindheits-Ich-Ebene. B stimmt der spontan-gefühlsmäßigen, unreflektierten Stellungnahme von A vorbehaltlos zu. In der Sache führt diese Transaktion jedoch nicht weiter.

Beispiel 4 (Abb. 62 d):

Der Ehepartner (B) klagt über Unwohlsein (vgl. Beispiel 1):

A: »Bei deinem Lebenswandel muß man sich ja unwohl fühlen!«

B: »Ich verspreche dir, daß ich in Zukunft früher nach Hause kommen werde!«

Erläuterung: Auf die mahnend-moralisierende Vorhaltung des Partners A aus dem Eltern-Ich heraus reagiert Partnerin B aus dem Kindheits-Ich angepaßt-nachgebend, an das Wohlwollen von A appellierend. B ist bemüht, sich so zu verhalten, wie es A von B erwartet.

Diese Beispiele verdeutlichen das Hauptmerkmal paralleler Transaktionen: Der Gesprächspartner reagiert sozusagen *erwartungsgemäß!*

Bei gezielter Gestaltung der Gesprächseinleitung kann der Partner A den Partner B, wenn dieser nicht aufpaßt, zu einer bestimmten Reaktion auf der von A gewünschten Ich-Ebene provozieren und dadurch das Gespräch in eine ihm günstig erscheinende Richtung steuern.

2. Überkreuz-Transaktionen

Überkreuz-Transaktionen sind gekennzeichnet durch *unerwartete* Reaktionen des Gesprächspartners. In der Regel kreuzen sich die Transaktionslinien. Nach BERNE (1975) sind, mathematisch gesehen, 72 verschiedene Arten von Überkreuz-Transaktionen möglich, von denen jedoch nur einige in der Praxis häufig vorkommen und somit eine größere Rolle spielen.

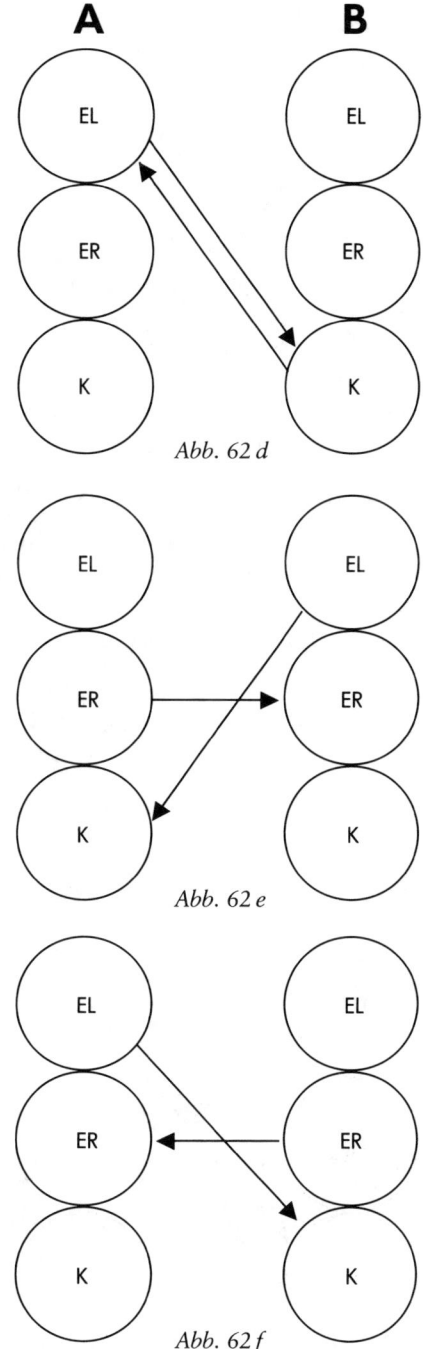

Abb. 62 d

Abb. 62 e

Abb. 62 f

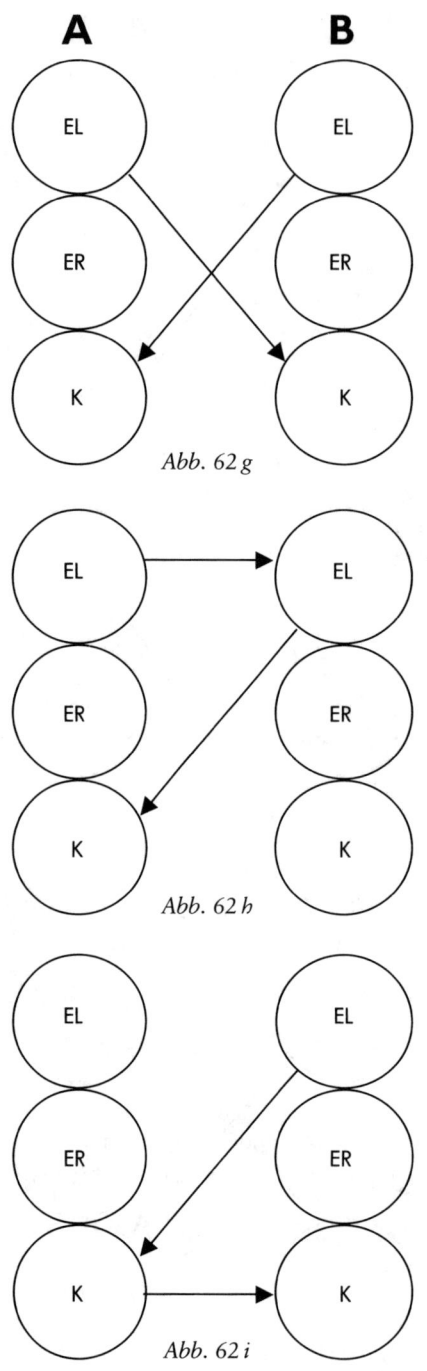

A   **B**

Abb. 62 g

Abb. 62 h

Abb. 62 i

Beispiel 5 (Abb. 62e):

Der Ehepartner (A) klagt über Unwohlsein:

A: »Ich fühle mich heute nicht wohl!«

B: »Bei deinem Lebenswandel muß man sich ja unwohl fühlen!«

Erläuterung: Auf eine sachliche Feststellung von A zum persönlichen Befinden auf der Erwachsenen-Ich-Ebene reagiert B vorwurfsvoll, moralisierend aus dem Eltern- Ich heraus in Richtung Kindheits-Ich von A.

Beispiel 6 (Abb. 62 f):

Verspätung eines Gesprächspartners:

A: »Können Sie eigentlich nicht pünktlich sein?«

B: »Ich bin aufgehalten worden!«

Erläuterung: In Beispiel 6 ist Beispiel 5 umgekehrt: Auf einen verallgemeinernden und zurechtweisenden Vorwurf von A aus dem Eltern-Ich an das Kindheits-Ich von B reagiert B sachlich-erklärend auf der Erwachsenen-Ich-Ebene. Die Reaktion kann der Versachlichung des Gesprächs dienen.

Beispiel 7 (Abb. 62 g):

Verspätung eines Gesprächspartners:

A: »Können Sie eigentlich nicht pünktlich sein?«

B: »Bei Ihrer geringen Arbeitsbelastung können Sie sich natürlich nicht vorstellen, daß man mal Terminprobleme hat!«

Erläuterung: Beide Gesprächspartner kritisieren sich gegenseitig. Sie agieren abwertend und vorwurfsvoll aus dem Eltern-Ich heraus und wenden sich an das Kindheits-Ich des anderen Gesprächspartners. Diese Transaktion kann der Beginn der Eskalation einer Auseinandersetzung sein.

Die folgenden beiden Beispiele beschreiben — neben parallelen und Überkreuz-Transaktionen — eine dritte Art von Transaktionen, wo die Transaktion weder parallel noch überkreuz ist:

Beispiel 8 (Abb. 62 h):

Verspätung eines dritten Gesprächspartners (C):

A: »Manche Leute können einfach nicht pünktlich sein!« (Gemeint ist C.)

B: »Bei Ihrer geringen Arbeitsbelastung können Sie sich natürlich nicht vorstellen, daß man mal Terminprobleme hat!«

Erläuterung: Das verallgemeinernde Vorurteil von A auf der Eltern-Ich-Ebene wird von B durch persönliche Kritik an A zurückgewiesen. B läßt sich also auf den Austausch von Vorurteilen nicht ein, sondern spricht aus dem Eltern-Ich heraus das Kindheits-Ich von A an.

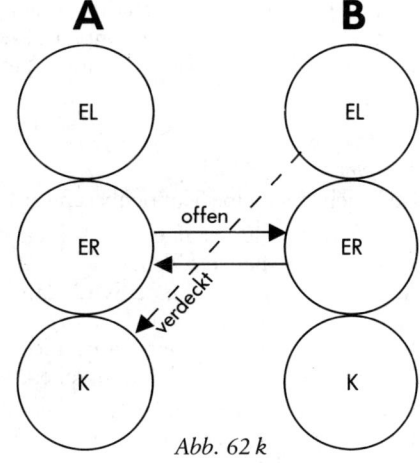

Abb. 62 k

Beispiel 9 (Abb. 62 i):

Gespräch über eine Kundenbeschwerde:

A: »Ich finde es immer wieder köstlich, wie der Kunde Wüterich sich aufregen kann!«

B: »Die von Ihnen vorgegebenen Arbeitsbedingungen führen aber auch immer wieder zwangsläufig zu Ärger mit den Kunden!«

Erläuterung: A erhält auf eine spontangefühlsmäßige Äußerung auf der Kindheits-Ich-Ebene eine vorwurfsvoll-zurechtweisende Reaktion von B. B reagiert aus dem Eltern-Ich heraus in Richtung Kindheits-Ich von A.

Also auch bei »nicht parallelen« Transaktionen tauschen sich die Gesprächs-

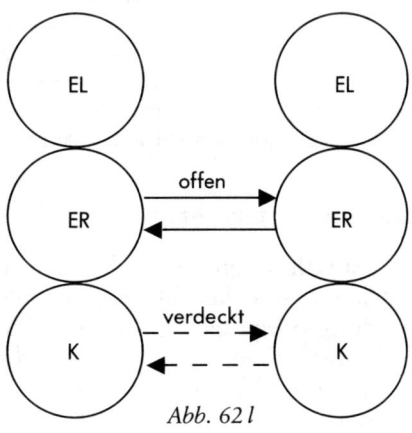

Abb. 62 l

partner im Gegensatz zu den parallelen Transaktionsformen *nicht erwartungsgemäß* aus!

3. Verdeckte Transaktionen

Bei verdeckten Transaktionen handelt es sich um Transaktionen mit »doppeltem Boden«, bei denen die Gesprächspartner indirekt etwas anderes meinen als sie direkt sagen.

Wir wollen das mit zwei weiteren Beispielen verdeutlichen:

Beispiel 10 (Abb. 62 k):

Der Ehepartner klagt über Unwohlsein:

A: »Ich fühle mich heute nicht wohl!«

B, offen: »Du konntest ja auch heute nicht ausschlafen!«

B, verdeckt: (»Bei deinem Lebenwandel muß man sich ja unwohl fühlen!«)

Erläuterung: B reagiert auf die sachliche Stellungnahme von A scheinbar mit einer ebenso sachlichen Feststellung. Indirekt beinhaltet diese Feststellung jedoch einen verdeckten Vorwurf, der sich aus dem Eltern- Ich heraus an das Kindheits-Ich wendet.

Beispiel 11 (Abb. 62 l):
Gespräch über eine Kundenbeschwerde:

A, offen: »Ich meine, wir sollten die Forderung des Kunden Wüterich mal wörtlich erfüllen!«

A, verdeckt: (»Der Kunde wird dann schon sehen, daß seine Forderung nicht realistisch ist!«)

B, offen: »Das ist eine gute Idee!«

B, verdeckt: (»Er wird schon sehen, was er davon hat!«)

Erläuterung: Offen findet zwischen A und B ein Austausch auf der Erwachsenen-Ich-Ebene statt. Verdeckt sind sich A und B auf der Kindheits-Ich-Ebene einig, den Kunden »auflaufen« zu lassen.

Die Hauptmerkmale verdeckter Transaktionen: Ein wesentlicher Teil des Austauschs zwischen den Gesprächspartnern vollzieht sich indirekt-unterschwellig und ist gekennzeichnet durch ironische Bemerkungen, vage Andeutungen usw.

Nach diesen zur Einführung in das transaktionsanalytische Denken erforderlichen Begriffsklärungen werden wir im nächsten Abschnitt die möglichen Auswirkungen der Transaktionsformen auf einen Gesprächsverlauf betrachten.

5.6.4 Konsequenzen für die Konfliktvermeidung bzw. Konfliktlösung

— Transaktionen (Feststellungen, Fragen und Antworten) aus dem *Eltern-Ich* heraus sind konfliktträchtig und wenig geeignet zur vorbeugenden Vermeidung oder Lösung bereits bestehender Konflikte.

— Transaktionen aus dem *Erwachsenen-Ich* heraus führen eher zu einem sachlichen und konfliktarmen Gesprächsverlauf. Ein stark ausgeprägtes Erwachsenen-Ich erlaubt mehr Autonomie und Mitbestimmung bei der Wahl der Transaktionsebene.

— Ausschließlich *parallele Transaktionen auf der Erwachsenen-Ich-Ebene* sind im Sinne von Informationsaustausch, sachlicher Argumentation und Gesprächsfortschritt weiterführend und zugleich konfliktvermeidend.

— *Parallele Transaktionen auf der Eltern- und Kindheits-Ich-Ebene* sowie zwischen diesen beiden Ebenen führen zwar ebenfalls zu einem konfliktarmen Gesprächsverlauf, dienen allerdings lediglich einer guten Gesprächsatmosphäre und führen nicht zwangsläufig auch in der Sache weiter. Gegebenenfalls sollte also baldmöglichst ein Wechsel auf die Erwachsenen-Ich-Ebene erfolgen.

— *Überkreuz-Transaktionen* unterbrechen grundsätzlich die komplementäre Übereinstimmung im Gesprächsverlauf. Dadurch kann die Lösung festgefahrener Konflikte erleichtert, aber auch dem Entstehen neuer Konflikte Vorschub geleistet werden.

— Als *konfliktlösend* können alle Überkreuz-Transaktionen dienen, bei denen ein Gesprächspartner versucht, auf der Erwachsenen-Ich-Ebene zu reagieren (vgl. Beispiel 6). Dabei empfiehlt es sich in vielen Fällen, die Überkreuz-Transaktionen mit einer kurzen parallelen Transaktion zu kombinieren, um den Wechsel nicht zu überraschend oder schroff erscheinen zu lassen. Die Erweiterung unseres Beispiels 6 soll das verdeutlichen:

Beispiel 12 (Abb. 62 m):

Verspätung eines Gesprächspartners:

A **B**

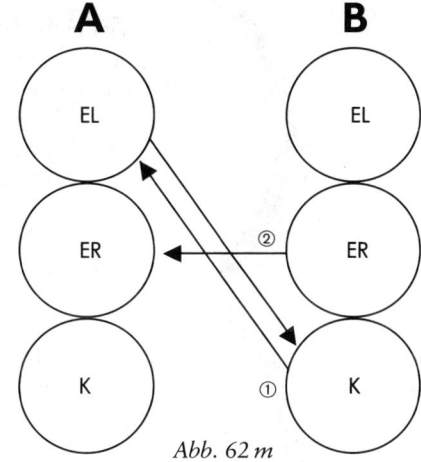

Abb. 62 m

A: »Können Sie eigentlich nicht pünktlich sein?«

B (1): »Es tut mir leid, daß Sie warten mußten ...«

B (2): »..., aber ich bin aufgehalten worden!«

Erläuterung: B (1) reagiert auf die Vorhaltung von A zunächst durch den Ausdruck seines Bedauerns, um dann [B (2)] eine sachliche Erklärung auf der Erwachsenen-Ich- Ebene abzugeben.

— *Verdeckte Transaktionen* können kaum konfliktvermeidend bzw. konfliktlösend wirken, da sie häufig Unsicherheiten und Mißverständnisse im Gesprächsverlauf zur Folge haben. Der Empfänger einer verdeckten Botschaft sollte u. U. nachfragen, wie der Gesprächspartner seine Feststellung, Frage oder Antwort gemeint hat. Ebenso riskiert man als Sender einer verdeckten Botschaft natürlich, einer entsprechenden Nachfrage des Gesprächspartners ausgesetzt zu sein oder auch, unerkannte Mißverständnisse und Fehldeutungen zu erzeugen, die das ganze weitere Gespräch belasten und ein eventuelles Anliegen (z. B. in Verkaufsverhandlungen) zum Scheitern bringen können.

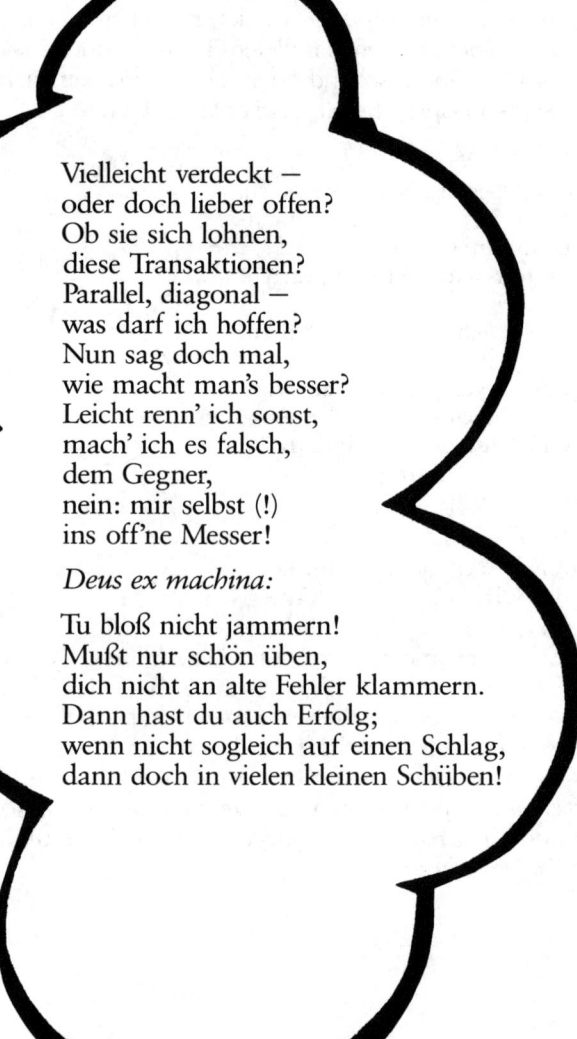

Vielleicht verdeckt —
oder doch lieber offen?
Ob sie sich lohnen,
diese Transaktionen?
Parallel, diagonal —
was darf ich hoffen?
Nun sag doch mal,
wie macht man's besser?
Leicht renn' ich sonst,
mach' ich es falsch,
dem Gegner,
nein: mir selbst (!)
ins off'ne Messer!

Deus ex machina:

Tu bloß nicht jammern!
Mußt nur schön üben,
dich nicht an alte Fehler klammern.
Dann hast du auch Erfolg;
wenn nicht sogleich auf einen Schlag,
dann doch in vielen kleinen Schüben!

5.7 Konfliktvermeidung bzw. Konfliktlösung durch Anwendung der Regeln der themenzentrierten Interaktion (TZI)

5.7.1 Das Konzept der themenzentrierten Interaktion

Die Methode der themenzentrierten Interaktion beruht auf gruppentherapeutischen Erfahrungen mit Kommunikationsprozessen. Sie wurde von der Psychoanalytikerin R.C. COHN (1975) entwickelt. Das grundlegende Lernziel von Übungen zur themenzentrierten Interaktion ist die Verbesserung der Wahrnehmung von Gefühlen, Stimmungen und Einstellungen bei sich und anderen sowie der Fähigkeit zur bewußten Auseinandersetzung mit diesen Wahrnehmungen. Grundsätzlich enthält jede Interaktion drei Faktoren:

1. das *Ich:* die eigene *Persönlichkeit* bzw. das Individuum;
2. das *Wir:* die *Gruppe* bzw. bei nur zwei Gesprächspartnern: die *Kleinstgruppe;*
3. das *Es:* das *Thema* der Interaktion.

Wie die folgende Abbildung (n. COHN) zeigt, könnte man sich diese drei Faktoren als Eckpunkte eines Dreiecks vorstellen, das von einem Kreis umgeben ist. Dieser stellt die *Umgebung* dar, die aus Zeit, Ort und Anlaß des Zusammentreffens der Gesprächs- bzw. Interaktionspartner besteht.

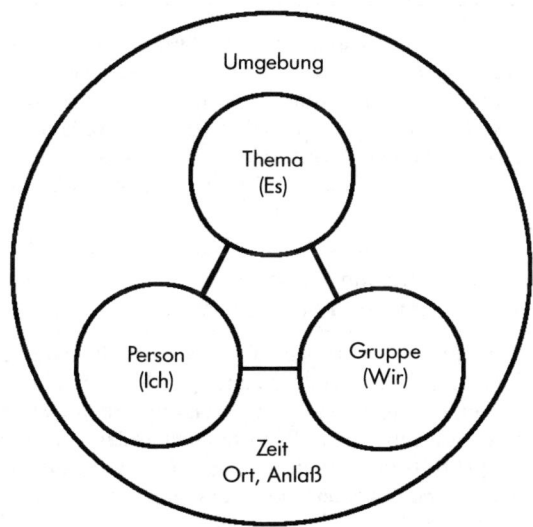

Abbildung 63 TZI-Faktoren: Hauptkomponenten eines komplexen Systems

Mit Hilfe der themenzentrierten Interaktion wird versucht, im Gesprächsbzw. Diskussionsverlauf eine gewisse Balance der drei Dreieckspunkte »Person«, »Gruppe« und »Thema« herzustellen und/oder zu erhalten.

Die Umsetzung der Theorie der themenzentrierten Interaktion in die Praxis erfordert die Kenntnis einiger »technischer« Regeln. Insbesondere im Hinblick auf unser Thema der Konfliktvermeidung bzw. Konfliktlösung kann die Kenntnis dieser TZI-Gesprächs- bzw. -Diskussionsregeln sehr hilfreich sein. Als Ergänzung und zur Vertiefung kann auf Cohn (1975, 110–215) verwiesen werden.

5.7.2 Zehn Gesprächsregeln der TZI

---

1. Sei dein eigener »chairman«!

Der Begriff des »chairman« ist in erster Linie als »chairman of myself«, also als Leiter, Vorsitzender meiner selbst zu verstehen:
– leite dich selbst in eigener Verantwortung,
– sei dir deiner Grundstimmungen, Gefühle, körperlichen Empfindungen und Wahrnehmungen bewußt,
– akzeptiere dich so, wie du bist,
– handele entsprechend deinen Fähigkeiten und Möglichkeiten,
– sei immer nur dein eigener »chairman«; versuche nicht, anderen ihre Eigenverantwortung abzunehmen.

---

2. Störungen haben Vorrang!

Störungen sind Hindernisse im Gesprächs- bzw. Diskussionsverlauf. Sie können hervorgerufen werden durch unterschiedliche Interessen, Antipathien und innere Unzufriedenheit der Gesprächspartner. Innere Unzufriedenheit findet ihren Ausdruck zumeist in Mißlaunigkeit und negativen Gefühlen (»Ich fühle mich in dieser Situation nicht wohl!«). Beachte solche Störungen bei dir und anderen. Nur »störungsfreie« Gespräche bzw. Diskussionen ermöglichen eine konstruktive Auseinandersetzung auf der sachlich-inhaltlichen Ebene.

**3. Vertrete dich selbst in deinen Aussagen:
sprich per Ich und nicht per Wir oder Man!**

Nur wenn ich per Ich spreche, treffe ich eigenverantwortliche Aussagen und verstecke mich nicht hinter der öffentlichen Meinung oder der allgemeinen Erwünschtheit. Ich betone meine eigene Kreativität und versuche nicht, eigene Unsicherheiten oder eventuelle Irrtümer zu verbergen. Wir-Aussagen oder Man-Aussagen sind häufig nicht kritisch überprüft und wirken weniger überzeugend. Wir-Aussagen sind nur zulässig, wenn die Gemeinsamkeit der Aussage wirklich überprüft worden ist. Eine Man-Aussage stellt in jedem Fall eine mehr oder weniger gültige Verallgemeinerung dar.

Beispiele:

Falsch:
– »*Man* kann unter Zeitdruck nicht so konzentriert arbeiten.«

Besser:
— »*Ich* kann unter Zeitdruck nicht so konzentriert arbeiten.«
Falsch:
— »*Wir* brauchen jetzt unbedingt eine Pause.«
Besser:
— »*Ich* würde jetzt gerne eine Pause machen.«

4. Sprich deine Meinung und deine Gefühle aus!

Erwarte nicht, daß andere wissen oder sich denken können, was du meinst oder fühlst. Unausgesprochene Meinungen und Gefühle können zu Fehlinterpretationen durch andere führen. Mißverständnisse in der Sache und Vorurteile über deine Person können die Folge sein. Fühlst du dich von anderen mißverstanden, dann bringe auch das zum Ausdruck, um entsprechenden Störungen des weiteren Gesprächs- bzw. Diskussionsverlaufs vorzubeugen.

Beispiele:

— »Ich habe das Gefühl, daß du mir gar nicht richtig zuhörst.«
— »So, wie du das jetzt darstellst, habe ich das gar nicht gemeint.«

5. Begründe deine Fragen!

Fragen spielen eine wesentliche Rolle für die eigene Gesprächsposition. Fragen können einem Gespräch aber auch einen störenden Verhörcharakter geben. Um diesem Verhörcharakter vorzubeugen, empfiehlt es sich, Fragen zu begründen, d. h. hinzuzufügen, was einem die betreffende Frage bedeutet.

Beispiele:

— »Ich möchte Sie nicht falsch verstehen. Können Sie mir den Vorfall bitte genauer schildern?«
— »Ich halte es für wichtig, die Meinung aller Mitarbeiter zum Problem des Alkohols in unserem Betrieb zu hören. Welche Beobachtungen haben Sie zu diesem Problem gemacht?«

6. Vermeide Verallgemeinerungen!

Verallgemeinerungen unterbrechen den persönlichen Meinungsaustausch. Sie dienen dem Gesprächsverlauf nur dann, wenn sie als Mittel zum Zweck der Zusammenfassung bisheriger Gesprächsergebnisse und zur Weiterführung des Gesprächs über das bisherige Thema hinaus eingesetzt werden.

Beispiele:

Falsch:
— »Wie kann man nur so sehr auf dem eigenen Standpunkt verharren?«
Besser:
— »Ohne Kompromißbereitschaft werden wir kaum zu einer Lösung kommen. Welche Möglichkeiten sehen Sie?«

> ### 7. Sei zurückhaltend mit der Interpretation anderer!

Befaß dich im Gesprächsverlauf in erster Linie mit dem tatsächlichen Verhalten und den tatsächlichen Aussagen des Gesprächspartners. Ausgesprochene und unausgesprochene Interpretationen von Verhalten und Aussagen anderer können zutreffend und auch angemessen sein.

Unzutreffende oder unangemessene Interpretationen können aber leicht Abwehrhaltungen und Störungen des Gesprächsverlaufs hervorrufen. Frage nach, statt zu interpretieren, insbesondere bei Unklarheiten von Verhalten und Aussagen. Laß andere sich selbst interpretieren.

Beispiele:

— »Wie meinen Sie das?«
— »Warum äußerst du dich so zurückhaltend?«

> ### 8. Höre aufmerksam zu!

Konzentriere dich auf das, was du selbst sagen willst, wenn du selbst sprichst. Wenn andere sprechen, konzentriere dich zunächst darauf, was sie sagen. Aufmerksames gegenseitiges Zuhören vermeidet Mißverständnisse und schafft eine angenehme Gesprächsatmosphäre.

> ### 9. Laß andere ausreden!

Diese Regel beinhaltet die Forderung: »Nur einer zur gleichen Zeit, bitte!« Niemand kann mehreren Äußerungen zur gleichen Zeit aufmerksam folgen. Treffen mehr als zwei Gesprächspartner aufeinander, werden Sie sich zweckmäßigerweise über die Reihenfolge der Gesprächs- bzw. Diskussionsbeiträge verständigen.

Bei der Behandlung wichtiger Themen empfiehlt es sich, zur eigenen Orientierung Notizen über die Äußerungen anderer zu machen. Unterbrich andere nur dann, wenn sie vom Thema abschweifen oder unverhältnismäßig lange reden. Unangemessene Unterbrechungen führen zu Störungen des Gesprächs-bzw. Diskussionsverlaufs.

---

10. Beachte deine Körpersignale!

Nicht nur die Art des sprachlichen Austauschs zwischen den Gesprächspartnern, sondern auch nichtsprachliche Signale sind für den Gesprächsverlauf bedeutsam: unangemessene Körperhaltung, Gestik oder Mimik können ebenso zu Störungen des Gesprächsverlaufs führen wie ungeschicktes sprachliches Verhalten. Vermeide vor allem Widersprüche zwischen deinem sprachlichen und nichtsprachlichen Verhalten, z. B. Kopfschütteln bei sprachlicher Zustimmung oder gelangweiltes Zurücklehnen bei sprachlich bekundeter Interessiertheit. Beobachte im Gesprächsverlauf auch die nichtsprachlichen Reaktionen, die Signale der Körpersprache anderer.

Die Anwendung der 10 Gesprächsregeln in der Praxis erleichtert einen störungsfreien Gesprächsverlauf. Aber auch diese Hilfe zur Konfliktvermeidung oder Konfliktlösung entfaltet ihre Wirkung nicht automatisch. Entscheidend ist vielmehr auch hier die soziale Sensibilität des Gesprächsleiters oder Diskussionsredners. Denn solche Regeln – als bloße Technik angewandt – erwecken leicht den Eindruck des Manipulationsversuchs. Werden sie jedoch unmerklich und unterstützend zur Erleichterung des Verständnisses zweier Gesprächspartner beachtet, können sie erst ihren eigentlichen Zweck erfüllen:

— Mißverständnisse in der Sache vermeiden,
— den Gesprächspartner als Person und mit seinen Anliegen ernst nehmen,
— sich selbst und die eigene Meinung ehrlich und tolerant in das Gespräch einbringen.

Sie können natürlich
auch alles ganz anders machen;
aber am besten doch so,
wie Sie es schon immer gemacht haben!
Das macht Ihnen selbst die wenigste Mühe.
Und da Ihre Familie,
Ihre Freunde und Geschäftspartner
Sie ja schon so kennen, wie sie immer waren,
und mit Ihren Fehlern herzlich lieben,
brauchen auch diese sich nicht
an Ihren neuen Kommunikationsstil zu gewöhnen.
Mancher braucht immer wieder
gute Anlässe zum Streiten —
erst dann ist er glücklich!
Sie auch?

C Problemlösung durch Konflikt-Induktion (Management by Conflicts)

1 Warum Konflikt-Induktion?

Wir haben uns bisher vorzugsweise mit der Vermeidung unerwünschter Konflikte bzw. der Lösung oder Bewältigung von Konflikten befaßt, in die wir unerwarteterweise und sehr zu unserem Mißvergnügen hineingeraten sind.

Nun muß nicht jeder Konflikt Mißvergnügen verursachen. Manchem Mitmenschen bereitet es – im Gegenteil! – geradezu ein Vergnügen, Konflikte zu schaffen und zu schüren. Vielleicht gehören Sie auch zu dieser Personengruppe? Dann werden Sie auf den folgenden Seiten möglicherweise noch ein paar interessante Anregungen für die Perfektionierung Ihres Hobbies finden.

Manchmal möchte man jemandem mit einem Friede-Freude-Eierkuchen-Gesicht ein kleines Höllenfeuer unter seinem Stuhl entfachen.

Abbildung 64 Der Feuerstuhl

Gehören Sie nicht dazu, werden Ihnen womöglich künftig einige bisher schwer verständliche oder eigenartige Aktivitäten Ihrer Mitmenschen in einem anderen, überraschenden Licht erscheinen und vielleicht sogar bei Ihnen selbst den Wunsch auslösen, Ihren Aktionsrahmen in dieser Richtung etwas gezielter zu erweitern.

Management by Conflicts wird oft gewissermaßen als letzter Ausweg dann (teils mit teils ohne Erfolg) angewandt, wenn eine Situation festgefahren ist und wenn jemand mit den üblichen diplomatischen, taktischen und im landläufigen Sinn gesellschaftsfähigen Kommunikations- und Interaktionsmethoden nicht mehr weiterkommt.

Dazu ein *Beispiel:*

Junge Frau:	Jetzt sind wir schon 5 Jahre zusammen, und wir sind immer noch nicht verheiratet.
Junger Mann:	Na und?
Junge Frau:	Immer sagst Du nur »Na und?«. Meine Mutter hat letzte Woche erst wieder gesagt, wir sollten doch jetzt endlich heiraten, weil die Nachbarn sie schon immer fragen, wann es denn so weit sei.
Junger Mann:	Was gehen mich die Nachbarn Deiner Mutter an. Heiraten ist blöd. Es geht doch auch so ganz prima.
Junge Frau:	Eben nicht. Wenn wir ein Kind hätten, dann müßte es gleich den richtigen Namen haben. Sonst ist es unehelich, und das will ich nicht.
Junger Mann:	Immer wieder dieselbe Leier. Wenn ... wenn ... wenn ... Aber wir haben kein Kind — und wir wollen auch keins.
Junge Frau:	Wir werden aber eins haben. Ich bin nämlich schwanger!

Sehen Sie? Das ist jetzt eine neue Situation. Die junge Frau hat nämlich heimlich die Pille weggelassen und verändert damit den Status quo. Sie wird sich natürlich jetzt auch konsequent weigern, das Kind abzutreiben, weil sie es ja u.a. gerade deshalb haben möchte, um ihren widerspenstigen Partner endlich vor den Traualtar (bzw. das Standesamt) zu zwingen. Das bringt den jungen Mann in die gewünschte Konfliktsituation: Heiraten oder ...

Sie wissen sicher, wie das dann weitergeht.

Kommst du
mit dem Problem nicht weiter,
bleibe fröhlich, bleibe heiter.
Verhalte dich geschickt,
und schaffe den Konflikt!

Und wenn Sie sich einmal etwas genauer im Alltagsleben umsehen — bei sich selbst und bei anderen —, dann werden Sie bald feststellen, daß das *Management by Conflicts* gar nicht so selten ist, wie es Ihnen vielleicht auf den ersten Blick zunächst scheinen mag. Für Konflikte und Aggressionen im Betrieb zeigt GAMBER (1992) Wege zu Problemlösungen mit Übungen, Tests und Experimenten.

2 Konflikt-Induktion in verschiedenen Lebensbereichen

Die folgenden Beispiele werden auch bei Ihnen vermutlich schon sehr bald ein von einem fröhlichen oder (bei besonders selbstkritischen oder depressiven Naturen) gequältem Lächeln begleitetes Aha-Erlebnis auslösen:

	Festgefahrener Status quo	Konflikt-Initiative	Vom Konfliktinitiator angestrebte Ziele
1	Trotz gestiegener Lebenshaltungskosten und günstiger Geschäftslage der Unternehmen kommt keine Einigung zwischen den Tarifpartnern zustande über eine angemessene Erhöhung der Löhne und Gehälter.	Arbeitsniederlegung. Streik der Arbeitnehmer dieser Branche auf Veranlassung der Gewerkschaft.	Die Arbeitgeberseite soll so unter Druck gesetzt werden, daß sie angesichts der ihr durch diesen und eventuelle weitere Streiks entstehenden Nachteile und Schäden einer für die Arbeitnehmer günstigeren Regelung zustimmt.
2	Im Elternhaus fühlt sich das Kind übermäßig eingeengt. Berechtigte Interessen kann es gegen die autoritären Eltern nicht durchsetzen.	Das Kind verläßt die elterliche Wohnung (bzw. das Haus), zieht in eine eigene Wohnung, zu Freunden, in eine Wohngemeinschaft, wandert aus nach Amerika oder heiratet (überhastet und verfrüht), um sich aus dem Elternhaus zu lösen.	Unabhängigkeit von der ständigen Bevormundung durch die Eltern.
3	Ein 16jähriger Schüler ist Alkoholiker und beschafft sich die für die Bezahlung der alkoholischen Getränke benötigten Geldmittel regelmäßig durch Diebstähle.	Die sorgeberechtigten Eltern lassen ihn gegen seinen Willen in eine Klinik einweisen, wo er unter ärztlicher Aufsicht eine Alkoholentziehungskur machen muß.	a) Der Sohn soll von seiner Alkoholabhängigkeit befreit werden. b) Der Schüler soll seine Schulausbildung erfolgreich abschließen. c) Er soll nach der Entzugsbehandlung nicht rückfällig werden.
4	Die Gebietsaufteilung im Nahen Osten ist seit Jahrzehnten unbefriedigend (Israeli, Palästinenser, Kurden etc.)	Der Regierungschef Saddam Hussein im Irak rationalisiert seine Annektion von Kuweit durch die anschließende Forderung nach Lö-	a) Annektion von Kuweit und dessen Integration in das irakische Staatsgebiet. b) Lösung des Israel-Palästina-Problems.

Fortsetzung auf S. 267

Fortsetzung von S. 266

	Festgefahrener Status quo	Konflikt-Initiative	Vom Konfliktinitiator angestrebte Ziele
		sung des Israel- Palästina-Problems. Er läßt das Räumungsultimatum (UNO/USA) verstreichen, »zwingt« dadurch die Alliierten zum Angriff und greift seinerseits Israel und Saudi-Arabien an.	c) Innen- und außenpolitische Stärkung der eigenen Position.
5	Die Ehepartner haben sich jahrelang vorwiegend auf Beruf und Kindererziehung konzentriert. Dabei haben sie sich innerlich entfremdet und die Basis für die Fortsetzung der Lebensgemeinschaft verloren.	Seitensprung oder Einleitung des gerichtlichen Scheidungsverfahrens durch einen der beiden Ehepartner.	a) Entweder Beendigung der Ehe, um einen Neuanfang mit einem anderen Partner/einer anderen Partnerin zu ermöglichen. b) Oder Erschütterung der erstarrten Routinebeziehung, um auf einer neuen Basis die bestehende Lebensgemeinschaft fortzusetzen.
6	Ein Arbeitnehmer wird seit Jahren trotz hervorragender Arbeitsleistung und entsprechender Vorstöße bei der Unternehmensleitung nicht befördert und auch bei eigentlich fälligen Gehaltserhöhungen nicht berücksichtigt.	Der Arbeitnehmer bittet um ein Zwischenzeugnis und bewirbt sich bei einem anderen Unternehmen, um dem Arbeitgeber die Ernsthaftigkeit seiner Forderung zu verdeutlichen.	a) Die Arbeitsstätte tatsächlich wechseln, um einen günstigeren Arbeitsplatz mit besserer Bezahlung zu erreichen. b) Dem Arbeitgeber den hohen Wert dieses Mitarbeiters und die gegebenenfalls durch die Neueinstellung und Einarbeitung eines anderen Mitarbeiters entstehenden Belastungen und Kosten zu verdeutlichen, damit der Arbeitgeber aus Angst davor einer Verbesserung der derzeitigen Position/Bezahlung des Mitarbeiters zustimmt.
7	Der Schüler wird vom Lehrer nicht beachtet. Seine guten Leistungen werden	Der Schüler beschwert sich bei seinen Eltern, der Schülervertretung, dem Schullei-	Erreichen angemessener Beachtung und leistungsentsprechender Benotung.

Fortsetzung auf S. 268

Fortsetzung von S. 267

	Festgefahrener Status quo	Konflikt-Initiative	Vom Konfliktinitiator angestrebte Ziele
	von ihm nicht angemessen bewertet und benotet.	ter, dem Dezernenten oder läßt durch seine Eltern bei Gericht Klage einreichen.	
8	Die Vereinskasse eines Fußballclubs leidet seit Jahren an chronischem Defizit. Bei den Mitgliedern ist jedoch eine Beitragserhöhung nicht durchzusetzen, weil die Mehrheit meint, der Vorstand solle erst einmal die verfügbaren Geldmittel wirtschaftlicher verwenden.	Der bei der Mehrheit beliebte und sehr fähige Vorsitzende droht deshalb vor der nächsten Mitgliederversammlung im Falle des Scheiterns der von ihm auf die Tagesordnung gesetzten Abstimmung mit seinem sofortigen Rücktritt.	a) Eine Mehrheit in der Mitgliederversammlung für den Antrag des Vorstands auf Beitragserhöhung schaffen. b) Die Vereinsfinanzen sanieren. c) Durch die bessere Finanzlage des Clubs ein noch attraktiveres Sportangebot machen und dadurch neue Mitglieder anlocken können.
9	Ein Unternehmen will mit allen Mitteln seine marktbeherrschende Position gegen einen erfolgreichen Wettbewerber verteidigen.	Die Unternehmensleitung diskreditiert und verklagt schließlich sogar den Wettbewerber auf Unterlassung, um ihn zur Aufgabe seiner Wettbewerbsaktivitäten zu zwingen.	a) Der mißliebige Konkurrent soll so lange wie möglich vom Markt ferngehalten werden. b) Der Weg durch die Gerichtsinstanzen soll ihn nach Möglichkeit ganz zur Aufgabe seiner Aktivitäten zwingen.
10	Die Vertragsverhandlungen zwischen dem Verlag und dem seit vielen Jahren mit diesem verbundenen Autor sind hoffnungslos festgefahren.	Der Autor nimmt Kontakt zu einem Konkurrenz-Verlag auf.	a) Alternativen mit anderen Vertragspartnern prüfen. b) Forderungen durch Fakten (Alternativangebot) Nachdruck verleihen und den Vertragspartner unter Druck setzen.
11	Der kleine Junge möchte von seiner Mutter gern ein Eis gekauft bekommen. Die Mutter lehnt das wieder einmal hartnäckig ab.	Der Junge fängt mitten in der Menschenansammlung laut zu schreien an. Er wirft sich dabei auf den Boden und strampelt wild mit den Beinen.	a) Er will die Mutter in eine für sie peinliche soziale Situation bringen, um durch den externen sozialen Druck (»Das ist aber eine Rabenmutter!«) das Ziel doch noch zu erreichen. b) Er will den Eiskauf erzwingen, indem er sein

Fortsetzung auf S. 269

Fortsetzung von S. 268

	Festgefahrener Status quo	Konflikt-Initiative	Vom Konfliktinitiator angestrebte Ziele
			unartiges Verhalten als Tauschobjekt einführt (»Wenn du mir das Eis kaufst, schenke ich dir einen artigen Sohn.«).
12	Die junge Frau ist schon seit mehreren Jahren die »Geliebte« eines gut situierten Familienvaters. Er will sich aber nicht scheiden lassen, sich nicht von seiner Frau und den Kindern trennen, um die »Geliebte« zu heiraten. Darüber ärgert diese sich schon seit langem maßlos.	Selbstmordversuch.	a) Sie will ihm Angst machen, daß er sie für immer verlieren kann. b) Sie will erreichen, daß er die Scheidung von seiner Frau und die Trennung von seiner Familie einleitet. c) Er soll die Trennung von seiner Familie gegenüber dem Verlust der »Geliebten« durch Selbstmord als das geringere Übel erkennen und akzeptieren.
13	Der Bundesumweltminister Töpfer kann seine Weisung gegenüber dem Land Niedersachsen zur Vorbereitung einer Endlagerstätte für radioaktive Abfälle im Schacht Konrad nicht durchsetzen, da sich die Umweltministerin Griefahn weigert, die Planungsunterlagen weisungsgemäß auszulegen.	Er reicht deshalb Klage ein beim Bundesverfassungsgericht.	a) Er will durch das BVG-Urteil die Bestätigung für die Berechtigung seiner Weisung erhalten. b) Er will die Auslegung der Unterlagen und die Einrichtung des Endlagers erzwingen. c) Er will sich nicht mit den Sachargumenten der Umweltministerin des Landes Niedersachsen auseinandersetzen, sondern diese durch eine formaljuristische Anordnung umgehen.

Abbildung 65 Konflikt-Induktion in verschiedenen Lebensbereichen

Diese und zahlreiche mögliche weitere Beispiele der Konflikt-Induktion zeigen, daß man dadurch tatsächlich Bewegung in festgefahrene Situationen bringen kann.

Was bedeutet nun aber die Konflikt-Induktion für das Ausgangsproblem?

Betrachten wir unsere Beispiele 1 bzw. 6 einmal etwas genauer:

Der Unternehmer glaubt, er bezahle seinen Mitarbeitern ein gutes, in jedem Fall aber angemessenes Gehalt für die von ihnen erbrachten Leistungen. Das sehen die Arbeitnehmer aber anders.

Wenn nun beide Seiten unnachgiebig auf ihren Positionen beharren, kommt keine Lösung in der Sache zustande, aber die Unzufriedenheit bzw. der Ärger und die Wut nehmen auf beiden Seiten zu: der Arbeitgeber ärgert sich über die »unverschämten« Forderungen seiner Arbeitnehmer; diese wiederum fühlen sich mit »unterbezahlten Leistungen« durch diesen »Profitgeier« schamlos ausgebeutet.

Nun hängt es sehr von der Wirtschaftslage und vom Arbeitsmarkt ab, welche Seite für eine Konflikt-Initiative die besseren Karten hat. Wenn es viele qualifizierte Arbeitslose gibt, kann der Arbeitgeber durch Entlassungen (oder zumindest deren Androhung) Druck ausüben auf die Kompromißbereitschaft seiner Arbeitnehmer. Kann er Entlassene jedoch nicht ohne weiteres im erforderlichen Maße wieder ersetzen, wird er auf derartige Aktionen schon aus Eigeninteresse lieber verzichten.

In einer ähnlichen Situation befinden sich die Arbeitnehmer. Wenn es ausreichend qualifizierte Arbeitslose gibt, die ohne weiteres ihren Arbeitsplatz einnehmen könnten, werden sie diesen nicht ohne Not (z. B. durch Arbeitsniederlegung) aufs Spiel setzen wollen.

In unserem Fall sehen jedoch die Arbeitnehmer den Situationsvorteil auf ihrer Seite und ergreifen deshalb in Form der Arbeitsniederlegung die Konflikt-Initiative.

Setzen sie ihren Anspruch teilweise oder ganz durch, haben sie ihr Ausgangsproblem gelöst.

Wenn der Arbeitgeber aber stur bleibt und wenn sie deshalb durch Streikerweiterungen den Konflikt immer weiter eskalieren müssen, kann die Situation entstehen, daß Arbeitgeber und Betrieb — gewissermaßen mit fliegenden Fahnen — untergehen (z. B. in Konkurs). Dann erhalten die Arbeitnehmer nicht nur keine Lohn- bzw. Gehaltserhöhung, sondern mit der Auflösung des Betriebes verlieren sie zusätzlich auch ihren Arbeitsplatz. So haben sie zum ursprünglichen Problem (zu wenig Lohn/Gehalt für ihre Leistung) weitere Probleme geschaffen: noch weniger Geld (z. B. nur noch Arbeitslosengeld), keinen Arbeitsplatz und Suche eines neuen unter schwierigen Umständen, möglicherweise Notwendigkeit der Umschulung, ggf. Familienkrach zu Hause, weil die Raten für Haus und Auto nicht mehr bezahlt werden können, weil die Familie die bereits gebuchte Urlaubsfahrt kostenpflichtig stornieren lassen muß usw.

3 Modellvorstellung zur Konflikt-Induktion

Wie neue Konflikte nach Konflikt-Induktion einen ursprünglichen Konflikt überlagern können, ohne daß dabei der Ausgangskonflikt gelöst wird, zeigt die folgende Abbildung:

induzierter zusätzlicher Konflikt KN (???)	
induzierter zusätzlicher Konflikt KI (???)	
induzierter zusätzlicher Konflikt K4 (???)	
induzierter zusätzlicher Konflikt K 3 (Ärger mit der Familie)	
induzierter zusätzlicher Konflikt K 2 (Arbeitsplatzverlust)	
Ursprungs-Problem/-Konflikt K 1 (zu geringes Gehalt)	

Abbildung 66 Überlagerung eines Ausgangs-Problems/-Konflikts

Durch die Induktion eines neuen Konflikts wird also in der Regel keinesfalls automatisch der bereits bestehende erste Konflikt bzw. das diesem zugrunde liegende Problem gelöst. Vielmehr entwickeln solche Techniken der Konflikt-Induktion bisweilen eine bald nicht mehr kontrollierbare Eigendynamik (wie bei KLEISTS Michael Kohlhaas entstehen immer mehr Verstrickungen), indem einem ersten nun ein weiterer Konflikt folgt und ebenfalls nicht ohne weiteres gelöst werden kann. Als Folge werden dann unter Umständen weitere Konflikte (K 3, K 4, K 5, ..., KI, ..., KN) induziert, die schließlich zu einem vernetzten Konflikt- System führen können, das dann allenfalls nur noch mühsam – ähnlich einem verhedderten Wollknäuel – wieder aufgelöst werden kann.

Ein besonderes Problem besteht oft darin, daß derartige Konflikt-Induktionen gar nicht absichtlich und auf Grund eines klaren logischen Kalküls über Nutzen und mögliche Nachteile solcher Aktionen entstehen, sondern gewissermaßen »aus dem hohlen Bauch heraus«. Die Emotionen gehen mit uns durch, wir ärgern uns, werden immer wütender, unbeherrschter, aggressiver und verlieren Übersicht und Augenmaß für die Angemessenheit unserer Aktionen und über naheliegende Lösungsmöglichkeiten. Wenn es erst einmal nicht mehr um die Sache geht, sondern nur noch ums Prinzip, ist die Eskalation immer neu induzierter Konflikte kaum noch zu bremsen.

Abbildung 67 auf der folgenden Seite veranschaulicht diese Zusammenhänge und Entwicklungstendenzen.

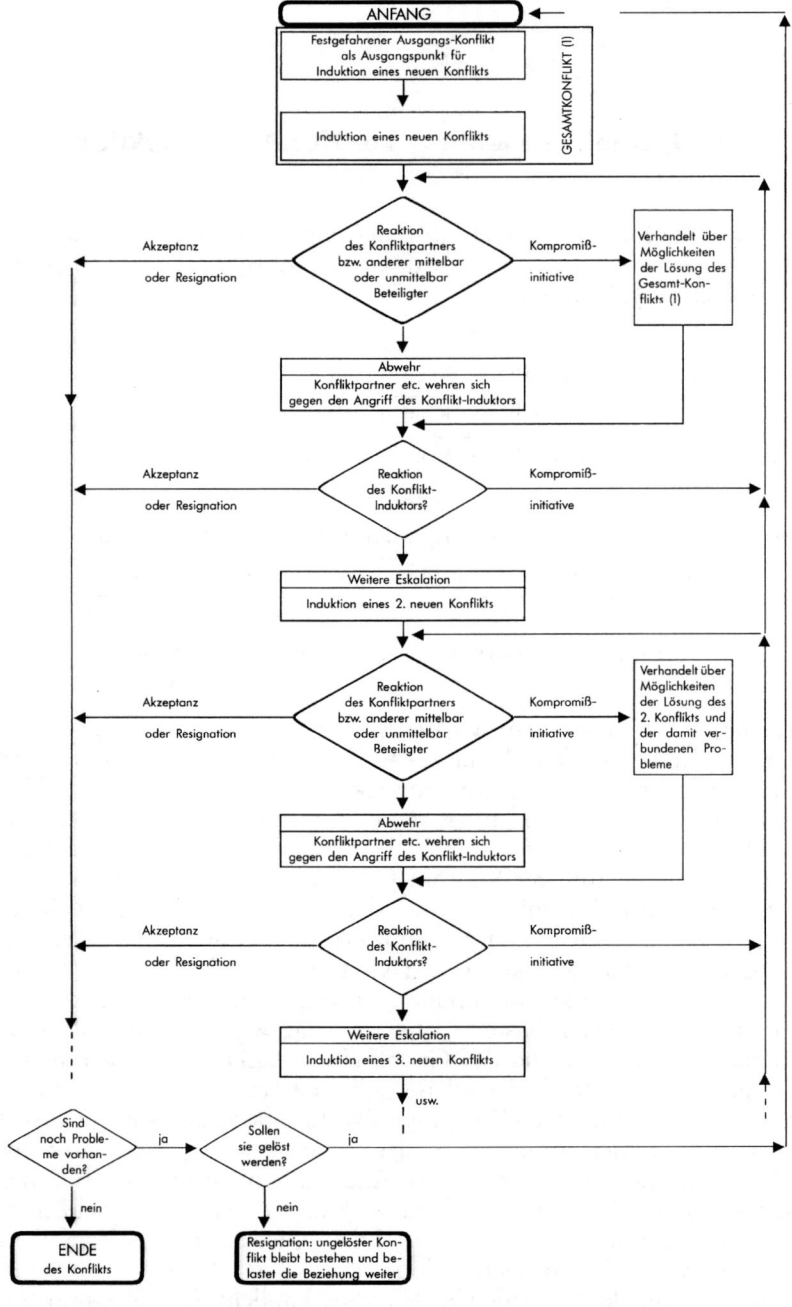

Abbildung 67 Mehrstufige Konflikt-Induktion (Konflikt-Eskalation)

Neben dieser eher globalen Betrachtung der Konflikt-Induktion und der Überlagerung von Ausgangsproblemen durch neue Probleme und Konflikte können wir uns natürlich die Struktur der Abläufe auch noch detaillierter ansehen.

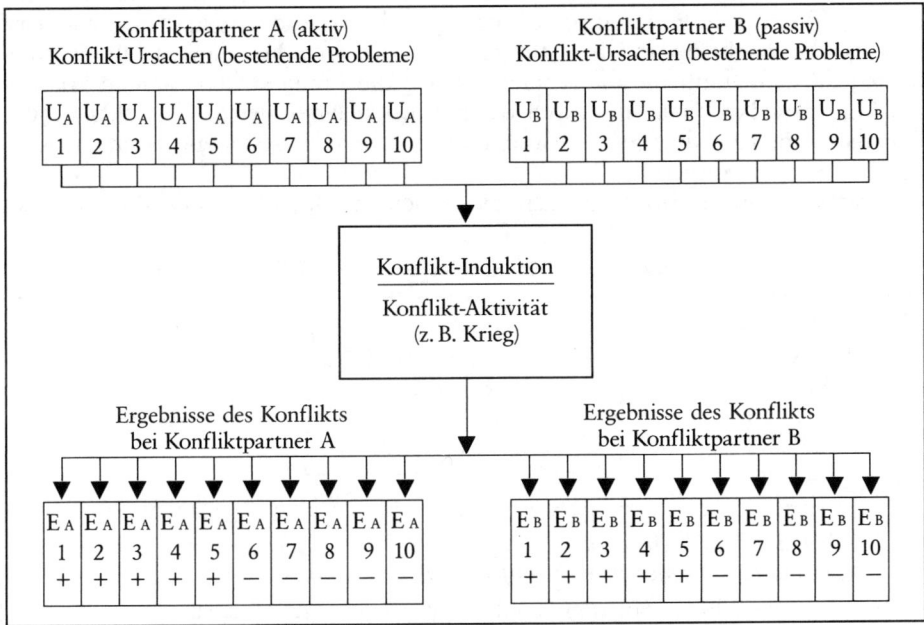

Abbildung 68 Die Strukur der Problemlösung bei Konflikt-Induktion

Bei unserem aktiven Konfliktpartner A (dem Arbeitnehmer) stellen wir bezüglich des bestehenden Problems (er erhält für seine Leistung zu wenig Gehalt) fest, daß der daraus entstehende Konflikt mehrere Teilursachen (UA_1–UA_{10}) hat. Dazu zählt z. B., daß die exakte Einhaltung der Arbeitszeit penibel kontrolliert wird, daß keine günstigen Sozialregelungen bestehen, daß die Arbeitsplätze unbequem sind, daß An- und Abfahrt viel Zeit beanspruchen, daß der Chef arrogant und unhöflich ist usw.

Aber auch beim passiven Konfliktpartner B (dem Arbeitgeber) hat sich manches aufgestaut, was als Ursache (UB_1–UB_{10}) für sein Verhalten in diesem Konflikt wirksam wird. Dazu gehört seine Beobachtung, daß die Mitarbeiter morgens nicht mit der Arbeit anfangen, sondern mit dem Frühstück, daß die Fehlerquote bei ihren Leistungen sehr hoch ist, daß er starkem wirtschaftlichen Druck durch die Konkurrenz ausgesetzt ist, daß seine Frau ihm ständig Vorhaltungen wegen seiner Nachsichtigkeit gegenüber dem Personal macht usw.

Wird die Problemlösung nun durch die Arbeitnehmer mittels Arbeitsniederlegung (d. h. Induktion eines neuen Konflikts) versucht, können bezüglich aller Ursachen UA bzw. UB jeweils analog abgestuft positive bzw. negative Resultate (E_A bzw. E_B) erzielt werden. Erst aus dem Saldo dieser positiven und negativen Ergebnisse kann am Ende der Erfolg dieser Initiative erschlossen werden.

Deshalb sollten Sie sich vor jeder beabsichtigten Konflikt-Induktion vor Augen führen, wie bedeutungsvoll das z. Z. bestehende Ausgangsproblem ist und welche Nachteile und Belastungen es verursacht. Vor diesem Hintergrund sollten Sie sich dann möglichst emotionslos die Frage stellen, welche konkreten Vor- bzw. Nachteile Sie durch die Induktion eines neuen Konflikts bezüglich dieses neuen, aber auch hinsichtlich des bereits bestehenden ersten Konflikts erreichen können.

Derartige Planungsüberlegungen lassen sich in folgender Weise veranschaulichen:

Abbildung 69 Siege und Pyrrhus-Siege bei der Konflikt-Induktion

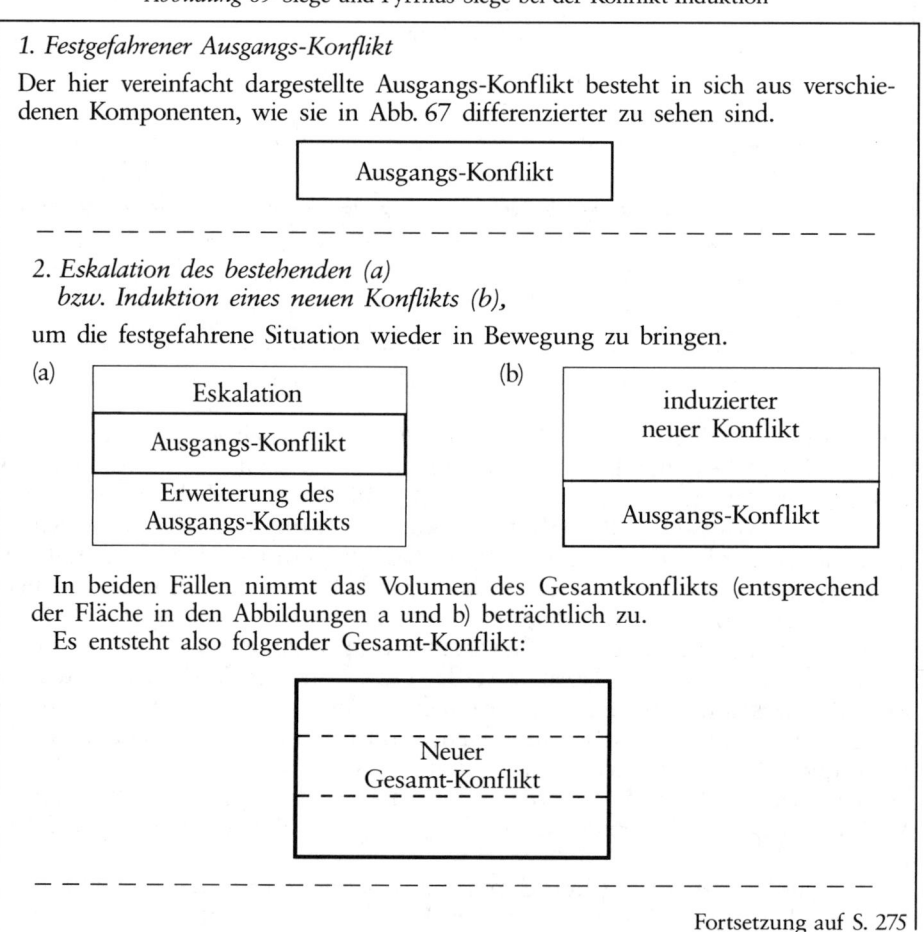

1. Festgefahrener Ausgangs-Konflikt

Der hier vereinfacht dargestellte Ausgangs-Konflikt besteht in sich aus verschiedenen Komponenten, wie sie in Abb. 67 differenzierter zu sehen sind.

Ausgangs-Konflikt

2. Eskalation des bestehenden (a)
 bzw. Induktion eines neuen Konflikts (b),

um die festgefahrene Situation wieder in Bewegung zu bringen.

(a) Eskalation / Ausgangs-Konflikt / Erweiterung des Ausgangs-Konflikts

(b) induzierter neuer Konflikt / Ausgangs-Konflikt

In beiden Fällen nimmt das Volumen des Gesamtkonflikts (entsprechend der Fläche in den Abbildungen a und b) beträchtlich zu.

Es entsteht also folgender Gesamt-Konflikt:

Neuer Gesamt-Konflikt

Fortsetzung auf S. 275

Fortsetzung von S. 274

3. Erreichbare positive und negative Wirkungen

Konflikt-Induktion und Konflikt-Lösungsaktivitäten können im Gesamtergebnis (also saldiert) zu folgenden Ergebnissen führen:

(a) Überwiegend positives Ergebnis

Der neue Gesamt-Konflikt löst sich auf oder reduziert sich auf einen Rest-Konflikt, der jedoch kleiner ist als der ursprüngliche Ausgangs-Konflikt.

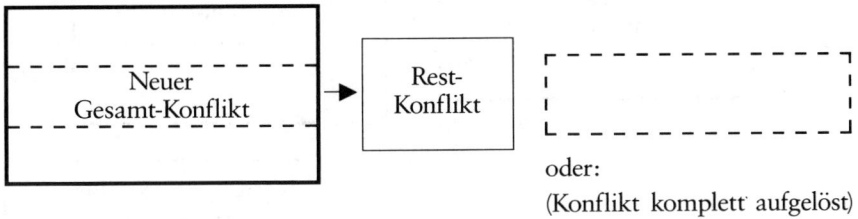

oder:

(Konflikt komplett aufgelöst)

(b) Stagnation

Der Gesamtkonflikt (vgl. dazu Beispiel 2b) erreicht nach verschiedenartigsten Umstrukturierungen am Ende wieder die Größe des Ausgangs-Konflikts (in der Form B–D).

Dabei sind sowohl Komponenten des Ausgangs-Konflikts verlorengegangen (A) bzw. erhalten geblieben (B) als auch Komponenten des induzierten neuen Konflikts (C bzw. D):

Neuer *Gesamt-Konflikt* (A–B–C–D)

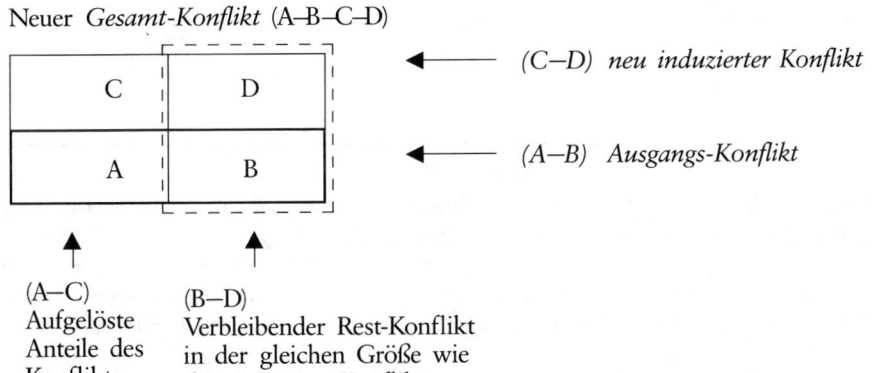

(C–D) *neu induzierter Konflikt*

(A–B) *Ausgangs-Konflikt*

(A–C)
Aufgelöste
Anteile des
Konflikts

(B–D)
Verbleibender Rest-Konflikt
in der gleichen Größe wie
der Ausgangs-Konflikt

Im Ergebnis ist also quantitativ nichts erreicht. Allenfalls sind qualitativ Veränderungen eingetreten und dadurch möglicherweise günstigere Voraussetzungen geschaffen, um jetzt in weiteren Schritten der Konfliktlösung doch noch das unter 3a dargestellte positive Gesamtergebnis (d. h. Reduzierung oder Auflösung des Ausgangs- bzw. Gesamt-Konflikts) zu erreichen.

Fortsetzung auf S. 276

Fortsetzung von S. 275

(c) Überwiegend negatives Ergebnis

Im ungünstigen Fall bleibt der neue Gesamt-Konflikt nach den durch die Induktion eines neuen Konflikts eingeleiteten Konflikt-Lösungsaktivitäten sogar größer als der Ausgangskonflikt – in der Regel ein unerwünschtes Ergebnis:

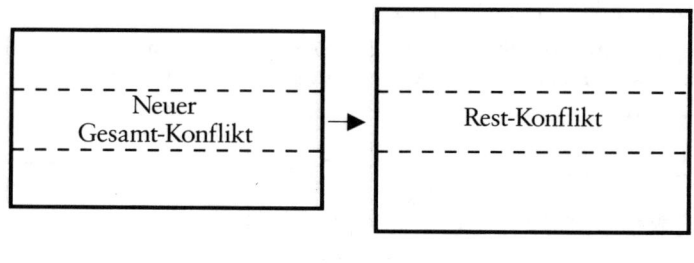

Es gilt also die Gleichung:

Neuer Gesamt-Konflikt ≦ Rest-Konflikt ≧ Ausgangs-Konflikt

Auch in diesen Fällen können allerdings interne qualitative Strukturveränderungen (wie bei 3b) günstigere Voraussetzungen schaffen für weitere Konflikt-Lösungsaktivitäten, als sie bei dem ursprünglich festgefahrenen Ausgangs-Konflikt vorhanden gewesen sind.

R e s ü m e e

Blinder Aktionismus bei der Induktion neuer Konflikte kann leicht zu neuen Problemen führen, ohne die alten zu lösen.

Konflikt-Induktion lohnt sich also grundsätzlich nur dann, wenn die dadurch erreichbaren Vor- und Nachteile in einem vernünftigen Verhältnis zueinander stehen.

Und das heißt:
1. Der Gesamt-Konflikt kann quantitativ verkleinert werden, oder er wird sogar vollständig aufgelöst.
2. Zumindest sollte das festgefahrene Ausgangsproblem so umstrukturiert werden können, daß dadurch für die Zukunft günstigere Voraussetzungen für dessen Lösung entstehen.

Vertust Du Dich,
gerätst Du leise
und unmerklich
auf ganz falsche Gleise.
Und dann
sitzt Du
erst richtig
in der Sch ......!
Jawohl!

Zum Abschluß dieses etwas strapaziösen Kapitels (wer nicht strapaziert ist, muß es noch einmal lesen!) folgen nun im Anschluß an die Ausführungen vom Kapitel 2.2 über Ursachen des »Golf-Konflikts« gewissermaßen als Belohnung für diejenigen Leser, die bis hierher tapfer durchgehalten haben, unsere weiteren konfliktanalytischen Erkenntnisse, gestützt auf Presse-, Funk- und Fernsehberichte.

Sie werden bei der Lektüre schnell erkennen, daß es sich hierbei gewissermaßen um eine unendliche Geschichte handelt, die schon zu Zeiten des Alten Testaments Konflikt-Schwerpunkte hatte (1. Mose 12), sich fortsetzte im Römischen Reich, den christlich-islamischen Religionskriegen des Mittelalters, aber auch in den zahlreichen Territorialkriegen der Neuzeit, bei denen es nicht nur um Religion, sondern auch um Staats- und Wirtschaftsmacht geht. Und so wird, sofern nicht brennende Ölquellen und eine in Agonie übergehende Umwelt, sofern nicht Giftgasattacken oder Nuklear-Kriege irgendwann einmal die Konflikt-Akteure inaktivieren, diese »unendliche« Konfliktgeschichte auch weiterhin Geschichte machen. Und wir natürlich auch — Sie und ich und ...

Und was ist nun schließlich beim Golf-Konflikt für die Beteiligten herausgekommen?

Welche Probleme wurden gelöst, welche sind weiter eskaliert, welche sind sogar völlig neu hinzugekommen?

Diesen Fragen wollen wir jetzt weiter nachgehen:

Auf der Grundlage der unter 2.2 bereits referierten Konflikt-Ursachen (das ist die Phase vor dem eigentlichen Golf-Konflikt) hat sich der Konflikt entwickelt und zugespitzt. Deshalb wollen wir uns hier die einzelnen Schritte dieser Eskalation noch einmal vor Augen führen — und zwar an Hand von Medienberichten vom Konfliktanfang bis zum Beginn und Verlauf der Kriegshandlungen und für die Situation danach:

Bedingungen und Reaktionen: Konfliktzuspitzung und Verlauf	
im Irak	in anderen Ländern
1. Erfolgreiche Besetzung von Kuwait durch den Irak am 2. 8. 1990; danach Annektion. 2. Irak schließt seine Grenzen und hindert Ausländer an der Ausreise (Geiselnahme). 3. Saddam Hussein macht die Beilegung der Golfkrise vom Abzug israelischer Truppen aus Palästina abhängig (12. 8. 90). 4. Der Irak verstärkt seine Truppen um 250 000 Soldaten im besetzten Kuwait (19. 11. 90). 5. Der Irak droht, im Falle eines Kriegsbeginns den ersten Schlag gegen Israel zu führen (24. 12. 90). 6. Der Irak läßt das Ultimatum am 15. 1. 91 verstreichen.	1. Der UN-Sicherheitsrat verurteilt den Einmarsch (2. 8. 1990). 2. Der Weltsicherheitsrat beschließt ein Handelsembargo gegen den Irak. 3. Die USA entsenden Truppen zum Schutz von Saudi-Arabien (7. 8. 90). 4. Der Weltsicherheitsrat autorisiert die Durchsetzung der Wirtschaftssanktionen gegen den Irak auch mit militärischen Mitteln (25. 8. 90). 5. Die UNO-Resolution 678 setzt am 29. 11. 90 ein Ultimatum für den Rückzug des Irak bis zum 15. 1. 91. 6. Ministerpräsident Schamir kündigt in Isreal für den Fall eines irakischen Angriffs auf Israel Vergeltung an (24. 12. 90). 7. Die USA und ihre Alliierten starten massive Luftangriffe auf den Irak (17. 1. 91).
Damit ist der Golf-Krieg ausgebrochen. Es folgt ein wochenlanges Bombardement irakischer und kuwaitischer Städte sowie die Gegenreaktion des Irak mit Raketen, Panzern, in Brand gesteckten Ölquellen etc.	

Und wie entwickelt sich so ein ungelöster Konflikt weiter? DEDERICHS hat die Fortsetzung seit der zweiten Auflage dieses Buches im »Stern« (Nr. 46/97, S. 20–24) dokumentiert:

Golfkrieg und kein Ende? US-Luftangriff im Januar 1991
Bomben auf Bagdad
Wie der irakische Diktator immer wieder die Welt herausfordert

6. August 1990 Vier Tage nach dem Überfall auf Kuwait verhängen die UN Sanktionen gegen den Irak, die immer noch gültig sind.

17. Januar 1991 Der Krieg gegen den Irak beginnt mit Luftangriffen auf Bagdad.

28. Februar 1991 Waffenstillstand: Der Irak verpflichtet sich zur Aufgabe seiner Massenvernichtungswaffen.

7. Januar 1993 Alliierte Luftangriffe auf verbotene irakische Raketenstellungen in der Flugverbotszone im Süden.

27. Juni 1993 Die USA feuern wegen eines Mordkomplotts gegen Ex-Präsident Bush 24 Cruise Missiles auf Bagdad.

7. Oktober 1994 Irakischer Aufmarsch gegen Kuwait: Die USA entsenden 54 000 GIs.

8. August 1995 Saddams Schwiegersohn Hussein Kamil flieht nach Jordanien, wo er

umfangreiche geheime Waffenprogramme preisgibt.
3. September 1996 Auf einen irakischen Vorstoß ins Kurden-Schutzgebiet reagieren die USA mit neuen Luftschlägen.
9. Dezember 1996 Die UN genehmigen dem Irak Ölverkäufe gegen Lebensmittel.
7. Oktober 1997 Die UN-Waffeninspektion (Unscom) meldet, daß der Irak immer noch

verbotene chemische und biologische Waffen versteckt hält.
23. Oktober 1997 Der Weltsicherheitsrat droht neue Sanktionen an. China, Frankreich und Rußland enthalten sich.
29. Oktober 1997 Bagdad fordert den Abzug aller amerikanischen Unscom-Mitarbeiter und provoziert eine neue Krise.

Somit sind (vgl. Abb. 67) zunächst Kompromißinitiativen der angegriffenen Konfliktpartner gescheitert. Andererseits haben diese jedoch auch nicht resigniert oder den induzierten Konflikt (Einmarsch des Irak in Kuwait) toleriert. Sie haben vielmehr aktive Abwehr-Aktionen eingeleitet — in diesem Fall das Bombardement durch die Luftstreitkräfte — und hierdurch den vom Irak induzierten Konflikt weiter eskaliert.

Eine wesentliche Ursache von Konflikt-Eskalationen dieser Art ist die kompromißlose (»sture«) Haltung eines oder beider Konfliktpartner. Erkennt man das erst in der kritischen Situation selbst, ist es meistens für vernünftiges Handeln im Sinne der Erarbeitung einer praktikablen und von beiden Seiten akzeptablen Kompromißlösung zu spät. Die eigentlichen Ursachen hätten viel früher angegangen werden müssen, bevor sich der eine oder der andere Partner in einer Sackgasse so festgefahren hat, daß er ohne Gesichtsverlust keinen Rückzug mehr antreten kann und daß ihm lediglich noch die Flucht nach vorn übrigbleibt.

Es lohnt sich daher, beizeiten grundsätzlich darüber nachzudenken:

Weshalb verhält sich jemand stur und völlig kompromißlos?

Aber selbst dann, wenn man bereits einen gravierenden Fehler begangen und dadurch die kompromißlose Haltung des Partners provoziert hat, kann man zumindest für die Zukunft versuchen, daraus zu lernen, um Partner nicht erneut in für sie ausweglose Situationen hineinzumanövrieren. Dadurch tut man nicht nur ihnen einen Gefallen, sondern auch sich selbst, weil man dann nämlich nicht mehr durch die Sturheit des Partners zu schädlichen Aktionen gezwungen wird, die man vernünftigerweise wegen der damit verbundenen beträchtlichen eigenen Nachteile und Schäden sonst gar nicht einleiten würde.

Vielleicht gelingt es sogar bei vernünftiger Analyse der gegenwärtig verfahrenen Situation, noch einen halbwegs befriedigenden Ausweg zu finden.

Bei der Analyse zahlreicher Problemfälle haben wir festgestellt, daß stures Verharren auf einmal eingenommenen Positionen vor allem auf folgende **Ursachen** — einzeln oder in Kombination — zurückzuführen ist:

1. Der sture Konfliktpartner ist *unintelligent.*
   Er überblickt nicht die Nachteile, die ihm sein stures Verhalten im End-effekt einbringen wird. Er ist auf einen oder einige vordergründig inter-essante und erreichbar erscheinende Vorteile fixiert und übersieht dabei, daß die Gesamtbilanz am Ende nicht positiv, sondern stark negativ für ihn sein wird.
2. Der sture Konfliktpartner *überschätzt sich* und die Stärke seiner Posi-tion. Er glaubt — wie beim Pokern — irrtümlich, er habe die besseren Karten, und weiß noch gar nicht, daß er nach objektiver Sachlage in diesem Moment eigentlich schon verloren hat. Deshalb reizt er das Spiel aus bis zum bitteren Ende, wo er dann schließlich doch mit großer Überraschung seine Niederlage erleiden muß.
3. Der sture Konfliktpartner hat *Angst.* Dieser Aspekt der Ursachen von Sturheit wird oft übersehen oder doch zumindest unzureichend beachtet.

Die *möglichen Ängste* sind zahlreich; hier einige Beispiele:

3.1 Angst vor einem *Verstoß gegen eine religiöse Verpflichtung* im Hinblick auf göttliche Rache (z.B. ein Gelübde, die Kinder im islamischen Glauben zu erziehen — d.h. unter allen Umständen verhindern, daß sie »Ungläubige« heiraten).
3.2 Angst vor der *Aufgabe verinnerlichter Lebensregeln,* weil sich dann rückblickend das ganze bisherige Leben als Fehlverhalten herausstellen würde (z.B. bei Bürgern der ehemaligen DDR, wenn sie 40 Jahre »sozialistische« Überzeugung über Bord werfen sollen oder beim Papst bzw. dem Klerus, wenn die Amtsträger jahrzehntelang den Zölibat gepredigt und gelebt haben, so daß sie bei einer Änderung ihrer bishe-rigen Überzeugung auf ein aus dieser Perspektive »verpfuschtes Leben« zurückblicken müßten).
3.3 Angst vor einem *Verstoß gegen ein (krankhaftes) magisches Ritual.* Sie bestimmt z.B. das Verhalten von Zwangsneurotikern, die fürchten, daß eine höhere Macht Unheil über sie bringen werde, wenn sie das Ritual (z.B. gründliche Körperwäsche) nicht 100%ig korrekt ausführen.
3.4 Angst vor *Autoritätsverlust.* Der Betreffende (Vater, Lehrer, Chef, Füh-rer einer Gruppe, Politiker etc.) glaubt, durch Nachgeben in strittigen Situationen werde seine mühsam aufgebaute Autorität und damit die eigene Machtposition gefährdet oder vernichtet. Deshalb bleibt er auch dann unnachgiebig, wenn er selbst längst eingesehen hat, daß die Gegenposition vernünftiger ist als seine eigene.
3.5 Angst vor *Veränderung der bisher gewohnten Lebenssituation.* Er glaubt, daß er gegenüber Veränderungen hilflos wäre. Deshalb verwei-gert er z.B. eine Ehescheidung (Angst einer Frau vor beruflichem Neuanfang, Angst des Mannes vor Bewältigung der Haushaltsfüh-

rung, Angst vor Verlust des Freundeskreises, Angst eines Pfarrers vor Strafversetzung etc.).

3.6 Angst vor *Lächerlichkeit,* wenn etwa eine respektierte Persönlichkeit bei Meinungs- oder Verhaltensänderung die Häme der Umwelt fürchten muß (z. B. ein Vertreter der Ehelosigkeit verliebt sich und möchte nun heiraten; eine trinkfreudige Frohnatur soll nach ärztlicher Empfehlung künftig abstinent leben; ein überzeugter Mohammedaner soll auf Wunsch seiner Verlobten zum Katholizismus konvertieren).

Wer angstüberflutet in eine für sich ausweglose Situation gerät,
der wird krank, stirbt oder geht zum Angriff über.

Vielleicht sehen Sie sich einmal gelegentlich bei sich selbst, bei Ihren Verwandten, Freunden, Bekannten und Berufskollegen um, weshalb diese sich in bestimmten Situationen — für Sie bisher unerklärlich — stur verhielten.

Eventuell schenken Sie auch einmal einigen dafür geeignet erscheinenden Politikern dieses hilfreiche Buch. Allerdings sollten Sie damit keine übertriebenen Erwartungen verbinden, daß sich schon dadurch wesentliche Veränderungen in der internationalen Konfliktpolitik ergeben werden. Dazu gehört dann doch wohl noch etwas mehr als die Lektüre eines Buches.

Ausreichende Sachkenntnis im Konflikt-Management ist zwar eine wesentliche Voraussetzung dafür. Hinzukommen müssen aber politische Einsicht, ein Mindestmaß an pazifistischem Altruismus, die Fähigkeit zur intellektuellen Durchdringung der Konfliktproblematik sowie eine von vordergründigen wirtschaftlichen Eigeninteressen und hegemonialen Machtansprüchen weitgehend unabhängige Handlungsfreiheit.

Und daran scheint es bei den Akteuren im Golf-Konflikt — wie auch in vergleichbaren anderen nationalen und internationalen Konflikten — angesichts der Resultate wieder einmal gemangelt zu haben.

Ergebnisse des Golf-Konflikts	
für den Irak	für andere Staaten (z. B. USA, Golf-Anrainer, Israel)
— Zerbombte Städte (zerstörte Häuser, Straßen, Geschäfte, Verkehrsmittel, elektrische Versorgung, Wasserleitungen, Kanalisation etc.) — zahlreiche verletzte und getötete Einwohner — Haß von Geschädigten auf die Verursacher — erhebliche Verluste von Soldaten (ca. 50 000–100 000 Tote) und Militärmaterial (Panzer, Raketen, Fahrzeuge etc.) — Ängste, Neurosen, Krankheiten bei der Bevölkerung — Rückzug aus Kuwait und dadurch Nichterreichen des Einmarsch- und Annektionsziels — beträchtliche Wiedergutmachungslasten und dadurch beträchtliche zusätzliche finanzielle Probleme — Einschränkung der politischen Bewegungsfreiheit durch Auflagen seitens der Sieger — usw.	— brennende Ölquellen in Kuwait (Verlust an Kapital und Wirtschaftskraft) — Umweltverschmutzung (Meer, Boden, Luft) bei den Golf-Anrainern — die Feudalherrschaft in Kuwait ist restituiert — Verfolgung, Folterung, Bestrafung von mißliebigen Personen in Kuwait durch die Herrschenden — Saddam Hussein ist weiterhin Staats-Chef im Irak — Vertreibung bzw. Vernichtung der Kurden — das Israel-/Palästina-Problem ist weiterhin ungelöst — zerstörte Häuser, zahlreiche verwundete und getötete Soldaten bei den Alliierten — Sach- und Umweltschäden als Folge der irakischen Raketenangriffe — Angst vor möglichen Atomwaffen des Irak — usw.

Die meisten Konflikt-Heroen sind erfahrungsgemäß nicht durch Gewaltaktionen mit Waffengewalt zu besiegen. Oftmals sind sie durch Unkenntnis oder Unachtsamkeit, durch persönlichkeitsbedingte oder reaktive Fehleinstellungen bzw. Verhaltensstörungen bloß in Probleme und Konflikte hineingeschlittert und wissen nicht, wie sie da wieder herauskommen können.

Diese Opfer ihrer Unkenntnis, diese Angsthasen und Neurotiker brauchen deshalb zuallererst Verständnis und Hilfe, um erst einmal mit sich selbst fertig zu werden. Viele Probleme entstehen dann erst gar nicht, andere lassen sich leichter rational lösen.

Peace-Conflicts

Aber wer erkennt das — oder sich — schon?
Sie etwa?
Dann brauchen Sie Ihre Erkenntnisse nur noch in praktisches Handeln umzu-setzen.

Wenn Ihnen das nicht gleich auf Anhieb gelingt, können Sie ja noch das nächste Kapitel lesen.

4 Mobbing – Schikane am Arbeitsplatz

4.1 Was ist Mobbing?

4.1.1 Definition von »Mobbing«, »Schikane«, »Bullying« und »Bossing«

Eine Variante von »Konfliktverläufen« ist »Mobbing« (ZUSCHLAG 1997), wobei statt der Konfliktlösung eher das schikanöse »Wegekeln« stigmatisierter Personen im Vordergrund steht – und zwar speziell in der Arbeitswelt.

Der Begriff »*Mobbing*« geht auf das englische Wort »*mob*« zurück. Der Ursprung dafür liegt vermutlich in der lateinischen Bezeichnung »*mobile vulgus*«, was so viel bedeutet wie »*aufgewiegelte Volksmenge, Pöbel, soziale Massengruppierungen mit sehr geringem oder völlig fehlendem Organisationsgrad, in denen triebenthemmte, zumeist zerstörerisch wirkende Verhaltenspotenz vorherrscht*« (MEYERS GROSSES TASCHENLEXIKON 1992).

Das englische Substantiv »*mob*« wird übersetzt als »*Mob, zusammengerotteter Pöbel(haufen); Gesindel, Bande, Sippschaft*«. Als Verb hat das Wort die Bedeutung von »*lärmend herfallen über, anpöbeln, angreifen, attackieren*« (nach LANGENSCHEIDT 1986).

»Mobbing« ist demnach die Verlaufsform von »to mob« und wird neuerdings als Terminus Technikus benutzt zur Bezeichnung der Handlungen von Menschen, die – vorwiegend am Arbeitsplatz – (unterstellte) Mitarbeiter/innen, Kolleginnen/Kollegen oder Vorgesetzte schikanieren.

Der Begriff »*Schikane*« ist schon länger bekannt. Mit ihm verbindet sich die Bedeutung von »*Rechtsverdrehung, Spitzfindigkeit, kleinliche und böswillige Quälerei*« (MEYERS GROSSES TASCHENLEXIKON 1992).

Der Ursprung ist französisch: »*chicane*« bedeutet »*Spitzfindigkeit, Kniffe, Rechtsverdrehung, Streit, Händel, Zickzackweg*«. Das Verb »*chicaner*« bedeutet dementsprechend: »*Kniffe und Spitzfindigkeiten anwenden, sich (ohne Grund) herumstreiten, mit Kleinigkeiten plagen, Menschen in einen Streit oder einen Prozeß verwickeln, ärgern, schikanieren*« (PONS 1986).

»*Bullying*« wird laut BRINKMANN (1995) im angelsächsischen Raum in der Bedeutung von »Mobbing« benutzt. Der Begriff ist vom Substantiv »*bully*« abgeleitet (d.h. »*brutaler Mensch*«, »*Tyrann*«) und geht in dieser Verwendung auf PIKAS (1989) zurück. Seit OLWEUS (1987, 1989, 1993, 1994) wird der Begriff »Bullying« insbesondere zur Beschreibung von vorwiegend körperlichen Attacken unter Schülern benutzt.

Für einen Teilbereich von »Mobbing«, die systematische Schikane von Mitarbeiterinnen und Mitarbeitern durch Vorgesetzte, beginnt sich der Begriff »*Bossing*« (abgeleitet von »*boss*«, der Chef) durchzusetzen.

Damit ist jedoch der Wortschatz zur Bezeichnung von vergleichbar unerfreulichen Interaktionen zwischen Menschen noch keineswegs erschöpft. Dazu zählen beispielsweise auch Betrug, Intrigen, Hinterhältigkeit, Hinterlist, Korruption, Lügen, Sadismus und Täuschungen etc., denn gerade auf diesem Gebiet der zwischenmenschlichen Begegnung scheinen viele Mitmenschen ausgesprochen erfindungsreich zu sein.

Eine erste, allerdings noch unbefriedigende Definition von »Mobbing« im engeren Sinn hat LEYMANN (1993, S. 21) publiziert:

> *»Allgemeine Definition*
> *Der Begriff Mobbing beschreibt negative kommunikative Handlungen, die gegen eine Person gerichtet sind (von einer oder mehreren anderen) und die sehr oft und über einen längeren Zeitraum hinaus vorkommen und damit die Beziehung zwischen Täter und Opfer kennzeichnen.«*

Diese Definition ist vor allem durch die Beschränkung auf »kommunikative« Handlungen und durch die Festlegung, daß Mobbing jeweils nur gegen eine Person gerichtet sei, problematisch.

Eine weitere unnötige Einschränkung macht LEYMANN (1993, S. 22) durch die Beschränkung der menschlichen Gemeinheiten auf — genau abgezählte — 45 Mobbing-Handlungen und die Vorgabe, daß die Schikanen mindestens jede Woche und dazu noch fortlaufend über mindestens ein halbes Jahr erfolgen müssen:

> *»Mobbing ist dann gegeben, wenn eine oder mehrere von 45 genau beschriebenen Handlungen über ein halbes Jahr oder länger mindestens einmal pro Woche vorkommen.«*

In der Literatur finden sich inzwischen zahlreiche Varianten von Mobbing-Definitionen.

Zuschlag (1997, S. 6) hat deshalb die folgende *Ergänzung bzw. Korrektur der Definition* LEYMANNS vorgenommen:

> **Der Begriff »Mobbing« beschreibt schikanöses Handeln einer oder mehrerer Personen, das gegen eine Einzelperson oder eine Personengruppe gerichtet ist.**
> **Die schikanösen Handlungen werden meistens über einen längeren Zeitraum hin wiederholt.**

> **Sie implizieren grundsätzlich die Täter-Absicht, das (die) Opfer bzw.
> sein (ihr) Ansehen zu schädigen und es (sie) gegebenenfalls aus seiner
> (ihrer) Position zu vertreiben.**
>   **Aber auch ohne Schikane-Absicht des Täters können dessen »nor-
> male« Handlungen von sensiblen Personen mißverstanden und als
> Mobbing empfunden werden.**

Durch Mobbing Betroffene haben unter z.T. schwerwiegenden negativen Folgen der verschiedensten Art zu leiden, z. B.:

Soziale Probleme:

— Anfeindungen am Arbeitsplatz
— Ausgrenzung und Isolierung am Arbeitsplatz
— Mittelbare Auswirkungen auf die Familie und den Freundeskreis

Gesundheitliche Probleme:

— Psychosomatische Gesundheitsstörungen (bis zur Berufs- oder
  Erwerbsunfähigkeit)
— Selbstmordgefährdung
— Körperliche Schäden durch zunehmende Unfallneigung
— Einbuße an Leistungsfähigkeit

Rechtliche Probleme:

— Disziplinarmaßnahmen (Ermahnungen, Abmahnungen, Kündigungs-
  androhungen) durch das Unternehmen
— Versetzung, Verschlechterung der Arbeitsbedingungen
— Kündigung und Kündigungsschutzklage

Finanzielle Probleme:

— Einkommenseinbußen
— Höhere Kosten (z.B. Fahrtkosten zum weiter entfernten Arbeitsplatz)
— Beratungs-, Anwalts- und Gerichtskosten
— Therapiekosten

Diese Probleme können sie oft nicht mehr allein bewältigen, sondern benötigen dabei die Hilfe anderer. Die Familie, Freunde und Bekannte können dabei
als erste Anlaufstation nützlich und hilfreich sein.
    Aber angesichts der infolge von Mobbing für die Betroffenen zunehmend
auftretenden arbeitsrechtlichen und gesundheitlichen Probleme benötigen sie
außerdem professionelle Unterstützung. Leider ist diese oft nicht leicht zu finden.

Wer sich gemobbt fühlt, sollte deshalb nicht zögern, professionelle Hilfe in Anspruch zu nehmen, um den gesundheitsschädlichen Schikanen nicht völlig hilflos ausgesetzt zu sein.

Die wichtigsten Möglichkeiten sind in der folgenden Tabelle kurz zusammengestellt (ZUSCHLAG, FREUND & WENZEL 1996):

Psychologische Beratung

Der Betroffene kann sein Mobbing-Problem Mobbing-Fachleuten ausführlich darstellen, die Ursachen analysieren und gegebenenfalls geeignete Gegenmaßnahmen besprechen.

Psychotherapeutische Behandlung

Wer schon längere Zeit Mobbing-Attacken ausgesetzt ist, leidet häufig unter psychosomatischen Beschwerden (z. B. Schlaflosigkeit, Gastritis, Kopfschmerzen, Konzentrationsstörungen).

In solchen Fällen ist eine auf die Beschwerden abgestimmte psychotherapeutische Behandlung nützlich. Bei dieser Behandlung sollen nicht nur die Symptome behandelt werden, sondern vor allem die psychischen Ursachen der Beschwerden sollen durch sachgerechte Analyse der Systembedingungen der jeweiligen Arbeitswelt bewußt gemacht und nach Möglichkeit beseitigt werden.

Psychotherapeutische Behandlungen von Menschen, die durch Mobbing betroffen und dadurch gesundheitlich geschädigt sind, werden in der Regel durchgeführt von darauf spezialisierten Diplom-Psychologinnen und Diplom-Psychologen oder von Fachärztinnen und Fachärzten (insbesondere mit Schwerpunkt Psychiatrie).

Ärztliche Behandlung

Schnelle ärztliche (z. B. medikamentöse) Behandlung kann dann erforderlich werden, wenn z. B. lebensbedrohliche Zustände auftreten (z. B. Magengeschwüre, Kreislaufkollaps). In dieser Situation kann es hilfreich sein, Kontakt zu den Ärztinnen und Ärzten zu haben, die die Zusammenhänge zwischen psychischen Belastungen am Arbeitsplatz und körperlichen Symptomen berücksichtigen und ernst nehmen.

Rechtsberatung

Arbeitgeber bedienen sich beim Mobbing häufig auch arbeitsrechtlicher Mittel (z. B. Ermahnungen, Abmahnungen, Umsetzungen, Versetzungen, Eingriffe in die Arbeitsverträge und die Vergütung, Kündigungen) und schrecken dabei auch vor Verstößen gegen Arbeitsverträge, Tarifverträge, Betriebsvereinbarungen nicht zurück. Manche Arbeitgeber greifen auch

Fortsetzung auf S. 288

Fortsetzung von S. 287

zu strafrechtlich relevanten Schikanemitteln (z. B. Verleumdung, Beleidigung, Körperverletzung).

Deshalb ist die rechtzeitige Beschäftigung mit den möglichen Rechtsfolgen von Mobbing durchweg anzuraten.

Wichtig ist es dabei für sogenannte »Mobbing-Opfer«, einen mit dieser Thematik bereits vertrauten Rechtsberater zu finden (z. B. einen Fachanwalt für Arbeitsrecht, einen Rechtssekretär einer Gewerkschaft), da sonst die Gefahr besteht, daß effiziente Reaktionsmöglichkeiten übersehen werden.

Andererseits ist aber auch Arbeitgebern die gründliche Prüfung der möglichen Rechtsfolgen der von ihnen selbst beabsichtigten oder im Unternehmen geduldeten Mobbing-Aktivitäten zu empfehlen, weil sie dadurch nicht nur zivil- und strafrechtliche Konsequenzen vermeiden, sondern auch geschäftsschädigende Demotivation von Mitarbeitern und das Durchschlagen auf den Geschäftserfolg verhindern können.

Abzuraten ist allerdings von vorschneller Einleitung von Gerichtsverfahren, solange die außergerichtlichen Regelungsmöglichkeiten noch nicht ausgeschöpft sind.

Begutachtung

Durch Mobbing Betroffene benötigen oft Gutachten zur Dokumentation ihrer (vor allem) psychosomatischen Beschwerden, die mit unterschiedlicher Symptomatik und verschiedenen Schweregraden im Laufe der Zeit auftreten,

– weil sie die Berechtigung zum längerfristig krankheitsbedingten Fehlen am Arbeitsplatz gegenüber ihrem Arbeitgeber nachweisen müssen,

– weil sie sich durch tendenziöse Gutachten der Auftraggeber falsch beurteilt fühlen,

– weil sie Heilkuren in Anspruch nehmen oder einen Rentenantrag stellen wollen.

Je nach Sachlage sind dementsprechend fachärztliche Gutachten und/ oder Gutachten der behandelnden Psychotherapeuten erforderlich. Benötigt werden oftmals auch sachkritische Gutachtenanalysen, in denen die Fehler und Mängel von parteilich verfälschten Vorgutachten im Hinblick auf die Durchsetzung von Ansprüchen in Gerichtsverfahren analysiert und dokumentiert werden müssen.

Auftraggeber für Gutachten bei Mobbing-Fällen können sowohl Gerichte als auch die betroffenen Arbeitnehmer, aber auch Arbeitgeber und nicht zuletzt z. B. Rentenversicherungen sein.

Als Gutachter sollten vor allem Fachleute der verschiedenen Fachdisziplinen herangezogen werden, die einerseits über ausreichende Erfahrung als Gutachter verfügen und die andererseits mit der Mobbing-Problematik hinreichend vertraut sind.

D Umsetzen von Informationen in Handeln

Wir wollen uns nachdrücklich in Erinnerung rufen, daß die Übermittlung einer bestimmten Information an einen anderen Menschen — sogar dann, wenn er diese korrekt aufnimmt — nicht ohne weiteres auch zur Folge hat, daß dieser sich entsprechend der Information verhält. Er muß nämlich mit dem, was von ihm verlangt wird, nicht uneingeschränkt einverstanden sein. Er kann eine Reihe unterschiedlicher Einwände dagegen haben. Diese Einwände kann er im stillen für sich behalten, ohne daß derjenige, der etwas von ihm verlangt, davon irgendwelche Kenntnis erhält. Dann richtet derjenige, der die Vorbehalte hat, lediglich sein Verhalten danach, und für den anderen ist letztlich nur erkennbar, daß sich sein Gesprächspartner anders verhält oder verhalten hat, als von ihm verlangt oder erwartet wurde.

Der Gesprächspartner kann aber auch seine Vorbehalte und Einwände deutlich aussprechen. Dann weiß der andere relativ schnell über die Einwände Bescheid, die seinem Ansinnen entgegengesetzt werden. Er kann leichter darauf reagieren, als wenn er erst aus dem Verhalten seines Gesprächspartners Rückschlüsse auf dessen Vorbehalte und eigentliche Absichten ziehen müßte.

Zwischen Information und Verhalten(sänderung) existieren Übergänge (vgl. Abb. 70 auf S. 290).

---

1. Gedacht bedeutet nicht gesagt

Wenn Sie Einfluß auf das Verhalten Ihres Gesprächspartners nehmen wollen, werden Sie zunächst eine Idee davon haben, wie das geschehen soll. Sie werden eine Vorstellung darüber haben, welche Ziele Sie ansteuern und auf welchem Wege Sie dieses Ziel erreichen wollen.

Sie könnten z. B. — abgeleitet aus Ihren bisherigen Erfahrungen beim Verkauf Ihrer Dienstleistung an Kunden — die Idee haben, Ihr Umsatz ließe sich sichtlich steigern, wenn Ihre in der Akquisition tätigen Mitarbeiter für eine erfolgreiche Akquisition stärker motiviert wären. Diese Idee wird allerdings, was Ihre Umsatzsteigerung betrifft, solange wirkungslos bleiben, als Sie diese Idee nicht mit den betroffenen Mitarbeitern und zugleich mit Ihren eigenen Vorgesetzten besprechen.

Im Klartext: Was Sie nur *gedacht,* aber nicht ausgesprochen bzw. *gesagt* haben, kann bei anderen keinerlei Wirkung entfalten. Und gerade darauf kommt es Ihnen ja an.

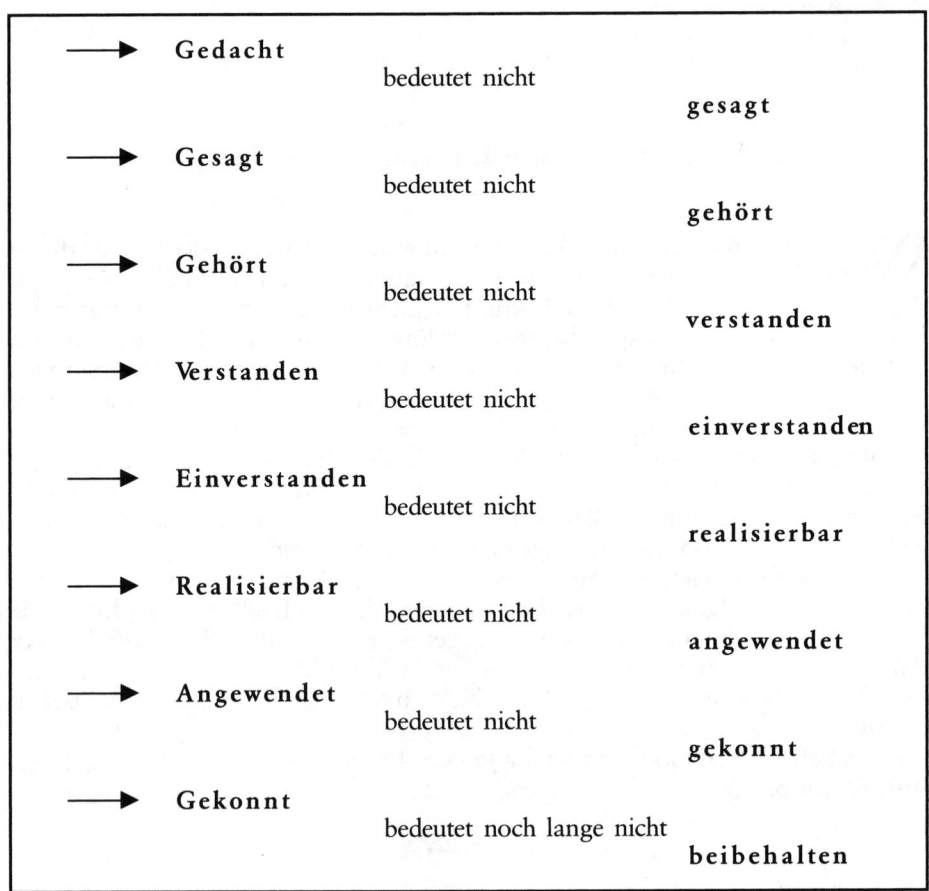

Abbildung 70 Von der zündenden Idee zur erfolgreichen Verhaltensgewohnheit

2. Gesagt bedeutet nicht gehört

Wenn Sie Ihre Gedanken ausgesprochen haben, haben Sie den ersten Schritt bereits getan. Aber damit ist noch nicht gesichert, daß irgendjemand auch das *gehört* hat, was Sie *gesagt* haben.

In unserem Beispiel würde das bedeuten, daß Sie Ihre Mitarbeiter um sich versammeln, um ihnen Ihre Idee mitzuteilen. Im Sinne unseres Kommunikationsmodells (vgl. Abschnitt A1) haben Sie damit zumindest die Voraussetzung der Kommunikation auf der Seite des Kommunikators bzw. Senders geschaffen. Ob Ihnen die Kommunikanten bzw. Empfänger — d.h. Ihre Mitarbeiter — auch zuhören, ist ein weiteres Problem. Die bloße räumliche Anwesenheit ist keine Garantie dafür, daß das, was Sie sagen, von Ihren Mitarbeitern auch gehört wird. Vielleicht sind die

Mitarbeiter an dem, was Sie ihnen sagen wollen, überhaupt nicht interessiert; vielleicht sind sie mit ihren Gedanken ganz woanders. Für Sie bedeutet dies, daß Sie vor allem Ihre Mitarbeiter zum Zuhören motivieren müssen. Darüber hinaus können Sie des Erfolges in diesem Punkt nur sicher sein, wenn Sie sich durch eine entsprechende Rückfrage bei den Mitarbeitern darüber vergewissern, ob diese Ihnen tatsächlich zuhören.

---

3. Gehört bedeutet nicht verstanden

Erst, wenn Ihre Mitarbeiter tatsächlich und von Ihnen nachgeprüft das gehört haben, was Sie Ihnen zu sagen hatten, ist die Voraussetzung für den nächsten Schritt getan: das Verstehen des Gesagten. Im Abschnitt über die partnerzentrierte Gesprächsführung (B 5.1.4) sind wir im 2. Kapitel über den kontrollierten Dialog ausführlich auf das Problem eingegangen, daß der Sprechende vielfach zu Unrecht annimmt, er sei von seinen Gesprächspartnern nicht nur gehört, sondern auch *richtig verstanden* worden. Die Richtigkeit dieser Vermutung läßt sich — auch in einem Alltagsgespräch, in einer Konferenz, in einem Seminar usw. — durch gezielten Einsatz von Elementen des kontrollierten Dialogs überprüfen.

In der Praxis erleben wir bei diesen Übungen häufig, daß der Sprecher dem Zuhörenden die Richtigkeit der Informationsaufnahme bestätigt, obwohl die Information von diesem objektiv falsch wiedergegeben worden ist. In vielen Fällen werden für unwichtig gehaltene Details vergessen, die aber gerade für den weiteren Verlauf des Gesprächs ausschlaggebende Bedeutung haben können.

Nicht weniger gravierend ist die Verschiebung von inhaltlichen Akzenten durch unzureichende Beherrschung der deutschen Grammatik oder durch einen zu saloppen Formulierungsstil. So haben wir z. B. erlebt, daß die Information des Sprechers: »Ich habe gehört, daß Sie ein rasanter Autofahrer sind und schon mehrere Unfälle hatten.« von dem Zuhörer fälschlich so wiedergegeben wird: »Sie sind ein rasanter Autofahrer und hatten schon viele Unfälle.« Durch diese Umformulierung wird plötzlich aus einem Gerücht eine feststehende Tatsache. Aus: »Ich habe *gehört*, daß Sie …« wird: »Ich *weiß*, daß Sie …«

Bei unserem Akquisitions-Beispiel könnte der Fall eintreten, daß Sie sagen: »Ich glaube, wir könnten unsere Umsätze steigern, wenn wir mehr Zeit auf intensive Kundenbetreuung verwenden würden.« Ihre Mitarbeiter könnten dieser Formulierung, weil in der Vergangenheit des öfteren über Mehrarbeit gesprochen worden ist, z. B. entnehmen: »Unser Chef will durch angeordnete Mehrarbeit in größerem Umfang Umsatzsteigerungen erreichen.«

Um derartige Mißverständnisse zu vermeiden, ist in jedem Fall anzuraten, in angemessener Form das richtige Verstehen des Gesagten zu überprüfen.

---

4. Verstanden bedeutet nicht einverstanden

Wenn Ihre Mitarbeiter Sie nun nicht mißverstanden, sondern richtig verstanden haben, kommt es darauf an, daß sie mit Ihrem Vorschlag auch *einverstanden* sind. Ihre Mitarbeiter könnten z. B. durchaus Ihrer Meinung sein, daß Umsatzsteigerungen wünschenswert sind. Aber Ihr Vorschlag, dies dadurch zu erreichen, daß der

einzelne Akquisiteur seinen Kunden mehr Zeit widmet, könnte auf Widerstand sto-
ßen. Vielleicht haben Ihre Mitarbeiter in diesem Punkt ganz andere Vorstellungen
und Vorschläge. Sie könnten z. B. der Meinung sein, daß der zur Kundenbetreuung
zur Verfügung stehende Zeitaufwand vollkommen ausreicht, daß aber weder das
Informations- und Werbematerial den heutigen professionellen Anforderungen
genügt noch der technische Kundendienst so zuverlässig arbeitet, daß er Kunden zu
Vertragsabschlüssen motivieren könnte.

5. Einverstanden bedeutet nicht realisierbar

Wenn nach eingehender Diskussion des Sachverhaltes sowohl Sie selbst als Chef als
auch Ihre Mitarbeiter damit einverstanden sind, daß das Werbematerial professionell
überarbeitet und erweitert und auch der technische Kundendienst verbessert werden
muß, kommt die nächste Hürde: *Sie* müssen diese Vorschläge mit *Ihrem* Chef
besprechen. Dieser wird wegen der beträchtlichen Investitionskosten und des voraus-
sichtlichen Umfangs organisatorischer Veränderungen in verschiedenen Abteilungen
mit der Geschäftsführung sprechen müssen. Es geht dabei — kurz gesagt — um die
Optimierung der Rahmenbedingungen. Sie können jetzt in die Lage kommen, daß
Sie und Ihre Mitarbeiter das von Ihnen erarbeitete Konzept kurzfristig und zuverlässig realisieren könnten. Leider scheitert die Umsetzung an dem Veto der Geschäftsführung, die z. Z einige ihr dringlicher erscheinende Investitionsvorhaben hat und
außerdem bereits ohnedies einen Jahresabschluß mit roten Zahlen fürchten muß.

Nehmen wir hier einmal an, die Geschäftsführung befände sich in einer günstigeren Lage und würde Ihrem Vorschlag zustimmen. Damit wäre er *realisierbar.*

6. Realisierbar bedeutet nicht (immer) angewendet

Der erste Abschnitt der Realisierung besteht in der Entwicklung und Erstellung des
professionellen Werbematerials. Auf der anderen Seite muß die Organisationsände-
rung im Bereich des technischen Kundendienstes durchgeführt werden. Damit sind
dann die Voraussetzungen geschaffen, daß Ihr Vorschlag in der Praxis *angewandt*
werden kann.

Sie und Ihre Mitarbeiter werden nun nach diesem Erfolg sozusagen »mit vollen
Segeln« zur Akquisition aufbrechen. Vielleicht haben Sie damit Erfolg, vielleicht
zeigt sich aber auch nach einiger Zeit, daß das neue Werbematerial Mängel hat
oder auch nicht zu mehr Vertragsabschlüssen führt, als Ihnen dies mit dem früheren Werbematerial bereits gelungen ist. Vielleicht gibt es auch erneute Beschwerden
über den technischen Kundendienst, der zwar anfangs voll mitgezogen hat, nach
der Umorganisation aber infolge von Personalausfällen (Urlaub, Krankheit, Entlassungen) nicht mehr im erforderlichen Sinn voll einsatzfähig ist.

Folge ist also: Bei der praktischen Anwendung treten zunehmend Probleme auf.
Solche Probleme hätten auch schon sehr viel früher auftreten können; nämlich z. B.
infolge mangelnder Akzeptanz der Neuerungen bei einigen Mitarbeitern oder Mitar-
beitergruppen — insbesondere bei solchen, die Schwierigkeiten mit der Umstellung
auf die neuen Verhältnisse haben.

7. Angewendet bedeutet nicht gekonnt

Die zuletzt genannten Probleme, die einige Mitarbeiter bei der Umstellung auf die neuen Verhältnisse hatten, führen uns zur Frage des *Könnens*. Vielleicht haben diese Mitarbeiter sich zunächst auch für diese Neuerungen engagiert. Aber sie haben dann in der Praxis erkennen müssen, daß sie sich — z. B. weil sie sich schon seit 10, 20 oder 30 Jahren einen anderen Akquisitionsstil angewöhnt hatten — »auf ihre alten Tage« auf die neue Methode nicht mehr erfolgreich einstellen konnten.

Im Bereich des technischen Dienstes hat sich ebenfalls gezeigt, daß trotz der Umorganisation und der Gutwilligkeit bei der Umsetzung des neuen Konzeptes in der Praxis Schwierigkeiten aufgetreten sind — in diesem Fall durch zunehmenden Personalmangel. Infolge des Personalmangels konnten die Aufträge nicht fristgemäß abgewickelt werden. Außerdem waren die noch vorhandenen technischen Mitarbeiter durch die Fülle der Aufträge überlastet; das wirkt sich erfahrungsgemäß nicht nur auf die Qualität der Arbeit, sondern meistens auch auf die Stimmung (z. B. Gereiztheit) aus.

In vielen Fällen sind Mitarbeiter auch leicht überfordert durch neuere technische oder EDV-technische Entwicklungen, für die sie im Laufe ihrer Ausbildung und Berufspraxis die grundlegenden Kenntnisse nicht erworben haben.

Der im technischen Bereich aufgetretene Personalmangel kann auch ein Zeichen für die mangelnde Umsetzbarkeit des Konzepts in diesem Bereich sein. Vielleicht ist nicht genügend Personal auf dem Markt, vielleicht sind die Ausbildungszeiten für neueingestelltes Personal zu lang (lange Anlaufzeit), vielleicht kann auch angesichts der zunehmenden Personalkosten keine hinreichende Anzahl neuer Mitarbeiter eingestellt werden.

8. Gekonnt bedeutet noch lange nicht beibehalten

Wir gehen davon aus, daß ein Konzept realisiert ist, daß es angewendet wird und daß die Anwender ihre Arbeit auch beherrschen, daß sie sie *können*.

Aber, was für den altgriechischen Philosophen HERAKLIT galt: »Alles ist im Fluß«, gilt in analoger Form natürlich auch noch heute. Bereits im vorherigen Abschnitt hat sich gezeigt, daß sich die Umstände ändern können und damit auch die Ergebnisse. Wenn durch die engagierte Anwendung des neuen Konzepts im Bereich der akquisitorisch tätigen Mitarbeiter und im Bereich des technischen Kundendienstes für eine bestimmte Zeit beträchtliche Umsatzsteigerungen erreicht werden, muß dies nicht bedeuten, daß diese positive Entwicklung auf Jahre hinaus anhält. Einige negative Möglichkeiten haben wir bereits aufgezeigt. Denkt man an das Sprichwort: »Neue Besen kehren gut«, wird man nach einer gewissen Zeit ohnehin mit einem Abflauen des Engagements der Beteiligten und damit auch mit einem Rückgang des Umsatzerfolges zu rechnen haben. Man wird solchem Negativtrend allerdings dadurch vorbeugen können, daß man sowohl die Arbeitsmotivation aller betroffenen Mitarbeiter als auch die Optimierung der organisatorischen Rahmenbedingungen immer wieder an den aktuellen Erfordernissen und Entwicklungen orientiert.

Im Grunde genommen ein ganz einfaches Prinzip:

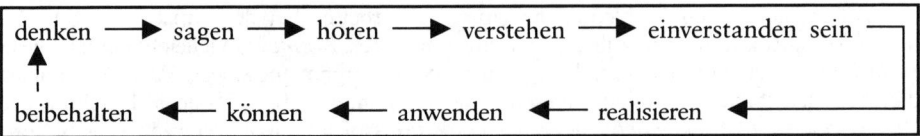

denken ⟶ sagen ⟶ hören ⟶ verstehen ⟶ einverstanden sein

beibehalten ⟵ können ⟵ anwenden ⟵ realisieren ⟵

Gelesen hast du dieses Buch.
Nun ist's genug!

Jetzt ohne Zögern
faß ins Auge die Konflikte,
bewält'ge sie
mit Phantasie,
mit all den Kniffen
und den Regeln,
die dir jetzt zu Gebote stehn.
Wär's doch gelacht,
wenn dir's nicht glückte
mit vollen Segeln
und mit Psycho-Macht!

Hast du trotz allem noch Probleme
mit einem schlimmen Widerpart,
dann gib ihm dieses Buch zu lesen,
damit auch er's in Zukunft
richtig macht!

E Literatur

ANTONS, K. (1976): Praxis der Gruppendynamik. Göttingen (Hogrefe).

BARTOLOME, F. & A. LAURENT (1987): Der geheime Groll. manager magazin 3/87, S. 206–213.

BARTOSCH, H. (1991): Blitzableiter. Wie man Konflikte lösen lernt. Management Wissen 10/91, 108–110.

BECK, R. & G. SCHWARZ (1995): Konfliktmanagement. Studium und Beruf. München (Sandmann).

BECKER, M. & M. NOWOSAD (1993): Mobbing – ein Konfliktphänomen am Arbeitsplatz und seine Auswirkungen. Heidelberg. ID-Informationsdienst für Personalverantwortliche.

BERGMANN, TH. (1992): Giftzwerge. Wenn der Nachbar zum Feind wird. München (Beck).

BERKEL, K. (1984): Konfliktforschung und Konfliktbewältigung. Berlin (Duncker & Humblot).

BERKEL, K. (⁴1995): Konflikttraining. Konflikte verstehen und bewältigen. Arbeitshefte Führungspsychologie, Bd. 15. Heidelberg (Sauer).

BERNE, E. (1967): Spiele der Erwachsenen. Reinbek b. Hamburg (Rowohlt).

BERNE, E. (1970): Sprechstunden für die Seele. Reinbek b. Hamburg (Rowohlt).

BERNE, E. (1975): Was sagen Sie, nachdem Sie »Guten Tag« gesagt haben? München (Kindler).

BERNE, E. (1979): Struktur und Dynamik von Organisationen und Gruppen. München (Kindler).

BOULDING, K. (1957): Organisation and Conflict. In: JCR 1, 122–134 (zit. n. DOROW 1978).

BOULDING, K. (1962): Conflict and Defense. A general Theory. New York.

BRINKMANN, R. D. (1995): Mobbing, Bullying, Bossing. Treibjagd am Arbeitsplatz. Heidelberg (Sauer).

Brockhaus (1977 ff.): Großer Brockhaus. Wiesbaden (Brockhaus).

BROMMER, U. (1994): Konflikt-Management statt Unternehmenskrise. Moderne Instrumente zur Unternehmensführung.

BRUHN-JADE, CHR. (1992): Konfliktbewältigung im Sekretariat. Assistenz. 1/1992, 8–11.

BÜCHMANN, G. (⁶1991): Geflügelte Worte. Frankfurt/M., Berlin (Ullstein).

COHN, R. C. (1975): Von der Psychoanalyse zur themenzentrierten Interaktion. Stuttgart (Klett).

DAHRENDORF, R. (1962): Elemente einer Theorie des sozialen Konflikts. In: Gesellschaft und Freiheit. S. 197–235. München.

DARWIN, CH. (1859): On the origin of species by means of natural selection or the preservation of favoured races in the struggle of life. Penguiun Books Ltd, Harmondsworth, Middlesex, England, 1968.

DEDERICHS, M. R. (1997): Krise am Golf. Saddam lädt durch. Stern Nr. 46/97, S. 20–25.

DELHEES, K. H. (1979): Interpersonelle Konflikte und Konflikthandhabung in Organisationen. Bern (Haupt).

DEMUTH, A. (Hrsg.; 1992): Konfliktmanagement und Umweltstrategien. Düsseldorf (Econ).

DESSLER, G. (1976): Organisation and Management: A Contingency Approach. Englewood Cliffs, N. J. (Prentice Hall, Inc.).

DEUTSCH, M. (1976): Konfliktregelung. München, Basel (Reinhardt).

Deutsche Gesellschaft für Verhaltenstherapie e.V. (Hrsg.; ³1981): Theorien und Methoden der Verhaltenstherapie. Stuttgart.

DOROW, W. (1978): Unternehmungskonflikte als Gegenstand unternehmungspolitischer Forschung. Berlin (Duncker & Humblot).

DORSCH, F. (⁹1976): Psychologisches Wörterbuch. Bern, Stuttgart, Wien (Huber).

DU BRIN, A. J. (1974): Fundamentals of Organisational Behavior − An Applied Perspective. New York, Toronto, Oxford, Sydney (Pergamon Press, Inc.).

DUCAN, W. J. (²1975): Essentials of Management. Hinsdale, Ill. (The Dryden Press).

DUNETTE, M. D. & L. M. HOUGH (eds.; 1992): Handbook of industrial and organizational psychology. Palo Alto, CA (Consulting Psychologists Press).

EULER, H. P. (1973): Arbeitskonflikt und Leistungsrestriktion im Industriebetrieb. Düsseldorf.

FEGER, H. (1964): Neobehavioristische Konfliktforschung. Arch. ges. Psychol. *116.*

FEGER, H. (Hrsg.: 1977): Studium zur intraindividuellen Konfliktforschung. Psycholog. Kolloqium, Bd. 12. Bern, Stuttgart, Wien (Huber).

FEGER, H. (1978): Konflikterleben und Konfliktverhalten. Psychologische Untersuchungen zu alltäglichen Entscheidungen. Bern, Stuttgart, Wien (Huber).

FEGER, H. & V. SOREMBE (1983): Konflikt und Entscheidung. In: THOMAE, H. (Hrsg.; 1983): S. 536− 711.

FESTINGER, L. (1957): A theory of cognitive dissonance. Stanford.

FLIEGEL, S., W. M. GROEGER, R. KÜNZEL, D. SCHULTE, H. SORGATZ (1981): Verhaltenstherapeutische Standardmethoden. München, Wien, Baltimore (Urban & Schwarzenberg).

FREUD, S. (1961): Die Traumdeutung. Frankfurt (Fischer).

FRONHÖFER, D. (1994): Der internationale Menschenrechtsschutz bei inneren Konflikten. Regensburg (Roderer).

GAMBER, P. (1992): Konflikte und Aggressionen im Betrieb: Problemlösungen mit Übungen, Tests und Experimenten. München, Landsberg/Lech (mvg).

GAU, E. (1973): Management-Praxis und -Methoden. Stuttgart (Taylorix).

GLASL, F. (1980, ⁴1994): Konfliktmanagement. Ein Handbuch für Führungskräfte und Berater. Bern, Stuttgart (Haupt).

GOESCHEL, G & G. WOLF (1986): Der vorprogrammierte Konflikt. Sekretariat (10), 54.

GORDON, TH. (1982): Familienkonferenz. Die Lösung von Konflikten zwischen Eltern und Kindern. Hamburg (Rowohlt).

GOTTSCHALL, D. (1987): Die Dynamik des Mißtrauens. Management Wissen, H. 2, S. 17–29.

GRAHMANN, R. & A. GUTWETTER (1996): Konflikte im Krankenhaus. Ihre Ursachen und ihre Bewältigung im pflegerischen und ärztlichen Bereich. Bern u. a. (Huber).

GRUNWALD, W. & W. REDEL (1989): Soziale Konflikte. In: ROTH (Hrsg.; 1989): S. 529–551.

GUST, R., R. MOITZ & L. PETER (1992): Soziale Interaktion im Arbeitsprozeß. Eine betriebssoziologische Untersuchung. Bremen, Universität, Fachbereich 9: Sozialwissenschaften.

HAHNE, A. (1994): Mobbing, Konflikte und Kollegen. Z. Führung und Organisation, 3, 188–193.

HARPER, R. A. (1979): Die neuen Psychotherapien. Salzburg (Otto Müller).

HEIDER, F. (1958): The psychology of interpersonal relations. New York (Wiley).

HESSE, J. &. CHR. SCHRADER (1993): Krieg im Büro. Konflikte am Arbeitsplatz und wie man sie löst. Frankfurt/M. (Eichborn).

HIRZEL, M. (²1985): Management Effizienz. Wiesbaden (Gabler).

HOFSTÄTTER, P. R. (1959): Psychologie. Frankfurt/M. (Fischer).

HÖHN, R. (1986): Die innere Kündigung im Unternehmen. Bad Harzburg.

HOFSTÄTTER, P. R. (1977): Konflikt und Entscheidung. In: HERRMANN, TH. et al. (Hrsg.): Handbuch psychologischer Grundbegriffe. S. 240–253. München (Kösel).

HOFSTETTER, H. (1980): Die Leiden der Leitenden. Zur Pathologie intrapersonaler und interpersoneller Störungen von Führungskräften in Organisationen. Reihe Sozialwissenschaften, Bd. 18. München (tuduv Verl. Ges.).

HOYER, J. (1992): Intrapsychischer Konflikt und psychopathologische Symptombelastung. Quantitative Konfliktdiagnostik bei klinischen Gruppen. Regensburg (Roderer).

HUGO-BECKER, A. & H. BECKER (1992): Psychologisches Konfliktmanagement. München (dtv/Beck).

HULL, C. L. (1938): The goal-gradient hypothesis applied to some "field-force" problems in the behavior of young children. Psych. Rev. *45, 271–299.*

HUNT, J. McV. (ed.; 1944): Personality and the behavior disorders. Vol. 1. New York (Ronald Press).

JANDT, F. (1994): Konfliktmanagement – Wie beide Seiten gewinnen können. München (Knaur).

JEFFREY, R. C. (1967): Logik der Entscheidungen. München (Oldenbourg).

JONES, E. E. & H. B. GERARD (1967): Foundations of social psychology. New York (zit. n. MERTENS 1978).

JURINEK, A. (1989): SIE und ER im Betrieb. Konflikte und ihre Bewältigung. Renningen (expert Verlag).

KAISER, H. J. (1979): Konfliktberatung nach handlungstheoretischen Prinzipien. Bad Honnef (Bock + Herchen).

KEMPF, W. & G. ASCHENBACH (1981): Konflikt und Konfliktbewältigung. Bern, Stuttgart, Wien (Huber).

KINDLER, H. S. (1994): Konflikte konstruktiv lösen.

KIRSTEN, R. E. & J. MÜLLER-SCHWARZ (1979): Gruppentraining. Hamburg (Rowohlt).

KOLB, D. M. & J. M. BARTUNEK (1992): Hidden conflicts in organizations. Newbury Park (Sage).

KOWALEWSKI, H. (1994): Was kränkt macht krank. Psychologie heute. Sept. 1994.

KRAIKER, C. (²1974): Handbuch der Verhaltenstherapie. München (Kindler).

KŘIVOHLAVÝ, J. (1974): Zwischenmenschliche Konflikte und experimentelle Spiele. Bern, Stuttgart, Wien (Huber).

KRÜGER, W. (1979): Konfliktsteuerung als Führungsaufgabe. München (moderne industrie).

KURTZ, H.-J. (1983): Konfliktbewältigung im Unternehmen. Köln (Dt. Inst.-Verl.).

LANGER, J., F. SCHULZ V. THUN & R. TAUSCH (1974): Verständlichkeit. München (Reinhardt).

LAY, R. (1980): Krisen und Konflikte. Ursachen, Ablauf, Überwindung. München (Wirtschaftsverlag Langen-Müller/Herbig).

LEHR, U. (1965): Erscheinungsweisen des Konflikts. In: THOMAE, H. (Hrsg.; 1965).

LEUNER, H. (Hrsg.; 1980): Katathymes Bilderleben. Bern, Stuttgart, Wien (Huber).

LEWIN, K. (1931): Environmental forces in child behavior and development. In: MURCHISON (ed.; 1931).

LEWIN, K. (1948): Resolving social conflicts. New York.

LEWIN, K. (1951): Field theory in social science. New York (Harper).

LEYMANN, H. (1993): Mobbing. Psychoterror am Arbeitsplatz und wie man sich dagegen wehren kann. Reinbek (Rowohlt).

LINDEN, M. & M. HAUTZINGER (1981): Psychotherapie-Manual. Berlin, Heidelberg, New York (Springer).

LINDHOLZ, H. (1990): Wie Chefs Konflikte meistern. Verfahren und Übungen für Klein- und Mittelbetriebe. Wiesbaden (Gabler).

LUCE, R. D. & H. RAIFA (1957): Games and decisions: Introduction and critical survey. New York (Wiley).

LUMMA, K. (1989): Strategien der Konfliktlösung. Betriebliches Verhaltenstraining in Theorie und Praxis. Hamburg (Windmühle).

LURIA, A. R. (1932): The nature of human conflicts. New York (Live right).

MAECK, H. (1979): Kommunikationstraining für Gespräche, Konferenz und Verhandlung. Köln (BBE-Verl.).

MASLOW, A. H. (²1980): Motivation and Personality. New York.

MEICHENBAUM, D.W. (1979): Kognitive Verhaltensmodifikation. München, Wien, Baltimore (Urban & Schwarzenberg).

MEININGER, J. (1982): Transaktionsanalyse. Landsberg/L. (moderne industrie).

MERTENS, W. (²1978): Erziehung zur Konfliktfähigkeit. München (Ehrenwirth).

MERTON, R. K. (1948): The self-fulfilling prophecy. Antinoch. Rev. 8.

MILLER, N. E. (1944): Experimental studies of conflict. In: HUNT, J. McV. (ed.: 1944); p. 431–465.

MOEBIUS, M. (1987): Streiten – nach allen Regeln der Kunst. Psychologie heute (1), 21–29.

MURCHINSON, L. (ed.; 1931): Handbook of child psychology. Worcester/Mass.

NAASE, CHR. (1978): Konflikte in Organisationen. Ursachen und Reduzierungsmöglichkeiten. Stuttgart.

NEUBAUER, W. F., H. GAMPE & R. KNAPP (⁴1992): Konflikte in der Schule. Neuwied (Luchterhand).

OECHSLER, W. A. (1979): Konfliktmanagement. Theorie und Praxis industrieller Arbeitskonflikte. Wiesbaden (Gabler).

OLWEUS, D. (1987): Bully/victim problems among schoolchildren in Scandinavia. In: MYKLEBURST, J. P. & R. OMMUNDSEN (eds.; 1987): Psykologprofesjonen mot år 2000, pp. 395–413. Oslo (Universitetsforlaget).

OLWEUS, D. (1989): Prevalence and incidence in the study of antisocial behaviour: Definition and measurements. In: KLEIN, M.W. (ed.; 1989): Cross-national research in self reported crime and delinquency, pp. 187–201. Dorndrect (Kluwer).

OLWEUS, D. (1993): Bullying at school: What we know and what we can do. Oxford (Blackwell).

OLWEUS, D. (1994): Annotation: Bullying at school – Basic facts and effects of a school based intervention program. J. of Child Psychology and Psychiatry, 35, 1171–1190.

PERLS, F. S. (1974): Gestalt-Therapie in Aktion. Stuttgart (Klett).

PIKAS, A., (1989): The common concern method for the treatment of mobbing. In: ROLAND, E. & E. MUNTHE (eds.; 1989): Bullying: An international perspective, pp. 91–104. London (Fulton).

PONGRATZ, L. J. (1961): Psychologie menschlicher Konflikte – Phänomenologie und Theorie. Göttingen (Hogrefe).

PONGRATZ, L. J. (²1975): Lehrbuch der Klinischen Psychologie. Göttingen, Toronto, Zürich (Hogrefe).

RAPOPORT, G. A. (1976): Kämpfe, Spiele und Debatten. Drei Konfliktmodelle. Darmstadt (Darmstädter Blätter).

REGNET, E. (1992): Konflikte in Organisationen. Formen, Funktion und Bewältigung. Beiträge zur Organisationspsychologie, Bd. 12. Göttingen, Toronto, Zürich (Hogrefe).

RICHTER, H.-E. (1989): Die hohe Kunst der Korruption. Hamburg (Hoffmann & Campe).

ROSENTHAL, R. & L. JACOBSEN (1971): Pygmalion im Unterricht. Weinheim (Beltz).

ROTH, E. (Hrsg.; 1989): Organisationspsychologie. Enzyklopädie der Psychologie, D/III/3. Göttingen (Hogrefe).

RÜTTINGER, B. (1980): Konflikt und Konfliktlösen. Neues Lernen — Studienbücher. Psychologie im Betrieb, Bd. 5. Goch (Bratt).

RÜTTINGER, R. (1980): Transaktionsanalyse. Arbeitshefte zur Führungspsychologie, Heft 10. Heidelberg (Sauer).

RUHLEDER, R. H. (³1982): Rhetorik, Kinesik, Dialektik. Bad Harzburg (wwt).

RUHLEDER, R. H. (1990): Die Gegenfrage — die Kaiserin der Dialektik. Deutscher Vertriebs- und Verkaufsanzeiger, 3. Jg., Nr. 27, 19. 11. 1990, S. 1+18.

RUMMEL, R. (1975): Understanding conflict and war. New York.

RUSCHEL, A., (1990): Wenn zwei sich streiten ... Konflikte und ihre Bewältigung. Renningen (expert verlag).

SAM, U. (1977): Die Motivwaage. Ein geeignetes Lehrmittel für die anschauliche Darstellung von Möglichkeiten zur sicherheitsfördernden Beeinflussung von Mitarbeitern. Die Berufsgenossenschaft, H. 10.

SCHACHTER, S. (1951): Deviation, rejection and communication. J. of Abnormal and Social Psychology *46*, 190–207.

SCHEBEN, M. (1979): Die erfolgreichen Methoden zur Konfliktvermeidung und Konfliktbewältigung im Unternehmen. Kissing.

SCHÖMBS, W. (1991): Konflikte konstruktiv lösen. Assistenz 1, S. 12–13.

SCHÜTZ, A. (1990): Defensive Selbstdarstellung. PP-Aktuell 1/2. (Zit. n. Psychologie heute: Die Systematik der Ausreden. 1991/H. 3, S. 8).

SCHULTE, D. (Hrsg.; 1991): Therapeutische Entscheidungen. Göttingen, Toronto, Zürich (Hogrefe).

SCHULZE, S. (1996): Konfliktzone Büro. Der Anti-Mobbing-Ratgeber. München (Humboldt).

SCHULZ v. THUN, F. (1984): Miteinander reden: Störungen und Klärungen. Psychologie der zwischenmenschlichen Kommunikation. Hamburg (Rowohlt).

SCHWARZ, G. (1984): Gedanken zum Konfliktmanagement. Harvard Manager, H 1, S. 60–69.

SCHWARZ, G. (1990): Konflikt Management. Sechs Grundmodelle der Konfliktlösung. Wiesbaden (Gabler).

SEIDEL, E. (⁴1993): Konfliktfrei führen? Mitarbeiter zu Höchstleistungen motivieren und führen.

SHARTLE, C. L. (1950): Value dimensions and situational dimensions in organizational behavior. Proceedings of the Tenth Annual Meeting. Industrial Relations Association (zit. n. DELHEES 1979).

SIEGERT, W. (1994): Führen ohne Konflikte? Die Praxis erfolgreicher Unternehmen. Renningen (expert).

SPRANGER, E. (²1921): Lebensformen. Halle.

STEIL, L. K., J. SUMMERFIELD & G. DEMARE (1986): Aktives Zuhören. Eine Anleitung zur erfolgreichen Kommunikation. Heidelberg (Sauer).

STOPP, U. (⁹1982): Betriebliche Personalwirtschaft, Bd. 5. Stuttgart (Taylorix).

STRIAN, F. (Hrsg.; 1983): Angst. Grundlagen und Klinik. Berlin, Heidelberg, New York, Tokio (Springer).

TANTER, R. (1968): Dimensions of conflict behavior within and between nations. 1958–1960. J. of Conflict-Resolution *10*, 41–64.

TAUSCH, R. & A.-M. TAUSCH (⁹1990): Gesprächspsychotherapie. Göttingen, Toronto, Zürich (Hogrefe).

THIELE, A. (1984): Die Kunst des Fragens. Der Arbeitgeber 15–16/*36*, 604–605.

THIELE, R. (1986): Dialektik – ein Selbstlernprogramm. Der Arbeitgeber *19*, 762–765; *21*, 878–879.

THOMAE, H. (1960): Der Mensch in der Entscheidung. München (Barth).

THOMAE, H. (Hrsg.; 1965): Motivationslehre. Handbuch der Psychologie, Bd. 2. Göttingen (Hogrefe).

THOMAE, H. (Hrsg.; 1983): Theorien und Formen der Motivation. Enzyklopädie der Psychologie, Bd. C/IV/1. Göttingen, Toronto, Zürich (Hogrefe).

THOMAS, R. F. (1992): Conflict and negotiation processes in organizations. In: DUNETTE & HOUGH (eds.; 1992): pp. 651–718.

TIETZE, H. G. (1992): Blockierte Liebe. Wie seelische Konflikte unsere Sexualität beeinflussen. München (Heyne).

TJOSVOLD, D. (1991): The conflict positive organization. Reading, MA (Addison Wesley).

ULICH, D. (1971): Konflikt und Persönlichkeit. München (Oldenbourg).

WAGNER, P. (1990): Streitkultur. Renningen (expert verlag).

WALTER, H. (1993): Kleinkrieg am Arbeitsplatz. Konflikte erkennen, offenlegen, lösen. Frankfurt/M., New York (Campus).

WEEDE, E. (1986): Konfliktforschung. Einführung und Überblick. Opladen (Westdeutscher Verlag).

WEINERT, A. B. (1981): Lehrbuch der Organisationspsychologie. München, Wien, Baltimore (Urban & Schwarzenberg).

WYSS, D. (^{5}1977): Die tiefenpsychologischen Schulen von den Anfängen bis zur Gegenwart. Göttingen (Vandenhoeck & Ruprecht).

YATES, A. J. (1962): Frustration and conflict. New York (Van Nostrand).

ZOCHE, H.-J. (1990): Konfliktsouveränität. Ein praktischer Ratgeber und Führer zur Konfliktlösung nicht nur in Betrieben.

ZUSCHLAG, B. (1992): Der Weg zum erfolgreichen Redner. Göttingen (Verl. f. Angewandte Pschologie).

ZUSCHLAG, B. (1992): Motivation zur Arbeitssicherheit – ein Konzept zur Einstellungs- und Verhaltensanalyse. Die BG 1, S. 22–26.

ZUSCHLAG, B. (^{2}1997): Mobbing - Schikane am Arbeitsplatz. Göttingen (Verl. f. Angewandte Psychologie).

ZUSCHLAG, B., J. FREUND & A. WENZEL (1996): Mobbing. Hilfe bei Schikane am Arbeitsplatz im Großraum Hannover. Hannover (ÖTV).

F Glossar

Ad absurdum	das Widersinnige nachweisen
Aida	Oper von Verdi
Agonie	Todeskampf
Akquisition	Kundenwerbung durch Vertreter
akustisch	klanglich; mit den Ohren wahrgenommen
Akzeptanz, akzeptieren	den anderen annehmen; mit ihm so einverstanden sein, wie er ist
Altruismus	Selbstlosigkeit
apodiktisch	unumstößlich, unwiderleglich; endgültig, keinen Widerspruch duldend
Appetenz	(ungerichtete) suchende Aktivität, Begehren
Assoziation	Verknüpfung von Vorstellungen, von denen die eine die andere hervorgerufen hat
Aversion	Abneigung, Widerwille
Bagatellisieren	als Bagatelle behandeln; verniedlichen
bilingual	zweisprachig
Bonmot	Scherz; treffende geistreiche Wendung
Coping	Umgang mit …, Bewältigung
De-eskalieren	abschwächen
Dekodierung	Entschlüsselung einer Nachricht
dekuvrieren	entlarven; Negatives erkennen lassen
demagogisch	aufwiegelnd, hetzerisch, Hetzpropaganda betreibend
desavouieren	bloßstellen; nicht anerkennen
deus ex machina	unerwarteter Helfer aus einer Notlage; der Gott aus der (Theater-)Maschine
Dialektik	von den Sophisten ausgebildete Kunst der Gesprächsführung; das Denken in These, Antithese, Synthese.
dialektisch	spitzfindig (s. Dialektik)
Entscheidungstheorie	Theorie, die sich mit den Gesetzmäßigkeiten von Entscheidungen befaßt
eruieren	ergründen, erforschen, ermitteln
Exkurs	Ausflug, Streifzug; kurze Abschweifung vom Hauptthema
Flexibilität	Biegsamkeit; Fähigkeit, sich an wechselnde Situationen rasch anzupassen
Gestik	Gesamtheit der Gesten als Ausdruck der Psyche

Hegemonial — Führungsanspruch geltend machen

(sich) **I**dentifizieren — voll mit etwas oder jemandem übereinstimmen

Induktion, induzieren — Einführung; vom besonderen Einzelfall auf das Allgemeine, Gesetzmäßige schließen; übertragen

Interaktion — Wechselbeziehung zwischen Personen und Gruppen

Junktim — Verbindung mehrerer, verschiedener Forderungen

to **K**ill — engl.: töten

Kodierung, Codierung — Verschlüsselung einer Nachricht

Kommunikant — jemand, der eine Mitteilung erhält

Kommunikation — Verständigung, Übermittlung von Informationen, Mitteilung

Kommunikator — jemand, der eine Mitteilung macht

Konfliktmanagement — sachgerechter (erfolgreicher) Umgang mit Konflikten

Konstituente — sprachliche Einheit, die Teil einer größeren und komplexeren sprachlichen Konstruktion ist

Kontext — Zusammenhang; der umgebende Text einer gesprochenen oder geschriebenen sprachlichen Einheit

konziliant — versöhnlich, umgänglich, verbindlich

Korruption, korrumpieren — politisch-moralischer Verfall, verderben

Manipulation — bewußter und gezielter Einfluß auf Menschen ohne deren Wissen und oft gegen deren Willen; absichtliche Verfälschung von Information; Handhabung, Verfahren

Maxime — allgemeiner Grundsatz

Mimik — Gebärden- und Mienenspiel des Gesichts

Modifikation — Abwandlung, Veränderung

Olfaktorisch — den Riechnerv betreffend; mit dem Geruchsorgan wahrgenommen

optisch — vom äußeren Eindruck her, mit den Augen wahrgenommen

Per aspera ad astra — durch die rauhe Wirklichkeit zu den Sternen vordringen

perfide — hinterhältig, hinterlistig, tückisch

Perseveration — an demselben Thema kleben, ständige Wiederholung

pragmatisch — handlungs-, anwendungsbezogen

Psyche — Seele; Wesen, Eigenart

psychologisch — die Psychologie betreffend; »seelenwissenschaftlich«

Pyrrhussieg — Scheinsieg; zu teuer erkaufter Sieg

Redundant — Redundanz aufweisend

Redundanz — Überfluß; im Sprach-System angelegte mehrfache Kennzeichnung derselben Information

Rezipient — jemand, der einen Text oder fremde Gedanken usw. aufnimmt

restituieren — wiederherstellen

Selbstkonzept	die Vorstellung, die man von sich selbst und seinen Fähigkeiten hat
Simplifizierung	Vereinfachung
simulieren	etwas bloß vortäuschen
stigmatisiert	»gezeichnet«, gekennzeichnet, durch bestimmte Merkmale negativ herausgehoben
sukzessiv	allmählich eintretend; nach und nach
TA	Transaktionsanalyse
Taktil	den Tastsinn betreffend; berührbar
taraktische Methode	Verwirrungstaktik
Telekommunikation	Verständigung über Entfernungen hinweg
Transparenz	Durchsichtigkeit; Deutlichkeit, Verstehbarkeit
Trivialität	Plattheit
Typologie	Lehre von der Gruppenzuordnung (von Gegenständen oder Lebewesen) auf Grund einer umfassenden Ganzheit von Merkmalen, die den Typ kennzeichnen; Einteilung nach Typen
TZI	Themenzentrierte Interaktion

G INDEX

Buchtips

William Bridges

Der Charakter
von Organisationen

Organisationsentwicklung aus typologischer Sicht
1998, VIII/144 Seiten, DM 39,80/sFr. 35,90
öS 291,– · ISBN 3-8017-0879-9

Das Buch stellt eine innovative Sicht der Organisationsentwicklung vor, die es ermöglicht, die Stärken einer Organisation herauszufinden und Entwicklungspotentiale effektiv zu nutzen. Der Autor geht davon aus, daß Organisationen sich in ihrem »Charakter« in gleicher Weise unterscheiden wie Individuen. Um sich erfolgreich gegenüber der Konkurrenz behaupten zu können, sollte eine Organisation daher ihre Stärken und Schwächen kennen. Zu diesem Zweck entwickelte der Autor einen Charakterindex.

Joachim Freimuth
Jürgen Haritz / Bernd-Uwe Kiefer (Hrsg.)

Auf dem Wege zum
Wissensmanagement

Personalentwicklung in lernenden Organisationen
(Psychologie für das Personalmanagement)
1997, 438 Seiten, DM 88,–/sFr. 77,–/öS 642,–
ISBN 3-8017-0904-3

Die Personalentwicklung in schlanken und lernenden Organisationen steht vor neuen Aufgaben. Traditionelle Karrierekonzepte sind veraltet, Kompetenzen werden dezentralisiert und die Beschäftigungssysteme flexibilisiert. Der Band gibt einen Überblick über diese Entwicklungen und Veränderungen in verschiedenen Branchen. Die Beiträge beschäftigen sich u.a. mit neuen Trends und Leitbildern in der Personalentwicklung und mit den veränderten Anforderungen an Führungskräfte.

 **Verlag für Angewandte Psychologie**

Rohnsweg 25 • 37085 Göttingen • http://www.hogrefe.de

Buchtips

Gerhard Blickle (Hrsg.)

Ethik in Organisationen

Konzepte, Befunde, Praxisbeispiele
(Wirtschaftspsychologie)
1998, X/268 Seiten, geb., DM 69,–
sFr. 60,–/öS 504,– · ISBN 3-8017-1055-6

Betrug, Bestechung, Steuerhinterziehung, Mobbing etc. sind anscheinend zu alltäglichen Begleiterscheinungen der Zusammenarbeit in Organisationen geworden. In diesem Band werden aktuelle Befunde der internationalen Forschung dargestellt. Anhand konkreter Praxisbeispiele wird aufgezeigt, wie Organisationen zur ethischen Sensibilisierung ihrer Führungskräfte und Mitarbeiter beitragen, aber auch, wo die Grenzen und kontraproduktiven Folgewirkungen solcher Bemühungen liegen können.

Berndt Zuschlag

Mobbing
Schikane am Arbeitsplatz

Erfolgreiche Mobbing-Abwehr
durch systematische Ursachenanalyse
2., überarb. und erw. Auflage 1997,
VIII/242 Seiten, DM 44,80/sFr. 40,30/öS 327,–
ISBN 3-8017-0991-4

Der Verfasser beschreibt die Bedeutung des Begriffs »Mobbing« vor dem Hintergrund der schon lange aus der Arbeitswelt bekannten vielfältigen Konflikte. Das Buch liefert Be-griffsdefinitionen sowie Fallbeispiele und gibt vor allem Hinweise für das Erkennen der jeweiligen Mobbing-Ursachen auf seiten des Täters wie des Opfers. Die zweite Auflage dieses erfolgreichen Buches ist u.a. durch eine differenzierte Auflistung möglicher Mobbing-Handlungen und ein umfangreiches Literaturverzeichnis erweitert worden.

Verlag für Angewandte Psychologie

Rohnsweg 25 • 37085 Göttingen • http://www.hogrefe.de